LITTÉRATURE, HISTOIRE, POLITIQUE
sous la direction de Catherine Coquio, Lucie Campos
et Emmanuel Bouju
37

Cahiers de mémoire, Kigali, 2019

Ce volume paraît sous la responsabilité éditoriale de Catherine Coquio.

Cahiers de mémoire, Kigali, 2019

Sous la direction de Florence Prudhomme

Avec la collaboration de Michelle Muller

Traduit du kinyarwanda par Bernard Kanyana Kabale
et Odette Mukantagara

PARIS
CLASSIQUES GARNIER
2019

Florence Prudhomme, philosophe, a créé en 2004 l'ONG Rwanda avenir, après un parcours conjuguant la solidarité internationale et la psychanalyse. Elle a publié *Rwanda, l'art de se reconstruire* (Paris, 2015) et est intervenue dans de nombreux colloques à Paris et à Kigali. En 2014, elle a créé avec Michelle Muller l'atelier de mémoire et a publié *Cahiers de mémoire, Kigali, 2014* (Paris, 2017).

ISBN 978-2-406-09095-3 (livre broché)
ISBN 978-2-406-09096-0 (livre relié)
ISSN 2259-9479

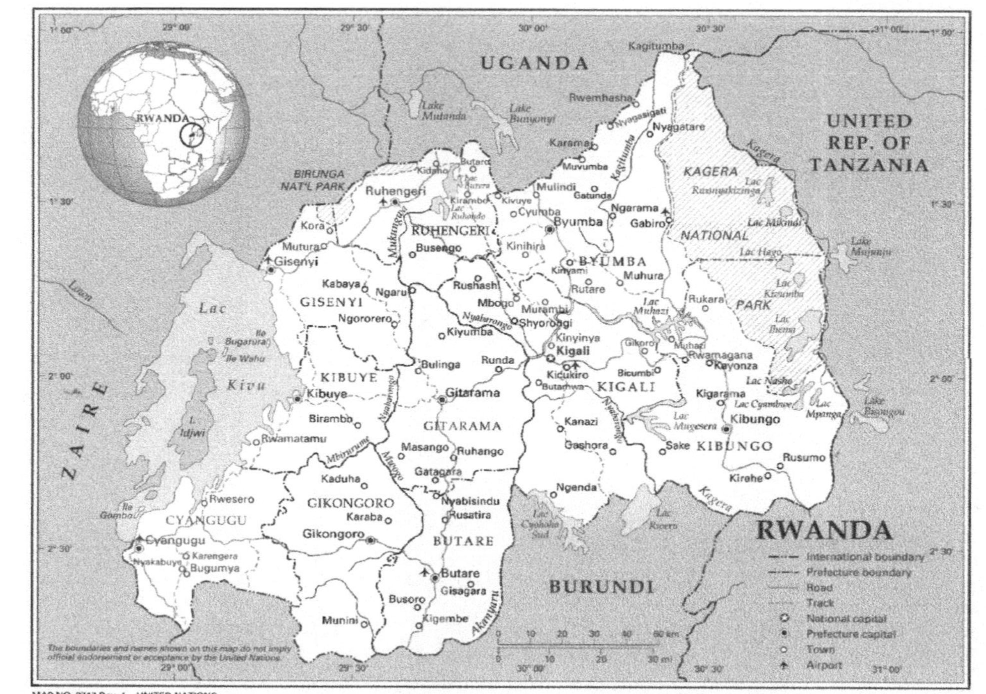

FIG. 1 – Carte du Rwanda, Rwanda, Map No, 3717 Rev. 1, November 1993, United Nations.

SIGLES

AERG	Association des étudiants rescapés du génocide.
APR	Armée patriotique rwandaise.
AVEGA	Association des veuves du génocide d'avril 1994.
APACOPE	Association des parents pour la contribution à la promotion de l'éducation.
BNR	Banque nationale du Rwanda.
CDR	Coalition pour la défense de la République
CELA	Centre de langues des Pères Blancs.
CHK	Centre hospitalier de Kigali.
CICR	Comité international de la Croix-Rouge.
CND	Conseil national de développement.
CPCR	Collectif des parties civiles pour le Rwanda.
ESO	École des sous-officiers
ETO	École technique officielle.
FAR	Forces armées rwandaises.
FARG	Fonds d'assistance aux rescapés du génocide.
FPR	Front patriotique rwandais.
HCR	Haut Commissariat pour les réfugiés.
IBUKA	Association des rescapés du génocide perpétré contre les Tutsi.
ISAR	Institut des sciences agronomiques du Rwanda.
JOC	Jeunesse ouvrière catholique.
MDR	Mouvement démocratique républicain.
MINICOM	Ministère du Commerce et de l'Industrie.
MINUAR	Mission des Nations unies pour l'assistance au Rwanda.
MRND	Mouvement révolutionnaire national pour le développement (1975). Rebaptisé Mouvement républicain national pour le développement en 1991.
ONU	Organisation des Nations unies.
Parmehutu	Parti du mouvement de l'émancipation hutu.
PL	Parti libéral.
PSD	Parti social-démocrate.
RDC	République démocratique du Congo

RFI	Radio France Internationale.
RTLM	Radio-télévision libre des mille collines.
TPIR	Tribunal pénal international pour le Rwanda.
UNAR	Union nationale rwandaise.
UNR	Université nationale du Rwanda.

HISTOIRE ET THÉRAPIE, RÉCIT ET MÉMOIRE

En 1959, la nuit commence à s'étendre sur le pays. Les auteurs des *Cahiers de mémoire* ont alors 15 ans, 9 ans, 6 ans … Année après année, les massacres se répètent jusqu'à l'apocalypse du génocide des Tutsi en 1994. Aucun de ces enfants n'était préparé à connaître cette histoire. L'atelier de mémoire a recueilli les récits de ces enfants devenus des adultes, des personnes âgées, des « grandes mamans » comme on les appelle là-bas. Trois groupes de participants se sont réunis successivement entre 2014 et 2018. Les textes du premier groupe sont parus en français[1], en 2017. Ceux du deuxième et du troisième groupe sont réunis ici. Au cours de ces trois sessions, l'objectif était identique : écrire l'histoire du génocide et la transmettre aux générations futures. Certains rescapés évoquent parfois des chercheurs venus recueillir leurs témoignages sans qu'eux-mêmes, les sujets de l'histoire, ne sachent à quelles fins leurs récits étaient destinés. À de rares exceptions[2], personne ne leur a transmis les livres qui recensaient leurs paroles. Ils se demandent qui, mieux que les survivants, peut parler du nombre de victimes, de la manière dont elles ont été tuées, de la chasse à l'homme qui s'est déroulée sans répit durant cent jours, de la cruauté meurtrière des voisins et, parfois, des membres les plus proches de leur famille ? Qui mieux qu'eux peut parler des humiliations et violences subies par leurs parents durant la colonisation belge et de leurs effets directs sur la mise en œuvre du génocide,

1 *Cahiers de mémoire, Kigali, 2014*, sous la direction de Florence Prudhomme avec Michelle Muller, Classiques Garnier, 2017.

2 Il faut noter la position d'Hélène Dumas, historienne. Lors d'une audition au procès de Barahira Tito et Ngenzi Octavien, bourgmestres condamnés en appel en 2018 à Paris, elle a expliqué que les survivants sont absents de l'historiographie du génocide et qu'il convient avant tout de partir de la parole des victimes pour les considérer comme de véritables acteurs et prendre leur témoignage comme sources de l'histoire du génocide. Voir le site du Collectif des parties civiles pour le Rwanda (CPCR), journée du 15 mai 2018.

précédé par des « répétitions » successives qu'ils/elles ont connues durant trente-cinq ans ? C'est ce qu'écrit de manière fulgurante Mukagihana Marthe : « Si je produis ces écrits, c'est parce que certains prétendent que le génocide a commencé en 1994 quand l'avion de Habyarimana s'est écrasé ! Mais… Quand on a brûlé nos maisons, cet avion s'était-il déjà écrasé ? Quand j'effectuais toutes ces pérégrinations au Burundi ou au Congo, cet avion s'était-il déjà écrasé ? Quand on a commencé à nous dire que nous sommes originaires d'Abyssinie, cet avion s'était-il déjà écrasé ? En 1959, quand les gens fuyaient pour se réfugier à l'étranger, quelle était l'origine de leur exil ? N'est-ce pas précisément à cette époque que le processus génocidaire a été enclenché[3] ? »

Quelle différence entre un témoignage et un cahier de mémoire ? Lors des commémorations qui ont lieu chaque année au Rwanda le 7 avril et durant cent jours, certains livrent leur témoignage devant un public certes concerné, mais indistinct. Le destinataire du discours est dissous parmi la foule qui écoute, abasourdie et sidérée à son tour. Et les rescapés sont entraînés dans des crises traumatiques incontrôlables. Plus tard, on demande parfois à l'un ou l'autre de donner à nouveau son témoignage dans d'autres circonstances. Le témoignage s'étiole, il perd sa force sans permettre à celle ou à celui qui le prononce de l'adresser, de le destiner, de le partager et de s'en délester. De s'en délivrer pour sortir de la spirale persécutrice du trauma. Regroupés dans l'atelier de mémoire, au sein de la Maison de quartier à Kigali, les participants ont trouvé la force et le courage d'écrire leur récit dans un groupe où chacun était le destinataire de l'autre, où chacun s'adressait à l'autre comme à l'ensemble du groupe. Sans la présence explicite d'un destinataire, sans visée thérapeutique délibérée, le témoin est dépossédé de ses propres paroles, de ses souvenirs et de son histoire.

Durant les veillées de mémoire, chacun-chacune prononce la liste interminable des siens disparus, pour immortaliser leurs noms et leur donner une sépulture. Dans les séances de l'atelier de mémoire, il a fallu non seulement oser dire et énumérer les noms des disparus, mais aussi donner les coordonnées des lieux de massacre, les dates. Toutes ces énumérations déroulées au fil du récit n'ont pas été fortuites, elles retracent dans son intégralité le territoire de la psyché envahie par la violence génocidaire. Il a fallu regarder le passé, ancrer les souvenirs

3 *Ibid.*, p. 80.

de l'enfance à l'âge adulte, les rendre visibles, les sauver de l'oubli, les intégrer dans son autobiographie.

À propos des cahiers de mémoire, Marie-Odile Godard écrit : « Si ces textes sont perçus, pour les lecteurs, comme des témoignages, ils sont, pour les auteurs, des marqueurs de mémoire. C'est d'abord pour soi, pour faire des ponts entre l'avant et l'après du génocide. C'est oser prendre un souvenir et mettre des mots autour, "se" mettre des mots sur ce qui ne demeurait qu'une image fugitive, intrusive d'un passé haï. (...) C'est ensuite pour s'adresser aux disparus, pour leur dire la douleur du manque (...) et affirmer ainsi leur espoir que leurs disparus sont quelque part, là où tout est calme et serein[4]. »

En attendant de retrouver les leurs dans cet espace « calme et serein », la page du cahier de mémoire joue le rôle de l'espace transitionnel, elle est un lieu de retrouvailles qui se dessine dans les lettres adressées aux disparus. Comme s'ils étaient encore « là ». On leur parle. On leur donne des nouvelles, on leur confie des messages[5].

Tous les repères temporels ont vacillé lors de l'instant de la frayeur, l'instant de la dernière fois, l'instant du trauma, et les auteurs des récits se sont attachés, plus de vingt ans après, à situer cet instant dans le temps. Ils en donnent la date, le mois, le jour et l'heure ; ou encore les saisons. Les activités du jour et de la nuit sont inversées. La nuit on tente de survivre et d'échapper aux miliciens. Le jour on se cache. Les dates surgissent avec une précision sèche et décisive. D'autres dates reviennent à la mémoire. Antérieures au génocide et anticipatrices. C'est l'instant où le monde bascule, annonçant les désastres à venir. Nous sommes en 1960. Les auteurs sont encore des enfants. Les souvenirs d'enfance avec ses moments d'insouciance et de bonne entente explosent et le malheur surgit. Il y a des sujets tabous dont les adultes ne parlent pas devant les enfants qui pourtant surprennent des bribes de phrases ou de conversations. Ou entendent d'autres enfants qui emploient des termes insultants à leur égard ou en prononcent d'autres qui les remplissent de crainte et d'effroi, tel le mot « guerre[6] » qui résonne comme un cri d'alarme. L'un des drames les plus féroces que connaissent les enfants tutsi dans la période pré-génocidaire, et tout particulièrement en 1972-1973, c'est

4 *Ibid.*, p. 261.
5 Voir Mukagasana Monique, p. 202.
6 Voir Mukantagara Odette, p. 334.

l'exclusion de l'école. Une génération entière sera interdite d'accès au secondaire, empêchée de poursuivre son parcours intellectuel. Un système impitoyable dit « d'équilibre ethnique » les relègue hors des écoles. Les meilleurs élèves tutsi sont remplacés par de médiocres élèves hutu. La discrimination s'ancre à jamais dans leur existence. Sans recours possible. Il n'est pas un cahier de mémoire qui ne relate cette discrimination cruelle et totalement injuste. Les écoliers sont les victimes précoces de la machine génocidaire qui est en train de se mettre en place. Est-ce dans cette atteinte fondamentale à l'expression et à l'éducation que s'ancrent les symptômes traumatiques occasionnant des troubles du langage, qui surgissent pendant ou aussitôt après le génocide ? « En 1994, la parole a tué au Rwanda », écrit Mukansoro Émilienne. Parallèlement à l'expérience mutilante vécue par les enfants, les adultes n'avaient pas davantage le droit de parler ni de dire, et encore moins de critiquer ou de se plaindre. Il fallait se taire, accepter. Comme les enfants, les intellectuels seront impitoyablement visés. Pour triste exemple, retenons celui de Kanyabugoyi Fidèle. Quelques instants avant le coup fatal qui lui sera porté, les miliciens lui arrachent ses lunettes, après avoir dit : « On te tuera, il n'y aura plus personne pour écrire des articles contre le régime[7]. » Certains n'ont pas hésité à parler de « génocide intellectuel ». Dans un autre cahier, une jeune institutrice est assassinée parce qu'elle a refusé d'épouser un Hutu et parce qu'elle est « trop intelligente[8] ». Les symptômes sont multiples : aphasie, balbutiements intempestifs, irruption incontrôlée de sons. Comme en témoignent Bazizane Béata ou Nyirahabineza Françoise[9].

En livrant leur récit mémoriel, les rescapés restituent la vie des leurs (ils leur parlent). Ils reconstruisent leur propre vie hors de l'espace dévasté et de la temporalité hallucinée dominés par la logique traumatique. Conjuguant entre elles les trois dimensions de la temporalité, les récits recréent les liens de filiation générationnelle. Le « chez nous » est vaste, il commence à la demeure familiale, s'étend tout autour, « après la bananeraie » ou vers « la maison de grand-père », plus bas, plus loin, sur les collines environnantes, de l'autre côté de la rivière. La géographie est indissociable du récit de mémoire. Les lieux sont situés et précisés dans le moindre détail, comme le sont les dates, les jours et l'heure.

7 Voir Mukayiranga Spéciose, p. 42.
8 Voir Mukarutabana Mélanie, p. 83.
9 Voir Bazizane Béata, p. 68 et Nyirahabineza Françoise, p. 138.

Chaque auteur indique la localisation par les désignations d'autrefois : région, préfecture, commune et, pour que les générations suivantes s'y retrouvent, il cite aussi leur actuelle désignation administrative : province, district, secteur, cellule, *umudugudu* (« quartier » ou « village »). Cette double dénomination spatiale s'ancre dans la temporalité de l'avant et de l'après. Entre les deux, c'est l'espace de la violence génocidaire.

Autrefois, on se déplaçait sans peur vers les bureaux de la commune et les marchés. Les églises et les paroisses étaient encore sanctuarisées et tous y trouvèrent refuge lors des massacres qui eurent lieu en 1959, 1961, 1973, 1990. En 1994, tous ces lieux deviendront des lieux de mort certaine et à grande échelle. Soudain, partout, du jour au lendemain, sur les routes et les chemins qui bordent ces lieux s'érigent des barrières tenues par les miliciens, les *Interahamwe* et les militaires. Le pays est quadrillé, sans issue. Les champs de sorgho, les marais, les bananeraies, et les brousses ont perdu leurs qualités familières et traditionnelles. Ils sont vus de manière exclusive comme des lieux où se cacher, se terrer, pour échapper aux regards des tueurs.

La géographie dessine le trajet de la fuite et la topographie de la terreur. Sur des pages et des pages, certaines décrivent leur parcours périlleux qui s'étend sur plusieurs semaines, voire durant un mois ou deux. Pourtant un nombre infime de kilomètres est parcouru, fait d'allers et retours, dans un sens et dans l'autre et de nouveau encore dans le sens inverse sur la même route. Inlassablement. Le périmètre de la peur est immense. Il se fige parfois parmi les morts abandonnés sur les lieux de massacres.

Dans ce paysage, tenant les barrières tant redoutées, il y a les voisins. Il en est beaucoup question dans les cahiers de mémoire : « mon voisin le plus proche », « la maison voisine[10] »... Amis d'hier, ils sont devenus des bourreaux inflexibles. À de rares exceptions, ils acceptent de cacher les fugitifs, pour un temps très court, exigeant avant d'ouvrir leur porte qu'ils reprennent dès le lendemain leur fuite effrénée. Quelques-uns pourtant les ont protégés, affirmant en dépit de tout : *« Il est des nôtres*[11]. »

Le travail d'écriture de l'histoire a resitué le trauma dans une chronologie et une spatialisation qui permet de s'en déprendre. La scène

---

10 Voir Hélène Dumas, *Le génocide au village, le massacre des Tutsi au Rwanda*, Le Seuil, 2014. Anne Aghion, *Mon voisin, mon tueur* (film), 2009.

11 Voir Nyarwaya François, p. 165.

traumatique a progressivement cessé d'envahir l'espace psychique. Il y a quatorze ans, les veuves rescapées exprimaient un violent rejet de leur pays, tout entier confondu aux supplices qu'elles avaient vécus et aux scènes mortelles qu'elles avaient vues se dérouler sous leurs yeux. Le « chez nous » était devenu « un lieu de nulle part ». Seule la fuite hors du pays semblait contenir une promesse d'oubli. Elles voulaient fuir la scène de l'ultime séparation et de la frayeur absolue. Mais la fuite envisagée risquait de n'être qu'une sombre répétition de la fuite qui avait été la leur durant les cent jours du génocide. Le patient travail de remémoration, parcouru aux côtés de celles et ceux qui ont connu les mêmes scènes, s'est étayé sur leur accompagnement réciproque. La méfiance généralisée, les sentiments de haine et de vengeance légitime s'avéraient à la longue autodestructeurs et suicidaires. Ils ont été supplantés par une confiance solide et généreuse. Reconstructrice.

Florence PRUDHOMME

EN 1994, LA PAROLE A TUÉ

Les violences vécues par les survivant-e-s du génocide perpétré contre les Tutsi en 1994 au Rwanda sont extrêmement lourdes à porter. Les taire, les passer sous silence, les mettre de côté serait nier qu'elles font partie d'une histoire, qui a volé la vie de leurs proches et aussi la leur. Lorsqu'on parle de reconstruction de soi, il s'agit pour la personne qui a subi ces violences d'être capable de parler du passé, d'y penser, d'être au présent sans les occulter, sans en avoir honte ni s'en sentir responsable.

En 1994, la parole a tué. Il suffisait que quelqu'un dise : « Lui, il est Tutsi », et c'était fini. Mais il pouvait aussi y avoir quelqu'un qui dise : « Non, il ne l'est pas », et il était sauvé. Un Tutsi n'avait pas de pancarte indiquant qu'il l'était, mais il suffisait de dire : « Lui, il est Tutsi. » La parole meurtrière se transformait en cris, quand les tueurs voyaient frémir un buisson ou qu'ils apercevaient une ombre. C'était le bruit des battements de la langue qui annonçait le sang versé. Et c'est elle encore qui lançait les injures, les paroles qui offensaient et déshumanisaient. Terrassaient.

Le salut était dans le silence, celui de la cachette, où les mères ont appris à étouffer les pleurs de leurs enfants. *Avant* : si l'enfant criait, c'est qu'il avait faim ou qu'il voulait mordre. Il voulait grandir, découvrir le monde. Il voulait vivre, il désirait exister. S'il pleurait, sa maman le consolait sans étouffer ses pleurs qui n'avaient jamais été tus jusqu'alors. *Pendant* le génocide : on a appris à chuchoter, à se taire, on a fait taire l'enfant, on lui a fermé la bouche. L'absence de bruit, c'était la vie. Bouger les lèvres, c'était attirer la mort.

Autrefois, pour les Tutsi comme pour les Hutu, la parole était une valeur sociale essentielle. La parole, c'était l'engagement, l'appréciation ou la dépréciation. Elle créait la confiance ou la méfiance, et plus encore l'honneur. Mais, quand tu es devenu un serpent, un cafard, à la porte de la mort, quand on t'a coupé la langue en coupant la nuque de ton enfant, la main de ton fils, le ventre de ta fille, tu ne fais plus confiance aux mots, tu les crains. Or les craindre, c'est craindre l'humain qui habite dans les mots. Un peu avant et durant le génocide, les Tutsi n'étaient plus rien, leur parole n'avait plus aucune valeur. Le génocide a coupé leurs lèvres de vivants. Pendant le génocide on a d'abord éteint la parole, dans une logique semblable à celle des nazis qui brûlaient les livres.

Reprendre la parole aux tueurs c'est ne plus être leur proie. Prendre la parole en écrivant son *Cahier de mémoire*, c'est reprendre le dessus sur ce passé, le reconquérir. C'est ne plus être enfermé dans le silence, parce que le silence, c'est encore, c'est toujours le génocide. Le silence, c'est obéir à l'assignation au mutisme que la peur de la mort nous imposait. Reprendre la parole, c'est se voir *demain*, c'est à nouveau pouvoir dire : « Je suis vivant, je suis en vie », c'est surtout pouvoir le sentir, c'est avoir le droit de dire « J'existe » et reconstituer ce que le génocide a dévasté.

Là, parler n'attire plus la mort mais permet de reprendre vie ; on a le droit de parler. Les auteur-e-s des *Cahiers de mémoire* ne se situent pas dans un face à face où ils seraient en place d'accusateur ne recevant en réponse qu'un mécanisme de défense de l'accusé. Ils/elles n'accusent personne, ils disent le malheur qu'ils ont connu. Celui qui témoigne se dote d'une autorisation de parole, et cela suffit en soi. Les survivant-e-s partagent avec nous la réalité qu'ils ont vécue, ils l'adressent à celles et ceux qui sauront les entendre.

MUKANSORO[1] Émilienne

1 Tout au long de cet ouvrage, nous avons respecté l'usage rwandais qui place le nom de famille avant le prénom.

PREMIÈRE PARTIE

CAHIERS DE MÉMOIRE

POURQUOI TANT DE HAINE

MUKAYIRANGA Spéciose

AVANT…

Je suis née en 1951 dans une famille agro-pastorale dans un petit village du district de Rulindo (actuelle province du Nord). Je n'ai choisi ni mes parents ni mon continent ni mon pays ni ma soi-disant ethnie[1] tutsi. Mes parents étaient de simples et heureux paysans, ils vivaient de leur labeur et ne savaient ni lire ni écrire. Nous étions cinq enfants, – trois

1 Nous avons conservé le terme « ethnie », en usage à l'époque et utilisé dans leurs textes par les auteur-e-s des *Cahiers de mémoire*. L'appartenance dite « ethnique » se définit en filiation patrilinéaire. L'historien Jean-Pierre Chrétien parle de trois identités sociales qui se distinguent par leurs activités : l'agriculture pour les Hutu, l'élevage des bovins pour les Tutsi, la chasse, la cueillette et la poterie pour les Twa. Lorsqu'en 1930, les colonisateurs belges imposèrent sur la carte d'identité l'inscription de l'ethnie, au lieu du clan qui identifiait la population jusqu'alors, ils se basèrent souvent sur le nombre de vaches possédées.

filles et deux garçons –, et je suis la cadette. L'aîné, Rubayiza Désiré, s'est exilé en Ouganda en 1959 et je ne l'ai revu qu'en 1995. Il est mort d'une longue maladie en 2005. Mon autre frère, Kabayiza Augustin, a été tué durant le génocide. Mes deux sœurs sont religieuses et toujours en vie. Avant les troubles ethniques, notre famille vivait paisiblement.

Pour un survivant, les mots sont pauvres et impuissants à décrire le génocide. Mon témoignage est juste un murmure, un éclaircissement apporté à ce qu'on connaît déjà, mais il est unique et singulier. Chaque survivant contient en lui une part de l'histoire du génocide. On ne peut tout raconter. Beaucoup de choses restent tues. J'écris pour les survivants qui restent sans voix ni paroles ni mots.

Mes souvenirs d'enfance sont ceux d'une petite fille insouciante. Je me souviens avec nostalgie des fruits sauvages qu'on ne trouve plus : *inkeli*, *imisigati*, *inopfu*, *imifumba*[2]. De la nourriture préparée par maman : *impengeri*, *imineke yo mu rwina*, *rucakarara*, *ibirunge*[3]. Des jeux : *umutumba, gusamata intobo, kibaliko, agatambaro, kwihisha, guheka imyanana, guteka*[4]. Des visites : *masenge*, *nyogokuru*[5]... Des veillées autour du feu près de l'*urutara*[6] de nos parents : *imigani*, *ibisakuzo*, *idihimbo*[7]. Des occupations : *imilimo kuvoma*, *gusenya inkwi*, *gutonora amashaza*, *ibitonore*[8]. La vie avec mes parents était la plus heureuse qu'on puisse connaître. J'étais innocente, je ne savais rien de ce qui se passait et mes parents ne m'ont jamais parlé de politique ni d'ethnies. J'ai connu tardivement mes frères et sœurs qui étaient plus âgés que moi. Ma vie a changé à l'âge de dix ans, lorsque j'ai été envoyée chez ma tante. Une vie d'errance a

---

2 Tous les termes de cette énumération en kinyarwanda sont de l'auteure dont le texte original est en français. La remémoration d'une enfance lointaine les lui a spontanément imposés. Voici leur traduction : « Mûres sauvages » ; « Partie des tiges de sorgho très sucrée » ; « Sorgho qui n'a pas muri » ; « Repousses de sorgho ».

3 Sorte de petit sorgho cuit à la vapeur avec des petits pois ou des haricots rouges selon la région, il s'agit principalement d'une nourriture pour les enfants. Bananes mûries à l'étouffé pour faire l'*urwagwa* (« bière de bananes ») et ramassées par les enfants sur les bords de la cuve. « Pâte de sorgho ». Nourriture mélangée avec le beurre rance.

4 Tronc de bananier utilisé par les enfants comme une luge pour dévaler la colline. Jongler avec des billes qu'on jette en l'air et dont on doit rattraper le plus grand nombre possible. « Marelle ». « Morceau de tissu » pour se cacher les yeux et jouer à colin-maillard. « Cache-cache ». « Faux-enfant », c'est-à-dire la poupée fabriquée avec la terminaison de la tige de bananier dont on a coupé le régime et portée au dos comme un bébé. « Dinette ».

5 La « tante », la « grand-mère ».

6 Le « lit surélevé » des parents.

7 « Contes », « devinettes », « chants ».

8 Aller chercher de l'eau, du bois de cuisson. Écosser les petits pois, éplucher les haricots.

commencé. Chez elle, j'ai découvert la pression environnante et la peur. On ne dormait pas souvent à la maison. On allait se cacher chez un voisin hutu. Mais j'étais encore une enfant, heureuse et tranquille avec mes cousins et cousines. J'étais à l'école secondaire et je retournais dans ma famille uniquement pour les vacances scolaires.

En 1973, j'avais vingt-deux ans. J'ai compris. Et la vie a basculé pour moi, et pour les Tutsi.

J'ÉCRIS CE TÉMOIGNAGE…

J'écris ce témoignage par devoir de mémoire envers les miens, surtout envers mon mari qui aurait tellement écrit s'il avait survécu. Dans son délire, lors des derniers instants qui ont précédé sa mort, il a dit tout ce qu'il savait, tout ce qu'il avait vu et compris.

J'écris ce témoignage pour raconter humblement l'histoire du génocide des Tutsi et clamer haut et fort qu'il a été planifié.

J'écris ce témoignage pour répondre aux questions de la jeunesse d'aujourd'hui et de demain sur ce crime qui les a privés de leur famille.

J'écris ce témoignage pour ma libération intérieure. Contrairement aux rescapés qui gardent le silence, pour moi le besoin de parler est vital et il me protège de la folie.

J'écris ce témoignage pour lutter contre tous les négationnistes et les tueurs qui dénient tout.

J'écris ce témoignage pour condamner le silence, l'abandon, la lâcheté et la trahison de la communauté internationale, pendant le génocide qui a englouti les miens.

J'écris ce témoignage pour dire merci et rendre hommage aux soldats inconnus du FPR-*Inkotanyi*[9] qui sont morts pour nous sauver.

J'écris ce témoignage pour dire merci et rendre hommage à celui et à ceux qui ont arrêté le génocide et nous ont donné le droit de vivre, le droit d'avoir un pays et d'être appelés Rwandais et Rwandaises.

---

9 FPR-*Inkotanyi*, Front patriotique rwandais. *Inkotanyi* signifie « ceux qui luttent énergiquement » ou « les invincibles ». Ainsi étaient appelés les exilés tutsi en Ouganda, qui revendiquaient leur droit au retour dans leur pays.

J'écris ce témoignage pour demander pardon à mes enfants que je n'ai pu sauver.

J'écris ce témoignage pour rendre hommage à la bravoure des veuves et des orphelins.

VOICI MON HISTOIRE

En 1961, j'avais dix ans. Mes parents m'ont envoyée chez ma tante maternelle, Mukarubega Madeleine, à Byumba dans le nord-est du pays parce que les voisins hutu venaient de brûler notre maison et de chasser tous les Tutsi de la région. J'ai passé plus d'une année chez elle, insouciante, innocente, heureuse, épanouie, enfant. Ma tante était veuve depuis 1957. Son mari était mort dans un accident de voiture. Pendant cinq ans elle a élevé seule ses sept enfants et elle est restée une femme courageuse et digne jusqu'à sa mort. Je n'oublierai jamais les nuits blanches qu'elle passait pour veiller sur nous, car les Hutu rôdaient autour de la maison. Elle craignait qu'ils ne viennent nous violer, sa fille cadette et moi.

En 1962, elle a senti monter la tension contre les Tutsi et elle nous a envoyées toutes les deux chez des amis qui m'étaient inconnus. Elle est restée avec trois de ses fils. Deux semaines après notre départ, le 27 mars 1962, elle a été tuée avec ses deux fils, âgés de neuf ans et sept ans. Le troisième a échappé à la mort parce qu'il était à l'école, ainsi que les trois aînés qui étaient absents eux aussi. Elle a été mutilée, enterrée jusqu'au cou, dévorée par les oiseaux. Ses deux enfants ont été tués devant elle. Elle a supplié un fidèle domestique de l'achever pour mettre fin à son supplice. Le même jour, Munyakazi, mon oncle paternel, et Mukasonga, sa femme enceinte de jumeaux, furent tués et torturés. En mars 1962, dans la seule préfecture de Byumba, vingt mille Tutsi furent tués en trois jours. Pour la première fois, je venais d'échapper à la mort. J'avais onze ans.

En 1963, j'étais dans le Bugesera chez mon oncle maternel, Bwankoko Pierre, pour les vacances de Noël. La maison de mes parents avait été incendiée et ils étaient à Kigali dans un camp de déplacés. Les militaires sont venus chez mon oncle, ils ont fouillé toute la maison et lui ont promis la mort, s'ils trouvaient chez lui la photo du *Mwami*[10] Rudahigwa. La fouille n'a rien donné mais ils ont continué à nous menacer de mort. Toute la famille tremblait de peur, ils ont emmené mon oncle et son fils, Murayire André. Nous avons appris qu'ils étaient en prison où ils ont passé vingt-deux ans. Très jeune je leur rendais visite et de ma vie jamais je ne les oublierai. Ils étaient vêtus de noir, derrière les barreaux, les mains menottées dans le dos. Un militaire, fusil en main à côté d'eux, surveillait la visite qui ne durait que trois minutes. Ils avaient été incarcérés à Ruhengeri dans cette prison qu'on appelait la « prison spéciale » en raison de la cruauté de sa direction et de son administration. Une vingtaine de Tutsi, hauts fonctionnaires de l'État, y furent fusillés par les militaires le 23 décembre 1963. La route pour s'y rendre était épouvantable, nous passions cinq heures dans une camionnette pour y aller, sa fille, Mukamuranga Daphrose, et moi. Parfois un minable surveillant nous refusait le droit de visite et nous rentrions en pleurant. Mon oncle et son fils étaient condamnés à mort et pendant vingt-deux ans ils ont attendu l'exécution de la sentence dans des conditions d'extrême cruauté. Ils étaient mal nourris, mal soignés et souvent torturés moralement. Ils furent relâchés en 1985. Mon oncle était un squelette vivant et nous avons eu du mal à trouver des vêtements à sa taille. En 1963, il pesait quatre-vingt-cinq kilos et à sa sortie de prison à peine quarante. Son fils, lui, avait gardé l'éclat de sa jeunesse, sa beauté et sa vigueur.

Deux ans plus tard, mon oncle est mort d'une maladie du foie. À la prison un surveillant lui avait donné un violent coup de poing au ventre et il était resté sans soins. Le surveillant, apprenant que mon oncle allait être prochainement libéré suite à une amnistie présidentielle, avait voulu le tuer avant sa sortie. Mon cousin, Murayire André, a été tué pendant le génocide de 1994 et il a laissé derrière lui sa veuve et leurs trois filles. Je garde au fond de mon cœur le souvenir très amer d'hommes humiliés, bafoués, déshumanisés. Physiquement ils sont morts, mais

10 Au début des années trente, s'effectue une redéfinition des pouvoirs coutumiers par le colonisateur. Le *Mwami* (« roi »), opposé à l'Église est déposé et remplacé par son fils Mutara III Rudahigwa qui fut le premier *Mwami* à se convertir à la religion chrétienne. Mutara III a régné de 1931 à 1959. En 1954, il a proclamé l'abolition de la féodalité. En 1959, soigné au Burundi, il succombe brutalement à la suite d'une injection. Aussitôt la rumeur s'est répandue d'un empoisonnement fomenté par les Blancs.

moralement ils sont toujours restés dignes. Ils ne se plaignaient jamais et furent des modèles de courage, malgré les tortures qui leur ont été infligées. La même année, mon oncle paternel, Kagimbanyi Anthère, fut tué avec d'autres Tutsi innocents. Tout cela se passait dans le Bugesera où étaient déportés les Tutsi chassés de leur région natale depuis les événements de 1959[11].

En ce mois de décembre 1963, dans tout le pays beaucoup de Tutsi, accusés d'avoir participé aux attaques armées des rebelles, les *Inyenzi*[12], furent tués dans des conditions atroces. Ce génocide fut passé sous silence par tous les pays. Dans certaines régions, surtout au sud, dans la préfecture de Gikongoro[13], les jeunes filles et les femmes survivantes ont été violées par des Hutu du village qui restaient impunis. Beaucoup d'enfants sont devenus orphelins. Ce n'est qu'en 2013, cinquante ans après, qu'ils ont pu, pour la première fois, lors d'une cérémonie, célébrer la mémoire des leurs et pleurer leurs familles. En 1994, le génocide des Tutsi emportera les familles survivantes, composées principalement de mères qui avaient tellement peiné pour élever leurs enfants.

LES ANNÉES SOIXANTE-DIX

En juin 1970, je venais de terminer mes humanités[14], section économie, et j'étais à la recherche d'un emploi. Un jour, mon professeur de mathématiques, un Belge, m'a trouvé un emploi de comptable à l'hôtel

11 En 1959, à la suite d'une rumeur attribuant aux Tutsi l'assassinat d'un sous-chef hutu, Mbonyumutwa Dominique, les violences, incendies et lynchages menés par des bandes hutu se répandent dans tout le pays. Premiers massacres, premiers exils vers les pays limitrophes. Début de la « Révolution sociale » lancée, appuyée et supervisée par l'Église, l'armée et l'administration coloniale.

12 « Nous n'avons pas pu savoir l'origine exacte du mot *Inyenzi* : certains nous ont affirmé que ce sont ces jeunes gens qui se le sont attribué, d'autres nous ont dit qu'il a été imposé par l'État Rwandais pour pouvoir déshumaniser les Tutsi et les tuer plus facilement en les traitant comme des insectes », Mugesera, Antoine, *Les conditions de vie des Tutsi au Rwanda de 1959 à 1990*, Dialogue, Kigali & Izuba, Miélan, 2014, p. 111. Le terme *Inyenzi* (« cafard », « cancrelat ») a désigné systématiquement les Tutsi et, pour ceux qui l'employaient, il est devenu synonyme d'ennemis du Rwanda.

13 C'est ce qui a été appelé le « petit génocide » de Gikongoro, dont Bertrand Russell a dit qu'il était le « massacre le plus horrible et le plus systématique depuis l'extermination des Juifs par les nazis ».

14 Le système scolaire au Rwanda est constitué de six années pour le primaire (de la 1re à la 6e primaire). Elles s'achèvent par un examen d'État. Elles sont suivies de six années pour le secondaire, trois appelées tronc commun et les trois suivantes appelées second cycle, qui se termine par le diplôme des humanités.

des Diplomates. C'était un hôtel que la Belgique avait offert au Rwanda, *via* sa coopération. Il était tout neuf. Quand je me suis présentée, le directeur belge m'a dit qu'il devait demander l'autorisation de mon engagement auprès du ministère du Tourisme et de l'Hôtellerie et du ministère de la Coopération et des Affaires étrangères. Il m'a dit de revenir le lendemain tellement il était sûr d'obtenir les documents. Quand je suis revenue, il m'a dit que l'autorisation d'engagement lui avait été refusée, parce que j'étais tutsi et que je risquais « d'empoisonner les clients ». Il était affligé et impuissant et il m'a demandé : « C'est qui les Tutsi ? » Je n'avais que dix-neuf ans, je n'ai rien expliqué. Je suis partie résignée, affligée, et je suis restée longtemps sans emploi.

En 1973, je me suis exilée au Zaïre[15], parce que les étudiants hutu menaçaient de nous tuer et de nous violer. Mon fiancé, Kanyabugoyi Fidèle, qui devint mon mari en 1974, fut jeté en prison après avoir été accusé d'avoir facilité notre exil. J'étais partie avec deux de mes cousines et un neveu de cinq ans. Cette même année, mon cousin germain, Kagango Régis, a été tué au sud du pays, à Kabgayi, par ses collègues étudiants. Il a été lapidé. Beaucoup de Tutsi, dont les frères Joséphites, ont été tués à Kabgayi, en présence du président Kayibanda[16] qui circulait, vérifiait et supervisait les événements qu'il avait lui-même orchestrés. En 1973, tous les Tutsi furent chassés de leurs emplois et des écoles, et le pays connut un exil des intellectuels, alors qu'en 1959 l'exil avait concerné toutes les classes de la société, les paysans comme les intellectuels. On arrivait au travail et sur la porte d'entrée était affichée la liste des noms de ceux qui étaient renvoyés. Dans toutes les écoles, y compris les séminaires, les élèves et les professeurs tutsi ont été brutalement chassés et souvent menacés de mort. Les militaires hauts gradés se sont partagé la direction des établissements scolaires, tout en préparant le coup d'État

15 Aujourd'hui République démocratique du Congo (RDC).

16 En 1957, Kayibanda Grégoire est l'un des neuf signataires de la « Note sur l'aspect social de la question raciale indigène », connue sous le nom de *Manifeste des Bahutu*. La même année, il crée le mouvement social Muhutu. En 1959 il fonde le Parti du mouvement de l'émancipation hutu, Parmehutu. En 1960, le parti rebaptisé Mouvement démocratique républicain, MDR Parmehutu, remporte les élections communales. Kayibanda forme un gouvernement provisoire, en tant que Premier ministre. Le premier président de la République rwandaise est Mbonyumutwa Dominique (1er janvier-26 octobre 1961). À sa suite, Kayibanda sera élu président en 1961. Ses rivaux lui reprocheront d'écarter les leaders politiques du Nord et de favoriser les ressortissants de sa préfecture natale, Gitarama. Sa présidence prend fin le 5 juillet 1973 avec le coup d'État de son ministre de la Défense, le général-major Habyarimana Juvénal, originaire du Nord du pays.

du 5 juillet 73, qui a semé désordres et carnages dans tout le pays. De 1974 à septembre 1990, nous avons résisté à toutes les tortures morales, aux injustices, aux humiliations. Nous en étions conscients et nous efforcions de les surmonter avec dignité.

Je me suis mariée le 7 septembre 1974. Un agent de la sûreté nationale est venu dire à mon mari de reculer l'heure de la messe parce que le président soudanais était en visite dans notre pays. Il s'agissait surtout de saboter notre mariage qui se déroulait à vingt-cinq kilomètres du lieu de sa visite et ne risquait en rien de la troubler.

J'ai eu une vie heureuse avec mon mari, quatre beaux et bons garçons, un travail intéressant, des employeurs bienveillants, des amis, des voisins, des parents. J'avais tout pour être heureuse dans la vie, malgré les méfaits du pouvoir à l'égard des Tutsi. Depuis 1975, nous habitions dans une maison appartenant à l'État, mais en 1978 une lettre du ministère des Travaux publics nous a brutalement demandé de la quitter dans les plus brefs délais. Nous étions avertis que les forces de la gendarmerie nationale interviendraient si nous ne la quittions pas. Nous avions une maison en cours de construction et avons décidé d'y emménager sans tarder. Seuls le toit, les portes et fenêtres étaient finis. Il n'y avait pas d'eau, pas d'électricité, pas de sanitaires, pas de peinture sur les murs. La maison n'était pas encore habitable et nous l'avons terminée au fur et à mesure avec nos maigres salaires, puisque les crédits nous étaient refusés. En 1988, elle était bien achevée et nous étions fiers de l'habiter. En 1994, elle fut détruite, comme toutes les propriétés des Tutsi dans le pays.

LES ANNÉES QUATRE-VINGT

En 1980, Robert Gaillard, mon employeur belge chez Rwanda Motor, a reçu un « tract[17] » lui intimant l'ordre de chasser les deux Tutsi de sa société. J'étais l'une des deux, la seconde était la caissière, Musabwasoni Primitive. L'ordre signé « Armée du salut » menaçait de tuer notre directeur s'il ne nous renvoyait pas. Il nous a dit qu'il avait un problème, que nous devions rentrer à la maison, qu'il allait continuer à nous payer et que cela allait s'arranger. Il avait peur et il a

17 Le « tract » (pour lequel il n'existe pas de terme en kinyarwanda) était un papier rédigé individuellement ou collectivement, distribué pour semer la terreur parmi les Tutsi. Il était l'instrument privilégié de leur dénonciation, de leur discrimination et de leur exclusion.

changé la position de son bureau pour être face à la porte et surveiller qui entrait. Nous sommes restées deux mois à la maison, terrorisées de ne pas connaître le motif de notre renvoi. Un jour, un officier est venu nous chercher et en chemin il nous a montré le tract. Nous sommes allées avec lui chez le ministre de la Fonction Publique, le Colonel Rwagafilita[18]. Il nous a sermonnées et nous a ordonné de retourner au travail sans nous donner la moindre explication. Jusqu'à aujourd'hui, j'ignore qui a été le responsable de notre éviction.

Mon mari se battait pour la justice, l'égalité sociale et les droits de l'homme depuis son adolescence. Tout au long de sa carrière de fonctionnaire de l'État il a connu beaucoup d'humiliations et d'injustices, mais cela n'affectait en rien notre foyer. Nous étions insensibles à la haine qui nous visait, nous étions heureux en famille et avec nos amis. Nos enfants étudiaient dans des écoles privées qui nous coûtaient très cher, mais nous n'avions pas le choix. Nous faisions honte à nos futurs bourreaux en gérant et en partageant le peu que nous avions. Nous avons appris à tout partager, notre maison était ouverte à tous les membres de nos familles et aux autres. Depuis notre mariage, le nombre tournait entre huit et quatorze personnes en permanence, – des étudiants, des maçons, des malades –, tous avaient leur place chez nous.

LES ANNÉES QUATRE-VINGT-DIX

Le 1er octobre 1990, le FPR a attaqué dans le Mutara, à l'est du pays. Toute la haine entretenue et planifiée depuis des années contre les Tutsi a explosé. Dans la nuit du 4 au 5 octobre à Kigali, le pouvoir organisa une simulation d'attaque armée dans la capitale. Le lendemain, l'autorité militaire a prétendu à la radio nationale que les soldats du FPR étaient les responsables de cette attaque. Aussitôt dix mille Tutsi, toutes conditions confondues, enfants, femmes enceintes, paysans, hommes d'affaires, hauts fonctionnaires, religieux, infirmes, vieux et vieilles furent jetés dans les prisons dans des conditions indescriptibles.

Tous les Tutsi étaient déclarés complices de l'attaque du FPR. Les prisonniers ont souffert de la faim, de la promiscuité et du manque

18 Le colonel Rwagafilita, chef d'état-major de la gendarmerie, était l'homme fort de la région, il sera l'éminence grise du pouvoir génocidaire et comptera parmi les activistes les plus impliqués dans les massacres autour de Kibungo dont il était originaire. Sous le régime d'Habyarimana, il a été décoré de la Légion d'honneur par la France.

d'hygiène. Dans la prison centrale de Kigali, la prison 1930, il n'y avait qu'une seule toilette et une seule douche pour mille personnes. Chaque jour certains passaient à l'interrogatoire et étaient battus. Les femmes et les jeunes filles étaient battues et violées par les bourreaux, et les survivantes gardent en mémoire cet horrible épisode. Les visites étaient interdites et, quand elles étaient exceptionnellement autorisées, les prisonniers s'y rendaient menottés et sous haute surveillance. Leur détention a été prolongée pendant six mois, sans aucune preuve et au mépris des droits les plus élémentaires de la personne. Parmi les prisonniers, il y avait de nombreux membres de nos familles, de nos amis, de nos collègues de travail, de nos voisins, de notre entourage. Chaque jour nous nous attendions à ce que notre tour arrive… Souvent, les voisins hutu entraient chez nous sans s'être annoncés, ils fouillaient la maison pour voir si on ne cachait pas des armes. Ils nous terrorisaient en permanence. À l'école, nos enfants étaient conspués et humiliés par leurs condisciples et par les enseignants hutu qui les accusaient d'être les enfants des complices des *Inkotanyi*.

Le 22 octobre 1990, j'ai mis au monde une fille. C'était ma première fille après quatre garçons. Je ne pouvais pas aller à l'hôpital, il était trois heures du matin et le couvre-feu commençait à dix-huit heures depuis la fameuse nuit du 4 octobre. Mon mari est allé demander l'autorisation de circuler auprès de la gendarmerie et de la Croix-Rouge, mais ils la lui ont refusée. Ne pouvant sortir, il a téléphoné à ma tante maternelle infirmière, Mukayuhi Bellancille, qui lui a dicté tous les gestes à faire. Grâce à ses recommandations, mon mari a pu couper le cordon ombilical. C'était difficile pour lui et c'était la première fois qu'il assistait à un accouchement. Tout se passa bien pour l'enfant, mais le placenta ne se décollait pas. Mon mari a téléphoné de nouveau à ma tante pour savoir quoi faire. Elle lui a recommandé de presser sur l'utérus pour décoller le placenta. J'ai refusé, j'avais peur que tous mes organes ne sortent. Inconsciente des risques que je prenais, j'ai gardé le placenta toute la nuit. Très tôt le matin, je suis partie à l'hôpital avec mon mari et une voisine qui tenait le bébé. À l'hôpital, les gardiens ont fouillé le bébé, disant que des armes pouvaient être dissimulées dans ses langes. À peine quatre heures après sa naissance, notre enfant commençait sa vie en découvrant les humiliations. Ma tante habitait loin et je l'ai retrouvée à l'hôpital. Elle nous a recommandé de ne pas révéler notre lien de parenté, car son mari était en prison et ses collègues infirmières voulaient la faire emprisonner elle aussi. Mon mari, ma tante et le bébé sont partis dans le service de pédiatrie, pendant que j'entrais seule dans la salle d'accouchement. Seule je devais affronter la haine et les injures des infirmières. Elles m'insultaient, m'accusant d'avoir des frères au front avec le FPR. Elles insinuaient que les femmes tutsi cachaient des armes dans leurs cheveux. Elles ont refusé de me soigner jusqu'à dix heures. J'attendais depuis sept heures du matin. Après m'avoir reproché d'occuper trop longuement le lit de l'hôpital, une infirmière m'a libérée du placenta. Elle l'a mis dans un plastique qu'elle m'a jeté à la figure. Je n'ai rien dit, je l'ai mis dans mon sac. L'infirmière m'a demandé de la suivre, j'avais des vertiges, mais je me suis forcée à la suivre jusqu'à une salle commune où elle m'a indiqué un lit. De loin, ma tante guettait son départ, elle est venue me chercher et nous sommes rentrées toutes les deux à la maison avec le bébé et mon mari. Grâce aux soins d'un ami chirurgien qui a consulté des ouvrages de gynécologie, j'ai survécu au manque de soins *post-partum*.

Au cours de ce mois d'octobre, il y a eu beaucoup de tueries dans tout le pays. Dans la seule commune de Kibilira, en préfecture de Gisenyi, au nord-ouest du pays, plus de trois cent cinquante-sept personnes furent tuées. L'Association rwandaise pour la défense des droits de la personne et des libertés publiques a fait un rapport sur les droits de l'homme au Rwanda de septembre 1991 à 1992 qui donne la liste des personnes tuées dans les secteurs de cette commune. Le FPR avait attaqué au nord-est et les Tutsi de Kibilira ont été aussitôt tués dans des conditions cruelles que je ne saurais détailler. Ainsi les membres d'une même famille, – le mari, la femme et leurs sept enfants –, ont été brûlés vifs à l'essence en octobre 1990. Les tueries étaient commanditées par les autorités préfectorales, communales et militaires et souvent récompensées par une promotion.

En 1991, tous les hommes et les garçons tutsi du clan des Bagogwe[19] (membres de la famille de mon mari) ont été tués systématiquement et leurs cadavres jetés dans une fosse commune dans le jardin du bourgmestre de Kinigi. Les veuves et les enfants ont fui la région pour se diriger vers chez nous. Seul survivant adulte habitant à Kigali, mon

19 Le clan des Bagogwe était composé d'éleveurs tutsi, dans la région de Bigogwe, au nord-ouest du Rwanda.

mari a géré la situation désespérée de près de quarante personnes. Dans sa famille, il ne restait que deux hommes, dont l'un était sorti d'entre les cadavres à Kinigi, – mais il sera tué plus tard en même temps que mon mari, le 11 avril 1994. J'hébergeais plus de vingt-six personnes, surtout des femmes et des enfants. Le second groupe de treize personnes logeait à Kabgayi au sud du pays, car nous n'avions pas suffisamment de place. Nous faisions vivre tout le monde avec nos faibles salaires, mais les voisins devaient ignorer que nous hébergions des Bagogwe. J'ai partagé la douleur des mères qui pleuraient leurs enfants. Mes enfants ont appris à se passer de repas copieux. Eux aussi commençaient leur lutte, ce n'était déjà plus des enfants, ils étaient mûrs et ne se plaignaient jamais, ils éprouvaient de la compassion à l'égard de leurs neveux et cousins. Ils ont grandi dans le partage avec autrui. À cette époque, nous avons décidé de ne plus rouler avec notre voiture Peugeot 305. Mon mari refusait de faire des dépenses pour une voiture, alors que des êtres humains mouraient de faim. Je partageais son avis et je me suis sacrifiée sans réserve pour sa famille. Il menait sa lutte politique et moi je m'occupais de la survie matérielle de ma famille et de la sienne. Ce n'était pas facile, mais nous avons su gérer tout en même temps : le travail, la souffrance, l'endurance, le sacrifice, la mort, les humiliations, les enfants, l'entourage, la peur. Tout cela me demandait beaucoup d'énergie, mais je n'en manquais pas. Deux cent soixante-trois Bagogwe furent tués cette année-là. Le plus vieux avait quatre-vingt-cinq ans, c'était l'oncle de mon mari. Le plus jeune avait dix-sept ans. La plupart étaient des paysans, des éleveurs, des gens considérés comme des citoyens de seconde zone sur lesquels le pouvoir pouvait exercer des représailles sans être inquiété, et ce depuis longtemps. Tous les Bagogwe de la région furent tués, parce que les *Inkotanyi* avaient attaqué la prison de Ruhengeri le 23 janvier 1991 et avaient libéré les prisonniers politiques. Cette attaque spectaculaire fut ressentie comme une humiliation par le régime, et surtout par le président Habyarimana qui, dans un discours à Mutara, a promis à l'armée de la venger. Il voulait offrir une victoire à l'armée humiliée et à une population fanatisée par trois mois de propagande raciste. Hors du regard des observateurs étrangers, surtout occidentaux, les Bagogwe constituaient une proie facile et idéale. Hommes, femmes, enfants ont été battus et torturés tout au long des années 1991, 1992 et 1993. Beaucoup ont succombé à leurs blessures ou sont devenus infirmes. En 1994, la minorité survivante a été achevée. La région des Bagogwe a été le premier laboratoire national du génocide, dont les artisans étaient les hautes autorités administratives et militaires. Les Bagogwe qui habitent aujourd'hui la région sont des rapatriés de la RDC voisine ou de rares veuves et orphelins rescapés des massacres qui eurent lieu de 1991 à 1993.

Le 30 mars 1992, mon mari, survivant du massacre des Bagogwe, fut jeté en prison pour avoir élevé la voix contre l'extermination de son peuple. Les agents de la sûreté ont fait une perquisition et ils ont saisi des documents relatifs aux massacres de Kibilira, à ceux du Bugesera, et des articles de presse sur les partis politiques au Rwanda, ainsi que des notes personnelles. Mon mari était épris de paix et de justice, il a été le premier représentant légal de l'association *Kanyarwanda*[20]. En janvier 1992 déjà, avec douze rescapés des massacres des Bagogwe, il avait demandé au Premier ministre d'accepter le principe d'une enquête officielle sur ces massacres. Après avoir passé sept jours en prison, il est ressorti grâce aux media étrangers qui ont fait pression sur le régime. Pendant ces sept jours, j'ai dû gérer la peur, la douleur de mes enfants et de tous les déplacés, j'ai dû continuer à aller à mon travail, supporter les violences au marché, dans la rue, dans les transports... Heureusement, je recevais le soutien de nos amis qui se battaient pour le faire libérer et je devais rester forte pour toute la famille élargie et pour mes enfants. L'arrestation de mon mari était un moyen d'écarter un témoin gênant, parce qu'il connaissait tous les détails sur les massacres des Bagogwe et détenait beaucoup de documents s'y rapportant.

Le 28 août 1992, l'escadron de la mort[21] a attaqué notre maison. Ses membres étaient armés. Ils ont forcé la porte et sont entrés à trois. Six autres sont restés à l'extérieur de l'enclos. J'étais dans la cour et j'ai vu l'un d'eux qui avait une grenade à la main. Il m'a forcée à rentrer dans

20 *Kanyarwanda*, Association pour la promotion de l'union par la justice sociale, dont les membres fondateurs Kanyabugoyi Fidèle et Ruhatana Ignace, seront tués avec leurs camarades en 1994.

21 Selon le témoignage de Janvier Afrika, recueilli par la Fédération internationale des ligues des droits de l'homme (FIDH) en 1993, les escadrons de la mort désignaient « le fer de lance » du clan Habyarimana, les tueurs zélés de son entourage. Ancien membre des escadrons de la mort, il a dit avoir été formé durant quatre mois par des militaires français.

la maison, il m'a plaquée contre une étagère au salon et m'a demandé de l'argent. Je lui ai dit que je n'en avais pas et il a commencé à me frapper avec une machette. Il m'a menacée de mort, il m'a donné cinq coups de machette à l'épaule gauche et un plus violent à l'épaule droite. Les deux autres hommes ont fouillé toute la maison et ils ont pris une radio. L'escadron de la mort ne cessait d'attaquer les membres des associations des droits de l'homme qui dénonçaient le régime, malgré les intimidations et les tortures atroces qu'on leur faisait subir depuis 1990. Mon mari venait d'échapper à la mort, parce que c'était bien lui que les tueurs étaient venus chercher. Il a informé les associations internationales des droits de l'homme (dont Amnesty International), qui ont écrit au régime de cesser leurs violences contre lui.

Ce jour-là, mes aînés n'étaient pas à la maison, j'étais avec ma fille de deux ans et demi, ma grande sœur religieuse et mes trois nièces. Elles étaient enfermées dans une pièce. Après le départ des tueurs, elles sont sorties, tremblant de peur. Ma fille pleurait beaucoup, je perdais beaucoup de sang à l'épaule droite, mais je ne ressentais rien. Les voisins sont accourus et sont allés chercher de l'aide à la brigade[22] voisine. Je suis partie au Centre hospitalier de Kigali (CHK) avec un officier et son chauffeur. J'ignore comment il l'avait appris, mais en cours de route l'officier m'a dit que je n'avais pas à me plaindre, qu'on ne m'avait rien volé et qu'on m'avait laissée en vie. Je me taisais, j'étais hébétée, j'avais des vertiges. À l'hôpital j'ai été reçue par un médecin tutsi qui était notre ami. Il m'a soignée sans rien me dire ni me demander devant le militaire resté présent. L'année 1992 a été meurtrière. Au retour j'ai entendu l'explosion de grenades dans la capitale et le lendemain on apprenait la mort des Tutsi. À l'est du pays, dans le Bugesera, à la même époque, beaucoup ont également été massacrés.

La peur perpétuelle a conduit mon fils aîné à s'exiler, il est parti seul au Burundi chez ma cousine. Il ne pouvait plus supporter l'ambiance de mort, de sacrifice, de pauvreté, de peur qui régnait. C'était dur pour nos enfants et on n'avait plus le temps de nous occuper d'eux, de les choyer, de leur expliquer ce qui se passait. Nous vivions au jour le jour. Mon mari était souvent absent. Après le travail, avec les autres militants de *Kanyarwanda*, il préparait les déclarations qu'ils adressaient aux missions diplomatiques et aux ministres, dénonçant les tueries qui avaient lieu

22 Brigade désigne l'emplacement du poste de gendarmerie.

ici ou là. J'ai la copie de ses déclarations et des courriers qu'il adressait au Premier ministre, aux préfets, aux bourgmestres, leur demandant de faire arrêter les massacres qui embrasaient le pays.

Le 8 février 1993, il y a eu une forte attaque du FPR dans le nord du pays et les représailles ont été immédiates. Cette fois-ci les tueries touchèrent ma famille. Dans ma commune natale beaucoup de Tutsi furent tués et chassés de leurs maisons. Le 10 février, mon mari de retour du Burundi a appris qu'on devait le tuer ce soir-là. Il m'a appelée pour me dire qu'il allait se cacher. Il est resté caché une semaine. Pour épargner aux enfants de nouvelles épreuves, j'ai décidé d'envoyer trois d'entre eux chez des amis à Butare, croyant qu'ils y seraient plus en sécurité. Je venais de me séparer successivement de quatre de mes enfants et je restais seule avec ma fille encore au sein. La séparation fut très douloureuse, mais je pensais que c'était mieux pour leur survie.

Le 22 février 1993, les miliciens et les militaires ont attaqué ma famille. Mon père, Muragwa Jean Népomucène, âgé de quatre-vingt-cinq ans, fut déshabillé et frappé nu ; mon neveu et sa femme furent frappés à mort ; le mari de ma nièce fut tué. Ma mère s'est évanouie à la vue de ces horreurs. J'ai appris tout cela le jour même, mais j'étais impuissante pour faire venir les survivants. Par chance une religieuse est partie chercher ma famille et vingt personnes ont pu venir chez nous. Je devais gérer la survie de ma nièce veuve et de ses sept enfants, ainsi que l'incompréhension de mon père qui ne supportait pas cette haine. Sa vie n'était qu'amour. C'est ce qu'il proclamait toujours et partout. Il n'était qu'un simple paysan, un danseur traditionnel qui ne savait ni lire ni écrire ni compter. Pour lui les valeurs culturelles l'emportaient sur les richesses et les biens matériels importés. Une nouvelle lutte commença, c'était trop pour nos corps et nos cœurs, mais nous nous sommes efforcés de gérer tout ce désastre.

L'ANNÉE 1994

En février, le leader de la CDR[23], Bucyana[24] fut tué dans la préfecture de Butare. À l'annonce de sa mort, le quartier de Gikondo où il habitait à Kigali s'enflamma et cent Tutsi furent tués froidement en représailles. Les survivants ont fui vers d'autres quartiers. Nous avons appris que beaucoup de familles tutsi s'étaient réfugiées au Centre Christus, chez les pères jésuites. Mon cousin, Gahizi Patrick, en était le supérieur. Il est venu nous chercher. Je suis partie avec mes enfants, ma mère et mes nièces. Mon mari et son cousin sont restés à la maison, mais ils n'y dormaient plus parce que chaque nuit la maison était encerclée par des *Interahamwe*[25] qui voulaient les tuer. Au Centre Christus, le préfet de Kigali, Renzaho[26], et le secrétaire général du MRND[27] de la Ville de Kigali, Butera[28] Jean-Baptiste, nous ont demandé de regagner nos quartiers, nous accusant de déstabiliser la sécurité en quittant nos maisons. De victimes, nous devenions les accusés… Toutes les familles se sont enfuies vers différents quartiers de la capitale. Avec une famille amie, je suis restée dans un appartement, situé dans le Centre Christus, où

23 La Coalition pour la défense de la République était le principal parti hutu extrémiste. Elle a été créée en mars 1992, lors des massacres des Tutsi dans le Bugesera. Sa milice s'appelle les *Impuzamugambi* (« Ceux qui ont le même but »).

24 Le 21 février 1994, Bucyana Martin, président de la CDR, fut tué par la foule à Butare au lendemain de l'assassinat de Gatabazi Félicien, ministre des Travaux publics et de l'Énergie, dirigeant du Parti social-démocrate (PSD)..

25 Le terme désigne d'une manière générale ceux qui s'entendent bien et plus précisément, comme dans le cas des miliciens, « ceux qui travaillent ensemble ».

26 Le 14 juillet 2009, le colonel Renzaho Tharcisse, ancien préfet de Kigali-ville, a été reconnu coupable par le Tribunal pénal international pour le Rwanda (TPIR) de génocide, assassinat et viol, ces deux derniers chefs étant retenus contre lui à la fois comme crime contre l'humanité et crime de guerre. Il a été condamné à la peine d'emprisonnement à vie (Affaire ICTR-97-31-T). Il a fait appel. Le 1er avril 2011, la chambre d'appel a confirmé la condamnation pour génocide et assassinat, mais a jugé que sa responsabilité pour viol n'était pas établie. La chambre de première instance l'avait jugé coupable du massacre de plus d'une centaine de Tutsi tués par des *Interahamwe* le 17 juin 1994 à l'église de la Sainte-Famille. Cette conclusion a été confirmée par les juges d'appel.

27 MRND, Mouvement révolutionnaire national pour le développement, fondé par le président Habyarimana. Parti unique jusqu'en 1991, où il est rebaptisé Mouvement républicain national pour le développement.

28 Butera Jean-Baptiste figure sur la liste des personnes de la première catégorie (commanditaires et auteurs de génocide), *Journal Officiel*, 1er septembre 1996.

nous étions trente personnes. L'autorité préfectorale nous menaçait et nous demandait de quitter les lieux. La famille amie et moi avons décidé d'envoyer ma mère de quatre-vingts ans et nos enfants à Butare. Mes deux fils étaient venus en vacances, ils sont repartis le 22 mars 1994. Nous, nous avons quitté le Centre Christus le 30 mars 1994.

Encore une fois je venais de me séparer de mes enfants et j'ai regagné seule mon foyer, sans ma fille cadette de trois ans et demi. Sans les enfants la maison était vide. J'étais avec mon mari et son cousin survivant des Bagogwe. La haine contre les Tutsi était proclamée haut et fort par la radio RTLM[29], dans les taxis, au marché, dans les bureaux, dans les rues... Partout le Tutsi était traqué, victime de l'humeur de n'importe quel milicien. La planification du génocide était en marche. Nous avions tous peur, nous pressentions la mort, mais nous étions impuissants.

NOUS AVONS COMPRIS QUE NOUS ALLIONS TOUS MOURIR

Le 6 avril 1994 au bureau, je me souviens que toutes mes amies avaient peur. On n'a pas pu travailler ce jour-là. J'ai compris plus tard que c'était le jour de nos adieux. Ce soir-là j'étais à la maison avec mon mari et son cousin. Un voisin ami nous a téléphoné pour nous apprendre la mort du président Habyarimana. Ce fut un grand choc, nous avons compris que nous allions tous mourir. Mon mari essayait d'imaginer le scénario après la mort du président. Moi j'avais peur, je voulais fuir, mais je ne le pouvais pas. Dans la nuit les barrières ont aussitôt été érigées. Aucun Tutsi ne pouvait plus bouger de là où il se trouvait. Depuis notre maison nous entendions des fusillades, des explosions de grenades. Beaucoup de Tutsi furent tués dans la nuit du 6 avril à Kigali.

Le 7 avril 1994, un communiqué de la radio nationale a dit à tous les citoyens de rester chez eux. En fait, seuls les Tutsi étaient visés. Prisonniers dans nos maisons, nous entendions les voisins hutu discuter et jubiler. J'avais peur, je n'ai pas dormi dans notre chambre et j'ai passé la nuit couchée dans le corridor, pour ne pas mourir en recevant les tirs de grenades qu'on pourrait lancer par les fenêtres.

29 La Radio-télévision libre des mille collines, lancée en juillet 1993, diffusait sans relâche ses messages de haine, elle donnait des listes des Tutsi à abattre et indiquait où ils se cachaient.

Ce jour-là, notre téléphone fonctionnait encore et nous avons appris la mort de mon cousin jésuite. Très tôt le matin du 7 avril, les militaires sont venus au Centre Christus, ils ont sorti toutes les personnes de leurs chambres ou du réfectoire. Ils les ont enfermées dans la chambre 28 et les ont fusillées froidement à la mitraillette jusqu'à épuisement de leurs munitions. Il y avait dix-neuf personnes. Trois pères jésuites tutsi, dont mon cousin Gahizi Patrick, cinq prêtres diocésains, neuf jeunes filles africaines en retraite spirituelle, une assistante sociale et un cuisinier. Parmi les victimes, il y avait des Hutu. Quand nous l'avons appris, nous avons compris que ces dix-sept personnes étaient mortes à notre place parce que l'autorité préfectorale ne savait pas que nous avions quitté les lieux et avait demandé aux militaires d'aller tuer tous ceux qui étaient sur place sans aucune exception.

J'ai appris la mort de ma cousine chérie, Mukandahiro Judith, et de ses trois enfants, de sa sœur religieuse qui était venue la chercher le 6 avril pour l'emmener à Butare. Nous avons appris la mort de tous les amis dans différents quartiers, nous avons appris que leurs maisons étaient incendiées et que les blessés étaient morts à l'intérieur. Mon mari a téléphoné à la Mission des Nations unies pour l'assistance au Rwanda[30] (Minuar) pour demander de l'aide pour les familles blessées, sans aucun résultat. J'ai téléphoné aux familles amies, Kayije Thaulin, Habyarimana Joseph, pour leur dire de vider les citernes d'eau pour y cacher leurs enfants. Mes amis et ma tante Mukayuhi Bellancille m'ont téléphoné pour me dire de quitter notre maison et de venir nous cacher chez eux. Tous savaient que nous étions parmi les plus ciblés par les tueurs et tous avaient pitié de nous. Mon mari me demandait d'essayer d'aller chez nos voisins hutu qui étaient nos amis jusqu'au 6 avril. J'ai refusé et je lui ai dit que j'étais prête à mourir, du moment que mes enfants étaient en sécurité. Par le téléphone de nos amis étrangers nous avons appris que nous étions encerclés et que nous ne pouvions pas sortir. Nous étions dans l'attente de la mort. Ce fut le dernier jour de notre communication avec l'extérieur.

Le 8 avril 1994, nos téléphones ont été coupés, nous n'avions plus de contacts, nous étions hébétés, apeurés, impuissants, angoissés, affamés. Nous n'avions plus rien à manger. Nous n'avions que de l'eau.

---

30 La Mission des Nations unies pour l'assistance au Rwanda (MINUAR), créée par une résolution du Conseil de Sécurité de l'ONU en 1993 était composée de deux mille cinq cent hommes, majoritairement venus du Bangladesh (942), du Ghana et de Belgique (440).

Le 9 avril 1994, nous avons entendu une fusillade à notre portail et nous avons réussi à nous réfugier dans une maison voisine, désertée par des Canadiens. De là, nous avons entendu des cris et des injures qui nous étaient destinés. Les miliciens pillaient tous nos biens et se bagarraient pour se les partager. Nous avons entendu les vieilles voisines que nous avions autrefois aidées. Elles proféraient des insultes à notre égard. Nous avons entendu qu'on brûlait notre maison, cette maison que nous avions construite. Cette maison où nous avions connu seize ans de bonheur. Mon mari, son cousin, le boy et moi sommes partis la nuit vers la paroisse de Kicukiro, qui était à deux cents mètres de là. Nous y sommes restés une nuit, nous étions couchés par terre dans la poussière et, dans l'obscurité, nous entendions d'autres fugitifs qui arrivaient en chuchotant. Ils nous disaient qu'ils étaient blessés et avaient laissé des morts derrière eux. Tous étaient Tutsi. Je ne les ai jamais revus.

L'ABANDON DES TUTSI À L'ETO

Le 10 avril 1994, très tôt le matin, en plein brouillard nous avons pu gagner l'École Technique Officielle de Kigali[31] (ETO), où était installée la Minuar. À leur arrivée en août 1993, les agents de la Minuar armés se promenaient dans nos quartiers, proclamant qu'ils étaient venus pour assurer la sécurité de tous les Rwandais. Nous avions leur numéro de téléphone et le communiquions à nos amis. Ils étaient courtois, c'est pourquoi presque toute la population des quartiers environnants s'est réfugiée là. Le réfectoire, les classes, les salles, les bureaux, les dortoirs, les garages et les ateliers étaient remplis de réfugiés. Quand nous sommes arrivés, ceux qui étaient sur le terrain de football ont applaudi à la vue de mon mari. Ils étaient heureux de voir que lui, le militant des droits de l'homme, admiré et apprécié par ses collègues, avait réussi à atteindre le sol de l'ONU. Comme un leader, il n'a pas perdu son temps et il a déclaré : « Nous allons passer beaucoup de temps ici sous la haute protection de la Minuar, mais elle ne va pas nous nourrir ni organiser notre survie quotidienne. » Avec d'autres intellectuels, ils ont créé des comités d'information, de sécurité, d'hygiène, et d'approvisionnement. Nous avons appris que Uwilingiyimana[32] Agathe, Premier ministre,

31 Plus de deux mille personnes s'y sont réfugiées.

32 Uwilingiyimana Agathe, membre du MDR, ministre de l'Éducation nationale, a aboli la pratique des quotas ethniques sévissant dans les établissements scolaires, puis a été

et les dix Casques Bleus belges qui assuraient sa protection avaient été assassinés. Nous avons creusé et construit des latrines. Nous avons rassemblé tout l'argent disponible et certains sont partis chercher à manger, surtout pour les enfants. Les jeunes gens allaient chercher de l'eau et nous pouvions laver les langes des bébés. En présence de la Minuar belge, munie de son équipement militaire et de ses moyens de communication, et connaissant l'objet de sa mission au Rwanda, nous nous sentions pleinement en sécurité.

C'ÉTAIT LE JOUR DU GRAND ESPOIR DE SURVIE, ET CE FUT LE DERNIER

Le lundi 11 avril 1994, beaucoup de Tutsi blessés continuaient à affluer de partout. Ils venaient d'assister impuissants à la mort des leurs. Arrivés à l'ETO ils étaient soulagés et nous les consolions. Dans la matinée, les miliciens *Interahamwe* ont essayé de lancer des grenades sur nous, ils étaient à l'extérieur, loin de la cour et du stade où nous nous trouvions. Les militaires de la Minuar nous conseillaient de nous coucher à terre, ils braquaient leurs armes vers les *Interahamwe* sans bouger de leur poste. Les miliciens ne sont pas entrés, ils avaient peur de la Minuar. Ce jour-là il y a eu des mouvements de foule contradictoires. Les militaires rwandais venaient trier leurs familles ou leurs amis qui s'étaient réfugiés à l'école par erreur. Ils les ramenaient chez eux. À l'extérieur, d'autres militaires rwandais poussaient les Tutsi vers l'école. C'est ainsi que deux familles sont arrivées dans l'après-midi, quelques minutes avant le départ de la Minuar. Elles étaient accompagnées par le milicien le plus virulent du quartier, Iyamuremye[33] Jean-Claude, qui brandissait le drapeau bleu et blanc de l'ONU. Les deux familles nous ont rejoints. J'étais avec deux jeunes femmes qui pleuraient, disant que la Minuar allait nous abandonner. Je les consolais en disant que c'était impossible, je ne pouvais imaginer leur trahison et notre abandon.

Les soldats belges et français sont venus trier tous les Blancs et les couples mixtes, les enfants métis, et tous ceux qui avaient un rapport avec les Blancs. Il y a eu aussi le tri de toutes les personnes travaillant

---

Premier ministre. Violemment rejetée par les extrémistes, elle a été assassinée par des éléments de la Garde Présidentielle, le 7 avril 1994 au matin.

33 Iyamuremye Jean-Claude, à peine majeur en 1994, accusé d'avoir participé au massacre de l'ETO, a été extradé des Pays-Bas vers le Rwanda en 2016.

pour les organismes onusiens et leurs familles, sur présentation des cartes de travail. Les camions militaires les ont évacués et ils sont partis. Nous venions d'assister impuissants à deux tris qui annonçaient notre mort. À l'intérieur de l'école, la Minuar a averti les Tutsi qu'elle allait partir et que notre sécurité serait assurée par l'armée rwandaise. Nous leur avons dit que les militaires rwandais allaient tous nous tuer, ce qu'ils savaient pertinemment.

Les préparatifs de départ ont commencé dans la plus grande discrétion. Les camions sont arrivés, les agents de la Minuar se sont précipités dedans et les camions sont partis à toute allure. Des jeunes gens se sont couchés par terre pour leur barrer la route. Les soldats de la Minuar installés sur les camions ont tiré en l'air, les jeunes Tutsi ont cédé le passage. Certains ont essayé de monter dans les camions, mais les soldats les ont jetés à terre et ils sont partis sans se retourner. Pourtant ils avaient vu que l'école était encerclée par les miliciens et les militaires rwandais, qui avaient déjà planifié de nous tuer après le départ de la Minuar. Ils nous ont trahis et abandonnés, nous laissant entre les mains des bourreaux. Ils n'ont pas eu pitié des bébés de quatre jours ni des vieillards de quatre-vingt-cinq ans. Nous étions Tutsi, nous devions tous mourir. C'était un génocide. Il m'est difficile de vous décrire notre état d'âme, nous étions affolés, apeurés, désespérés, nous disant adieu l'un à l'autre.

Certaines mamans récitaient le chapelet, d'autres lisaient la Bible. D'autres pleuraient et serraient leurs enfants dans leurs bras pour la dernière fois. Les hommes ont crié fort pour nous appeler à nous enfuir vers le stade Amahoro où se trouvaient des soldats du FPR et la Minuar Bangladesh. C'était à six kilomètres de l'ETO. Les *Interahamwe* sont entrés dans l'ETO et ils ont commencé à tuer tous les Tutsi sur leur passage. Avec mon mari et d'autres nous avons pu sortir. Arrivés à l'extérieur, juste derrière l'enclos de l'école, nous avons vu des militaires qui braquaient leurs armes sur nous. Ils nous ont tous fouillés, ils ont pillé l'argent et les montres, tout en nous insultant. Les miliciens et les militaires grouillaient sur tous les chemins. Une barrière avait été érigée et nous barrait la route.

Nous entendions des coups de sifflets et le bruit de tambours venant des collines environnantes. Les miliciens appelaient au rassemblement pour tuer les Tutsi qui fuyaient l'ETO. Sous la grande pluie d'avril, nous courions, espérant arriver au stade Amahoro. C'était une foule hétérogène de vieilles, de vieillards, d'hommes, de femmes portant des bébés, d'enfants, d'infirmes, voire même de paysans innocents qui pleuraient la mort du président Habyarimana. En cours de route, dans les marais, sur les collines, les miliciens tuaient et pillaient. L'un d'eux avait une épée, il m'a demandé de l'argent et je lui ai donné ma montre. Nous avons couru jusqu'à la route principale qui va à l'aéroport international. Mais, les militaires nous ont fait rebrousser chemin jusque sur les lieux du massacre. Le colonel Renzaho, préfet de la ville de Kigali, avait donné l'ordre aux militaires de nous ramener là et de nous tuer hors du regard des Européens.

LA MARCHE VERS LA MORT

Cette marche a immédiatement commencé. Je ne sais pas si je trouverai les mots pour la décrire. Devant nous il y avait une camionnette avec des militaires et des miliciens qui braquaient leurs fusils sur nous. Derrière, nous étions poursuivis par des militaires, des miliciens, des voyous, des femmes, des jeunes filles. Tous nous insultaient, nous reprochant la mort du président Habyarimana et la mort des deux présidents du Burundi[34]. Ils tuaient, ils coupaient les tendons aux chevilles, ils pillaient, ils nous huaient. En cours de route, mon mari fut reconnu et les miliciens crièrent : « On te tuera, il n'y aura plus personne pour écrire des articles contre le régime. » Ils lui ont arraché sa montre, ses lunettes, sa casquette. J'avais peur qu'on le tue. J'ai essayé de dissimuler son visage avec mon pagne, mais en vain. La marche était terrible, nous étions fatigués, assoiffés, affamés. Marchant sous la pluie et dans la boue sans chaussures, nous allions vers la mort. Tout au long de la marche, mon mari est resté silencieux et soudain il m'a demandé pardon en disant qu'il aurait dû m'envoyer ailleurs. Je lui ai répondu que nous pouvions mourir heureux car nos enfants étaient hors de danger. Les deux aînés étaient au Burundi et les trois autres à Butare. Nous ne savions pas que le génocide était orchestré et mis en œuvre dans tout le pays, et mon mari est mort sans savoir qu'un grand nombre de Tutsi, dont nos deux fils, seraient tués à Butare. Les planificateurs nous avaient trompés en nous faisant croire que le Sud du pays était sûr.

---

34 Ndadaye Melchior, a été le premier président hutu dans son pays. Élu en juin 1993, il a été assassiné lors du coup d'État du 21 octobre 1993, mené par des putschistes tusti qui avaient gardé le contrôle de l'armée. Ntaryamira Cyprien, était dans l'avion présidentiel rwandais, le 6 avril 1994.

Arrivés sur le lieu du carnage, sur la route principale qui va au Bugesera, loin de la capitale, les tueurs ont lancé des grenades sur nous. Je suis tombée. Certains sont tombés sur moi, j'ai demandé à mon mari de m'aider à me dégager, car je pensais que j'allais mourir étouffée. Les gens ont bougé, et je me suis sentie un peu mieux bien que toujours couchée à terre. Du haut d'un talus, un militaire a crié, demandant aux Hutu qui étaient dans la foule de présenter leurs cartes d'identité et de partir. Quelques domestiques hutu avaient fait la marche de la mort avec leur patron. Le tri a été rapidement fait et aussitôt après les militaires ont tiré sur nous, toujours depuis le haut du talus. Ils ont tiré sur les bébés, sur les vieillards, sur les femmes enceintes, sur nos mères, nos maris, nos amis, nos voisins, nos enfants. Ils ont tiré sans pitié sur tous les Tutsi. C'était un génocide. Puis ils ont dit qu'ils étaient à cours de munitions et ils ont appelé les miliciens à la rescousse pour qu'ils poursuivent les tueries avec des armes traditionnelles. La fusillade avait projeté des cadavres au-dessus de mon corps, j'avais les jambes immobilisées, je ne pouvais plus bouger. J'étais inerte. Après le départ des militaires, les *Interahamwe* ont continué à tuer avec leurs machettes, leurs gourdins, leurs haches, leurs marteaux, et autres outils agricoles ou domestiques. J'ai entendu un milicien dire : « Toi, cancrelat, je vois que tu portes un costume payé grâce au salaire que notre président te versait, et tu t'es réjoui[35] quand il est mort. » Le cancrelat en question, c'était mon mari. J'ai entendu qu'on lui portait un coup très fort. Il a commencé à délirer, racontant tout ce qui s'était passé. Puis il s'est tu. Les miliciens insultaient, tuaient et pillaient tout en même temps. L'un d'eux s'est glissé sous mon corps pour chercher des pièces de monnaie dans les poches des cadavres. Ils marchaient sur les cadavres comme si c'était le sol. Pendant les tueries, aucun Tutsi ne gémissait, pas même les bébés. J'entendais les insultes proférées par les miliciens et les bruits de leurs armes. Ils ont continué la besogne jusqu'à la tombée de la nuit et sont partis en promettant de revenir le lendemain matin pour achever ceux qui n'étaient pas morts ce 11 avril, les ramasser avec la pelle mécanique et les emporter jusqu'à la rivière Nyabarongo, à dix kilomètres du lieu du carnage.

35 Le milicien lui a dit littéralement : « Tu as fait l'animation quand le président est mort. » Chaque semaine, dans les bureaux, on se réunissait pour faire « l'animation », c'est-à-dire pour chanter les louanges du président Habyarimana et danser en son honneur.

Après leur départ, j'ai entendu tout ce qu'un cœur humain ne peut supporter d'entendre. J'ai entendu les pleurs des bébés jusqu'à leur épuisement, jusqu'à la mort. J'ai entendu les enfants réclamant à boire à leur père. Mes voisines me griffaient, vomissaient et mouraient. J'ai entendu un père recommander à son enfant de s'enfuir le lendemain chez sa tante. Il y avait ce beau clair de lune du Rwanda. J'étais toujours sous les cadavres sans éprouver le moindre sentiment. Une petite fille de sept ans m'a confondue avec sa tante. Elle est passée parmi les cadavres et est venue me demander de la prendre dans mes bras. Je ne pouvais pas bouger. Je lui ai dit de dormir sur ma poitrine et de poser ses jambes sur les cadavres. Elle m'a dit qu'elle avait froid, que les miliciens l'avaient dénudée. Cette enfant candide a commencé à me raconter son histoire et j'ai appris que son père était grièvement blessé, que sa maman, son petit frère de onze jours et son frère de quatre ans étaient tous morts. Après elle a dormi et je crois que moi aussi. Un cousin m'a appelé pour que je vienne le relever car il avait mal. Je lui ai répondu que je ne pouvais pas bouger, il s'est fâché. Puis il s'est tu. J'ai touché, entendu, écouté, senti, vécu l'horreur. Mon cœur et mon âme ont touché le fond, je suis morte parmi les morts, mais je suis restée en vie avec une plaie qui ne se refermera jamais. On survit à un génocide, mais on ne survit jamais à ses conséquences. La vie, le temps nous apprennent à vivre tant bien que mal, mais la souffrance est singulière et reste encryptée en chaque survivant.

Le lendemain matin, le 12 avril 1994, les miliciens sont revenus très tôt. Ils ont poursuivi leurs tueries. Un milicien m'a aperçue, il m'a crue morte avec beaucoup d'argent sur moi. Il m'a soulevée par mes tresses, m'a relâchée, puis il a pris la chaînette autour de mon cou, la bague que j'avais au doigt et il a déchiré mes poches pour chercher de l'argent. Il n'a rien trouvé. Il m'a donné des coups de marteau sur les tempes. J'ai continué à feindre la mort et il est parti. Je me suis évanouie, mais je ne suis pas morte. Un milicien qui fouillait les cadavres a trouvé une carte d'identité. Il m'a demandé si j'étais hutu pour me sauver. Je lui ai dit que j'étais tutsi, que j'avais les jambes coupées et la tête fracassée et que le mieux qu'il puisse faire était de me tuer. Je voulais mourir pour rejoindre les miens. Il n'a pas voulu me tuer, il a préféré que je meure à petit feu. Enfin les *Inkotanyi* sont arrivés. Ils ont chassé les miliciens et nous ont demandé de les suivre. Je ne saurai jamais vous dire comment j'ai pu me relever et voler le pagne d'une victime, car mes vêtements étaient déchirés. J'ai couru et j'ai fui. Je fuyais la mort et les morts. J'ai abandonné là sur son lit de mort mon mari – mon frère, mon ami, mon amour, mon modèle – il fut et restera pour moi jusqu'à la fin de ma vie un homme exceptionnel dans tous les domaines et tous les aspects de la vie. En septembre 1994, nous allions fêter nos vingt ans de bonheurs partagés.

Nous avons été pris en charge par les soldats du FPR qui ont décidé de nous emmener à Byumba, dans le nord du pays, où il n'y avait plus de combat.

Dans la capitale en un seul jour, le 11 avril 1994, plus de trois mille cinq cent Tutsi ont été tués en trois heures, c'est dire l'extrême rapidité de ce génocide qui a fait un million de morts en cent jours. Les Tutsi ne sont pas morts en raison de l'attaque du FPR en 1990 ni en raison de la mort du président Habyarimana, ils sont morts parce que tout était planifié de longue date.

APRÈS

Je pleure et pleurerai toujours la mort de mes deux enfants qui étaient mes trésors, qui n'ont jamais fait de mal à personne, mais rêvaient de faire du bien aux plus pauvres, y compris les enfants hutu de nos voisins. À la maison nous les éduquions dans le respect et l'amour d'autrui. Ils étaient généreux. Je me sentirai toujours coupable de leur avoir survécu et le poids de la douleur ne s'apaisera jamais. Le 4 avril, mon fils m'avait demandé de les envoyer au Burundi, car il affirmait qu'à Butare aussi ils risquaient d'être tués et moi je pensais le contraire. Pardon, mes chers enfants, de n'avoir pas pu vous sauver.

Je pleure la mort de mon mari qui aimait sa famille, son pays et son peuple sans aucune discrimination.

Je pleure ma mère morte de chagrin à cause du génocide.

Je pleure mon vieux père qui était l'amour, la joie et qui n'était que bonté et générosité.

Je pleure mon frère qui fut comme un père pour moi et tout pour mes parents.

Je pleure plusieurs cousines et cousins, oncles, tantes, neveux, nièces, amis, voisins.

Je pleure tous les Tutsi morts cruellement et injustement.

Je pleure mon enfance, mon passé, et les valeurs que je n'ai plus, car les tueurs les ont détruites avec les miens.

Je pleure la pauvreté de certains survivants, qui ont dû recommencer tout à zéro. Ils sont là pour se reconstruire, sans indemnisation de l'ONU, qui nous a abandonnés.

Je pleure les femmes violées, contaminées par le sida.

Je pleure ces parents sans enfants ni parenté.

Je pleure tous les enfants orphelins qui ont été ramassés près des cadavres de leurs mamans et ne savent rien de leur identité.

Je pleure tout ce que notre pays a dû souffrir et endurer à cause de cet ignoble génocide.

En essayant d'écrire je rends justice aux morts et je donne un cercueil aux nôtres qui n'ont pu être enterrés car les bourreaux nous cachent où sont leurs corps. Seule la justice pourra panser nos plaies encore béantes.

Mais ma question restera toujours sans réponse : pourquoi tant de haine contre les Tutsi ?

DE LA RÉSILIENCE

Au camp de Byumba, on nous a annoncé la victoire du FPR et la prise de Kigali. Quand on nous a dit que nous devions retourner vivre à Kigali, j'ai voulu fuir mon pays que je maudissais à l'époque. J'étais comme une naufragée, le vide autour de moi était profond et absolu. Je n'avais *rien*. Ni mari ni enfants (les survivants étaient au Burundi), ni famille ni voisins ni amis. Je n'avais aucun bien. Je devais tout reconstruire. Seule. Et je devais rester forte et stoïque pour les raisons suivantes :

Par devoir pour notre président et tous les soldats du FPR qui m'avaient sauvé la vie en arrêtant le génocide.

Pour consoler les femmes sans enfants ni mari ni personne[36] ; les très jeunes orphelins qui ne comprenaient rien à la mort brutale et injuste de leurs parents.

---

36 On appelle *incike*, les personnes qui ont perdu absolument tous les membres de leur famille durant le génocide.

Pour m'occuper de ma mère rescapée, dont le cœur était rongé de chagrin depuis 1959 par l'exil de son fils aîné, la mort de sa petite sœur et de ses neveux, la mort de ses beaux-frères, l'emprisonnement de son petit frère et de son neveu, et le génocide de 1994. Elle est morte le 1er février 1995. C'était trop pour son cœur meurtri et solitaire. Sa mort l'a libérée de toutes ses souffrances.

Pour payer les frais de scolarité, vêtir, nourrir, encadrer, protéger et comprendre les orphelins de ma famille et de la famille de mon mari. C'était dur mais je savais partager avec altruisme et générosité.

Pour reconstruire ma maison, pour reconstruire l'amitié.

Par devoir de mémoire. J'ai participé à beaucoup de veillées, j'ai exhumé des corps dans les fosses communes et organisé des enterrements. Je donnais souvent et partout mon témoignage. J'avais envie que tout le monde sache ce qui nous était arrivé.

Pour rendre justice aux victimes. À travers mes témoignages, lors des procès qui ont eu lieu à Bruxelles et à Paris[37], je sentais que j'offrais un cercueil aux nôtres non enterrés.

Pour créer avec d'autres rescapés des associations : l'Association de solidarité des femmes rwandaises (Asoferwa), Ibuka[38], Impore, etc. Et plus tard, en 1996, l'Association des étudiants rescapés du génocide (Aerg), grâce à l'initiative de douze étudiants de l'Université du Rwanda.

Pour initier avec le soutien d'Ibuka la création du mémorial de Nyanza Kicukiro. C'est un lieu que j'honore particulièrement parce que ce fut le lit de mort de mon mari et de tous les Tutsi tués là-bas.

Pour reconstruire mon être intérieur. J'avais tout perdu et pour survivre je devais mener une vie normale, comme les autres. J'avais, j'ai, deux vies dans mon cœur, celle de mon passé parsemée de souffrances et la vie actuelle pleine de joie et de bonheur. La joie et le bonheur de vivre dans un pays sans discrimination, un pays qui connaît un développement spectaculaire grâce à la vision de son président et de son peuple. La joie et le bonheur de voir les orphelins adultes,

37 Mukayiranga Spéciose a été entendue comme témoin en 2001 lors du procès des quatre génocidaires qui s'est tenu devant la cour d'assisses de Bruxelles et, en février 2014 à Paris, lors du procès Simbikangwa. Voir le site du Collectif des parties civiles pour le Rwanda (CPCR).

38 Ibuka regroupe l'ensemble des associations de rescapés du génocide des Tutsi : orphelins, veuves, enfants chefs de ménage, anciens étudiants…

responsables et heureux. La joie et le bonheur d'avoir un pays en paix où je sais qu'il n'y aura plus de génocide, où les enfants et petits-enfants rwandais pourront vivre sans la peur de mourir qui a rongé le cœur de nos enfants tutsi jusqu'en 1994. La joie et le bonheur de savoir que moi aussi dans mon humble contribution de patriote, j'ai construit l'unité et la réconciliation.

Et enfin pour lutter de toutes mes forces contre le déni et le négationnisme jusqu'à mon dernier souffle.

« Ne jamais oublier car l'oubli est la pire trahison pour un survivant ».

Kanyabugoyi Fidèle,
mari de Spéciose

Kabega Cécile et Muragwa Jean Népomucène,
parents de Spéciose

LE CHAGRIN N'EST PAS UN PLEUR INCESSANT

BAZIZANE Béata

AVANT…

Je suis née en 1960 dans le village de Rubungo, situé dans l'actuel secteur de Bumbogo, district de Gasabo. Là, j'ai vécu avec mes parents, qui ont eu sept enfants : cinq filles et deux garçons. Lorsque j'étais encore très jeune, mes parents me chérissaient. Je me souviens surtout des années 1964/1965. À cette époque, nous dormions dehors dans le pâturage de Nyandungu situé au pied de la colline de Ndera. Les enfants les plus jeunes, ceux de mon âge, étaient transportés au dos. Après s'être éloignés de la maison, les parents déroulaient une natte et nous nous endormions dans cette brousse. Le lendemain matin, nous remontions à la maison, comme si rien de particulier ne s'était passé. En rentrant, nous apercevions nos voisins tranquilles chez eux dans leurs enclos. Nous étions comme des étrangers revenant d'un campement. Nous demandions à nos parents les raisons d'une telle situation qui n'était pas courante. Ils nous répondaient que ceux qui passaient la nuit chez eux n'avaient pas de problèmes : ils étaient hutu et n'étaient pas concernés par le danger.

Plus tard, ce va-et-vient a cessé. J'ai grandi, j'ai été scolarisée. Dans les écoles, chaque année, il y avait des actes de discrimination. Chaque fois que les responsables en éprouvaient le besoin, ils entraient dans la classe et interrompaient les cours sans explication, demandant aux élèves de se lever. Les Hutu d'un côté et les Tutsi de l'autre. En 1973, j'étais en sixième année primaire. À la fin de ce cycle, nous devions passer l'examen d'État en juillet. Le 5, le général Habyarimana a pris le pouvoir, à la suite du coup d'État contre Kayibanda. Le nouveau président a prétendu promouvoir la réconciliation nationale[1]. Mais pour les écoliers, rien n'a changé. L'administration a poursuivi la même « politique d'équilibre ethnique et régional[2] ». C'était une loi non écrite, mais effective. Dans ma classe, j'étais parmi les dix élèves les plus doués. Nous étions fils et filles de Tutsi. Aucun de nous n'a été admis en secondaire. J'ai beaucoup souffert et j'ai été profondément traumatisée (bien qu'à l'époque ce mot m'ait été inconnu). Papa a dû vendre sa vache pour que je sois admise à l'école de formation professionnelle où on apprenait le métier de cuisinière ou celui de couturière. Là aussi j'ai bien réussi, mais je n'ai pas pu continuer. Ma grande sœur est tombée gravement malade et mes parents m'ont priée d'abandonner l'école pour que je les aide dans leurs tâches quotidiennes. Ils semblaient avoir perdu tout espoir de scolariser leurs enfants et pensaient qu'il était inutile que leurs filles poursuivent des études qui ne les conduiraient qu'à apprendre la cuisine ou la couture.

Je suis devenue adulte. Le 9 septembre 1978, je me suis mariée avec Kamanzi Justin, mon cousin, le fils de mon oncle maternel. Avec lui

1 Dans les premiers mois de son régime, Habyarimana a mis en avant la « réconciliation nationale » : « Notre Mouvement doit soutenir et mettre en œuvre la volonté de bannir la discrimination ethnique », in République rwandaise, Présidence de la République, *Allocution du Président de la République, Président-fondateur du MRND clôturant sa tournée du 16 avril au 6 mai 1976 dans les préfectures*. Cité par Kimonyo Jean-Paul, *Rwanda un génocide populaire*, Paris, Karthala, 2008. Ce prétendu changement de cap a été rapidement abandonné. La politique discriminatoire à l'égard des Tutsi dans les écoles secondaires et supérieures, dans la fonction publique et dans l'armée a été renforcée et strictement appliquée.

2 Cette politique avait été adoptée sur le plan ethnique durant la Première République. Suite aux violences de 1973 dont un des objectifs avait été de chasser les Tutsi des écoles, le régime de la Deuxième République a décidé l'application rigoureuse des quotas ethniques et la mise en place de quotas régionaux.

nous avons vécu en harmonie, dans un relatif bien-être, et j'ai donné naissance à quatre enfants. Nous habitions à Kigali, dans le secteur de Bumbogo, cellule de Musave. En 1984, nous avons déménagé vers le district de Rwamagana, secteur de Munyiginya, cellule de Nkomangwa. Mon mari a trouvé du travail à Nyagatare, dans l'entreprise SGEM[3].

Le 1er octobre 1990, les rebelles du FPR-*Inkotanyi* ont fait une incursion militaire dans le pays pour réclamer leur droit au retour. Toute personne identifiée Tutsi, où qu'elle se trouve, fut dès lors désignée comme cible et victime de harcèlement et de torture. Mon mari a traversé l'enfer pour nous rejoindre après avoir quitté Nyagatare, au nord-est du pays, – là précisément où les *Inkotanyi* exilés en Ouganda venaient d'entrer au Rwanda. Il a échappé aux tueries et, grâce à la main protectrice du Très-Haut, il a fini par nous rejoindre. À partir de cette date, nous n'avons plus bénéficié de son salaire mensuel ni d'aucune autre source de revenu. Nous avons vécu très durement. Soupçonné d'espionnage au profit du FPR, mon mari a maintes fois risqué d'être arrêté. Cependant, parmi les autorités, certains n'étaient pas d'accord avec cette rumeur. Nous l'avons appris par la suite

Le 2 octobre 1990, au lendemain de l'incursion du FPR, Rwigema[4] Fred Gisa a été tué. Il était le commandant en chef du FPR. Partout dans le pays les autorités ont intimé à la population l'ordre de quitter le travail pour manifester sa joie. Elles ont convoyé tous les habitants qui transportaient des troncs de bananier enveloppés dans des nattes selon la coutume[5]. Ils criaient : « Nous allons enterrer le leader des *Inyenzi.* » Ce jour a été terrible. Nous sommes restés enfermés à la maison. Nous avons interdit à nos enfants de sortir. Le matin de cette sinistre mise en scène, je suis sortie pour couper le bois stocké près de la maison. Notre voisin hutu m'a surprise. Il était très en colère, il est venu m'arracher la machette des mains en disant : « Donne-ça. Votre complot a été mis au jour et divulgué. Nous tenons votre destin entre nos mains et vous ne lui échapperez pas… » Le lendemain, mon mari est allé trouver un ami infirmier pour lui demander d'écrire une feuille de consultation précisant qu'il était souffrant le jour du prétendu « enterrement » communautaire et n'avait pu sortir de chez lui. Il a ainsi échappé aux poursuites.

---

3 SGEM : Société générale d'électricité et de mécanique.

4 Rwigema Fred Gisa était l'un des membres fondateurs du FPR. Il est mort le 2 octobre 1990.

5 Dans la tradition, on enveloppait le corps avec des nattes avant l'inhumation. Les troncs de bananiers représentent ici le corps du défunt.

Nous sommes restés dans ces tumultes et bagarres sans le moindre espoir que mon mari retrouve un emploi. Jour après jour, aucune perspective ne s'offrait à nous. Un jour, nos enfants sont allés puiser de l'eau à la source. Des jeunes gens les ont attrapés par le cou et leur ont plongé la tête dans le ruisseau en s'écriant : « C'est par eux que nous commencerons… » Cette vie remplie d'humiliations a duré trois ans. Nos cœurs étaient lourds de chagrin, lorsque survint la détonation du génocide des Tutsi, le soir du 6 avril 1994.

LE GÉNOCIDE

À l'aube du jeudi 7 avril 1994, mon mari a ouvert son transistor sur la fréquence de la radio Deutsche Welle[6] ; il aimait suivre les informations de quatre heures du matin. Il a entendu que l'avion transportant le président Habyarimana et le président du Burundi s'était écrasé quelques instants avant son atterrissage à l'aéroport de Kigali. Après avoir écouté attentivement, il m'a réveillée et il m'a dit : « C'est fini, nous allons tous être exterminés. » « Que se passe-t-il ? », ai-je demandé. Très anxieux, il m'a répondu : « L'avion du président a été visé par des tirs et il s'est écrasé. Ils ne vont pas nous épargner ! » Instantanément, le chaos et la terreur se sont répandus dans le quartier de l'aéroport, à côté de la résidence présidentielle, là où était tombé l'avion.

Dès le 8 avril, les *Interahamwe* de Rwamagana ont commencé à tuer dans les secteurs de Musha et Cyimbazi. À Nyarubuye, il y avait des signes avant-coureurs des tueries et les Tutsi se réfugiaient à Nkomangwa où nous habitions. Un système de rondes nocturnes a été mis en place. Ceux qui y participaient prétendaient monter la garde pour sécuriser le quartier. Ils affirmaient qu'ici on ne voulait pas tuer, mais ce n'était qu'une ruse pour contrôler tout le monde. Des femmes et des enfants tutsi sont arrivés dans notre maison située en contre-bas du lac Muhazi. Ils espéraient être sauvés. Des Tutsi des secteurs de Musha et de Cyimbazi les ont rejoints. Dans notre secteur, personne n'avait encore été tué.

6 Radio allemande dont une station-relais émettait depuis Kinyinya, à la périphérie de Kigali.

Cette nuit-là, nous avons dormi dans la brousse. Sur toutes les collines des secteurs riverains du lac Muhazi, on brûlait les maisons des Tutsi. Les assaillants se rapprochaient de notre village. Le nombre de fuyards allait chaque jour croissant. On a donné l'ordre à tous ceux qui avaient fui leur domicile de se rendre au bureau du secteur. On disait que c'était pour les protéger. Une fois encore, c'était un subterfuge pour forcer les Tutsi à se retrouver en un seul et même endroit où ils pourraient être tués en grand nombre, sans que l'on ait à les pourchasser dans des cachettes dispersées. Les *Interahamwe* ont tué tous ceux qui s'étaient rassemblés au bureau du secteur. Ils ont poursuivi leurs tueries dans les maisons où certains étaient restés cachés. Puis, ils ont jeté les corps sans vie dans le lac Muhazi.

Le 13 avril, la situation a empiré. Nous sommes de nouveau partis à la recherche d'une cachette. Mon mari s'est réfugié chez un voisin qui le livrera quelques jours plus tard aux tueurs. Avec mes plus jeunes enfants, je suis allée chez un autre voisin tandis que les aînés sont allés se cacher dans un enclos plus éloigné. Tous, nous avons été cachés et protégés jusqu'au 20 avril, vers neuf heures du matin. À ce moment-là, un groupe d'assaillants est venu me chercher. Avant leur arrivée, mes enfants avaient miraculeusement cessé tout pleur, tout gémissement et toute plainte. Des voisines hutu sont arrivées en premier. Elles venaient vérifier que nous étions bien là, à l'endroit que les *Interahamwe* leur avaient indiqué. Elles étaient leurs éclaireuses. Elles m'ont saluée et ont fait semblant de compatir. Elles voulaient surtout assister au spectacle macabre qui me conduirait à la mort. J'étais clouée par la peur de la mort qu'annonçait la prétendue visite de compassion des voisines.

Les *Interahamwe* sont arrivés aussitôt après. Je me suis levée, j'étais terrorisée. Parvenue au milieu de l'enclos, je n'ai pu ni bouger ni réfléchir au danger que j'encourais et encore moins à ce qui allait se passer. J'étais paralysée, je ne pouvais ni avancer ni retourner en arrière. J'étais pétrifiée. Ils m'ont demandé : « Où est ton pauvre mari Kamanzi ? » « Ils l'ont tué », ai-je répondu. Antoni qui commandait le groupe a surgi pointant son fusil sur ma tempe. Il a insisté : « Alors, il est où ton mari ? » « Ils l'ont tué », ai-je redit. Il s'est mis à manipuler son arme en s'apprêtant à me tirer dessus, mais plusieurs de ses hommes l'en ont dissuadé et ont retenu son bras. « Laissez-la, dirent-ils, nous venons d'apprendre où est caché Kamanzi. » Les aînés de mes enfants avaient été envoyés garder les chèvres sur les collines par l'homme qui les avait accueillis chez lui. Quelques *Interahamwe* sont restés sur place pour me surveiller et m'empêcher de fuir. Un autre groupe est parti à la recherche de mon mari. Ils l'ont ramené en lançant des cris de victoire tels des chasseurs qui exhibent leur gibier. Ils l'ont conduit jusqu'aux ruines de notre maison où plus rien ne tenait debout. Toutes les maisons avaient été détruites.

Avec mes jeunes enfants, moi aussi j'ai été escortée jusqu'à notre domicile. Les aînés, que les *Interahamwe* étaient allés chercher, marchaient derrière nous, encadrés eux aussi. Nous avancions en file les uns derrière les autres à très vive allure. L'escorte des aînés était dirigée par l'*Interahamwe* Twagirayezu, surnommé Ruhaya[7]. En chemin, mon enfant Niyibizi, surnommé Seveni, m'a demandé : « Où nous emmène-t-on, Maman ? » « Mes enfants, avançons, ils vont nous tuer », ai-je répondu. « Maman, qu'ils te laissent d'abord nous donner à manger », a supplié Niyibizi. À l'instant même, Ruhaya lui a asséné un coup avec la face latérale de la machette. « Venez, a-t-il dit, je vais vous montrer où il y a de la nourriture ». Parvenus sur le lieu de notre habitation, les *Interahamwe* ont dit à deux des leurs : « Agrandissez ces latrines, sinon il n'y aura pas assez de place pour tout le monde. » Ils ont ordonné à mon mari de se coucher par terre pour le tuer d'un coup de fusil. Avant d'être exécuté, il a dit aux tueurs : « Vous avez eu pitié de moi, vous avez accepté de ne pas me couper avec la machette, je vous en supplie, laissez ma femme en vie et épargnez au moins un de nos enfants. » Sa supplique n'a obtenu aucune réponse. Soudain, il a reçu une balle. Le sang s'est répandu et son cerveau a jailli hors de sa tête. Il s'est éteint ainsi. Son corps a été aussitôt jeté au fond des latrines. Le son strident de la balle qui a tué mon mari m'a fait chuter, je suis tombée à terre.

J'AI VU TOUT CE QUI A SUIVI

Le tour des enfants est arrivé. Un *Interahamwe* s'apprêtait à tirer lorsque des voix se sont élevées pour dire qu'il ne fallait pas gaspiller les balles : « Jetez-les plutôt vivants là où gît leur père », a dit l'un d'eux. Ils ont commencé à jeter un à un mes enfants au fond du trou.

---

7 *Ruhaya*, « le bouc ». L'*Interahamwe* Twagirayezu avait acquis ce surnom après avoir commis un grand nombre de viols durant le génocide.

Avant de poursuivre, je veux rappeler que la veille les *Interahamwe* avaient annoncé leur intention de ne plus tuer les femmes tutsi, mais de les garder en vie pour en faire des objets de plaisir sexuel. Ils ne se hâtèrent donc pas de me tuer ni l'enfant, une petite fille, que je portais au dos. Ainsi elle a été épargnée.

Lorsqu'ils ont jeté mon troisième enfant dans le trou, il a lancé des cris de détresse. Si forts qu'en les entendant, je me suis brusquement levée pour aller le rejoindre et partager son malheur. La mort que je voyais les miens subir était ma propre mort. Je suis parvenue au-dessus du trou, un Hutu m'a rattrapée. Il m'a violemment frappée d'un coup de coude. Il m'a brutalement repoussée en arrière. Il m'a dit : « Va par-là ! Ton destin te sera vite révélé. » Les latrines ne pouvaient contenir tout le monde, c'est pourquoi j'ai entendu les cris de mon troisième enfant, alors que les deux premiers ne s'étaient pas fait entendre. Ils avaient été engloutis parmi les déchets, alors que Joli est resté au-dessus des autres, presqu'en surface. C'est ainsi que sa petite voix a pu se faire entendre. Joli était son surnom. Son vrai nom était Niyonsaba. Lorsqu'il a crié, les bourreaux lui ont enfoncé des coups de lance dans le corps. Puis ils ont entassé des morceaux de briques au-dessus de lui. Sa voix est devenue de plus en plus faible. La tâche s'est poursuivie jusqu'à l'ultime soupir de l'enfant, et sa voix s'est éteinte. L'*Interahamwe* nommé Rwabukumba s'est particulièrement acharné sur l'enfant avec une lance, jusqu'à son dernier souffle. Il était notre voisin, celui-là même qui en 1990 m'avait arraché la machette des mains lorsque je préparais du bois de cuisson, le matin du pseudo enterrement de Rwigema. La voix de mon enfant a continué à résonner dans mon cœur de mère. Je l'entendais pour la dernière fois. Elle est demeurée durant des années dans mon esprit.

Avant même d'avoir fini d'enfouir les miens dans le trou, la lutte pour m'acquérir comme butin de jouissance sexuelle a commencé. Pendant que les uns finissaient de boucher les latrines emplies des membres de ma famille, les autres se disputaient déjà pour me posséder. Certains m'attribuaient à la personne de leur choix. L'un a dit : « Elle est à moi, je la prends. » Un autre lui a coupé la parole : « Elle m'appartient. » Puis le commandant, Antoni, a déclaré : « Donnons-la à Ruhaya qui n'a plus d'épouse. » Sa femme était décédée peu de temps avant les tueries et Antoni a répété : « Toi, Beata, et tous tes biens, vous appartenez désormais à Ruhaya. » Ils sont partis. La blessure que m'infligeaient les tueurs de mes enfants et de mon mari était infinie.

L'*Interahamwe* auquel j'appartenais désormais m'a emmenée chez lui. Arrivés à l'entrée de sa maison, il a jeté par terre le bébé qui était sur mon dos. Puis il m'a jetée à mon tour sur une natte. Il m'a déshabillée. Il s'est déshabillé lui aussi. Au moment où il s'apprêtait à me violer, ses acolytes ont surgi en courant et en hurlant : « Hé, Ruhaya, dépêche-toi, viens vite, nous allons chez Majugi. Sors vite et abandonne tout. Ceux de Nyakabuye risquent de nous précéder et de piller tous ses biens avant nous. Fais vite et sors... Béata n'ira nulle part ailleurs. Tu la retrouveras à ton retour. » Ruhaya est sorti, il a rejoint le groupe des tueurs.

J'AI CRU ÊTRE SAUVÉE

J'ai rendu grâce à Dieu et je suis sortie aussitôt sans savoir où j'allais. J'étais sauvée. L'homme est parti sans m'avoir ni violée ni même touchée. J'ai pris le chemin à travers les bananeraies. Je me suis retrouvée face à l'habitation de ceux qui avaient caché mes enfants aînés. J'ai trouvé les occupants à table. Ils m'ont invitée à manger. Ils mangeaient de la viande. Je fus prise aussitôt d'une nausée terrible. Le chef de famille, responsable de la cellule administrative, s'appelait Munyankuyu. Il m'a dit qu'il allait demander à son frère, conseiller du secteur, de faire en sorte que je ne sois pas tuée. Il est sorti et il a croisé des *Interahamwe* qui venaient acheter de la bière de bananes chez lui. Ils lui ont dit que le conseiller venait de leur donner l'ordre de me tuer. Ils ont ajouté que c'était ce qu'il y avait de mieux à faire, puisque mon mari et mes enfants venaient d'être torturés et tués sous mes yeux. Cette décision, selon le conseiller, devait m'empêcher de me venger et de leur nuire par diverses tentatives d'empoisonnement. Leur chef avait insisté en disant : « Allez, effectuez cette tuerie sur le champ et revenez me faire le rapport d'exécution. » Ils se sont approchés de la maison pour me tuer Mais, à peine arrivés, ils se sont jetés goulûment sur la bière. Une fois la bière finie chez leur hôte, ils ont décidé d'aller poursuivre ailleurs leur beuverie. En partant, ils ont promis de revenir me tuer. Seul le dénommé Rutaboba, marié à une Tutsi, est resté. Il ne voulait pas s'éloigner pour protéger sa femme.

Affolée, j'ai pris la décision de me suicider en me jetant dans le lac Muhazi pour échapper à la mort que les miens venaient de subir. Je suis sortie de la maison et j'ai croisé Rutaboba. Effrayée, je lui ai demandé : « Toi aussi, tu veux me tuer ? » « Non, Béata, je ne veux pas te tuer », a-t-il répondu. J'ai pris tout l'argent que j'avais sur moi, j'en ai remis une grande partie à l'épouse de Munyankuyu et le reste à sa fille, en leur disant : « Prenez cet argent, je vais me noyer dans le lac Muhazi. » Pour échapper aux bourreaux qui avaient promis de revenir, je suis descendue aussi vite que possible. Je titubais de fatigue et de faim tout en m'efforçant d'accélérer ma course. Je tombais à terre en dévalant la colline. J'étais sans forces, je n'arrivais plus à marcher. Parvenue au milieu des papyrus du marais, il m'a été impossible d'entrer dans l'affluent du lac qui devait m'emporter. J'ai brutalement arrêté ma course et j'ai repensé à l'acte que j'envisageais d'accomplir… Il me fallait d'abord jeter l'enfant dans le lac, puis le suivre.

La femme et la fille de Munyankuyu sont alors arrivées près de moi. Elles m'avaient suivie. J'ai pris peur, j'ai pensé qu'elles venaient m'achever. J'ai tiré l'enfant de mon dos pour le jeter dans l'eau, elles m'ont attrapée par le bras. En criant et pleurant, j'ai dit : « Mais, dis-moi Martha, tu viens pour me tuer ? » Elle m'a répondu : « Nous ne venons pas te tuer. Ne commets pas un péché en te suicidant, alors que des tueurs professionnels sont à ta disposition. Viens chez Karasira où ils sont en train de boire. » J'ai pris plus peur encore et j'ai abandonné mon projet. J'ai décidé de remonter la colline pour me livrer aux *Interahamwe*. Au moment où j'approchais de l'entrée de l'enclos, Munyankuyu m'a aperçue. Il est venu à ma rencontre et il m'a dit : « Que fais-tu encore, Béata ? Tu as refusé de mourir. Crois-tu qu'en survivant tu pourras t'en sortir ? » J'ai répondu avec arrogance : « Je viens vous demander pardon et vous implorer de me tuer. » Il m'a coupé la parole : « Béata, écoute, sais-tu qu'en t'éloignant d'ici, tu pourrais continuer à vivre ? Nous n'avons plus de temps à perdre avec toi. Nous te laissons une chance et nous allons t'accompagner jusqu'à Musha. Les *Inkotanyi* ont conquis ce lieu et ils l'occupent. Une fois là-bas, tu seras sauvée. » J'ai refusé. Je n'ai pas cru à sa pitié et j'ai pensé que les *Interahamwe* avaient l'intention de m'abattre en cours de route. Bien que je sois allée auparavant chercher la mort au fond du lac Muhazi, j'ai de nouveau eu peur de mourir. J'ai refusé qu'ils m'accompagnent. J'ai demandé qu'ils me laissent aller chez moi, à Ruhunda, où on accède en passant par le lac Muhazi. Ils m'ont conseillé d'attendre la nuit pour ne pas croiser les miliciens en pleine journée. J'ai accepté.

RETOUR AU LAC MUHAZI

Je suis redescendue pour traverser le lac et me rendre à Ruhunda. J'ai suivi la direction que j'avais prise pour aller me suicider. Pour éviter les mauvaises rencontres, je me suis tenue en retrait du chemin où avait été érigée une barrière sous les ordres d'un enseignant qui haïssait notre famille. Durant les tueries, il demandait fréquemment si mon mari était encore en vie ou déjà mort, espérant surtout qu'il soit mort. Je suis arrivée à la hauteur d'un chenal creusé pour drainer les eaux d'arrosage depuis le lac Muhazi. Il fallait l'emprunter pour traverser le lac, car le pont avait été détruit. Je suis entrée dans l'eau et j'ai serré mon enfant contre mon dos pour que le courant ne l'emporte pas. Mais l'eau du chenal m'a entraînée là où elle voulait, et non là où je voulais aller. J'étais faible et épuisée par tous ces jours de calvaire enduré. L'eau en a profité. Pourtant, je ne voulais pas perdre la partie. J'ai continué à être malmenée toute la nuit. L'eau m'a finalement reconduite au bord du lac sans que je me noie. C'était un miracle. Dieu seul m'avait ramenée saine et sauve jusqu'au rivage. C'était incompréhensible. Jusqu'à aujourd'hui je ne sais ni l'expliquer ni me vanter de quelque bravoure. J'étais descendue dans l'eau vers dix-huit heures et j'en suis ressortie indemne le lendemain matin. Le soleil venait de se lever. Assise près du lac, je me suis dit que c'était un présage et que je ne devais pas mourir. J'ai remercié Dieu d'être parvenue à Canaan. Je lui ai promis de lui rendre grâce pour m'avoir sauvée. Peu à peu, je suis revenue à la raison. J'étais assise au milieu des papyrus et il faisait jour. Mon enfant toujours au dos, je tremblais de froid et tout mon corps tressaillait. La peur est revenue et j'ai continué à me demander : comment une personne peut-elle sombrer dans un lac et en ressortir vivante sans avoir jamais appris à nager ? J'ai pensé que Dieu était venu cette nuit-là au lac Muhazi. Toujours assise au bord du lac, la peur grandissait en moi. Je me suis dit qu'il fallait m'enfuir. J'ai entendu soudain au loin les cris des *Interahamwe*. Je me suis levée et j'ai couru. J'ai monté la colline de Gati, au sommet de laquelle se trouve le plateau de Ruhunda. Là vivait Dancilla, l'amie d'un soldat à la retraite du nom de Rwampozeho Yohani, qui était l'ami de notre famille.

Grand-père et mes oncles lui avaient offert une vache[8], ce don était destiné à garantir les liens d'amitié. Nos parents nous racontaient qu'en

8 Le don d'une vache n'était pas un pacte au sens propre du terme (*igihango*), mais un geste de profonde amitié qui ne saurait être trahie. C'était un pacte de protection mutuelle

1959-1960 à Rubungo, en préfecture de Kigali où ils vivaient, après avoir exterminé les Tutsi, les Hutu originaires de Ruhengeri décidèrent de s'approprier leurs terres. À cette époque, lorsqu'un Tutsi croisait un Hutu, il se sentait obligé de le saluer avec courtoisie ou de lui offrir une vache, espérant y trouver un gage de paix. Seuls quelques rares Tutsi ont survécu avec leur famille. En 1994, les survivants furent tous assassinés.

Ce lien qui unissait ma famille et celle de Rwampozeho m'a encouragée à chercher refuge chez Dancilla, sa concubine. Elle avait des enfants tutsi nés d'un premier mariage. Elle m'a vue venir vers elle et elle m'a dit : « Où vas-tu, Béata ? On va te tuer sous mes yeux. » Le jour même, des *Interahamwe* étaient venus pour tuer ses enfants. Ils avaient renoncé en échange de l'argent qu'elle leur avait donné. Elle a ajouté : « Lorsqu'ils vont revenir et te trouver ici, ils vont te tuer et tuer aussi mes enfants. » Pourtant, elle m'a invitée à entrer. C'était le matin, j'ai dormi jusqu'au soir et toute la nuit suivante. À l'approche du lever du soleil, elle m'a réveillée et m'a dit : « Écoute, je suis désolée, mais je ne peux te garder ici. Ta présence risque de me faire tuer. Va ! Mais ne pars pas tout de suite. Si tu pars sous la lumière du jour, tu risques d'être arrêtée. On va te demander d'où tu viens et tu seras obligée de le dire. Les assaillants seront furieux et ils reviendront tuer mes enfants. » J'ai accepté son conseil. Je craignais aussi qu'elle me dénonce après mon départ. Si par malheur elle livrait le chemin qu'elle m'avait indiqué, les *Interahamwe* n'auraient aucune peine à me retrouver et ils m'achèveraient. À la tombée de la nuit, vers dix-sept heures, je suis sortie de l'enclos de Dancilla. Je suis passée à travers la bananeraie pour atteindre la route. J'ai aperçu deux miliciens, qui portaient des massues[9]. Affichant la tranquillité, je suis descendue sur la route. Je me suis accroupie, la tête entre les mains, prête à être abattue sans voir ni le coup de massue ni celui qui le portait. Heureusement, je n'ai pas attiré leur attention. Ils ne m'ont pas vue, ils ont continué leur route. Une nouvelle fois, je venais d'échapper à la mort.

---

entre les deux partenaires. Rien de mal ne pouvait venir du bénéficiaire à l'égard de celui qui lui avait offert du bétail.

9 Cette massue est appelée *nta mpongano y'umwanzi*, « l'ennemi ne peut rien payer en échange de sa vie, il doit mourir ». Ses coups étaient immanquablement mortels.

« OÙ VAS-TU BÉATA ? »

Après leur départ, je me suis levée et j'ai croisé une femme avec qui j'avais vendu des articles sur le marché de Nyarubuye. Elle m'a demandé : « Où vas-tu, Béata ? » Je lui ai indiqué ma destination. Elle m'a dit : « J'aurais bien voulu te cacher chez moi, mais beaucoup d'*Interahamwe* ont été blessés par les *Inkotanyi* lors du combat d'hier soir et l'insécurité règne. » En revanche, elle m'a indiqué un chemin qui me conduirait en toute sécurité chez Rwampozeho, là où il vivait avec son épouse légitime. Soit je parviendrais à m'y rendre pour être cachée, soit je serais abattue en chemin.

J'ai continué mon chemin. J'ai monté le flanc de la colline qui conduit à Ruhunda. J'ai croisé un grand nombre d'*Interahamwe* armés eux aussi de massues. Ils m'ont aperçue de loin. Ils se sont dirigés vers moi. Je me suis accroupie un peu en retrait, arrachant des herbes sur le bord du chemin, comme si je cherchais des plantes[10] pour mon enfant ou quelque fourrage pour les animaux. J'ai mis un voile autour de ma tête. Ils sont passés près de moi, me jetant un coup d'œil distrait. Je sentais leur regard qui circulait tout alentour. Ils ont continué à avancer. Ils se sont éloignés et ils ont disparu de ma vue. J'ai poursuivi jusqu'à la croisée de deux chemins, près de Ruhunda, où j'ai de nouveau aperçu un attroupement. J'ai appris plus tard que c'était le lieu où les *Interahamwe* attendaient chaque jour leur affectation. J'ai hésité à avancer et à m'approcher. J'ai quitté la route et j'ai choisi de me cacher, faisant mine de m'abriter du soleil sous un arbre qu'on appelait *umugenge*. J'ai attendu près deux heures avant qu'ils se dispersent. Des groupes se sont formés et mis en route, chacun dans des directions opposées, sans qu'aucun ne se dirige vers moi.

Je me suis levée et j'ai croisé une foule qui fuyait l'avancée des *Inkotanyi*. Il y avait des *Interahamwe*, des femmes et des enfants. J'ai perdu tout contrôle de moi-même et j'ai continué à marcher dans la direction qui était la mienne. Ils m'ont demandé : « Où allez-vous, alors que les *Inkotanyi* maltraitent tout le monde par là-bas ? Faîtes demi-tour et venez avec nous, sinon ils vont vous tuer. » Sans doute était-ce la première fois qu'ils avaient peur depuis le début des tueries. La peur leur avait

---

10 Beaucoup de plantes étaient autrefois utilisées dans la pharmacopée traditionnelle au Rwanda.

fait perdre tout discernement leur permettant de reconnaître une Tutsi. Est-ce le voile qui les a empêchés de me dévisager et de découvrir un physique qui m'aurait éventuellement identifiée ? Ou est-ce mon sang-froid ? Ou ma détermination à les convaincre que je pouvais être une Hutu parmi les Hutu ? Toutes ces questions se sont succédé à très vive allure dans ma tête. Mentant pour me tirer d'affaire, j'ai répondu que je n'allais pas faire demi-tour pour me livrer aux soldats du FPR qui derrière moi exterminaient les habitants. Je leur parlais rapidement tout en allongeant le pas, comme si j'étais pourchassée.

CHEZ RWAMPOZEHO YOHANI

Je suis enfin arrivée chez Rwampozeho. J'ai contourné l'enclos en traversant les bananiers et j'ai fait irruption par la porte arrière. Son épouse m'a aussitôt reconnue. Elle m'a appelée : « C'est toi, Béata ? Avec qui es-tu ? » « Avec personne », ai-je répondu. « Où sont les tiens ? », a-t-elle poursuivi. « Ils ont été tués ! », ai-je précisé tout en avançant jusqu'à être tout près d'elle. Avec pitié, elle a continué à m'interroger sur mon sort. Je lui ai tout expliqué en pleurant. Je me suis rendu compte que je n'avais pas pleuré depuis que les miens avaient été tués et jetés dans les latrines sous mes yeux. La compassion de mon interlocutrice m'a permis de libérer toutes mes larmes. J'ai été bien reçue. Elle a fait chauffer de l'eau. Je me suis lavée et j'ai lavé mon enfant. Elle m'a offert des vêtements propres et de la bouillie. Malheureusement, ma gorge ne pouvait rien avaler, ni boisson ni nourriture.

Mes hôtes et moi nous nous sommes assis au salon, ils ont été réellement touchés par tout ce qui m'était arrivé. J'ai repris confiance et mes esprits. J'ai raconté tout mon périple sans m'arrêter un seul instant. Un *Interahamwe* est entré dans le salon, il m'a toisée sans rien dire. La famille de Rwampozeho était crainte et respectée. Tout le monde connaissait ses liens avec la famille du président Habyarimana. L'*Interahamwe* est ressorti et il a dit qu'il venait de voir une *Inyenzi* chez Yohani. Ses complices lui ont craché au visage affirmant qu'il mentait et que jamais Yohani ne trahirait le président. Dans cet enclos, les armes des tueries étaient stockées et les miliciens montaient la garde de jour comme de nuit, exécutant strictement les ordres de Yohani. Chaque jour, un rapport rédigé par l'équipe des *Interahamwe* de Ruhunda était déposé à sa résidence. « Cette déclaration est mal venue, c'est une calomnie contre notre chef», ont crié les miliciens avec colère. Par la suite, j'ai appris que cet *Interahamwe* avait été exécuté.

J'étais arrivée chez Yohani le 21 avril 1994 et j'en suis repartie six jours plus tard pour rejoindre le camp où le FPR-*Inkotanyi* mettait les rescapés à l'abri des persécutions. Auprès de cette famille, j'ai retrouvé mon calme et je suis depuis restée remplie de gratitude envers elle. Elle a fait renaître l'espoir en moi.

Les combats ne perdaient rien de leur intensité. Les fusillades crépitaient alentour et les *Inkotanyi* s'efforçaient de libérer la région. Un jour, chez Yohani, on a transvasé le vin de bananes et un grand nombre de voisins se sont précipités. Les jeunes *Interahamwe* se sont enivrés. L'un d'eux est venu dans la chambre des garçons où je venais prendre l'air pendant la journée, mon alcôve située à côté étant mal aérée. Le tueur a failli m'y trouver. Il a voulu entrer, j'ai saisi la poignée et j'ai repoussé la porte de toutes mes forces. Il a essayé à plusieurs reprises, mais chaque fois je résistais. Plus il s'acharnait, plus je tenais bon. Il s'est découragé, il est ressorti. Dehors, il a crié : «J'en suis témoin. Notre camarade de combat a été tué abusivement. J'ai vu de mes yeux vu la femme *Inyenzi* dans la maison. Elle est là, je vous le jure.» Même les fils de Yohani, dont l'un servait dans l'armée gouvernementale et l'autre était un *Interahamwe* notoire, ont entendu cette information pour la seconde fois. Ils n'ont pas réagi et, face à leur silence, personne n'a osé dire quoi que ce soit.

Quelques jours plus tard, de nouvelles attaques des *Inkotanyi* ont eu lieu. Ils voulaient libérer les collines de Ruhunda et de Munyiginya, dans le district de Rwamagana[11]. Un jour, les combats se sont déroulés à l'entrée de l'enclos. J'ai vu des militaires. J'ai pris peur. J'ai pensé qu'ils venaient me tuer. Je les observais à travers la petite fenêtre de ma cachette. J'ai appelé la femme de Yohani. Je lui ai dit que des militaires venaient pour me tuer, elle est sortie à leur rencontre. Elle n'avait rien à craindre et elle pensait trouver des soldats de l'armée gouvernementale. Elle a vu les *Inkotanyi*. Elle est précipitamment revenue à l'intérieur, la peur au ventre. «Ce sont les *In-ko-ta-nyi*», répétait-elle, bégayant d'effroi. J'ai compris qu'il s'agissait de ceux que j'avais pris pour des soldats gouvernementaux. Je me suis dit que je les appellerais quand ils reviendraient, pour qu'ils m'emmènent avec eux. L'expédition des

---

11 La ville de Rwamagana a été libérée par le FPR le 27 avril 1994.

Inkotanyi avait en fait pour but de libérer un enseignant caché par le voisin de Yohani. Les libérateurs avaient été informés de sa présence par l'infirmier tutsi du dispensaire de Ruhunda, qui avait eu la vie sauve jusque-là. Les *Interahamwe* l'avaient épargné pour qu'il soigne leurs blessés, tout en se promettant de le tuer dès que les *Inkotanyi* approcheraient.

J'espérais que les *Inkotanyi* allaient me sauver et m'emmener sans tarder. Deux jours plus tard, un mardi soir dont je ne sais plus la date, il y a eu des combats encore plus intenses. Ceux qui vivaient dans la maison ont déclaré que les *Inkotanyi* étaient à quelques mètres. Tout le monde a pris la fuite. Je suis restée seule dans ma cachette. Toute la soirée a été dominée par des tirs nourris. Le lendemain, les fuyards sont revenus à leur domicile. Je les ai entendus pleurer et dire que le vaillant *Interahamwe* du nom de Bapfakurera avait été tué lors de la fusillade de la veille. À la mi-journée, tous sont partis à son enterrement. À leur retour, les combats entre les *Inkotanyi* et les *Interahamwe* ont repris. Tous ceux qui étaient là ont fui à nouveau. Ils ont repris le chemin de la brousse, sans avoir mangé. Les voisins terrorisés disaient que les *Inkotanyi* allaient être victorieux. Comme d'habitude, je suis restée cachée, mais avec plus de peur que les fois précédentes, craignant que les voisins viennent me tuer. Au lever du jour, je suis sortie, je suis allée dans la bananeraie et j'ai enduit mes vêtements de terre molle et de rosée. Je voulais prouver que moi aussi j'étais allée me cacher et que nous partagions une même peur.

À leur retour tôt le matin, les *Interahamwe* ont apporté une chèvre et ils l'ont abattue. Ils faisaient joyeusement la cuisine, préparaient la pâte de manioc avec le pilon, coupaient le bois de cuisson. Soudain un second groupe d'*Interahamwe* est arrivé. Ils ont dit : « Faites sortir la femme tutsi qui est ici. On sait qu'elle est là, l'information circule partout. Elle doit d'autant plus mourir que le courageux Bapfakurera a été tué par ses frères. » Depuis ma cachette, j'ai tout suivi. Chaque jour, des conversations, des secrets, des complots et des plans parvenaient à mes oreilles. Un jeune *Interahamwe* est entré dans la pièce où je me trouvais. Il m'a dit : « Sors. » Je suis sortie. Arrivée dehors où on cuisinait, j'ai dû m'asseoir par terre sous sa surveillance. La cuisson terminée et la nourriture emportée à l'intérieur, ils m'ont demandé d'entrer et de m'asseoir près de la porte située à l'arrière de la maison. J'ai été rejointe par des enfants venus d'un dispensaire transformé en orphelinat. Leurs parents avaient été tués. Un groupe d'*Interahamwe* était allé les chercher. Il avait été décidé qu'un seul charnier serait creusé dans l'enclos pour nous ensevelir tous, les enfants et moi, après le repas. Tout le monde s'agitait. Les uns transportaient la pâte de manioc[12]. D'autres apportaient des casseroles de viande. Les convives s'apprêtaient à manger. Soudain les balles ont bruyamment sifflé dehors. Les invités ont tout abandonné, ils ont jeté la nourriture par terre et se sont enfuis. Plusieurs m'ont marché dessus. Ils sont partis dans le sens inverse de celui que j'avais emprunté pour arriver là, à travers la bananeraie. Le dernier à sortir a poussé fortement la porte, sans se préoccuper de la prisonnière désormais sans gardien que j'étais. Il a fermé à clef, sans doute dans l'espoir de me retrouver au retour.

« N'AIE PAS PEUR, TU ES SAUVÉE »

Tous venaient de vider les lieux. Je regardais par le trou de la serrure et je les apercevais en train de détaler. Les voyant loin, très loin de moi, je me suis dirigée vers la porte en criant dans l'espoir d'être entendue, mais le sifflement des balles recouvrait ma voix. Pour alerter les *Inkotanyi*, j'ai tapé sur les tôles[13] pillées et entassées dans la maison et, soudain, je les ai vus surgir. Ils se sont approchés de la porte. Ils ont demandé : « Il y a quelqu'un dans cette maison ? » J'ai crié : « Oui. Je suis morte là-dedans. » Ils ont dit : « Sors. » J'ai répondu : « Ils m'ont enfermée. » Leur dernière question a été : « Où sont-ils ? » J'ai répondu : « Ils se sont enfuis. » Les deux portes à l'avant et à l'arrière ont été enfoncées en même temps, comme d'un seul et même geste. J'étais libre, tout en ayant un fusil pointé dans ma direction. J'ai été sommée de sortir de ma cachette. J'étais terrorisée. Je leur ai dit de me fusiller, plutôt que de mourir torturée comme les miens l'avaient été. Le sens de la vie m'avait quittée. Les *Inkotanyi* se sont approchés de moi. Ils m'ont dit : « *Humura*[14], n'aie pas peur, tu es sauvée. » Ils m'ont ensuite interrogée sur la maison, ses occupants et ce qui s'y passait. Je leur ai tout raconté – les réunions et les plans d'attaques qui s'y fomentaient ainsi que les rapports transmis chaque soir à Rampozeho. Je leur ai dit que j'étais

12 *Ubugari*, pâte de manioc.

13 Les tôles de zinc qui recouvraient les maisons des Tutsi étaient systématiquement pillées par les *Interahamwe*.

14 *Humura* signifie « Calme-toi. Je viens à ton secours, je viens te consoler ».

arrivée dans cette famille pour qu'elle me cache et j'ai expliqué dans quelles circonstances j'avais survécu. Ils ont vérifié la cache d'armes et les documents entassés là. L'un d'eux est resté sur place pour surveiller la maison qui avait servi de quartier général aux *Interahamwe*.

Avant de repartir au combat, ils m'ont remis un papier ainsi qu'à une femme hutu qui disait avoir caché des Tutsi chez elle, dont l'enseignant dont j'ai parlé plus haut. Ce papier, nous devions le montrer aux *Inkotanyi* que nous allions trouver à Rwamagana. Les enfants avaient un seul document où tous étaient recensés. Nous avons croisé à plusieurs reprises des *Inkotanyi*. Ils nous ont consolées avec des mots apaisants, ils nous ont donné une natte et un pagne et nous ont laissé continuer. Après avoir dépassé l'hôpital de Gishari, nous avons aperçu des *Interahamwe* cachés dans des brousses. Ils se sont levés pour nous observer. La peur est revenue. J'ai vu ma compagne les regarder tranquillement en inclinant son parapluie dans ma direction. J'ai pensé que son geste était destiné à m'identifier en tant que Tutsi. J'avançais la tête tournée de l'autre côté de la route. Nous les avons laissés derrière nous et sommes parvenues à Rwamagana, dans le camp FPR, situé au lieu-dit Plage. Là, me voyant saine et sauve, j'ai pensé que j'étais ressuscitée. J'ai commencé à regarder en arrière : j'étais rescapée, mes enfants, mon mari et tous les miens avaient été exterminés. Je me suis demandé comment il me serait possible de vivre après tous ces drames qui s'étaient abattus sur moi. Dieu aidant, j'ai repris le chemin de la vie, bien que remplie de chagrin et de peine.

LES MOTS SORTAIENT DE MA BOUCHE À MON INSU

Avec mes compagnes du camp Plage, nous avons pris l'habitude d'aller chercher à manger dans les villages environnants. Nos paquets sur la tête, nous revenions en file jusqu'au camp et durant tout le voyage nous causions. Moi, toujours avec mon bébé au dos, je parlais peu, préoccupée que j'étais par la pensée qui hantait mon esprit : « Qui vais-je être, avec mon unique enfant resté vivant sur terre ? » Il était inséparable de moi. Il était resté collé à mon dos tout ce temps, serré contre moi du matin au soir, sans que je puisse lui donner à téter. Mon sein était stérile. Je m'interrogeais souvent : « À quoi servent les vivres que je vais chercher ? Pourquoi vais-je les manger seule comme si ma famille n'avait jamais existé ? Où sont mes enfants et mon mari avec qui je partageais le repas ? Que sont-ils devenus ? » Je me posais toutes ces questions dans un permanent monologue intérieur. Il arrivait qu'à mon insu des mots sortent de ma bouche, extériorisant les pensées qui envahissaient mon esprit. Je me mordais les lèvres en disant : « Ils les ont pris, ils les ont tués, ils les ont pris, tués, tout est fini pour moi. » Chaque fois que ces mots s'échappaient de moi de manière incontrôlée, je m'écroulais n'importe où, sur la route ou au camp. Lorsque je tombais, mon enfant se mettait à pleurer et je reprenais conscience de sa présence dans ma vie. Mais jamais je ne suis tombée sur le dos.

Un jour, dans cet état, au niveau de Nyarusange, au milieu de la route en latérite, je me suis écroulée. J'ai fait passer mon enfant du dos vers ma poitrine et je l'ai observé. Il était couvert de plaies qui formaient des lambeaux sur son ventre et au niveau des cuisses. Il était blessé par le frottement et la chaleur du pagne qui l'avait enveloppé durant tout ce temps. Les vaccins administrés avant le génocide s'étaient infectés. Ses fesses avaient pourri et les plaies non soignées étaient purulentes. Tout cela se mélangeait à ma folie et à mon agitation intérieure. Je me disais : « Tous mes enfants ont été exterminés, il ne me reste que ce petit qui est déjà pourri. Est-ce encore un enfant ? » Ce jour-là, hors de moi, comme hypnotisée et folle, je l'ai abandonné, le laissant par terre sur la route. Je suis partie précipitamment. J'ai fait cinquante mètres. Avant de revenir sur mes pas pour le récupérer et le prendre dans mes bras.

Dès que j'arrivais au camp, après avoir erré, je m'asseyais, pendant que les autres faisaient la cuisine et mangeaient. Je restais inerte, assise sur le côté, plongée dans mes pensées. Mes compagnes m'observaient ; elles ont constaté que je ne faisais jamais la cuisine. Elles m'ont apporté à manger chaque jour. Aussitôt après, je filais vers la route goudronnée qui passait devant l'hôpital de Rwamagana. Je scrutais un par un les véhicules militaires qui passaient. J'espérais voir l'un des jeunes de chez moi, à Rubungo. J'avais l'espoir de retrouver mon petit frère, Mutsindashyaka Eustache. Je me disais qu'il ne pouvait être mort et qu'il était sûrement parti au front avec les *Inkotanyi*.

Un jour, un véhicule s'est arrêté devant moi. J'ai aperçu notre voisin Nsengiyumva Yuvenali. Il est sorti pour m'embrasser. Je lui ai demandé des nouvelles de ma famille. Il m'a annoncé que tous avaient été tués, qu'il avait vu de ses yeux le corps de ma mère et celui de mon frère Eustache. J'ai compris qu'en plus de mon mari et de mes enfants tous les miens avaient disparu. J'ai décidé que plus jamais je ne retournerais là où j'étais née ni là où j'avais vécu avec mon mari et mes enfants. Quand le camp fermerait, je demanderais un logement près de Rwamagana et j'y resterais.

Clotilda, qui vivait à Jurwe et qui était notre voisine dans le quartier de Rubungo, travaillait à l'école Saint-Aloys tenue par les frères à Rwamagana. À la veille de la fermeture du camp, elle m'a dit : « Écoute, tu n'as plus envie de retourner là où vivaient tes parents ni là où tu vivais avec ta famille, viens demander aux frères de te loger. » J'y suis allée aussitôt. Ces hommes de Dieu m'ont demandé pourquoi je refusais de retourner chez moi. J'ai répondu que je n'y retrouverais plus personne. Une place m'a été attribuée dans un hangar derrière le couvent. Au moment où l'arrangement était presque conclu, Clotilda m'a donné un autre conseil : « Demande aux militaires *Inkotanyi* qui se rendent à Kigali de nous emmener. Nous verrons à quoi ressemble la ville après le génocide et nous essayerons de retrouver des personnes qui vivent encore. Si on en trouve, nous resterons avec elles et nous reformerons nos familles. » Le lendemain, les militaires nous ont emmenées dans leurs véhicules.

RETOUR À KIGALI

À Kigali, nous avons commencé par aller dans le quartier de Nyakabanda à Nyamirambo, où habitait le frère de Clotilda. Nous avons appris qu'il avait été tué avec son épouse. Leurs enfants avaient survécu et ils avaient été placés dans un orphelinat. En l'absence de tout moyen de transport, nous faisions tous les trajets à pied. Nous sommes retournées jusqu'à Remera-Giporoso, où nous avons croisé Charlotte, une jeune fille voisine de chez nous, avant mon mariage. Nous nous sommes fortement embrassées en pleurant. Elle a raconté ce qui s'était passé durant la tuerie des miens dont m'avait déjà parlé le militaire à Rwamagana. Elle a ajouté qu'elle logeait aux environs. Nous avons convenu que je retournerais à Rwamagana chercher le peu d'affaires qui me restaient et que je reviendrais. Puis nous irions vivre ensemble en nous souvenant des nôtres. Bien qu'informée sur le sort des miens, à chaque connaissance que je croisais, je ne cessais de demander de leurs nouvelles, espérant toujours qu'il y ait au moins un rescapé. Je me disais que, si l'un d'eux avait survécu, je ferais tout pour aller le chercher où que ce soit, au Rwanda ou ailleurs. Sur ce, j'ai croisé une femme du nom de Claudette. Sa grande sœur qui avait été notre voisine vivait au camp de Byumba. Claudette s'y rendait souvent pour lui rendre visite. Je l'ai suppliée de prendre toutes les informations qu'elle pourrait recueillir au sujet des miens lors de son prochain voyage. À son retour, elle m'a apporté une nouvelle qui m'a poussée à revivre pleinement : deux membres de ma famille avaient survécu avec les leurs. Ils étaient à Byumba. Et surtout ma mère était vivante ! Cette nouvelle m'a donné du courage et j'ai pris la décision de rester à Kigali.

Avec Clotilda, ma compagne de Rwamagana, nous avons marché vers Kimironko où se trouvait la prison dite de Gasabo, près de laquelle habitait ma grande sœur mariée à un Hutu. Chez elle, nous avons été bien reçues. Nous nous sommes reposées. Puis je suis allée sur la route asphaltée pour observer les rescapés qui revenaient du camp de Byumba. Dans la file des passants j'ai reconnu ma petite sœur, née juste après moi. Elle était avec son mari et leurs enfants. Je l'ai suivie et je l'ai attrapée par la taille. Nous nous sommes longuement embrassées et nous avons beaucoup pleuré. Son mari était originaire de Ruhengeri où ils s'étaient réfugiés. Il m'a proposé de venir chez eux. Craignant d'y rencontrer des Hutu, j'ai décliné l'offre et je suis restée là. Le plus important était que j'avais appris que quelques-uns des miens, et aussi des voisins, étaient vivants, même si je n'avais pas encore touché du doigt la peau de ma mère ou celle de mes voisins.

Clotilda et moi sommes reparties à Rwamagana, après notre bref séjour à Kimironko où j'avais fait le plein d'espoir. Nous avons rapporté nos affaires. Plus tard, j'ai retrouvé la fille que mon mari avait eue bien avant notre mariage. Elle m'a révélé qu'elle avait été violentée par des *Interahamwe*. Je lui ai demandé ce qu'elle préférait : aller dans la famille de sa mère ou rester avec moi, en supportant les privations et les difficultés qui ne manqueraient pas d'entamer mon rôle de mère. Elle a répondu : « Je ne veux pas aller chez mes grands-parents. Papa vient de mourir, c'est toi que je reconnais comme parent et c'est avec toi que je continuerai à vivre. » Nous avons pleuré et, après avoir essuyé nos larmes, nous avons décidé de vivre ensemble. Et nous avons pris la direction de Rubungo, en ville de Kigali.

Sur place, j'ai retrouvé ma mère et les miens qui étaient de retour. Maman m'a proposé de vivre avec elle. Elle pensait qu'il serait difficile pour moi de vivre seule avec deux enfants. J'ai refusé en lui disant :

« Comment pourrais-je vivre dans la maison d'autrui après seize années passées dans mon propre foyer ? » J'ai pris une maison dans l'enclos familial pour y demeurer avec mes deux filles.

APRÈS

La vie a repris peu à peu malgré les difficultés qui s'ajoutaient aux traumatismes qui détérioraient profondément ma relation aux autres. Le centre hospitalier spécialisé nous était inconnu et nous pensions que seuls les fous étaient soignés à l'hôpital de Ndera. En 1995, j'ai senti quelques petites améliorations et j'ai commencé à travailler dans les champs. Par la suite, j'ai découvert des veuves qui enduraient les mêmes difficultés que moi. Nous avons discuté ensemble et avons conclu que nous devions réapprendre à travailler dur pour survivre.

En 1996, j'ai entrepris un petit commerce et, surtout, j'ai appris l'existence de l'Association des veuves rescapées du génocide (Avega). J'y suis allée, j'ai rencontré beaucoup de femmes et de mères qui avaient traversé le même calvaire que moi. Elles vivaient dans des conditions semblables aux miennes. Soutenue par le Fond d'assistance aux rescapés du génocide (Farg), l'Avega aidait les plus nécessiteuses. Une maison m'a été attribuée à Kimironko, dans l'*umudugudu* Imena[15]. J'ai été la première habitante de ce lotissement. C'était une habitation décente et je l'ai occupée paisiblement grâce aux organisations en charge du trauma qui m'ont rendu visite. Pendant longtemps, alors que les miens avaient été tués, j'affirmais que c'était moi qui étais morte. J'ajoutais qu'ils étaient encore en vie. Je ressentais mon état présent comme une véritable mort. Je n'étais pas consciente de ce que je disais.

Grâce à Avega j'ai réussi à me recueillir dans la prière. Dieu intervient et nous aide à vivre. Le conseil que je peux prodiguer à celles et ceux

---

15 L'*umudugudu* Imena est un quartier composé d'un lotissement groupé pour les veuves rescapées du génocide et leurs enfants, construit par le Fonds d'assistance aux rescapés du génocide (Farg), à l'initiative de l'Assocation des veuves du génocide (Avega), dans le secteur de Kimironko, à Kigali. À une centaine de mètres de ce lotissement, l'ONG *Rwanda avenir* a construit la Maison de quartier avec et pour les rescapées du génocide, où se sont déroulées les séances de l'atelier de mémoire, à partir de 2014.

qui ont souffert les mêmes maux que moi est de ne pas rester dans le chagrin. La vie doit continuer malgré la peine incommensurable. Il faut essayer chaque jour de regarder avec courage et dignité la vie devant soi.

Ma fille a grandi. Au moment de cet écrit, elle fréquente l'université et elle fait ma fierté.

JE ME SOUVIENS…

Je me souviens des derniers mots de mon mari. Les tueurs lui ont dit : « Tu étais notre ami, mais tu es tutsi. Nous devons te tuer. Tu dois mourir ici avec ta famille. » Il leur a répondu : « Je vous demande d'épargner ma femme et un de nos enfants. » Je ne l'oublierai jamais.

UNE INFINIE AMERTUME

MUKARUTABANA Mélanie

AVANT…

Je m'appelle Mukarutabana Mélanie. Je suis née en 1949. J'étais la septième enfant de la famille. Nous habitions dans la région du Bufundu, en préfecture de Gikongoro, dans l'actuel district de Nyamagabe (province du Sud). J'ai vécu entourée de mes parents qui s'efforçaient de nous donner une bonne éducation. À l'époque, c'était très strict. Aucun enfant ne pouvait s'éloigner de la maison sans avertir ses parents et il devait rentrer à l'heure précise fixée pour le retour. De nos jours, j'observe qu'il y a plus de laisser-aller.

Je suis allée à l'école primaire, puis j'ai commencé le cycle secondaire. Il était rare que les enfants tutsi accèdent à ce niveau d'étude, dont bénéficiaient systématiquement les enfants hutu. J'ai été admise grâce à la main du Seigneur, avant d'en être rapidement exclue parce que j'appartenais à l'ethnie tutsi. Notre école était dirigée par des religieuses blanches. L'une d'elles était particulièrement colérique et nous l'avions surnommée Nyirakaribata[1]. Après les grandes vacances, au début de la deuxième année du cycle secondaire, elle a chassé un groupe d'une dizaine d'enfants dont je faisais partie. Nous avions de bonnes notes et nos parents sont allés lui demander des explications. Elle a répondu que nous ne nous étions pas bien comportées et n'a donné aucun motif à notre renvoi. Son unique motivation était la haine qu'elle vouait aux Tutsi. Aucun enfant hutu ne figurait sur la liste des exclus.

En 1961, les violences se sont accrues. Le chef Zimurinda a été destitué. Il s'est enfui. Il a été retrouvé, puis convoqué à une réunion où son assassinat était programmé. Des voisins l'ont averti du danger et il a échappé à la mort. Il a été remplacé par Rwasibo Jean-Baptiste[2], ministre de l'Intérieur dans le gouvernement intérimaire[3] et responsable des hostilités dans la préfecture de Gikongoro. Beaucoup de Tutsi furent tués et leurs corps jetés dans les rivières Mwogo et Rukarara de la région du Bunyambiliri. Chaque nuit, on lançait des pierres sur le toit de nos maisons. Nos chiens étaient tués à coups de lances. Plus personne ne parvenait à s'endormir. C'est alors qu'une attaque contre notre domicile a été planifiée.

LES TUERIES DE 1961

Mon père avait adopté le fils d'un voisin, Kanyandekwe Faustin. Il l'a élevé et l'a accompagné dans ses études. Lorsqu'il a atteint la majorité, son tuteur, – mon père –, l'a aidé pour son mariage. Il lui a offert une grande parcelle pour construire sa maison et des champs pour cultiver. Lorsque les violences se sont répandues, il nous a donné de précieuses informations, il nous a rapporté en détails les plans et les objectifs que lui confiaient ses frères[4] au retour des réunions du Parmehutu. Un soir, il est arrivé précipitamment chez nous et il nous a dit : « Fuyez vite, fuyez,

1 Ce surnom provient du verbe *kuribata*, « piétiner », et signifie que la religieuse était particulièrement inflexible.

2 Rwasibo Jean-Baptiste convoqua le 28 janvier 1961, dans le fief de Kayibanda, à Gitarama, la réunion de tous les bourgmestres et conseillers communaux. Cette réunion, dénommée « le coup d'État de Gitarama », décréta l'abolition de la monarchie. En octobre 1961, il devient ministre de l'Éducation nationale, poste renouvelé au cours des remaniements gouvernementaux de 1962, 1963 et 1964.

3 Le gouvernement intérimaire a été constitué en janvier 1961.

4 En kinyarwanda, *benewabo b'aba parmehutu* signifie « ses frères du parti Parmehutu » et désigne les hutu locaux.

ils viennent pour vous tuer. » Nous sommes sortis dans la nuit noire, sans rien emporter. Nous avons entendu le bruit des bidons métalliques qu'on frappe, celui des sifflets et les cris qui fusaient de toutes parts. Nous avons pris la direction de Nyaruguru, vers le sud, où nous avons passé une journée. Les violences se sont intensifiées. Nous avons fui plus loin encore, vers le Mayaga au sud-est du pays.

Là, mon père est décédé en 1962. Puis ma grande sœur est décédée elle aussi. Elle avait vingt-trois ans. En raison des violences, la situation de ma famille s'est gravement détériorée. N'ayant pu poursuivre mes études, je suis restée à la maison pour aider ma mère dans les tâches quotidiennes. Nous avons enduré les privations et les peines que nous imposait l'exil. J'étais en âge de réfléchir, mais les autres enfants étaient encore trop jeunes pour comprendre ce qui se passait. Maman a fait tout son possible pour trouver de l'aide. Sur place, elle a retrouvé deux personnes de sa parenté. Des voisins du village nous ont donné du sorgho et des haricots. Nous vivions dans une hutte couverte de feuilles de bananiers. Lorsqu'il pleuvait, nous étions complètement trempés. Je me souvenais de notre maison dans le Bufundu que nous avions dû déserter par la force des choses. Elle était jolie, avait de beaux meubles fabriqués avec des planches provenant des arbres de la forêt de Nyungwe[5] et était couverte de tôles ondulées. Finalement, nous nous sommes habitués au changement[6]. J'ai commencé à cultiver dans les champs alors que je n'étais pas en âge de le faire. Mes doigts et mes mains saignaient et se couvraient de blessures. Nous avons été des enfants dociles. Aucun de nous n'est devenu un délinquant, aucun n'a voulu faire de la peine à notre mère. Nous avons acquis un terrain et des champs. Ma mère s'est occupée de nous avec courage et nous avons appris à travailler dur. Mes deux jeunes sœurs, qui avaient été exclues de l'école et remplacées par des enfants hutu, ont suivi des cours professionnels de couture, de cuisine, de dactylo. L'une d'elles a obtenu un emploi mais elle en a été chassée en 1973. À cette date, mes deux sœurs se sont exilées au Burundi.

5 Forêt située dans le parc national, non loin de la frontière avec le Burundi.

6 Comme dit le proverbe : « *Imana* te bâtit un palais mais le destin te réserve une cabane. » Voir Pierre Crépeau & Simon Bizimana, *Proverbes du Rwanda*, Musée Royal de l'Afrique Centrale, Annales, Série In-80, Sciences humaines n° 97, Tervuren, 1979, p. 186.

DANS LE MAYAGA

Utumabahutu dirigeait la préfecture de Nyanza. Il faisait venir des soldats qu'on appelait « Kamina », du nom d'une base militaire belge située au Zaïre. Ils violaient les filles et les femmes et la situation est devenue tellement chaotique que plusieurs d'entre elles ont fui vers le Burundi. J'ai en mémoire le triste exemple de Mutezintare, sous-chef dans la région de Ruhengeri. Il avait fui au Mayaga. Sa jeune épouse était resplendissante de beauté et de bonne santé. Les militaires l'ont attrapée, ils l'ont brutalement jetée à terre avec haine et violence. Sa colonne vertébrale a été brisée. Elle ne s'est plus jamais remise debout. Elle n'est plus sortie de chez elle, sauf quand les siens la portaient. La mort n'a pas tardé à l'emporter.

Les membres du Parmehutu[7] ont poursuivi leur sinistre mission. Beaucoup de Tutsi ont fui le pays. Bien qu'orphelins de père, nous sommes restés dans le Mayaga et, par chance, nous avons traversé cette période sans être emportés.

Entre 1959 et 1961, les Tutsi ont été chassés de leurs propriétés et jetés dans la forêt du Bugesera pour être dévorés par les animaux sauvages ou succomber aux maladies. Certains ont été jetés vivants dans le gouffre de Bayanga située à Gako, où plusieurs des miens ont été enfouis. Les Tutsi n'avaient ni droits ni libertés. Ils étaient harcelés en permanence. Lorsqu'un voisin avait un différend avec vous, il vous condamnait sans autre forme de procès. Les membres du Parmehutu avaient droit de vie et de mort sur les Tutsi. Les miens ont survécu dans cette jungle voisine du Mayaga jusqu'aux violences de 1973.

En avril 1973, les persécutions et les tueries se sont amplifiées. Manipulés par l'armée qui voulait renverser le pouvoir, les étudiants et les élèves hutu menaient une guerre sans merci à leurs condisciples tutsi. Qu'ils soient élèves, étudiants ou agents de l'État, les Tutsi étaient massacrés. Certains ont pris le chemin de l'exil mais beaucoup ont été tués au cours de leur fuite dans les marais ou au fond des vallées. On disait qu'un conflit sévissait parmi les étudiants et les élèves, mais c'était bien davantage une entreprise délibérée d'extermination des Tutsi. Ma mère a souffert lorsque mes petites sœurs sont parties se réfugier au Burundi. Mais, là-bas, elles ont pu trouver un emploi. Elles nous envoyaient de l'aide, et nous avons repris une vie normale.

---

7 Voir n. 16, p. 27.

Lorsqu'Habyarimana a pris le pouvoir, les droits des Tutsi n'ont pas davantage été respectés. Le nombre infime de ceux qui réussissaient à poursuivre leur scolarité ne trouvaient pas d'emploi à la fin de leurs études. Je suis allée au Burundi rendre visite à mes sœurs. Des Hutu m'ont dénoncée au bourgmestre nommé Nzaramba. Il a placé des policiers à la frontière pour que je sois arrêtée au retour avec mes deux collègues de voyage. Des amis nous ont prévenues et nous avons échappé aux policiers. Le lendemain, nous avons été convoquées au bureau de la commune, où nous avons nié avoir bougé de chez nous.

EN 1990

En 1990, j'étais mariée depuis quinze ans déjà et je me souviens être allée avec mon mari dans le Bugesera pour assister à la messe d'intronisation d'un prêtre qui venait d'être ordonné par Sa Sainteté le Pape Jean Paul II[8]. La messe se déroulait au domicile des parents du jeune prêtre. Tous les membres de sa famille avaient été conviés et certains étaient venus d'Ouganda. Jusqu'à une heure tardive, il a été couvert d'éloges. Au cours de la soirée, une vague d'arrestation des prétendus complices[9] du FPR a été lancée. Avec les autres visiteurs, nous avons marché toute la nuit pour échapper à la menace. Le Bugesera était dirigé par Rwambuka[10], le bourgmestre qui a asservi toute la contrée, notamment à partir de la nuit du 4 au 5 octobre 1990[11]. Nombre de Tutsi ont été arrêtés. Les uns ont été tués et les autres détenus, y compris des jeunes qui avaient l'âge des fils de ma grande sœur. Ils ont été emprisonnés à Rilima (Bugesera). D'autres l'ont été à Karubanda, la prison de Butare. Mais on n'échappe pas à la mort quand elle vous attend. Plus tard, durant le génocide, beaucoup de ces jeunes seront jetés

8 En 1990, le Pape Jean Paul II a fait un voyage apostolique au Rwanda, en Tanzanie, au Burundi et en Côte d'Ivoire.

9 Plusieurs termes désignent ceux qui étaient accusés de soutenir le FPR. Le plus utilisé était celui d'*icyitso* (« complice, espion ») ou au pluriel *Ibyitso by'Inkotanyi* (« complices des *Inkotanyi* »). On disait aussi *maneko* (du verbe *kuneka*) pour les « informateurs » ou *umugambanyi* pour le « traître ».

10 Le bourgmestre de Kanzenze, en préfecture du Bugesera, Rwambuka Fidèle, membre du Comité central du MRND, a ordonné dès octobre 1991 une série d'arrestations de jeunes Tutsi accusés d'être des « complices » du FPR. En 1992, les Tutsi furent massacrés en masse et leurs maisons brûlées. C'était une répétition générale préfigurant le génocide.

11 Voir p. 29.

dans la rivière Akanyaru[12]. Je me souviens qu'à Kigali aussi les Tutsi ont été pareillement accusés et arrêtés. Ils ont été conduits à l'intérieur du stade de Nyamirambo où la faim et la soif les ont tués massivement. Un jour on leur a donné de la bouillie, ils n'avaient pas de gobelets mais ils étaient tellement affamés qu'ils l'ont versée et bue dans leurs chaussures. Lorsqu'on les a fait sortir, ils ont été conduits dans des prisons situées en différents lieux. Des femmes ont été emmenées hors du stade pour être violées.

LA PEUR PEUT ÊTRE MORTELLE

Lors de l'assassinat du président burundais Ndadaye[13], le 21 octobre 1993, j'étais à Ruhango pour l'enterrement de ma tante maternelle avec les membres de ma famille venus de Kigali et de Butare. Nous avons passé toute la nuit terrorisés. Le lendemain, peu de bus circulaient, seuls les Hutu pouvaient les prendre. Accusés d'avoir assassiné le président Ndadaye, les Tutsi étaient pourchassés. J'étais avec ma grande sœur et je m'apprêtais à rentrer chez moi en commune de Rusatira, dans la préfecture de Butare. À l'arrêt des bus, les passagers s'écartaient ostensiblement de nous. Ma sœur m'a dit : « Attends le bus pour chez toi ; moi je vais aller à l'arrêt pour Gitarama. » C'est là qu'elle résidait. Dès qu'elle a eu le dos tourné, j'ai vu des jeunes se diriger vers moi, menaçants… J'ai couru aussi vite que possible. Le bus que j'attendais est arrivé. Le conducteur avait assisté à la scène, il s'est arrêté pour me prendre à bord. Il m'a dit : « Monte vite. » Je suis montée pendant que les assaillants qui étaient dehors tapaient sur les vitres. Le bus a démarré en trombe. Ceux qui me poursuivaient ont jeté des pierres. Le conducteur m'a interrogée : « Qu'as-tu fait pour qu'on te traque de la sorte ? » J'ai répondu que je n'avais rien fait pour mériter d'être pourchassée. Comme le dit un proverbe rwandais : *Nahungiye ubwayi mu kigunda*[14]. Des passagers ont hurlé qu'ils venaient de trouver quelqu'un sur qui se venger de la mort de Ndadaye. Ils ont déclaré à mon intention : « C'est à toi que nous nous adressons et à personne d'autre. Les Tutsi du Burundi ont tué notre

12 La rivière Akanyaru constitue la frontière naturelle entre le nord du Burundi et le sud du Rwanda.

13 Voir n. 34, p. 42.

14 Ce proverbe indique qu'une personne fuyant un danger vers un endroit où elle espère être à l'abri trouve un danger encore plus grand. Les proverbes ou adages rwandais sont une vérité que les anciens formulaient de manière énigmatique ou métaphorique.

président et il est de notre devoir de le venger en commençant par toi. » Je leur ai répondu : « Je suis rwandaise, pas burundaise, et nous sommes au Rwanda et non au Burundi. » Leur colère a éclaté, ils ont affirmé que burundais ou rwandais les Tutsi sont tous les mêmes. Je leur ai dit : « Tuez-moi… Dieu vous demandera des comptes pour avoir tué une innocente. » Le jeune convoyeur du bus semblait décidé à m'étrangler. Personne ne s'étonnait ni ne cherchait à savoir en quoi j'étais coupable. Seul le chauffeur leur a demandé ce qu'ils me reprochaient. Parvenus à la hauteur de Kavumu[15], voulant me donner une chance de leur échapper, le chauffeur a dit : « Je vais à Butare, sans passer par Nyanza. Ceux qui s'y rendent doivent descendre ici. » Il craignait que je sois tuée lorsque les passagers descendraient en grand nombre à Nyanza. Il m'a conduite jusqu'à la route qui mène à Rusatira. Je suis descendue, tremblant de peur. J'étais tétanisée. Je ne pouvais faire le moindre pas. Je suis tombée à terre, totalement inconsciente. J'ai fait un effort surhumain pour me relever et continuer ma route. À la maison, j'ai retrouvé mon mari qui était mort d'inquiétude. Il redoutait que j'aie été tuée. À ce moment-là, à Rusatira, les Tutsi n'étaient pas encore tués, mais on nous lançait des paroles qui tuent, pour bien nous faire comprendre que les représailles contre ceux qui avaient assassiné le président burundais ne sauraient tarder… Les Tutsi étaient en permanence pourchassés et inquiétés.

Un jour, bien avant cette date, le préfet avait réuni les habitants, mon mari avait demandé pourquoi les autorités locales, c'est-à-dire le conseiller et sa suite, ne participaient jamais aux travaux d'*umuganda*[16] et se contentaient de les superviser. Le préfet leur a ordonné d'exécuter les travaux communautaires avec les administrés, au lieu de les observer passivement. Cette intervention nous a porté malheur. À chaque *umuganda*, une tâche plus lourde que celle des autres m'était attribuée et on me faisait remarquer que mon mari avait dénoncé la paresse des autorités locales auprès de l'autorité préfectorale. À la même époque, deux frères hutu ont abattu un Tutsi, qui était notre voisin. Ils n'ont été ni poursuivis ni inquiétés et sont restés moins d'une semaine en prison.

Un autre jour, je suis allée rendre visite à mes parents dont la maison se trouvait à trois heures de marche de chez moi. Arrivée près d'un coin

---

15 Kavumu est le lieu de bifurcation qui part de la route qui relie Kigali à Huye (Butare). Certains bus déviaient leur trajet pour aller déposer les passagers qui se rendaient à Nyanza.

16 *Umuganda* est la journée des travaux communautaires, elle a lieu le premier samedi du mois.

broussailleux, j'ai croisé un homme qui tenait une machette à la main. En le voyant, je suis tombée en syncope. Lorsque j'ai repris connaissance, j'ai vu cet homme. J'étais allongée sous son ombre. Il m'a demandé : « Qu'est-ce que tu as ? Tu es malade ? Qu'est-ce tu as pensé que j'allais faire ? » Il a ajouté : « De toutes façons, ça arrivera. » Je me suis levée mais je n'arrivais pas à marcher à cause de la peur qui me terrassait. J'ai pensé à la longue distance qui me restait à parcourir et j'ai commencé à avancer très lentement, pas à pas, la peur au ventre. Je me suis retrouvée devant l'habitation de mes parents. Je suis entrée et je me suis écroulée. La peur peut parfois être mortelle. J'avais l'impression que mon cœur allait s'arrêter de battre. Ma mère m'a demandé ce qui se passait. Je lui ai tout raconté. Elle m'a dit : « Tu viens d'échapper aux assassins, mais la mort ne t'a laissé qu'un sursis. Tu devines où vont nous conduire tous ces événements. »

1994

À cette époque, ma fille aînée, Brigitte, avait douze ans. Elle avait terminé sa sixième année primaire. Elle était douée et avait été plusieurs fois première de sa classe. Mais elle n'a pas été acceptée. Des enfants hutu ont pris sa place. Nous l'avons envoyée à Kigali dans l'école privée dite Apacope[17]. Elle a passé les vacances de Pâques 1994 chez son cousin qui logeait à Nyabugogo[18]. C'est là que le génocide l'a trouvée.

Elle nous a appris plus tard qu'au lieu-dit Kiruhura, une barrière était tenue par des *Interahamwe* d'une cruauté démesurée. Lors d'une attaque, ils lui ont administré un violent coup de machette sur le dos avant qu'un voisin ne vienne la défendre. Elle est allée se cacher dans une maison où elle a trouvé un jeune homme et une femme cachés eux aussi. La nuit est tombée, une nouvelle attaque a eu lieu. Les assaillants ont ordonné au chef de famille (qui était une femme) de faire sortir de

17 École privée, mise en place par l'Association des parents pour la contribution à la promotion de l'éducation pour essayer de résoudre le problème de la ségrégation et de l'exclusion systématique des enfants tutsi du système d'enseignement rwandais.

18 Nyabugogo est un quartier situé à l'entrée de la ville de Kigali, où se trouve la gare centrale des bus.

sa maison tous ceux qui s'y cachaient, pour qu'ils soient tués. Elle a répondu : « Entrez, venez les chercher... » Ma fille s'est précipitée sous le lit, pendant que les *Interahamwe* s'affairaient à rançonner la femme découverte en premier. Elle était commerçante et ils la soupçonnaient d'avoir de l'argent. Le jeune homme s'est échappé en passant au travers des *Interahamwe* occupés à se partager l'argent. Les assaillants ont interrogé la femme chef de ménage, pour savoir si d'autres personnes étaient cachées chez elle. Elle a répondu : « Cherchez partout. Celui que vous trouverez, prenez-le avec vous. » Sans dire un mot, le chef des *Interahamwe* a pointé sa lampe torche sous le lit où il avait sans doute aperçu ma fille se glisser un instant plus tôt. La voyant, d'un geste de la main il l'a rassurée avant de s'en aller. Les assaillants sont ressortis. Une fois dehors, ils ont tiré plusieurs balles en l'air, signal qui annonçait à leurs collègues qu'ils avaient achevé le « travail[19] ».

Après leur départ, ma fille sortie de sa cachette s'est fait brutalement chasser par la propriétaire. Elle ne savait où aller. Un peu plus bas, se trouvait une autre barrière. Sur le Mont Kigali et le Mont Jali aux pieds desquels elle se trouvait, les habitants étaient en permanence à l'affût. Personne n'échappait à leur surveillance. Quiconque tentait le passage était aussitôt dénoncé par les vociférations des *Interahamwe* qui alertaient leurs complices. Ma fille n'avait plus la force de marcher. Tout son corps était endolori et gonflé à cause du coup de machette. Elle est descendue en prenant un chemin tracé par l'érosion et s'est dirigée vers le Mont Kigali, en passant par Nyabugogo-Kiruhura. Le chemin était pénible à cause des ronces touffues qui griffaient ses bras et ses jambes. Elle a atteint le sommet du Mont Kigali où elle a retrouvé le jeune homme avec lequel elle s'était cachée. Ils ont aperçu un groupe d'hommes armés de machettes. Ils ont essayé de s'enfuir, mais ma fille était épuisée. Elle a décidé de s'arrêter, les chasseurs-tueurs l'ont attrapée. Cependant l'un d'eux a eu pitié. Il l'a emmenée chez lui et il a demandé à son épouse de la cacher. Elle a été soignée avec des compresses pour calmer la douleur de son corps tuméfié.

Ma fille m'a appris que le premier jour dans cette famille, après les soins et le bain, elle avait dormi d'un sommeil de plomb. Au réveil, pensant que tous les siens avaient dû périr, elle s'était demandé comment

19 Les *Interahamwe* avaient pour habitude de dire qu'ils allaient au « travail » (*akazi*), quand ils pourchassaient les Tutsi pour les tuer.

elle parviendrait à survivre seule. Son questionnement est resté sans réponse. Son amertume a inquiété ses hôtes qui lui ont promis de l'aider en tout comme si elle était leur propre fille. Elle apportait son aide aux travaux de la maison, sans jamais sortir de l'enclos – consigne qu'elle a respectée au pied de la lettre. Près de là se trouvait une barrière tenue par de redoutables soldats et des *Interahamwe*. Le couple craignait qu'ils viennent tuer l'enfant. Les gardiens de la barrière ont fini par soupçonner sa présence. Un militaire est venu demander s'il n'y avait pas quelque *Inyenzi* caché chez eux et il a compris que l'enfant était bien là. Un autre militaire s'est présenté. Il a fait remarquer au couple qu'ils avaient osé cacher une *Inyenzi*. Le chef de famille a dit que l'enfant était la fille de sa sœur mariée à un Tutsi. Le militaire n'a rien voulu entendre. Il a dit à l'enfant de prier une dernière fois avant de mourir. L'adolescente n'a pas pu. Elle était horrifiée par la mort imminente. Soudain, le militaire lui a annoncé qu'il ne la tuerait pas parce qu'il avait une épouse tutsi. L'enfant a été sauvée de la fusillade ce jour-là. Immédiatement après, les tueurs de la barrière sont descendus chez une voisine qu'ils ont criblée de balles jusqu'à ce que sa chair soit entièrement en lambeaux. Ma fille est restée dans cette famille jusqu'à ce que les *Inkotanyi* prennent le contrôle de la ville de Kigali. Elle a fui alors avec ses hôtes jusqu'à Goma au Zaïre.

TUERIES ET VIOLS DANS LA RÉGION DE BUTARE

En préfecture de Butare dans le sud du pays, le génocide a commencé plus tard que dans les autres régions. Partout alentour ce n'était que barrières. Les attroupements de plus de deux personnes étaient interdits. Nous vivions à l'intérieur de la maison, sans jamais en sortir. Un jour, nous avons décidé de nous enfuir et de retrouver nos deux mères, dont les maris étaient déjà morts. Nous ne pouvions nous résoudre à les abandonner.

La situation a empiré. Un voisin a été abattu avec son épouse et tous leurs enfants. Des réfugiés arrivaient depuis Gikongoro. Plusieurs d'entre eux se sont regroupés dans la ferme de l'ISAR[20] à Songa. Ils ont tous été tués là où les *Interahamwe* avaient des pratiques de tortionnaires.

20 ISAR, Institut des sciences agronomiques du Rwanda, dont le siège est situé à Rubona dans le district de Huye.

Avant d'achever une jeune femme enseignante, ils lui ont dit qu'elle était coupable pour trois raisons : être Tutsi, avoir été arrogante en refusant de se marier avec l'un d'entre eux et être dotée d'une grande intelligence. À plus de dix, ils l'ont violée à tour de rôle. Elle a péri dans des souffrances et une humiliation sans nom.

Dans notre région, le génocide a réellement démarré après l'assassinat par les *Interahamwe* du préfet tutsi de Butare, Habyarimana[21] Jean-Baptiste, et de notre bourgmestre tutsi, Nyagasaza[22] Narcisse. Les Tutsi ont été exterminés au cours de terribles massacres. Se rendant compte de la gravité de la situation, notre bourgmestre avait essayé de fuir vers le Burundi mais les *Interahamwe* l'ont poursuivi jusqu'à la rivière Akanyaru, à l'endroit dit Mpanda. Ils l'ont attrapé et torturé. Les mains liées dans le dos, tous ses vêtements ont été arrachés et il a été exposé nu dans la cour du bureau communal. Il a passé une semaine sous le soleil comme sous la pluie, et il est mort.

Les membres de la Garde présidentielle (GP) venue de Nyanza ramassaient tous les Tutsi qu'ils croisaient sur la route. Ma famille et moi et tous nos voisins avons été prévenus qu'il ne fallait pas passer par là. Une jeune fille, qui venait de terminer ses études secondaires à Save, a eu les yeux crevés et sortis de leurs orbites, parce que sa beauté offensait ceux qui s'en croyaient démunis.

Durant tous ces jours, on dormait dans des brousses et des champs de sorgho. Ceux qui étaient trouvés étaient tués sur le champ. Je me rappelle qu'une jeune fille avec laquelle nous nous cachions a été mordue par un serpent. Le venin a fait gonfler tout son corps. Elle a été conduite dans un petit centre de santé où, durant plusieurs jours, elle est restée sans soins. Les *Interahamwe* venaient recenser les malades, les séparant en deux groupes – Hutu et Tutsi. Ils emmenaient les Tutsi, et tous ont été tués. La présence de la jeune fille de dix-huit ans et ses plaies incommodaient les soignants. Finalement elle a reçu quelques soins, elle a survécu mais, quelques jours plus tard, elle a été tuée. Elle allait

21 Habyarimana Jean-Baptiste. Venu en France début 1994, il avait fait part de son inquiétude face aux distributions de machettes qu'il avait tenté d'arrêter. Il a été révoqué le 18 avril 1994. Recherché, il a été retrouvé et incarcéré, avant d'être envoyé à Gitarama, siège du gouvernement intérimaire, où il a été exécuté. Sa veuve et ses deux filles ont été assassinées par des soldats de l'École des sous-officiers (ESO).

22 Nyagasaza Narcisse, bourgmestre tutsi de Ntyazo, a fui avec un groupe d'habitants. Il a été rattrapé et assassiné le 23 avril 1994.

se marier. À l'époque, les filles et les garçons se mariaient très jeunes pour laisser derrière eux un enfant qui leur survivrait, s'ils venaient à mourir. La jeune fille a été tuée avec son fiancé et plusieurs jeunes de leur âge. Il arrivait que les *Interahamwe* poussent la torture jusqu'au viol des corps sans vie des jeunes filles.

Ma grande sœur, qui habitait à Gitarama, a été tuée avec son fils qui était en cinquième année primaire, en même temps qu'un autre jeune qu'elle hébergeait. Nous lui avions recommandé ce garçon dont les parents étaient nos plus proches voisins. Il avait été exclu de la poursuite de sa scolarité et nous l'avions confié à ma sœur pour qu'il puisse aller à l'école secondaire de Byimana. Il a été victime d'une attaque des *Interahamwe* et il a été laissé pour mort avec d'autres dans une fosse commune. Les assassins sont revenus le lendemain vérifier que tous étaient morts. Le jeune garçon a supplié qu'on le tue. Parmi les assaillants une femme, voisine de cet enfant, lui a répondu : « Attends ! Ceux qui t'ont tué vont revenir et ils t'achèveront. » Un homme, lui aussi voisin de la victime, s'est approché. Il a sorti le jeune supplicié de la fosse, il l'a emmené et l'a caché chez lui. L'enfant avait des blessures très profondes, il a été soigné avec des piqures de pénicilline. Lorsqu'il s'est senti mieux, il a commencé à sortir à l'arrière de la maison, hors de vue des passants suspicieux. Hélas, il a été découvert. Les *Interahamwe* avaient été prévenus de la présence de ce survivant. L'homme qui l'hébergeait a été averti de ce qui se tramait. Il a conduit le jeune garçon dans la bananeraie et il l'a caché dans la cuve où on enfouit les bananes pour faire la bière. Il a recouvert la cachette avec des feuilles de bananier. Les *Interahamwe* sont venus chercher le garçon ; l'homme leur a dit qu'ils avaient été mal informés et que la victime était décédée. L'enfant avait deux frères. L'un, vétérinaire dans la région de Byimana, préparait son mariage qui devait avoir lieu au mois d'août. Lui aussi a été jeté vivant dans une fosse, les mains attachées dans le dos, et recouvert de terre. L'autre, les mains également liées dans le dos, a reçu des coups de lance avant d'être jeté dans la rivière Akanyaru. Tous étaient mes voisins.

Accompagnés de notre ouvrier, mon mari et moi avons continué à fuir et à marcher dans la nuit. Il pleuvait beaucoup. À certaines barrières, les *Interahamwe* étaient partis s'abriter. Glissant et tombant sans arrêt sur le sol détrempé, nous avons fini par atteindre le marais. On ne distinguait plus rien dans la nuit noire. À la barrière du lieu-dit Ruhita, nous sommes arrivés à la hauteur d'un grand feu autour duquel les *Interahamwe* se réchauffaient et faisaient griller de la viande. Ils nous ont arrêtés et nous ont demandé où nous allions. Alors que nous cherchions quoi répondre, l'un d'eux qui voulait nous sauver de la mort a déclaré à ses complices : « Vous ne savez pas qu'ils habitent à Mbuye, juste en face ? » Puis, il nous a demandé : « Qu'est-il arrivé pour que vous marchiez ainsi pendant la nuit ? » J'ai répondu : « On vient de nous appeler au secours, ma mère est mourante. » Il a demandé à l'équipe de nous laisser continuer. Je remercie du fond du cœur cet homme courageux qui nous a sauvé la vie. Nous avons poursuivi notre route, avant de tomber sur une autre barrière. Une fois de plus on nous a arrêtés. Là aussi, un jeune a intercédé en notre faveur : « C'est exact, la mère de cette dame est gravement malade, laissez-les continuer. » À lui aussi, je dis infiniment merci, tout en sachant que la main de Dieu a joué un grand rôle pour nous protéger.

L'ATTAQUE DIRIGÉE PAR LE FILS DE NZARAMBA ATHANASE[23]

Les assaillants se sont dirigés vers les collines de Karama et de Shali où des Tutsi résistaient. Destinés à la mort, ceux-ci ont vaillamment combattu et réussi à arracher deux fusils aux *Interahamwe*. Ils s'étaient regroupés au sommet d'une colline d'où ils tiraient des flèches avec leurs arcs. D'autres utilisaient des jets de pierres. Ils ont repoussé l'ennemi, mais les *Interahamwe* ont appelé en renfort les membres de la Garde présidentielle (GP) de Nyanza et de Butare. La GP est arrivée munie de fusils d'assaut et les Tutsi ont été anéantis sur cette colline. À Karama aussi, ceux qui avaient fui sur la colline voisine de Nyamure pour organiser leur auto-défense ont résisté jusqu'à l'arrivée de la Garde présidentielle qui les a tous exterminés.

Nous avons continué jusque chez nos parents où les habitants passaient la nuit dehors. Les Hutu avaient commencé les tueries et personne n'osait dormir dans sa maison. Nous avons trouvé nos deux vieilles mères. Elles ont refusé de nous suivre. Elles ont dit qu'elles étaient incapables de courir. Elles nous ont conseillé de partir seuls et de les laisser périr sur place. Ma belle-sœur était gravement malade. Elle ne pouvait quitter le lit. Ma belle-mère ne voulait pas l'abandonner. Finalement nos mères ont

23 Bourgmestre de la commune de Ntyazo, de 1964 à 1986.

accepté de nous suivre. Confiée à des voisins, ma belle-sœur a survécu, elle a été sauvée par les *Inkotanyi*.

Ceux avec qui nous avions marché toute la nuit ont décidé que toute personne capable de marcher devait continuer plutôt que d'être tuée sur place. Nous avons fui jusqu'à Kibirizi. Nous avons croisé un groupe d'*Interahamwe* qui avait rassemblé des femmes à Ibambiro[24]. Ces femmes ont été atrocement abattues après avoir subi des séances de viol d'une cruauté plus qu'inhumaine. Cinq hommes, voire plus, ont violé chacune d'entre elles. Cette torture est innommable. Elles avaient enduré la faim et la soif durant tous les jours de leur périple de malheur. Elles ont été achevées alors qu'elles n'avaient plus le moindre souffle de vie. Elles ont été jetées dans une fosse creusée près de la barrière des miliciens. Un homme a été tué à leur suite et jeté sur leurs corps. Les assassins ont cyniquement déclaré aux cadavres des femmes : « Celui-là, c'est le mari qui vous est donné. » L'apologie du massacre était à son comble. Durant les commémorations du génocide des Tutsi, le Conseil national des femmes (CNF), les institutions féministes et les personnes de cœur vont à Kibirizi pour immortaliser la mémoire de ces femmes victimes de tortures inouïes.

Nous avons poursuivi notre route. Je me souviens d'une vieille, malade, qui avait fait l'effort de fuir avec les autres. Elle était avec sa propre fille qui avait décidé de ne pas marcher trop vite pour ne pas laisser sa mère en arrière… Nous avons entendu les cris des assaillants : « Regardez-les, là-bas, de l'autre côté. Soyez vigilants… Qu'ils ne nous échappent pas. » Ils sont descendus dans notre direction. Ils ont vu la vieille. Fatiguée de marcher, elle s'était assise pour respirer un peu. Elle a été tuée avec sa fille.

Nous les survivants, arrivés un peu plus loin, nous avons buté sur une nouvelle barrière. Nous avons reçu des jets de pierres avant que l'un de ceux qui nous pourchassaient ne déclare : « Laissez-les ; ils seront tués aux prochaines barrières. » Des véhicules de la Garde présidentielle sont venus stationner sur la route un peu plus loin devant nous. Ils avaient été avertis que notre bourgmestre tutsi était en train de fuir à l'étranger. Les militaires de la GP ont ramassé tous les Tutsi qui s'enfuyaient avec lui. Ils les ont fait monter dans les camions et les ont conduits à l'abattoir. Nous avons eu de la chance. Un enfant nous avait recommandé de ne pas emprunter la route. Il nous avait dit : « Ne prenez pas le raccourci dans le village et

24 *Ibambiro*, « la crucifixion », vient du verbe *kubamba* qui signifie « crucifier ».

ne passez surtout pas par la route, où vous allez trouver des camions qui vont vous emporter à la mort. » Parvenus à Nyakayaga, nous nous sommes enfouis dans une brousse pour éviter de tomber sur la dernière barrière avant l'Akanyaru, où tout le monde était abattu sans pitié. Personne ne devait en réchapper. Dans le ciel, les hélicoptères surveillaient tout.

Mon neveu est sorti de la brousse pour voir par où nous pourrions passer. Il a été abattu à la barrière qui se trouvait en contre-bas de notre cachette. Nous avons entendu la conversation de femmes qui rentraient après la récolte des haricots. Elles ont dit que le grand jeune homme qui s'était hasardé à espionner venait d'être décapité. Nous avons compris qu'il s'agissait de mon neveu. Nous avons caché cette information à sa femme qui était avec nous et n'avait pas suivi le dialogue des passantes. Mon mari est sorti du champ de sorgho, où il s'était terré. Il a été attrapé et conduit à cette même barrière avec un jeune venu de Kigali, qui avait fui avec nous. On leur a donné l'ordre de s'asseoir par terre et d'ôter leurs chaussures avant de mourir. Un jeune *Interahamwe* qui connaissait mon mari a entendu qu'il demandait à être conduit chez ma nièce qui habitait non loin de là. Le jeune a accepté. À la nuit tombée, il est revenu accompagné d'autres tueurs. C'est alors qu'ils ont frappé mortellement mon mari au cou, sans toutefois l'achever, sans doute pour que son agonie soit plus longue. Toute la nuit il a gémi jusqu'à son dernier soupir. Je n'ai jamais su où on a mis son corps.

Mon jeune neveu qui avait été élevé chez nous a été tué près de l'Akanyaru. Les miliciens lui ont lié les mains derrière le dos avant de lui planter une lance dans le corps et de le jeter dans la rivière.

OH, MES FAMILLES…

Plusieurs des miens ont été abattus sur les chemins de la fuite. Y compris les voisins de la colline où nous habitions. Je ne peux les compter sur les doigts de mes deux mains, tant ils sont nombreux. La femme du neveu de ma mère qui portait son bébé au dos… Tous deux ont été jetés dans l'Akanyaru. Son mari a été tué près de ce même cours d'eau. Quatre de leurs enfants ont été jetés au fond des latrines. Le cinquième, âgé de six ans, a été jeté dans la rivière, qui l'a rejeté à trois reprises vers la rive. Chaque fois, les assassins l'ont repoussé dans le lit de la rivière. L'enfant ne savait pas nager. Les *Interahamwe* ont pris peur. Ils ont craint que Dieu, dont la main protectrice évitait la mort de l'enfant, ne leur demande un jour pourquoi ils avaient combattu Sa Toute-Puissance. Ils ont résolu de le repêcher. L'un d'eux a pris l'enfant chez lui où il est resté jusqu'à la fin du génocide. C'est alors que nous avons appris où il se trouvait...

L'ÉPREUVE DE LA TRAVERSÉE DE L'AKANYARU

Un garçon avait caché près de l'Akanyaru une pirogue pour aider à traverser sa mère, ma propre tante, et les survivants de la tuerie. Ce frêle bateau a fait passer les vieilles mamans. Nous, les plus jeunes, nous avons dû traverser à l'aide d'une corde. Les militaires burundais nous ont facilité le passage depuis la rive opposée. Ils ont lancé la corde pour que ceux qui le pouvaient la tiennent et traversent en se laissant tirer. Nous attendions la nuit, après le départ des *Interahamwe*, pour passer. C'était une épreuve redoutable. Au petit matin, les militaires burundais s'éloignaient, les *Interahamwe* revenaient et tuaient tous ceux qui attendaient leur tour pour traverser. Aucun n'était épargné. Tous étaient tués et jetés aussitôt dans la rivière.

Arrivés en terre burundaise, les réfugiés ont logé dans une école où les salles de classe ont été rapidement remplies. Ceux qui n'avaient pas trouvé de place ont été installés dans des tentes qu'on appelait des *sheetings*. Nous qui étions arrivés en dernier, nous avons dû rester dans la cour sous la pluie. Nous avons eu de graves problèmes de santé à cause de l'insalubrité. Rescapés du génocide qui s'était déroulé de l'autre côté de la frontière, plusieurs d'entre nous ont péri du choléra. Nous ne vivions que de biscuits et de grains de maïs.

Dieu est intervenu en notre faveur. Les soldats de FPR sont arrivés au sud du Bugesera, à la frontière avec le Burundi. Une réunion a été organisée. On nous a conseillé de rejoindre le Rwanda. Les libérateurs souhaitaient que les rescapés rentrent dans les régions libérées. Les plus jeunes ont rejoint les *Inkotanyi*.

Vers les mois de mai-juin, le pont de Rwabusoro qui conduit du Bugesera vers le Mayaga avait été bombardé et coulé par les soldats gouvernementaux pour que les *Inkotanyi* ne puissent plus traverser. Ceux-ci l'ont vite réparé et l'ont emprunté pour libérer le Mayaga et Butare. Partout dans la partie sud du pays ils n'ont trouvé que des corps sans vie et des blessés. Peu de temps après, tout le pays a été libéré. Le gouvernement intérimaire a été vaincu et mis hors d'état de nuire.

APRÈS

Ma mère, le fils de sa sœur qu'elle avait élevé et moi n'avons pas tout de suite quitté le Burundi pour rentrer au Rwanda. Nous avons décidé d'aller à Bujumbura où vivait mon cousin, le fils de mon oncle paternel. Puis ma petite sœur qui avait fui le pays en 1973 nous a accueillis chez elle. Nous sommes restés à son domicile le cœur lourd de chagrin et d'amertume en pensant à tous ceux que nous avions perdus pour toujours. Nous étions inquiets, traumatisés et incapables d'expliquer ce que nous avions vécu. Je ne parvenais pas à dormir. Mon cœur tapait fortement et pour me soulager, je plaçais un linge mouillé sur mes côtes. Plus tard, un médecin a découvert que j'avais des problèmes de cœur et j'ai été soignée.

Nous étions arrivés à Bujumbura au mois de mai. Nous sommes rentrés au Rwanda en août, après que les *Inkotanyi* aient libéré tout le pays[25]. Nous sommes allés à Kigali où nous avons eu une maison à Biryogo, dans le quartier de Nyamirambo. J'étais sûre que ma fille Brigitte ne pouvait avoir échappé à la mort. Je pensais qu'elle ne faisait plus partie des vivants. En fait, elle était restée dans la famille de ses bienfaiteurs, au Mont Kigali, jusqu'à ce que les soldats du FPR reprennent le contrôle de la ville. Puis elle avait fui avec sa famille adoptive jusqu'à Goma. De là elle avait repris le chemin du Rwanda. À la frontière entre le Zaïre et le Rwanda, elle a retrouvé son oncle qui était soldat parmi les *Inkotanyi*. Il l'a emmenée au camp de Nyakinama où se trouvaient des enfants retrouvés ici et là. Les soldats leur ont appris le secourisme et ils ont pu s'occuper des nouveaux arrivants. C'est seulement plus tard que j'ai appris qu'elle avait survécu, ainsi que la famille de mon cousin maternel chez qui elle vivait quand elle étudiait. Ils ont eu la chance de survivre. Mon cousin m'a accompagnée pour aller la chercher. Nous l'avons trouvée presque muette. Elle ne parlait plus et restait tout le temps seule, pensant sans doute que tous les siens avaient péri. En la revoyant, j'ai été étranglée

25 La Zone Turquoise s'étendait sur presque toute l'actuelle province de l'Ouest. Elle était occupée par l'armée française. L'Opération Turquoise a duré du 22 juin au 21 août 1994. Cette opération prétendument humanitaire a permis à l'armée française d'exfilter des génocidaires notoires et de créer un corridor par lequel les tueurs hutu se sont massivement enfuis au Zaïre.

de douleur à l'idée qu'elle ne reverrait plus jamais son père. L'enfant était inerte, jusqu'au moment où elle m'a reconnue.

Après le génocide j'ai recueilli plusieurs orphelins dont les parents étaient de ma famille élargie ou comptaient parmi nos voisins. Pour la plupart d'entre eux, je les ai accompagnés jusqu'à l'âge adulte et leur mariage.

JE REMERCIE

Je remercie le gouvernement d'Union nationale qui a mis fin au génocide et nous a libérés de la mort en supprimant toute discrimination ethnique dans le pays. Il s'est investi dans la solidarité et l'unité entre les citoyens. Il a restauré la dignité qui nous avait été arrachée. Il se préoccupe du développement économique du pays pour et par tous les Rwandais.

J'ai adhéré à la famille Avega où j'ai trouvé plusieurs personnes qui avaient les mêmes problèmes que moi. L'Avega nous a aidées. Une fois par mois nous recevions du riz, des haricots, de l'huile et d'autres vivres… Des bienfaiteurs nous ont aidés dans d'autres domaines et nous avons commencé progressivement à retrouver le calme et la paix.

Par la suite, l'association Ibuka, le Farg et d'autres organisations sont venus nous aider. Les rescapés scolarisables ont pu étudier. Les malades et les blessés ont été soignés et nous avons pu revivre.

Je dis merci à tous ceux qui sont intervenus en notre faveur.

Je remercie notre gouvernement grâce auquel personne n'est discriminé dans l'éducation ou dans l'administration. Aujourd'hui seul le mérite est pris en compte par les dirigeants.

J'ai été bénéficiaire d'une maison au sein de l'*umudugudu* Imena[26]. Là, j'ai retrouvé un des miens qui était survivant. Il est venu nous rendre visite. Ma mère était encore en vie. Le lendemain matin de son arrivée, il est soudain décédé. Nous n'étions plus que trois sur terre. Constatant qu'il venait de mourir, ma mère est morte d'une crise cardiaque, suivant de près celui qu'elle venait de pleurer. La mort de ce frère a provoqué

26 Voir n. 15, p. 71.

chez moi un traumatisme supplémentaire. Je suis retombée dans la peine et le chagrin. Plus tard, un véhicule m'a gravement heurtée, provoquant une fracture. Je suis restée handicapée pour le reste de ma vie, me déplaçant avec des béquilles.

Au pays maintenant, il y a la tranquillité. Je me suis fait soigner, je dors calmement et personne ne m'inquiète ni ne me malmène.

Le développement est rapide au Rwanda où les habitants ont la liberté de jouir de la vie et de la liberté d'expression. Le projet intitulé « Une vache pour chaque Rwandais[27] » a été initié pour ceux qui vivent sous le seuil de pauvreté. Les huttes et autres habitations en chaume ont été détruites. Les maisons des habitats regroupés ont été raccordées au réseau d'eau et d'électricité. Les habitations des rescapés ont pour la plupart été réhabilitées. Le système d'éducation a été revu, le nombre d'écoles a augmenté ainsi que les établissements d'enseignement professionnel. Les enfants des familles démunies ne paient pas de frais scolaires. Tout est différent des pratiques d'antan, lorsque l'accès à la scolarité était régi par la discrimination ethnique et régionale[28]. Actuellement, tous les enfants sont scolarisés.

Globalement, nous sommes bien. Ceux qui le peuvent créent leur propre emploi, bénéficient de crédits bancaires et mettent en œuvre leurs projets. Des voyages d'étude pour entrepreneurs sont organisés.

Nous avons la mutuelle de santé. Le nombre de mères et d'enfants qui décédaient lors des accouchements a considérablement baissé. Les femmes enceintes respectent les consultations prénatales jusqu'au terme de leur grossesse et bénéficient de l'éducation à la santé reproductive. Les femmes porteuses du Sida reçoivent des soins pour éviter la transmission du virus de la mère à l'enfant.

Le statut des femmes a été réhabilité. Elles ont recouvré leur dignité, elles vont à l'université et ont accès aux postes politiques de haut rang, au Parlement et partout ailleurs. Elles jouent un rôle important dans la reconstruction de la paix comme membres de l'armée et de la police et au sein des missions des Nations unies.

---

27 À la suite d'un accord signé en 2011 entre le PAM et le Directeur Général de l'Office rwandais de développement des ressources animales (RARDA) le programme *Girinka*, « Une vache par famille » a été mis en place pour lutter contre la malnutrition des enfants. Programme qui s'inspire de la tradition : offrir une vache était un signe de gratitude et de respect. Vient de *Gira inka*, « aie une vache ».

28 Voir n. 2, p. 52.

Nous marchons la tête haute dans une société sans discrimination ethnique, nous partageons tous le même statut et il existe un programme intitulé « Je suis Rwandais ». Aujourd'hui, tout le monde peut travailler sans surveillance sournoise. Nous avons repris notre souffle après ces cent jours de fuite effrénée.

Le domaine agricole a prospéré. Autrefois on mangeait du riz pour la seule fête du Nouvel An. Aujourd'hui, c'est un aliment de base pour les familles. La culture du maïs s'est développée et la production est satisfaisante. Les progrès en agriculture sont évidents. Ceux qui habitaient sur les pentes raides des collines et autres lieux à risques ont été aidés par le gouvernement qui leur a construit des habitations décentes.

Tous ces bienfaits sont l'œuvre du gouvernement d'Union nationale où tout Rwandais peut se retrouver. Nous continuons à l'admirer et lui apportons notre contribution.

KWIBUKA

Je me souviens de mon mari qui a été atrocement tué. J'ai appris que les premiers coup de machette ne l'avaient pas achevé et qu'il a extrêmement souffert de ses blessures. Je me souviens qu'encore en vie tous les deux, il aimait me répéter chaque jour : « Même si nous ne serons plus là pour le voir, je suis sûr que les *Inkotanyi* gagneront cette guerre. » Et c'est ce qui est arrivé. Mon cher mari, je te garde en mémoire et je me souviens de toi et de ta souffrance.

Je me souviens de ma grande sœur avec qui j'ai grandi en famille. Nous étions plus que des amies. Lorsque je lui rendais visite, nous passions toute la soirée à évoquer nos souvenirs jusqu'à ce que la nuit ouvre ses portes au soleil matinal. Ma grande sœur, je suis restée remplie d'amertume parce que tu as été tuée alors qu'il y avait longtemps que nous ne nous étions pas vues… Tu habitais loin, très loin de moi.

Ma chère amie, ma sœur, je me souviens de ton fils aîné, Rutabana Christian. Je l'aimais beaucoup. Tu te rappelles que c'est moi qui l'ai gardé. J'ai pris soin de lui et lui ai donné ses bains, alors que je n'étais pas encore mariée. À l'époque tu l'avais emmené vivre chez son grand-père, après l'avoir sevré. C'était encore un bébé. Il n'est revenu chez toi qu'après l'école primaire.

Je me souviens de toi, Christian, mon cher neveu, lorsque tu es venu me présenter l'élue de ton cœur. Je garde à l'esprit que tu as été tué, peu avant ton mariage prévu pour le mois d'août de cette sinistre année qui a été la pire pour nous et que l'histoire de l'humanité n'oubliera jamais.

Je me souviens.

Je me souviens de ce mot aimable que tu as lancé à ta fiancée pour lui dire : « Même si je te présente cette personne – tu parlais de moi à la troisième personne – comme ma tante maternelle, sache que c'est elle qui m'a élevé et qui m'a couvert de toute l'affection parentale. » Tu lui as demandé de me rester toujours reconnaissante et de m'aimer tendrement. Chaque fois que je me souviens de vous deux, chers amoureux, le chagrin me gagne.

Je me souviens de ton petit frère, Rugagi Claude, tué alors qu'il fêtait son dix-neuvième anniversaire. Comme toi, c'était un garçon qui aimait vivre en bonne entente avec ses amis. Je me souviens de ton talent de chanteur, Rugagi. Tu aimais nous chanter de belles mélodies et je me souviens de toi chaque fois que la radio diffuse les chansons que tu aimais fredonner. Nul ne peut imaginer quelle est ma peine.

Je me souviens de nos deux oncles paternels, Népomucène et François, qui me gâtaient autant qu'ils le pouvaient. Ils ont été tués avec tous leurs enfants. Aucun n'a survécu. Lorsque je les revois dans ma mémoire, avec nos tantes paternelles, Félicité, Spéciose et tous leurs enfants, je meurs de tristesse.

Je me souviens des habitants de la colline Muringa : chez Kabandana et chez son frère Denys, avec leurs enfants, dont Safari et les autres, Média, Donatilla, Béata et son fils Kaberuka Denys, ainsi que les enfants de celui-ci. Je me souviens également des petites sœurs de Kaberuka qui ont été exterminées. De vous tous, je me souviens.

Je me souviens de vous tous en ce lieu. Partout, tout autour, vivaient nos oncles paternels.

Je me souviens de ma sœur Mukanyarwaya Bonifrida, de son mari, Habimana Denys, et de leurs six enfants. J'ai en mémoire que je reste la marraine de leur fille, Uwizeye Rose. Elle a été tuée alors que quelques mois plus tôt elle était allée au bureau communal (l'actuel district) pour se faire enregistrer et signer l'engagement de mariage devant l'officier d'état civil. À l'époque, je me souviens que je touchais déjà du doigt la date de ce mariage. Je m'apprêtais à l'accompagner jusque sous le toit conjugal, en ma qualité de marraine pour toujours. Je l'aimais énormément et j'admirais son attitude calme et sereine dans tout ce qu'elle entreprenait. En classe, elle était très douée.

Je me souviens de vous tous chaque fois que nous nous rendons à Songa où vous avez été exterminés. Je me souviens de chacun et chacune d'entre vous, lorsque je parle avec le seul enfant qui a survécu. J'ai le cœur alourdi de peine.

Je me souviens de tous mes neveux, les fils de Mwitende Claver, de Batamuriza et de leurs enfants, ainsi que de Muhindangiga Ezekias. La mort atroce qu'ils ont subie m'a fait tellement souffrir.

Je me souviens de ma sœur aînée, Mukamutara Immaculée, et de ses enfants, qui habitaient le Bugesera. Je me souviens également de son mari Karinda. Tous ont été tués alors qu'il y avait longtemps que nous ne nous étions pas vus.

Je me souviens de mes cousins Ruzindana et Murangira, de son épouse Kankwanzi Domitilla et de leurs enfants, qui ont tous été jetés au fond des latrines. Je me souviens que, lorsqu'ils vivaient encore, j'allais leur rendre visite et nous bavardions. C'était une grande joie d'être avec les miens. Je me souviens qu'ils avaient envoyé chez moi l'une de leurs filles qui était ma filleule. Toute fille candidate au baptême venait me solliciter pour que je l'accompagne jusqu'à la cérémonie et que je devienne sa parente spirituelle. Elles venaient en toute confiance jusqu'à mon domicile pour me solliciter.

Comment pourrais-je mettre fin à cette litanie ? Si je devais égréner la liste des miens disparus pendant le génocide des Tutsi en 1994, cela remplirait des pages et des pages.

Je me souviens de vous tous qui formiez des familles élargies qui étendaient la mienne en formant de longues ramifications. Je ne vous oublierai jamais, je me souviendrai à jamais de vous, quand bien même il adviendra un jour où plus rien de vous ni de moi-même n'existera.

De droite à gauche : Uwimabera Céleste, la tante paternelle de Mélanie tuée avec son mari et ses enfant ; Bernadette, la fille de sa cousine ; la mère de Mélanie décédée après le génocide ; Marie, la fille de son oncle paternel tuée avec son mari et ses enfants ; Kayitare Alphonse, le mari de Mélanie ; Mélanie ; sa grande sœur Kantengwa Marthe, tuée avec son mari et ses trois garçons, leurs deux filles sont vivantes ; Valérie, la fille de son oncle paternel, elle est vivante ; au premier rang : Kanteko Béatrice, la fille de sa tante maternelle, elle est vivante ; Mukantagwera Marie, la fille de son oncle paternel tuée avec son mari et ses trois enfants

Rutabana Christian,
neveu de Mélanie

DE L'ENFANCE AU GÉNOCIDE

MUKATURATSINZE Ziada

AVANT…

Je m'appelle Mukaturatsinze Ziada. Je suis née le 1er janvier 1940 dans l'ancienne commune de Mugesera, sur la colline de Shywa, en paroisse de Zaza (province de l'Est). Mon père s'appelait Nkomati Ambroise et ma mère, Nyirambabazi Adèle.

En grandissant, j'ai appris que mes parents étaient désignés par le terme de Tutsi. Ils se nourrissaient principalement de lait et de quelques autres aliments. Un jour, mon père est tombé malade et il est mort. On a dit qu'il avait été empoisonné. Était-ce parce qu'il venait d'accuser ceux qui voulaient s'emparer de ses champs et de ses vaches ? Il a comparu plusieurs fois devant le tribunal, mais le jugement a été reporté à maintes reprises. Au cours de l'un de ces reports d'audience, qui l'obligeait à effectuer de longs trajets, il a été atteint de la maladie qui l'a emporté en une nuit. En bas âge, nous avons été orphelins de père et notre mère s'est occupée seule de notre éducation. Nous étions sept enfants, j'étais la quatrième. Nous ne sommes plus que trois aujourd'hui. Nous avions aussi quatre demi-frères plus âgés que nous, du côté de mon père.

À l'adolescence, on disait que j'étais sage et que j'aimais tout le monde. J'avais beaucoup d'amis. À l'âge de la scolarisation, j'ai été inscrite à l'école des environs. À la puberté, une voisine de mon âge a joué le rôle de l'*umuranga*[1] et elle m'a désignée à un jeune de Sake. Tout ceci s'est passé à mon insu, à l'église. Je l'ai appris plus tard.

Un jour, en revenant de la messe, j'étais avec un groupe de jeunes filles. Des jeunes gens ont proposé de nous tenir compagnie. Nous ignorions tout de leur projet. En nous quittant, ils ont promis de revenir nous rendre visite à mon domicile. Plus tard, j'ai su qu'ils nous avaient accompagnées uniquement pour m'observer et être sûrs que je répondais aux attentes de mon prétendant.

Auparavant, j'avais été fiancée à un jeune homme qui était mon instituteur. Ma famille avait refusé le mariage, parce qu'il était hutu et mon projet a échoué. Il y a eu de la mésentente entre nos deux familles, qui étaient pourtant proches voisines. Le statut d'enseignant était à l'époque très respecté et plusieurs personnes sont intervenues favorablement auprès de mon frère, qui en l'absence de mon père jouait un rôle important dans les décisions familiales. Mon frère est resté inflexible, il a dit : « Ces deux-là sont trop jeunes pour comprendre les questions ethniques… » Il a opposé un refus catégorique à mon mariage. Pour lui, la haine des Hutu à l'égard des Tutsi s'exprimait de manière délibérée et il ne pouvait se résoudre à marier sa sœur à l'un d'entre eux. Lorsque ma famille m'a fait part de sa décision, j'ai résolu d'obéir et je me suis rangée à l'avis de mon frère que ma mère avait soutenu et approuvé.

Le moment venu, le jeune de Sake, fidèle à sa promesse, est venu me rendre visite à la maison. Il m'a déclaré qu'il m'aimait et qu'il avait le ferme projet de nous voir unis à jamais l'un à l'autre. J'ai invité les jeunes filles de mon âge à me rejoindre le jour de la visite du jeune homme. J'ai également convié mes nièces. Nous avons échangé pendant un moment avant que le jeune homme demande à me parler en tête à tête dehors. J'étais curieuse de l'entendre, je sentais naître en moi une

1 Dans la coutume rwandaise, lorsqu'une famille cherchait à marier un fils, elle s'adressait aux amis pour qu'ils lui indiquent une famille susceptible de lui donner une fiancée. Les personnes qui jouaient le rôle d'émissaires étaient appelés *Abaranga* (au singulier *Umuranga*). Ils observaient les jeunes filles et vérifiaient qu'elles étaient nées dans des familles respectables. Ils suivaient les contacts et les fiançailles jusqu'au mariage.

émotion amoureuse, mais j'ai commencé par lui dire que la compagnie risquait de prendre mal notre aparté. Il m'a répondu qu'il avait un message important pour moi, un *ijambo*[2], et qu'il voulait connaître ma réponse. Nous sommes sortis de la maison.

Il m'a dit : « Dès que je t'ai vue, je suis tombé amoureux. Je suis jeune, en âge de me marier, bien qu'orphelin et sans appui. Je voudrais que tu acceptes d'être ma fiancée... Serais-tu d'accord ? » Je lui ai dit que je ne pouvais lui répondre sur le champ et que j'avais un autre prétendant (bien que ce soit faux). J'ai ajouté que je n'étais pas en âge de me marier et je lui ai proposé d'épouser ma grande sœur qui ne l'était pas encore. Il a refusé : « C'est toi et toi seule que je suis venu chercher. » Pour finir, il m'a révélé qu'il savait presque tout de moi et qu'il attendait un « oui » ou un « non » de ma part. Je lui ai demandé un délai. Il n'a eu de cesse de poursuivre : « Mais, dis-moi, puis-je m'attendre à une réponse positive ? » Je l'ai rassuré : « Écoute, c'est notre première rencontre et je n'ai aucun reproche particulier à t'adresser. » Il a répondu : « Mais si tu me dis un bon *ijambo* selon lequel tu m'aimes toi aussi, cela calmera mon cœur ! » À mon tour, je lui ai fait une déclaration selon laquelle je l'aimais. Cette réponse est sortie spontanément de ma bouche. Aussitôt des membres de sa famille sont venus demander ma main.

Au cours des jours suivants, on a appris à ma mère que les parents de ce garçon étaient morts empoisonnés. Si elle sous-estimait cette information, elle allait laisser partir sa fille dans une famille où elle risquait de perdre la vie. Ma mère n'était pas d'accord avec tous ces conseils qu'on lui prodiguait. Elle a expliqué qu'elle respectait mon libre arbitre et ne voulait pas s'opposer une seconde fois à mon mariage. Mais la pugnacité de ses contradicteurs a été la plus forte et elle s'est rangée à leur avis. Ma famille se préparait à désapprouver notre mariage, alors que celle de mon fiancé s'efforcait de le précipiter.

Pendant ce temps, mes frères continuaient à comploter dans mon dos au profit d'un de nos proches voisins, Mazina Anaclet, enseignant de catéchèse réputé. Le curé de la paroisse avait refusé qu'il accède au rang d'enseignant du primaire parce qu'il était tutsi. Le prélat lui avait demandé de choisir entre l'Unar[3] et sa promotion. Anaclet a choisi de

2 *Ijambo* est une déclaration importante, un discours ou un secret qu'on délivre à la personne intéressée.

3 L'Union nationale rwandaise (Unar) soutenait la monarchie et réclamait l'indépendance. Fondé en 1959, ce parti était composé de deux tiers de Tutsi et d'un tiers de Hutu.

rester du côté de l'Unar et il a été éjecté de ses fonctions. Dans notre région, à cette époque une grave sécheresse a sévi. Les vaches d'Anaclet ont rejoint notre troupeau pour paître dans les paturages bien irrigués de ma famille. Anaclet m'aimait, alors qu'il était déjà marié et père de plusieurs enfants. En raison du chagrin causé par la décision du curé, il voulait l'offenser en retour en affichant sa polygamie. Il voulait faire de moi sa jeune seconde épouse, ce qui était tabou et sacrilège au sein de l'église catholique que je fréquentais. Il est venu me demander en mariage. J'ai refusé disant que mes fiançailles étaient en cours. Il m'a dit aussitôt : « Je suis au courant de tout mais sache que tu peux y mettre fin en annonçant à cet homme que tu as changé d'avis. Tu sais combien nos familles sont proches. Même mes vaches sont désormais chez toi et c'est à toi que revient leur lait. Qu'est-ce qui empêche notre union et l'amour de grandir entre nous ? » J'ai dit que je ne pouvais imaginer briser le cœur de celui qui m'aimait sincèrement. Anaclet est allé tout raconter à mon frère, qui lui a promis de m'enlever et de me conduire jusqu'à lui.

Mon frère a monté un complot contre moi, s'efforçant de ranger ma mère de son côté. Il lui a dit : « Nous risquons de laisser notre sœur se marier et partir dans une famille qui nous est inconnue, alors que tout notre entourage désapprouve notre décision. Nous connaissons l'intégrité de cet homme (Anaclet) qui veut l'épouser. Ne serait-il pas plus sage de le préférer et de faciliter ce mariage ? De plus, il aime ma sœur. » Ma mère a répondu : « Je ne suis pas certaine qu'elle acceptera d'épouser un homme de cet âge, déjà marié. Vois aussi son jeune âge. Et ne serait-ce pas encore une fois la détourner de son libre choix ? » J'ai fait savoir que je ne voulais plus entendre parler du projet avec Anaclet. J'ai ajouté qu'il avait le tort de se déclarer tardivement et qu'un autre homme, auquel j'avais donné mon accord, m'aimait. J'étais très en colère, je me rappelais l'échec de mon premier mariage en raison de l'obstruction de ma propre famille. Je me disais que ça allait de nouveau être le même scénario. J'ai conclu en annonçant que je n'avais rien contre Anaclet mais que je ne voulais pas l'épouser parce que j'étais membre de la Légion de Marie, qui n'accepte pas le péché de se marier à un homme qui a déja une épouse.

Rien n'a découragé mon frère. Il a contourné mes vœux et a rallié ma mère et la sœur d'Anaclet, qui était une amie de notre famille. On m'a menti en me disant que nous allions tenir compagnie à une jeune fille, la nièce d'Anaclet, pour la conduire sous le toit conjugal de mon frère. J'ai refusé de participer à ce projet. Je me disais, et ce fut la raison que j'ai donnée, que si le curé apprenait que j'avais été de la partie, ce serait un motif d'excommunication. Ils ont imploré ma compréhension, soulignant que nous allions tout exécuter durant la nuit, hors du regard des personnes susceptibles de nous dénoncer. J'étais loin de me douter que le complot était monté contre moi.

Malgré ma résistance, leur projet sordide a réussi. Ceux sur lesquels j'aurais pu compter s'opposaient à moi. Ils ont gagné et j'ai perdu la bataille. Anaclet m'a prise au piège. Je suis devenue sa femme et mon fiancé hélas m'a perdue. Peu de temps après, j'ai été enceinte.

1959, LES PERSÉCUTIONS CONTRE LES TUTSI

J'avais été enregistrée à l'état civil et sur ma carte d'identité était mentionnée l'ethnie tutsi. En 1959, nous avons été victimes de ceux qui racontaient que les Tutsi étaient cruels et qu'ils s'étaient approprié le pays des Hutu, en conséquence de quoi ils ne devaient pas survivre. Dès l'année 1959, la discrimination ethnique, les actes de violence et les tueries ont commencé. Certains des nôtres ont fui le pays pour se réfugier en Ouganda ou au Burundi.

À l'époque, je vivais avec Anaclet, qui était pourchassé en raison de son ethnie. Un plan se fomentait contre lui et sa mère avait entendu dire que son fils allait être tué. Il était l'*Inyenzi* le plus recherché du village. Elle a couru vers lui, elle lui a proposé de se cacher et lui a conseillé de se rendre à la paroisse de Zaza. Au moment où il sortait de chez nous, il a aperçu un groupe armé de machettes qui s'approchait pour l'abattre. Il a changé de direction et s'est dirigé vers les marais où il s'est fondu dans la végétation. Il a abandonné ses vaches qu'il aimait tant et qu'il protégeait plus que tout.

Ne sachant trop quoi faire, j'ai pris les enfants les plus âgés de ma coépouse et j'ai suggéré que nous allions au lac Mugesera pour nous y noyer, au lieu de subir la mort par la machette. Les enfants ont été plus braves que moi, ils m'ont fait remarquer qu'il était lâche de fuir la mort en abandonnant Rwirahira, la vache préférée de leur père. Nous avons poursuivi notre fuite en nous cachant, sans toutefois nous éloigner trop du troupeau. Une fois parvenus à Rudasuma, nous avons retrouvé les membres de notre famille élargie dont les huttes avaient été incendiées. Les rares rescapés de la tuerie étaient ceux qui étaient devant nous. En chemin, nous sommes tombés sur une barrière installée par les tueurs. On nous a ordonné de stopper notre marche. Les miliciens se sont mis à discuter de notre sort et de la mort qui allait s'en suivre. L'un d'eux est intervenu : « Épargnez-les, celle-là (moi), nous allons l'utiliser comme femme de plaisir. »

Nous avons été placés à l'intérieur d'un enclos proche de la barrière, d'où ils nous surveillaient. Le lendemain matin, un homme est arrivé. Surpris de me trouver là (mon mari était son parrain de baptême), il m'a dit : « Qu'est-ce que tu fais ici ? Tu crois qu'ils vont vous libérer plus tard ? Levez-vous vite, partez tous, courez pendant que personne ne vous voit. » Nous nous sommes levés et nous avons fui. Plus loin, nous avons croisé un autre homme, un catéchiste, collègue de mon mari. Il nous a conseillé de rejoindre mon mari à la paroisse de Zaza où il avait trouvé refuge, après s'être caché dans les marais. Nous avons croisé des jeunes filles, qui étaient mes amies de jeunesse. Elles aussi se rendaient à Zaza. Je me souviens que nous avons croisé un tueur dénommé Makariya. Au moment où il nous donnait l'ordre de nous arrêter, il a été appelé par ses complices qui venaient de découvrir d'autres victimes, plus recherchées que nous. Et nous avons pu nous échapper. Nous avons continué vers Zaza. Parvenue dans le bois qui entoure la paroisse, j'ai trouvé des personnes de ma famille et d'autres de la famille de mon mari. J'étais dans ma première grossesse de laquelle allait naître ma fille, Murebwayire Constance. Je me rappelle que partout où nous avons croisé des tueurs, ils me laissaient passer disant qu'il était inutile de me tuer parce que cette grossesse[4] me conduirait nécessairement à la mort.

Après plusieurs jours passés à Zaza, un avion a survolé le lieu, diffusant l'ordre d'arrêter de tuer et de démonter immédiatement les barrières. Ceux qui seraient surpris en train de tuer seraient sévèrement punis. Quant à ceux qui avaient été arrêtés aux barrières, ils ont eu cette fois la chance de survivre. Nous avons connu une accalmie provisoire. Nous avons été convoqués à une réunion dans la cour paroissiale, on nous a annoncé que la guerre était finie et que nous pouvions rejoindre

---

4 À cette époque, le tabou selon lequel aucun homme ne peut faire du mal à une femme enceinte était encore observé. En 1994, il a été brisé et les tueurs ont éventré les femmes enceintes.

nos habitations. Nous avons demandé où nous pourrions nous rendre puisque nos huttes avaient été incendiées.

Mon frère nous a conseillé de fuir vers l'Ouganda, mais tout le monde ne pouvait partir en même temps sans donner l'alerte. C'était le cas des membres de la famille de mon mari. Ma mère n'a pas voulu partir en laissant derrière elle ses enfants, dont certains étaient mariés. Mon frère est parti. Parmi ceux qui étaient à la paroisse de Zaza, beaucoup, dont un autre de mes frères, ont été tués, d'autres molestés. Mon mari et moi avons décidé de revenir sur les ruines de ce qui avait été notre domicile. Nous avons passé plusieurs nuits sur la route du retour, avant de reprendre une vie chaotique, difficile et sans espoir. Nous avançions à reculons, hésitant à nous rendre à notre domicile désormais méconnaissable. Nous avons tout repris à zéro.

Au bout d'un certain temps, la mésentente entre les deux épouses d'un même homme est apparue. Dans ce climat, j'ai eu un second enfant. Lorsque il a été sevré, j'en ai eu assez de ces bagarres permanentes, j'ai constaté que la situation déplaisait aussi à mon mari, qui était las de la gérer. Je me suis dit que je n'avais qu'à rentrer chez ma mère, qui se rendrait compte à quel point elle m'avait trahie en me forçant à épouser un homme que je n'avais pas choisi. Nous avions deux enfants, ma fille, Murebwayire Constance, et un garçon Nyiringango Assoumani Bonaventure, qu'on surnommait Muzehe. J'ai décidé de prendre au dos le plus jeune pour qu'on pense que je m'éloignais pour une simple visite. Quelques jours après, mon mari est venu me chercher. J'ai refusé : « Tu m'as entraînée sur une mauvaise voie et Dieu te demandera des comptes. Tu vois maintenant les conséquences de tes actes. Au revoir, va, reste seul, sans moi. J'ai pris cette décision. Dieu me fera vivre selon sa volonté. » Je suis restée chez moi et il est reparti à son domicile.

J'AI DÉCIDÉ DE VIVRE SEULE

Par la suite, j'ai pensé qu'il allait tenter de me faire revenir chez lui, alors que pour rien au monde je ne le voulais. Mon demi-frère du côté de mon père n'était pas d'accord avec la manière dont j'avais été poussée par les miens à épouser Anaclet. Il m'a proposé d'aller à Kigali où vivait sa fille aînée, qui était mariée. Il a déclaré : « Laisse-moi t'envoyer chez ta nièce, loin des difficultés que tu viens d'endurer. Ta mère se frappera la poitrine pour un *mea culpa* ainsi que ton mari pour le mal qu'ils t'ont infligé. » Je me suis préparée à entreprendre le voyage. Mon demi-frère m'a remis des vivres pour sa fille. À Kigali, nous avons vécu dans la joie des retrouvailles. Mon séjour m'a amenée à créer des liens avec les voisins. J'ai eu des amis. Des candidats aux fiançailles ont commencé à venir m'observer. Déjà mère, je restais jeune et jolie. Voyant tout cela, ma nièce m'a questionnée : « Des hommes se présentent souvent à moi pour solliciter ta main. Dis-moi la vérité, est-ce que tu comptes rejoindre un jour Anaclet ? » J'ai répondu : « Jamais plus. J'ai besoin d'apaiser mes pensées. C'est à toi que je suis venue rendre visite. J'ai fui les agissements de ma famille pour être loin d'Anaclet afin qu'il comprenne que je peux vivre sans lui. » Ces fréquentations d'hommes en quête de femme importunaient ma nièce, elle choisit de me mettre à l'abri en m'emmenant vivre chez son voisin, Seleman Hamis, père de plusieurs enfants et veuf de son état. Cet homme m'a bien accueillie et j'ai pris soin de ses enfants. Quelques jours plus tard, la promiscuité aidant, il m'a proposé de devenir son épouse. J'ai refusé, expliquant que je n'avais pas envie de me marier à quelque homme que ce soit. Il a approuvé, mais il n'a pas tardé à renouveler sa demande. C'est alors que je me suis ravisée en acceptant ce (re)mariage et une nouvelle vie conjugale a commencé.

Entretemps ma mère est décédée au village, alors qu'elle gardait les enfants nés de mon mariage avec Anaclet. Ils étaient déjà grands et scolarisés, la fille en secondaire et son petit frère en primaire. Vivre en ville était pour moi une dure épreuve, d'autant plus que je n'avais pas de travail. Mes voisines m'ont initiée au petit commerce de vivres comme les haricots, les bananes et autres. Mon commerce a prospéré et j'ai loué un local pour stocker les vivres. Craignant que mes enfants se mettent à vagabonder, je suis allée les chercher. J'ai quitté Hamis constatant qu'il n'aimait pas mes enfants. J'ai loué une maison et nous avons vécu avec mes enfants des bénéfices de mon commerce.

Lorsqu'Anaclet a appris la nouvelle, il nous a imposé des visites importunes. Il apportait des vivres et du lait à nos enfants et un jour il a demandé à passer la nuit chez moi. Il m'a proposé de reprendre notre vie conjugale. J'ai refusé. Je voulais vivre seule avec mes enfants. Je lui ai dit que j'étais capable d'assumer ma vie, sans un homme polygame et sans avoir à souffrir de jalousie.

Ma fille aînée a bien réussi à l'école, elle a terminé le cycle secondaire. Elle a rapidement trouvé un emploi et elle m'a aidée. Elle n'a pas tardé à être courtisée et elle a aimé l'un de ses prétendants. Les familles alentour ont cotisé et son mariage a été très réussi. Durant l'année précédant son mariage, elle avait construit une maison pour moi, afin que je sois pleinement propriétaire. Son futur mari en avait fait de même pour ses propres parents.

Son frère, Muzehe lui a emboîté le pas. Il a terminé une formation de maçonnerie. En 1993, nous habitions tous deux le quartier de Rwampara sur le versant gauche de la colline de Biryogo, qui va vers Nyamirambo. Durant cette période, tout a empiré dans le pays. On glissait des lettres anonymes sous la porte de nos maisons annonçant que nous allions être tués. Déprimé, mon fils a sombré dans l'alcool. Le chagrin m'a submergée. Je ne savais que faire. Un jour, j'ai tenté de l'apaiser : « Mon fils bien-aimé, es-tu décidé à me rejeter et à me couvrir de honte ? Souviens-toi que j'ai décidé de rester avec vous, mes enfants, et de lutter pour vivre comme il faut. Votre père est venu me rechercher et j'ai refusé. Plusieurs hommes ont tenté de m'approcher, sans succès. J'ai tenu plus que tout à vous voir grandir dans l'affection maternelle. Maintenant tu veux tout remettre en question et opter pour cette vie honteuse dans l'alcool ? Je te supplie d'arrêter, rien de bon ne saurait en sortir. » Je commençais à être culpabilisée d'avoir emmené mes enfants, mais j'ai eu de la chance. Mon fils a approuvé mes paroles. Il a arrêté de boire.

LES LETTRES ANONYMES RENFORÇAIENT CHAQUE JOUR NOTRE PEUR

On approchait de la fin de l'année. Dans le pays, on pourchassait les victimes ciblées. Muzehe a été poursuivi par des tueurs qui l'accusaient d'être un espion à la solde des *Inkotanyi*. Il vivait en se cachant. Les lettres anonymes continuaient à être glissées sous notre porte. Seule la forme du message avait changé et désormais nous lisions : « Vous, les *Inyenzi*, votre dernier jour est arrivé. » Un jour, mon fils m'a demandé de le laisser se marier. « On ne sait jamais, disait-il. Si je suis tué, je te laisserai un petit-fils ou une petite-fille qui me survivra[5] ». Mon fils était encore jeune et je n'étais pas d'accord. Il a ajouté qu'il aimait une jeune fille et qu'il voulait l'épouser. Je lui ai suggéré d'aller annoncer la nouvelle

5 Dans la culture du pays, mourir sans laisser un enfant (*gupfa utabyaye*), alors que vous êtes en âge de procréer, est une malédiction.

à son père. Je souhaitais qu'il se rende compte de l'implication de son père, notamment pour la dot[6]. Si son père n'était pas intéressé, alors j'assumerais seule la responsabilité de l'accompagner vers le mariage. À son retour, Muzehe m'a dit que son père approuvait son mariage et il m'a indiqué le montant de la dot, provenant des vaches qu'Anaclet avait encore. J'ai été rassurée. Notre famille a demandé officiellement la main de la jeune fiancée à ses parents. Nous avons organisé un beau mariage. Muzehe venait de finir de construire sa maison près de la mienne, sur la même parcelle. Il a vécu là avec sa femme. J'étais heureuse et j'espérais avoir bientôt des petits enfants.

Les lettres de menaces n'ont pas cessé. Elles renforçaient notre peur. Elles nous condamnaient sans appel : « Vous les *Inyenzi* avec vos espions-complices, le jour est proche où nous vous mettrons hors d'état de nuire. » J'ai dit à mon fils : « La situation devient invivable, les tueurs veulent nous éliminer. Les lettres que nous ramassons chaque jour devant la porte annoncent l'imminence du danger. Fais-moi plaisir en t'enfuyant avec ton épouse. » Je n'ai pas laissé passer un seul jour sans le lui répéter. Je le harcelais pour qu'il rejoigne ses oncles et les autres membres de la famille en Ouganda ou au Burundi. Mais il n'a pas été d'accord : « Les miens se battent pour leur retour au pays et tu voudrais que je prenne la fuite ? » Je lui ai répondu : « Je vais te laisser derrière moi et m'en aller. Je ne veux pas assister à ta mort. » Je me disais qu'il me fallait rejoindre Anaclet, mon premier mari, pour que nous soyons tués ensemble. En même temps, je doutais de ma propre décision – ne m'imaginant pas un seul instant abandonner mes enfants.

Plus tard, j'ai croisé un garçon venu du village où j'étais née. Il m'a assuré que là-bas c'était plus tranquille qu'à Kigali. Les tueries n'étaient pas fréquentes et on ne torturait pas les Tutsi. Je me suis dit que je devais retourner chez moi. À Kigali, je ne dormais plus, je vivais dans une crainte perpétuelle. J'ai annoncé à Muzehe ma décision de retourner chez moi qu'il a tout de suite bénie. Il a souhaité que je parte avec son

6 Pour la cérémonie de la dot, une délégation de la famille du garçon munie de cadeaux et de boissons se rend dans la famille de la jeune fille, pour demander sa main et remettre la dot. Autrefois, c'était une ou plusieurs vaches. Quand l'accord était conclu entre les deux familles, le mariage civil avait lieu. Le mariage religieux était célébré ensuite devant un pasteur ou un prêtre. Ce rituel du mariage avec quelques modifications contemporaines est toujours suivi.

épouse, dont la première grossesse était presqu'à terme. Après notre départ, il irait rejoindre les autres au front, pour combattre à leurs côtés. Malheureusement il n'a pas pu réaliser son rêve.

1994, JE PRESSENTAIS QUE TOUT TUTSI DEVAIT MOURIR

Peu après, nous avons appris que l'avion qui transportait le président Habyarimana s'était écrasé. L'accident a eu un effet de détonateur. La radio propagea une rumeur selon laquelle les *Inyenzi* étaient les auteurs de ce crash et elle annonça qu'aucun d'eux n'était autorisé à sortir de chez lui. Elle assurait que les *Inyenzi* méritaient bien le nom qu'on leur attribuait.

Le génocide perpétré contre les Tutsi a commencé au vu et au su de tous. J'ai dit à Muzehe de fuir sur le champ avec sa femme, avant d'en faire autant à mon tour. Nous étions tout au début du mois d'avril 1994. Des barrières étaient installées partout, sur la route et sur tous les chemins. Nous étions terrorisés. J'ai répété à mon fils que s'il ne voulait pas partir, je partirais en premier pour m'éviter d'assister à sa mise à mort. « Je vais rejoindre mon premier mari pour mourir avec lui », ai-je crié. J'ai pris le chemin vers chez nous. Ma belle-fille en a fait de même vers chez elle, à Butare, où les tueries n'avaient pas encore commencé.

Mon fils Muzehe est allé chercher refuge dans une église proche de chez nous. Il avait appris que des assaillants se précipitaient pour détruire nos deux maisons. Ils l'ont pourchassé et ont fini par comprendre qu'il s'était réfugié dans l'église. Ils ont déclaré haut et fort qu'ils allaient la démolir. Sur ce, il est sorti en courant sans se rendre compte qu'il venait de déclencher la chasse à l'homme qui allait le tuer. Les assaillants l'ont attrapé quelques minutes plus tard. Ils l'ont attaché et tiré comme du bétail. Ils criaient et appelaient à l'aide en affirmant que le *Mwami* Kigeli V[7] était de retour et qu'un *Inyenzi* était en train d'exterminer les habitants du quartier. Parvenus au marché de Biryogo, ils lui ont asséné

7 En juillet 1959, le *Mwami* Kigeli V Ndahindurwa accède au trône. Il est renversé en 1961, avec le soutien de l'autorité de tutelle belge. Il vécut en exil aux États-Unis où il avait demandé l'asile politique en 1992. Il est mort en 2016.

un premier coup de massue. Il a supplié qu'on le laisse prier avant de mourir. Les assassins n'ont pas attendu la fin de sa prière pour l'achever. Je l'ai appris de ceux qui avaient assisté à la scène.

RETOUR À ZAZA

Ma fuite m'a conduite chez nous, à Zaza. Je suis parvenue chez ma petite sœur qui habitait dans le quartier d'Ikibare. Elle avait réussi à obtenir une carte d'identité portant la mention Hutu. Lorsque je suis arrivée chez elle, elle a pris ma carte d'identité de Tutsi et elle l'a cachée, me conseillant de déclarer que je l'avais perdue à tous ceux qui me la demanderaient. J'avais en tête de me rendre chez Anaclet, mais elle m'en a dissuadée. Elle avait appris que le nom de mon mari figurait sur la liste des personnes qui devaient mourir dès le début des massacres. J'avais naïvement cru que dans ma région d'origine ce ne serait pas comme à Kigali où tous les Tutsi avaient été repérés et j'espérais rejoindre mon mari. J'ai été cruellement détrompée. Il a été visé et tué dès la toute première attaque du village. Tous les membres de ma famille ont également été tués, hormis ma petite sœur, chez qui je me trouvais. Avec les siens, elle était morte de peur et d'angoisse. J'ai décidé de demeurer avec elle en attendant de voir comment les choses évoluaient. Je me disais que nous allions mourir ensemble ou survivre miraculeusement.

Un jour, un garçon est arrivé chez ma sœur. Il m'a dévisagée et il a déclaré à la famille : « J'ai entendu dire qu'une personne recherchée est venue vous rendre visite. Tous les vôtres ont été tués, vos frères, ainsi qu'Anaclet son époux. Tous ont trépassé. » Et à mon intention il a poursuivi : « N'espérez pas vous rendre sur le lieu de votre ancien domicile qui n'en n'est plus un. Ici, votre destin sera identique, les miliciens vont venir vous chercher. » Prises de panique, nous lui avons remis de l'argent en lui demandant d'éloigner de nous les attaques.

Le lendemain de cette visite, au lever du jour, nous avons entendu des assaillants qui rôdaient autour de notre enclos. Ils étaient dirigés par l'*Interahamwe* surnommé Rukaragampiri[8]. Ils venaient me chercher. Je m'étais convertie et en tant que musulmane pratiquante, je venais de réciter le tasbih[9]. Les assaillants sont arrivés en lançant des cris assourdissants.

---

8 *Rukaragampiri* est un terme qui désigne un tueur sanguinaire qui fait tournoyer la massue dans sa main.

9 Prière qui glorifie Allah.

Ils ont interpelé Bernardin, mon beau-frère, qui était alité et malade : « Bernardin, ouvre. Dis-nous où tu caches cette *Inyenzi.* » Il s'est levé et il est sorti malgré ses faibles forces. Les miliciens lui ont redemandé s'il avait caché des *Inyenzi.* Il a répondu par la négative. « Cependant, a-t-il ajouté, il y a chez moi ma belle-sœur qui est venue de Kigali. On lui a volé son sac et ses papiers à la gare des bus. Comme elle est recensée chez nous, elle a poursuivi sa route en compagnie de sa nièce, ma fille, et elles sont arrivées ici ». Ils l'ont menacé : « Si tu ne veux pas nous dire où sont les *Inyenzi*, ouvre-nous. Si nous les trouvons, nous allons te tuer avec eux. » Sur ces mots, Bernardin m'a appelée et m'a demandé de sortir. Je suis sortie en priant Allah de me protéger. Bernardin a dit aux *Interahamwe* : « C'est la seule personne avec qui nous nous trouvons dans cette maison. Aucun *Inyenzi* n'est présent ici. » Les *Interahamwe* l'ont interrompu en disant : « Qu'elle vienne, qu'elle s'approche, nous avons exterminé ses frères, qu'elle vienne pour que nous l'achevions. » Ma petite sœur leur a déclaré que j'étais venue rendre visite à sa famille. Ils m'ont demandé ma carte d'identité. J'ai répondu qu'elle m'avait été volée à la gare de Kigali.

Ceux qui m'attendaient étaient nombreux, j'en ai identifié quelques-uns. Les autres m'étaient inconnus. Ils avaient des massues, des machettes, des lances et des armes blanches. Les uns m'ont demandé : « Expliquez-nous pour quelles raisons vous avez quitté Kigali et comment vous êtes parvenue jusqu'ici ? » Ma petite sœur a répondu que j'étais sa sœur consanguine. Ils ont posé des questions perfides pour savoir pourquoi mes frères et sœurs avaient été tués alors que moi j'avais pu arriver jusque-là. « Quelle est votre destination ? Quel refuge prétendez-vous trouver ? », m'ont-ils demandé. Les *Interahamwe* qui me connaissaient se sont écriés : « Nous avons tué son mari et ses frères, maintenant nous allons tuer celle qui a survécu à tous les siens. » Contre toute attente, l'un d'eux a dit à l'*Interahamwe* qui était le plus violent : « Y a-t-il une raison urgente pour vous éclabousser de sang dès l'aube ? » Il était très tôt, vers quatre heures du matin. « Pourquoi ne pas l'épargner en attendant une occasion plus propice ? Nous la retrouverons sur place, ici même. Ne vous portez pas malheur en abattant cette femme avant le lever du soleil. » Ils m'ont épargnée, en secouant les doigts[10], persuadés

10 « Frapper le doigt sur l'autre doigt » (en kinyarwanda, *gukubita urutoki k'urundi*) est une expression qui exprime le regret d'avoir raté la mise en œuvre d'un projet, mais qui exprime aussi l'espoir que la réussite reste à portée de main.

qu'ils reviendraient rapidement pour m'achever. J'ai survécu et ils n'ont pas su qu'Allah avait été mon soutien et qu'il venait de me protéger. Ils sont partis.

Le jour suivant, une attaque plus virulente encore a eu lieu. Ils ont de nouveau fait le tour de l'enclos. Ils ont annoncé qu'ils venaient voir s'il se trouvait quelqu'*Inyenzi* à abattre. Ils voulaient également voir mon beau-frère. Ma petite sœur est sortie avec sa carte d'identité. Elle la leur a présentée et elle a ajouté : « Ne voyez-vous pas qu'elle est ma sœur consanguine ? » Je suis sortie tremblant de peur et d'angoisse face à la mort imminente. Je me suis adressée à Allah en ces termes : « Soyez mon soutien, protégez-moi et fermez toutes les portes de la pièce où je vais m'abriter, sous Votre grandeur. » Après toutes ces incantations, j'ai vu Allah écarter de moi les tueurs… Contre toute attente ils sont partis. Arrivés un peu plus loin, un homme les a rejoints. Il leur a dit : « Cette personne que vous laissez vivre, vous ne la reconnaissez donc pas ? Sa famille a été décimée, aucun n'a survécu, son mari aussi a été tué. » L'équipe a voulu rebrousser chemin, mais l'un d'eux plus âgé que les autres et qui me connaissait les a détournés de leur funeste projet, prétextant une nouvelle fois qu'il n'était pas indiqué d'être éclaboussé de sang à une heure aussi matinale. Le chef des *Interahamwe* s'est avancé, disant que ce n'était qu'une question de temps et qu'il reviendrait me tuer de ses propres mains. J'ai commencé à me demander où je pourrais trouver une cachette. Chez moi, plus personne ne vivait. Chez mon mari, il n'y avait plus âme qui vive[11]. Personne n'avait été épargné. Chez ma petite sœur, j'ai craint de leur porter malheur si je continuais à vivre sous leur toit.

FUITE, ERRANCE ET PEUR

Nous sommes sorties de chez ma petite sœur et, en compagnie de voisins et voisines pourchassés comme moi, nous nous sommes dirigés vers l'enclos voisin où habitait un garçon qui avait aimé ma nièce. Nous étions nombreux. En nous voyant arriver, ceux qui se trouvaient chez ce garçon ont commencé à se réjouir, en déclarant tout bas : « Héé, voici des *Inyenzi* qui nous arrivent… » Mais le garçon nous a sauvé la vie et il nous a indiqué où nous cacher. Nous avons appris que les *Inkotanyi* étaient arrivés non loin de là. Je me suis levée aussitôt et j'ai dit : « Les

11 En kinyarwanda, on dit : « Ils n'avaient pas même laissé un veau. »

Inkotanyi sont dans les environs, je ne veux pas rester ici à attendre la mort ; je les rejoins pour que ce soit eux qui me tuent. » Ma petite sœur a ajouté : « Tu ne peux aller seule ; partons ensemble. S'il s'agit de mourir, mourons ensemble. »

Nous sommes parties et le groupe nous a suivies. En chemin, nous avons croisé des gens qui nous ont arrêtés en disant : « Regardez ces *Inyenzi*. Parmi eux, il y a une femme qui est venue de Kigali. » Ils m'ont tirée hors du groupe et m'ont demandé de présenter ma carte d'identité. Je leur ai dit que je ne l'avais plus depuis qu'on avait volé mon sac. Ils m'ont demandé quelle était ma destination. Je me suis tue. Un homme qui dirigeait les assaillants s'est approché. Il m'a demandé pourquoi j'avais été mise à l'écart. Les miliciens ont répondu : « Celle-ci, nous la connaissons bien, c'est la femme d'Anaclet, la fille de Nkomati. Elle vivait à Kigali… Nous devons la tuer. » L'homme a mis fin à la discussion et il m'a dit : « Va rejoindre ton groupe et ne t'occupe plus des questions de ces gens. Les *Inkotanyi* sont maintenant tout près. Ils sont déjà à Karembo… » S'adressant à son équipe sans se retourner, il a ajouté : « D'ailleurs je serais curieux de savoir où vous allez pouvoir vous diriger pour fuir les *Inkotanyi…* » Cette fois encore, Allah m'a sauvé la vie. J'ai continué à avancer vaillamment, ma petite sœur était terrrorisée de me voir risquer la mort à chaque instant.

Nous avons continué et nous avons rencontré un homme qui avait sauvé plusieurs personnes, les conduisant là où se trouvaient les *Inkotanyi*. Il nous a accompagnées à Karembo, où il nous a cherché une place dans le campement ouvert par les *Inkotanyi*. Ma petite sœur m'a dit : « Maintenant je peux rejoindre mes enfants et mon mari que j'ai laissés derrière moi. Ici, il ne t'arrivera plus rien ; tu ne subiras aucun malheur. Tu es sauvée. Même les *Inkotanyi* dont on veut faire croire qu'ils ont des queues[12] et qu'ils ressemblent à des animaux monstrueux, je me rends compte que ce sont des humains dont le cœur est empli de bonté. Je vais retrouver mes enfants. » J'ai essayé de la dissuader mais elle a insisté et je suis restée seule de ma famille. Parmi les personnes sauvées par notre bienfaiteur, j'ai découvert une de mes nièces. Nous étions donc deux rescapées de la même famille.

---

12 La déshumanisation des Tutsi auxquels était attribuée la dénomination d'*Inyenzi* (« cafards ») a pour corollaire la diabolisation des *Inkotanyi* décrits comme des animaux effrayants avec de longues queues, des oreilles pointues et des cornes.

Quelques jours plus tard, j'ai demandé aux militaires de me conduire jusqu'à Kigali. J'étais rescapée, mais je pensais sans cesse à mes enfants, je me demandais ce qu'ils étaient devenus. Je redoutais que tous aient été tués et qu'il n'y ait aucun survivant. J'ai demandé à l'un des *Inkotanyi* qui assuraient notre sécurité si la capitale Kigali avait été reconquise. Il m'a répondu que là-bas les combats continuaient pour la sécuriser totalement. Je lui ai dit que j'avais laissé mes enfants à Nyamirambo, dans le quartier de Rwampara. Il a poursuivi : « Dans ce quartier-là, je ne peux rien te dire de sûr, parce qu'il y a eu des combats tellement serrés que ceux qui ne sont pas morts sous les coups des *Dufuni*[13] ont rarement échappé aux balles perdues. » J'ai senti la peur me paralyser, mêlée à un immense chagrin. J'en ai conclu que tous avaient dû périr. À ce moment-là les militaires du FPR se sont de nouveau approchés de moi. Ils m'ont annoncé que les combats s'étaient arrêtés à Kigali, notamment à Nyamiranbo et à Rwampara où il n'y avait plus d'*Interahamwe*.

LA MORT DE MON FILS MUZEHE

Avec une autre femme, nous avons pu quitter le camp de Karembo et être conduites à Kigali. Arrivées à Rwamagana, ma compagne m'a emmenée chez elle pour que je voie ce qu'était devenue sa maison. Là, j'ai retrouvé un garçon qui avait été un ami de mon fils. Lorsqu'il m'a vue, il n'a pas osé me regarder dans les yeux. Il s'est éclipsé. Un des chauffeurs qui nous accompagnaient, un ancien voisin, m'a reconnue. Il m'a dit : « J'ai la tristesse de t'annoncer que Muzehe a été atrocement tué. » En entendant ces mots, je me suis écroulée et évanouie. L'entourage a failli lapider l'homme lui reprochant de m'avoir annoncé cette nouvelle. Il a répondu qu'il n'avait eu d'autre choix que de me dire la vérité : « C'est uniquement Muzehe qui a été tué là, le premier jour des massacres, après que sa maison et celle de sa mère aient été détruites. C'est ce qui m'a poussé à le dire spontanément. Que sa mère soit forte, nous sommes prêts à la soutenir et à lui venir en aide. » Lorsque j'ai repris connaissance, le chauffeur a décidé de me conduire chez moi à Rwampara. Il a promis de prendre soin de moi durant cette épreuve. Parvenus à Gikondo, nous avons trouvé une vieille Congolaise à qui j'avais rendu

13 Pluriel de *Agafuni* qui est le reste de la vieille houe qui a beaucoup servi et a perdu ses qualités, mais dont la lame est hérissée. Les tueurs l'utilisaient pour fendre le crâne des Tutsi, en étant sûrs que la victime ne survivrait pas à ses blessures.

service autrefois. Un vif cri d'émotion nous a accueillis. Dès qu'elle m'a repérée dans le véhicule, elle a crié : « Voyez Maman Muzehe[14], weee ! ! ! Descends de ce véhicule et d'ailleurs où veux-tu aller ? Mon Dieu, quel malheur. Toute ta maison a été démolie, elle est à terre. Muzehe a été tué, mais Murebwayire est vivante. » J'ai appris par cette femme que ma fille avait été emmenée jusqu'au Zaïre. Si elle avait survécu, ce ne pouvait être qu'avec une lourde peine dans le cœur. La femme a insisté pour que je reste avec elle et qu'elle me trouve un lieu où résider. Mais j'ai voulu me rendre là où je vivais auparavant afin de toucher du doigt la réalité. Vu l'état d'extrême fragilité dans lequel je me trouvais, les hommes qui m'avaient prise en charge durant le voyage n'ont pas voulu me laisser avec une inconnue. L'un d'eux m'a acheté des provisions, et il a continué à déposer chacun à sa destination. Partout où je passais, les gens me regardaient avec pitié et me parlaient de la mort de mon fils et de nos maisons détruites. La femme du conducteur m'a reçue avec compassion, m'assurant que je n'avais plus rien à craindre pour ma propre vie. Elle m'a promis de rester proche de moi avec sa famille pour tenter d'alléger ma peine et mes difficultés. À mon tour, j'ai essayé d'accepter la situation. Ceux qui avaient les mêmes problèmes que moi venaient me rendre visite pour m'aider et me soutenir.

Quelques jours plus tard, quelqu'un est venu m'annoncer que ma belle-fille avait survécu et qu'elle était à Butare. Dès son arrivée, elle avait appris que toute sa famille avait été exterminée. Elle avait choisi d'y rester bien que tout soit détruit. Venue se réfugier dans sa famille, elle avait appris que son frère avait été tué. Quand les *Interahamwe* l'ont vue, ils se sont rendu compte qu'elle était enceinte et ils ont décidé de ne pas la tuer, sûrs que sans soins elle allait inévitablement mourir.

MA FILLE ÉTAIT VIVANTE

Avec son mari, ma fille Constance avait été protégée et cachée par des voisins zaïrois. Quand les tueurs arrivaient chez eux, les Zaïrois suppliaient : « De grâce, souvenez-vous que ce couple n'a jamais fait de mal à personne. Lorsque nos enfants tombaient malades, ils nous aidaient. Que leur reprochez-vous pour aller jusqu'à les tuer ? » Plus tard, lorsque les attaques contre leur domicile se sont multipliées, ils l'ont emmenée en

14 Maman Muzehe signifie la mère de Muzehe, terme attribué à une mère de famille, qu'on désigne par le nom de son enfant, souvent le premier né.

voiture pour la mettre hors de danger. Au cours de leur fuite, ils ont été arrêtés à la barrière de la rivière Nyabarongo, à la sortie de la ville. On leur a demandé où ils se rendaient. Ils ont prétendu que Constance venait de leur être confiée par son mari militaire pour qu'ils la conduisent chez ses beaux-parents, à Gitarama. On leur a dit de continuer leur route. Mais, au moment de repartir, ma fille identifiée comme Tutsi par les regards perçants des *Interahamwe* a été priée de revenir vers ceux qui gardaient la barrière. Ils l'ont abondamment et grossièrement insultée : « Toi là, en tout cas tu es tutsi. Par ta poitrine, tu l'es, par ta taille tu l'es, par ta façon de parler et même par ta posture. Tous ces signes te trahissent et montrent de manière incontestable que tu l'es. » Dieu l'a inspirée et a parlé à travers elle. Toute petite, elle avait déjà des réflexes appropriés dans des situations périlleuses et à l'époque elle m'impressionnait par son assurance. Spontanément, elle leur a répondu : « Oh, mais vous m'étonnez ! Est-ce que nos parents ne devraient mettre au monde que des enfants laids ? Est-ce qu'il leur est impossible de donner naissance à de beaux et jolis enfants ? Je dois vous dire que ma mère est tutsi[15], c'est d'elle que j'ai reçu ces traits dont vous m'accusez aujourd'hui. » Ils ont apprécié la leçon de leur interlocutrice. Ils l'ont félicitée et le voyage a continué jusqu'au Zaïre. Ma fille ne pouvait cependant pas aller dans le camp[16], où les *Interahamwe* risquaient de la tuer aussitôt. Elle est restée dans la famille des Zaïrois. Certains avaient été ses collègues de travail à Kigali. Mais la femme qui vivait sous ce toit n'a pas accepté sa présence. Elle l'a accusée d'être la maîtresse de son mari. Constance n'a pas supporté ces accusations mensongères et elle a résolu de se rendre au camp des réfugiés, où par peur elle ne sortait jamais de sous sa tente.

APRÈS

En l'absence de nouvelles de ma fille et de ma belle-fille, je ne trouvais pas la paix. Je vivais dans la maison d'une voisine qui m'avait hébergée. C'était avant qu'on me conseille d'aller demander un logement aux autorités du secteur, qui savaient que nos maisons et tous nos biens

15 Un enfant né de père hutu était hutu.
16 Camp de réfugiés hutu, au Zaïre.

avaient été pillés, brûlés et détruits. J'ai reçu en prêt une maison près du siège administratif de Rwampara. Là, je n'arrivais ni à me coucher ni à dormir ; je ressentais en permanence la peur en moi. Je me répétais, jour et nuit, que mon enfant devait revenir vivre avec moi, près de moi. Inquiète, ma petite sœur a envoyé l'un de ses enfants pour me rendre visite et savoir comment je me portais. Peu après, une mère de famille dont j'avais été proche auparavant est venue me voir et me réconforter : « Maman Muzehe, tu m'as fait beaucoup de bien dans ma vie et je n'ai jamais manqué de quelque chose quand tu le possédais. Ta fille Constance m'a fait du bien, elle a donné un emploi à mon mari et à mon fils. Si tu peux trouver un peu d'argent pour payer deux billets de bus, je vais t'accompagner pour te montrer où vit ta fille et nous allons la sortir de là pour qu'elle revienne avec nous. Ainsi tu auras la paix, et moi aussi, parce que je ne peux connaître la paix si tu es triste. »

Nous avons pris la route vers Gisenyi où nous sommes arrivées à la nuit tombante. Nous avons dormi chez les membres de la famille de celle qui me guidait. Elle m'avait prévenue que le lendemain, arrivées au Zaïre, nous ne pourrions en aucun cas entrer dans le camp sans risquer la mort. Nous sommes allées chez un collègue de travail de Constance. Nous avons été bien reçues. Notre hôte a confirmé qu'il serait suicidaire de vouloir pénétrer dans le camp. Il a proposé de trouver quelqu'un qui irait chercher Constance dans le camp. Un jeune homme s'est présenté. Il a dit : « Je suis prêt à aller au camp des réfugiés pour ramener votre fille. Constance est une personne vraiment aimable. Je ne peux admettre qu'elle soit recluse là-bas. Je vais la ramener. » Il m'a juste demandé de quoi payer le billet aller-retour. Le soir, il est revenu en compagnie de Constance et de son mari. Lorsqu'elle m'a vue, elle est tombée en larmes. Moi aussi. Nous nous sommes embrassées en pleurant de joie de nous retrouver. La discussion a été animée, elle aurait pu ne pas cesser. Pourtant, soudain, ma fille et son mari ont dit qu'ils allaient rentrer au camp. Ébahie et surprise, j'ai dit à ma fille : « Mais pourquoi retourner là-bas, alors que je viens te chercher, toi, tes enfants et ton mari ? » Ils avaient peur de rentrer au Rwanda mais je les ai rassurés leur disant que les *Inkotanyi* avaient conquis le pays et qu'ils n'y avait plus rien à craindre. Ils sont alors allés chercher leurs enfants et le peu d'affaires qu'ils avaient. Et nous sommes rentrés tous ensemble au Rwanda. Ils sont venus vivre avec moi dans la maison qu'on m'avait prêtée. Ils ont eu la chance de retrouver leur maison encore debout, hormis les portes et les meubles qui avaient été volés.

Après un court séjour chez moi, me sentant plus tranquille, j'ai pensé qu'eux aussi avaient retrouvé une certaine stabilité et je leur ai proposé de regagner leur maison. Je suis restée seule. C'est alors que je me suis dit que je devais aller à Butare pour chercher ma belle-fille. L'épouse de feu mon fils Muzehe avait accouché. Elle vivait dans les ruines de ce qui avait été le domicile de ses parents. Elle aussi avait appris que j'avais survécu et que je la recherchais. Elle m'a devancée. Elle est venue jusqu'à moi et elle m'a dit aussitôt : « Voici, je vous amène votre petit-fils ; donnez-lui son nom, je vous prie[17]. » Je lui ai dit que je ne saurais lui trouver d'autre nom que celui de son père. Je ne voulais pas que mon fils soit mort sans laisser de traces sur terre, alors que nous avions la chance que sa femme ait survécu et que l'enfant ait pu naître. Lorsqu'il a été sevré, l'enfant a été amené chez moi et j'ai vécu avec lui. Sa mère a pu épouser un autre homme. Actuellement, mon petit-fils Muzehe étudie à Musanze et Constance vit avec son mari et leurs enfants.

Après la destruction de nos habitations, le gouvernement d'Union nationale nous a procuré des logements dans l'*umudugudu* Imena.

L'ART DE SE RECONSTRUIRE

En 2010, à la Maison de quartier[18], après un voyage dans le sud-est du pays[19], nous avons reçu une formation dans l'art *Imigongo*. Quelqu'un est venu nous aider et des artistes nous l'ont appris. Je me croyais trop

17 Dans la coutume rwandaise, quand un bébé est né, il y a une cérémonie d'attribution du nom de famille (*Kwita izina*). On commence en général par les enfants qui passent à tour de rôle pour donner un nom au nouveau-né. Puis, les parents donnent à l'enfant le nom qu'ils ont choisi.

18 Voir n. 2, p. 52.

19 À Nyarubuye, deux à trois femmes artistes, rescapées du génocide, se sont réunies pour que cet art traditionnel, transmis de mère en fille, ne disparaisse pas. Elles ont créé la coopérative *Abakundamuco* (« les amis des arts ») et ont donné à plusieurs reprises une formation à un groupe de rescapées de l'*umudugudu* Imena, à Kimironko, qui ont à leur tour créé la coopérative *Agatako*. Ziada en a fait partie. Voir *Itangaza*, film réalisé par Michelle Muller.

vieille, mais je suis parvenue à étudier. Je suis âgée, j'ai soixante-dix-huit ans. Je suis une vieille maman. Ce qu'on a fait est très enrichissant même pour quelqu'un de mon âge. J'ai bien appris, j'ai tout dans la tête et dans mon cahier. Avant, je tressais des socles pour les jarres de lait, mais ce nouvel apprentissage, c'est un miracle que Dieu a fait pour nous. Toute personne qui verra les peintures traditionnelles qu'on a faites verra que c'est un « miracle ». Et justement, dans cet art, il y a un motif qui s'appelle *Itangaza*[20]. Nous avons appris à le faire, les jeunes aussi l'ont appris[21].

20 Le terme *Itangaza*, nom d'un motif traditionnel de l'art Imigongo, signifie « le miracle », « ce qui est merveilleux ».

21 En décembre 2018, Ziada nous a quittées. Nous rendons hommage à sa liberté de jeune fille et de jeune femme et à son courage de grande maman. Paix à son âme.

LES BLESSURES DU CŒUR

NYIRAHABINEZA Françoise

AVANT…

Je suis née le 25 Décembre 1946. Mon père s'appelait Sebuyore Faustin et ma mère Kamanyana Julienne. Tous deux avaient reçu le sacrement du baptême et ils m'ont appris que chaque chrétien n'attendait jamais plus d'une semaine après la naissance de son enfant pour le faire baptiser. C'est la raison pour laquelle la date inscrite sur le registre de la paroisse coïncide avec celle de ma carte d'identité[1]. Nous habitions près de la mission catholique de Mibilizi, – la quatrième des missions nées au Rwanda. Je suis née dans le village de Cyato, dans l'actuel secteur de Nyakarenzo, district de Rusizi (province de l'Ouest). J'ai reçu le nom de Nyirahabineza[2] Francisca (Françoise).

1 *Ibuku* désigne la première carte d'identité apparue dans les années trente au Rwanda sous l'administration coloniale belge.

2 Chaque enfant reçoit un nom propre spécifique, distinct de celui de son père et de celui de sa mère. Il évoque souvent les circonstances de la naissance.

J'étais la septième enfant d'une famille qui en a compté neuf. Mes parents sont décédés alors que j'étais adulte. Je les ai vus vieillir. C'était peu de temps avant le génocide des Tutsi en 1994. Nous étions sept enfants encore en vie, puis le génocide a emporté deux enfants et nous sommes restés à cinq. Tous rescapés, grâce à Dieu. Aujourd'hui, nous avons vieilli, mais nous sommes encore bien vivants.

L'enfance se raconte par un long retour en arrière, où on se retrouve telle qu'on était alors, avec les mêmes sentiments, les mêmes émotions.

J'ai commencé l'école primaire chez les sœurs pénitentes sur la colline de Mibilizi. Les salles de classe étaient construites en briques cuites, bien solides, et elles accueillent aujourd'hui encore les enfants scolarisés. Le cycle primaire durait cinq ans, puis nous passions l'examen d'admission au cycle secondaire. Je l'ai passé avec succès. J'ai été envoyée à Save[3], dans une section où on formait les enseignantes du primaire.

En septembre 1959, j'ai commencé le cycle secondaire et j'ai vécu à l'internat. Pendant les vacances trimestrielles, nous retournions dans nos familles. À l'époque nous ne portions pas de chaussures. La direction de l'école refusait à ceux qui auraient pu en porter de le faire, elle ne voulait pas que certains élèves se sentent supérieurs aux autres. Les frais scolaires étaient en rapport avec les capacités économiques des parents. La somme la plus élevée était de six cents francs rwandais[4]. Avec les élèves de notre région, nous prenions le véhicule d'un Blanc nommé Gayari (Gaillard). Le véhicule portait le nom du propriétaire ! Nous étions accompagnées par nos parents, qui transportaient nos affaires jusqu'à la route, où Gayari nous ramassait, en un lieu un peu éloigné de nos villages. Nous traversions la forêt de Nyungwe. La route en terre battue était périlleuse. Fréquemment, des coulées de boue bloquaient la circulation et nous obligeaient à dormir dans le véhicule. Nous restions immobilisées toute la nuit, dans le froid de cette forêt primaire. En dépit de tous ces aléas, nous finissions par arriver à l'école. Elle s'appelait Notre-Dame d'Afrique et était dirigée par des religieuses blanches. Aucune religieuse africaine n'y enseignait. Nous avons commencé à suivre les cours en français et nous nous sommes habituées à cette langue. En fin de cursus, l'élève

3 La mission catholique de Save se trouvait à l'époque dans la préfecture de Butare. Elle est aujourd'hui localisée dans la province du Sud.

4 Un euro équivaut aujourd'hui à 1 000 francs rwandais.

avait acquis une certaine ouverture d'esprit et commençait à avoir une idée de ce à quoi elle se destinait.

En 1960, l'insécurité a envahi tout le pays avec la naissance de partis politiques tels que l'Unar[5], le Parmehutu[6] et le Rader[7]. Les huttes des Tutsi ont été incendiées forçant une partie de la population à s'exiler jusqu'au Bushi[8] de l'autre côté de la rivière-frontière Rusizi, au Congo belge, qui allait rapidement obtenir son indépendance[9]. Dans notre village, quiconque revenait au pays après ce premier exil devait offrir de la bière de bananes à ses voisins pour être réadmis dans la communauté. La bière devait être abondante et servie dans une cruche appelée *manyonjo*[10]. Chaque famille rapatriée devait la remplir.

Cette année-là au Rwanda, les violences se sont répandues. J'avais quatorze ans. Je ne comprenais pas grand-chose, à l'exception de quelques bribes de conversations entendues parmi les adultes. Ils disaient, par exemple : « Celui qui n'est pas pour le roi se voue au diable, surtout s'il est Tutsi. » Autrefois, tous les Rwandais étaient soumis au roi, mais l'éclosion des partis a complètement changé la donne. Ainsi certains Tutsi pouvaient ne pas être membres de l'Unar, alors que des Hutu l'étaient.

Après les grandes vacances, au mois de septembre, l'école a repris comme à l'accoutumée. Arrivées dans la contrée de l'ancien Gikongoro, dans les actuels districts de Nyaruguru et Nyamagabe, nous avons remarqué quelque chose de bizarre. Tout au long de la route, des huttes avaient été incendiées et les jeunes pousses de sorgho qui séchaient dans les champs avaient été volées. Les élèves ne disaient mot, mais elles désignaient du doigt des points dans le paysage. Ou bien elles s'exclamaient : « Oh ! Regardez là-bas. » Nous nous efforcions de parler le plus calmement possible, tout en éprouvant une grande peur. Une des religieuses est venue nous attendre à l'arrêt du bus.

---

5 Voir n. 3, p. 99.

6 Voir n. 16, p. 27.

7 Rader, Rassemblement démocratique rwandais, impulsé par l'administration belge et hostile à la monarchie.

8 La province du Sud-Kivu était autrefois subdivisée en plusieurs royaumes, dont celui du Bushi, qui comprenait les territoires de Babare nord, Walungu et une partie de Mwenga.

9 Le Congo belge accède à l'indépendance en 1960. En 1971, il prend le nom de Zaïre, terme parfois utilisé aussi pour la période de 1965 à 1971. Aujourd'hui République démocratique du Congo (RDC). Beaucoup continuent souvent à appeler Congo le pays devenu Zaïre.

10 *Manyonjo* est un superlatif qui désigne la hauteur imposante du récipient.

Une fois à l'école, nos condisciples de Gikongoro nous ont appris que les habitations de leurs familles avaient été détruites et incendiées. Les plus jeunes ignoraient tout de la question des ethnies. Seules les aînées comprenaient. À cette époque, nous avons commencé à voir se dessiner les contours de l'idéologie qui se mettait en place. Pour tenter de comprendre, chacune observait ses collègues, surtout quand elles venaient de la même région. À ce moment-là, on parlait ensemble, mais les sœurs nous ont interdit de nous rassembler pour évoquer ces problèmes. Une année a passé.

En 1962, les troubles se sont intensifiés et chaque parti se préparait à l'avènement de l'indépendance. En 1959 et en 1960, j'avais entendu mes parents parler des élections et dire qu'ils n'iraient pas voter et que seuls voteraient les membres de l'Aprosoma[11] et les Hutu qui souhaitaient la destitution du roi.

Après les élections[12] organisées sous la supervision de l'ONU, la victoire des Hutu majoritaires dans le pays fut acquise et ils proclamèrent qu'ils devaient acquérir les droits inscrits dans le *Manifeste des Bahutu*[13]. La royauté a été remplacée par la première République, dont le président de courte durée fut Mbonyumutwa[14] Dominique. Des violences ont suivi, caractérisées par les massacres des Tutsi dont on jalousait les biens, les terres et les vaches, y compris dans notre région à Cyangugu, loin de Gitarama. En 1962, après l'indépendance du Rwanda, le président Kayibanda a dirigé le pays. Les Tutsi ont continué à être pourchassés par ceux qui incendiaient leurs terres pour s'en emparer. Nous subissions les effets du jeu politique, dont seuls les initiés connaissaient les enjeux et les objectifs.

---

11 Aprosoma, Association pour la promotion sociale de la masse, mouvement hutu créé par Habyarimana Joseph, alias Gitera, en 1957, devenu parti en 1959. Ses adhérents vivaient dans leur grande majorité sur le territoire d'Astrida (Butare) et de Cyangugu.

12 Des élections communales ont lieu en juillet 1960 sous contrôle de l'ONU. Elles ont été suivies le 25 septembre 1961 par le référendum décidé par l'ONU, appelé en kinyarwanda *Kamarambaka*, qui a abouti au protocole d'autonomie interne signé le 21 décembre 1961 par le président Kayibanda et le ministre des Affaires étrangères belge. Le référendum a aboli la royauté et l'indépendance du Rwanda a été proclamée le 1er juillet 1962.

13 Le *Manifeste des Bahutu*, publié le 24 mars 1957 avec l'aide de missionnaires catholiques, désigne les Tutsi comme une race étrangère. Ce texte signe le point de départ des violences et de la haine qui vont déferler à l'encontre des Tutsi. À la fin des années cinquante, les Tutsi représentent 14 % de la population, les Hutu, 83 % et les Twa 3 %.

14 Voir n. 16, p. 27.

En 1963[15], nous avons appris que les Tutsi exilés avaient attaqué par Bweyeye, à la frontière avec le Burundi, en traversant la forêt de Nyungwe. Les représailles ont été immédiates. Les Tutsi sont morts en masse, y compris chez nous à Mibilizi. Un Hutu du nom de Nderenabo Anatole, membre influent de l'Unar, a été tué pour avoir déclaré qu'un pays ne pouvait exister sans roi, de même que les abeilles ne peuvent vivre sans reine. Kamana Anastase (de Rubona) a également été tué. Ces deux hommes ont été capturés par un membre du Parmehutu du nom de Bangwanubusa Damien. On a dit qu'il les avait jetés dans le gouffre de Bugarama, au lieu dit *amashyuza* (« eau thermale »), d'où jaillit toujours une eau brûlante.

À ce moment-là, les Tutsi qui avaient un emploi ont été ciblés[16] en premier, ainsi que ceux qui avaient une situation économique prospère. Un maçon, nommé Rurangwa, a été tué à Bukavu. Les tueurs s'étaient rassemblés près du bureau de la commune de Cyimbogo dirigée par le bourgmestre Bahaze Bernard, un homme très cruel.

À cette période j'ai quitté Save. J'ai été transférée à Nyamasheke. En quatrième année, nous étudiions la pédagogie et préparions le diplôme du premier cycle secondaire, obtenu après quatre ans d'études. J'ai terminé mes études au mois de juillet 1965 et j'ai commencé à enseigner en septembre. Le bourgmestre Bahaze aimait la compagnie des jeunes filles. Si je l'apercevais dans sa voiture en me rendant à l'école, je m'efforçais d'échapper à son regard. J'ai conservé cette ruse jusqu'à mon mariage en 1969.

En 1967, une nouvelle incursion des exilés tutsi a eu lieu et les Tutsi restés en vie lors des précédents massacres dans notre région ont été tués. Ceux qu'on appelait les *Abakarani*[17] ont été emmenés dans des camions jusqu'à la forêt de Nyungwe. Je me souviens de mon jeune condisciple Marc, originaire de Muhanga. Il avait une stature athlétique. Il a été ramassé avec d'autres, dont un certain Léopold. Tous ont été jetés dans

15 Après celle du Bugesera, des tentatives d'incursion des Tutsi exilés ont eu lieu dans la préfecture de Cyangugu (Bugarama en 1964, Nshili et Bweyeye en 1966) et dans la préfecture de Kibungo (Butama en 1966).

16 Les listes de personnes à tuer établies par les génocidaires visaient d'abord les intellectuels et les commerçants. Les paysans venaient après.

17 *Abakarani* signifie « les gens de bureau », les fonctionnaires, les employés de banques, des administrations, de la fonction publique, les intellectuels, tous ceux qui travaillent dans un bureau, à l'exception des instituteurs et des infirmières, qui avaient des salaires beaucoup plus bas que les autres.

cette forêt. Dorénavant, plus aucun Tutsi ne pouvait parler avec son frère tutsi, si ce n'est en se dissimulant pour échapper à l'attention des regards suspicieux. Chacun devait rester seul, sans parler à quiconque.

À cette époque, le préfet de Cyangugu, qui avait exterminé les Tutsi de sa région, s'est surnommé lui-même *Kazabuzimya*[18]. Ceux qui étaient destinés à la mort – entendez les Tutsi – sont morts directement de sa main ou sur ses ordres. Il les haïssait. Il ne supportait pas de les voir quitter la misère pour émerger vers le bien-être. La vie a continué, comme si rien ne se passait et les Tutsi qui ont survécu n'ont pas osé parler et encore moins porter plainte. Ils étaient taciturnes, ils sont devenus muets. Ils n'osaient plus dire un mot où que ce soit – au travail, sur la route, dans un mariage et partout où plusieurs personnes étaient rassemblées.

Je me suis mariée au mois d'août. Mon mari était tutsi, il avait fini ses études. Le mariage s'est passé dans la paix et la tranquillité divines.

HABYARIMANA PREND LE POUVOIR, LES VIOLENCES SE POURSUIVENT

En 1970, j'ai accouché de ma fille aînée et en 1973 j'ai eu une seconde fille. Les menaces se répandaient et les Tutsi allaient de nouveau être tués. Dans la nuit du 8 Mars 1973, notre domicile a été attaqué. Mon mari a été grièvement blessé à l'oreille. J'ai pris à la hâte mon bébé. Les assaillants ont détruit notre habitation avant de tout brûler. Nous sommes allés chez un voisin hutu.

Les bourreaux nous jugeaient coupables d'être d'une condition sociale et économique supérieure à celle des autres habitants. La demeure d'un ancien chef du village, – un homme humble, amical avec tout le monde et qui n'avait auparavant jamais attiré la moindre attention des bourreaux –, a été détruite ce soir-là. Il a reçu de violents coups de machette sur la tête. Quatre de ses voisins l'ont conduit à l'hôpital. Ils ont marché toute la nuit. Il a été soigné et il a survécu à ses blessures. Mon jeune beau-frère, Nsabimana Évariste, a reçu un coup de ferraille sur le tibia.

---

18 *Kazabuzimya* est une dénomination proche d'une exclamation guerrière, qui signifie « celui qui exterminera la race / l'ethnie ».

Le lendemain, ce fut le tour de Kayumba Sébastien. Par chance il a réussi à s'échapper. Il s'est réfugié chez un Hutu clément et il est resté là jusqu'à ce que la situation s'apaise. À cette époque, les tueries avaient lieu la nuit et elles visaient surtout les hommes.

Depuis le jour où nous avions dû fuir notre domicile jusqu'au coup d'État d'Habyarimana Juvénal, le 5 juillet 1973, notre errance a été quotidienne, elle a duré cinq mois. Plusieurs fois, les Hutu ont découvert mon mari et ils l'ont forcé à faire une longue marche nocturne, prétendant qu'ils le conduisaient chez un ancien sous-chef tutsi qui habitait loin de chez nous. Mais ce n'était qu'un prétexte pour le persécuter. Pourtant, ils avaient été autrefois condisciples et avaient vécu des moments de fraternité, quand leurs cœurs n'étaient pas encore envahis par la haine.

Nous avons voulu nous exiler à l'étranger mais notre démarche a échoué. Partout où nous passions la nuit, le moindre de nos mouvements était surveillé et nous redoutions que l'alerte soit donnée. Durant tous ces mois, j'ai continué à me rendre à l'école pour enseigner. Les voisins qui avaient encore un cœur compatissant nous logeaient et d'autres gardaient nos valises. J'ai été touchée de voir certains m'apporter quelques vêtements dans mes différentes cachettes. Je me souviens d'un vieux voisin, ami de notre famille qui gardait nos affaires. J'ai appris plus tard que chaque nuit il emportait la caisse dans la brousse, afin que ses acolytes ignorent où il l'avait cachée.

Un « comité du salut[19] » a été institué. Durant toute une semaine, mon mari n'a pu exercer son travail. Il a été remplacé par un jeune qui n'avait jamais mis les pieds à l'école secondaire alors que mon mari enseignait déjà en sixième année primaire. C'était un très bon enseignant et ses élèves réussissaient avec brio aux examens d'État. Il n'est pas le seul à avoir été visé par le comité. Dans la foulée des évènements qui ont marqué la naissance de la deuxième République[20], beaucoup d'enfants tutsi, qui étudiaient à l'école secondaire, ont été privés de la poursuite de leurs études. Ceux qui n'ont pu s'échapper vers des pays limitrophes se sont mariés et ont fondé des familles. Tous seront tués plus tard pendant le génocide.

---

19 « Dans chaque préfecture, le préfet dirigeait les activités du 'Comité du salut', assisté par le commandant en place de l'armée. Et l'opération d'expulsion des Tutsi se mit en branle. Les listes étaient le plus souvent affichées pendant la nuit et, au matin, les Tutsi trouvaient leurs noms affichés à des endroits très apparents et ils étaient sommés de quitter leur emploi immédiatement. », Mugesera Antoine, *Les conditions de vie des Tutsi au Rwanda, de 1959 à 1990*, Dialogue, Kigali & Izuba, Miélan, 2014, p. 193.

20 5 juillet 1973 – 6 avril 1994.

AU TEMPS DU « VENT VIOLENT »

Je ne peux décrire le malheur que nous avons connu, pas même celui de cette seule année 1973. Les voisins hutu n'ont jamais eu pitié de nous. Ils n'ont pas respecté l'amour qui aurait dû exister entre chrétiens. Je me souviens pourtant du chant que nous entonnions à l'église : « Répands l'amour et la bonne entente entre tes enfants, Dieu Tout-Puissant… » Je ne l'avais pas oublié et je me demandais quel vent mauvais[21] avait soufflé pour détruire les bonnes relations d'antan ?

Je me souviens du jour où tel un animal conduit pour être vendu avant d'être abattu, mon mari a été conduit par des jeunes gens chez Somayire Célestin, qui était leur chef. Pour la plupart, ils faisaient partie de sa parenté. Parvenus dans l'enclos, ils ont sommé mon mari de se mettre à terre. Il nous a dit plus tard qu'il avait eu l'impression de subir les supplices de Jésus conduit devant Caïphe[22].

Pour camoufler les persécutions, certains parlaient d'un « vent violent qui tourbillonnait ». Mais nous étions les seuls à le subir. Il a soufflé sur nous durant cinq mois. Après la prise du pouvoir, Habyarimana a annoncé que la paix allait revenir dans le pays, mais nous avons eu à peine le temps de respirer, que notre calvaire a repris. La paix qu'il prétendait amener au sein de la nation était un grossier subterfuge qui n'a en rien empêché que soient piétinés les droits des Tutsi. La carte d'identité avec mention ethnique a été imposée et le principe de l'équilibre ethnique[23] a continué à régner au sein de l'éducation nationale. En ma qualité d'enseignante, je peux en témoigner sans la moindre hésitation.

Dès la première année d'enseignement, nous avons dû établir un rapport après avoir demandé aux élèves hutu de venir sur l'estrade pour être recencés. Ils étaient les plus nombreux. Ils se levaient et avançaient l'air réjoui et suffisant face à leurs condisciples restés assis.

---

21 Le terme *muyaga* signifie le « vent », un vent violent, un vent mauvais qui emporte tout. Un vent fort qui souffle d'on ne sait où et qui va on ne sait où. Il a été utilisé en 1959 pour désigner les incendies systématiques des maisons et les massacres des Tutsi. On disait « au temps du *muyaga* ». Mugesera, *Ibid.*, p. 17 et suivantes.

22 Caïphe, grand prêtre du Temple de Jérusalem devant lequel Jésus est conduit après son arrestation au jardin des Oliviers (Matthieu 26 : 57).

23 « Le système des quotas, plus connu au Rwanda comme politique d'équilibre, était supposé attribuer un pourcentage de places à l'école et dans l'emploi, proportionnel au poids démographique des Hutu, Twa et Tutsi dans chaque commune de leur ressort. La pratique politique s'est avérée catastrophique ». Mugesera, *Ibid.*, p. 256.

Les élèves tutsi devaient ensuite se présenter à leur tour. Ils étaient en petit nombre. Je ne leur demandais pas de venir sur l'estrade, ce qui n'aurait pas manqué d'entraîner les moqueries des élèves hutu, éclatant de rire et criant : « Voyez, celui-là, c'est un Tutsi, un malingre Tutsi… » Leurs sarcasmes rapportaient fidèlement les propos méprisants qui se tenaient dans leurs familles. Malgré tout, les enfants gardent souvent une certaine innocence. Dans la cour de récréation, tout le monde jouait ensemble. La scène discriminatoire s'inscrivait pourtant dans le cœur des enfants, avant de se déployer plus tard avec l'ampleur que l'on sait.

Ce qui continue à me blesser jusqu'à aujourd'hui, c'est la gratification dont ont joui les tueurs et leurs commanditaires. Ils ont été nommés à des postes de responsabilité ou de hauts gradés, dans l'administration et dans l'armée. Je peux donner l'exemple de Somayire Célestin que j'ai cité plus haut. Le mal qu'il a commis a été récompensé et il a été nommé bourgmestre de la commune, sans avoir à répondre de ses actes. Personne n'a été puni pour avoir tué un Tutsi ou pour avoir violé les droits de ses concitoyens. Quelques-uns, très peu nombreux, ont écopé d'une légère peine d'emprisonnement, souvent suspendue et prononcée uniquement à titre d'alibi. Personne n'a jamais restitué les biens pillés. Les auteurs de violences n'ont rien eu à craindre en poursuivant leur œuvre diabolique. Je me souviens d'un dénommé Munyurangabo Sébastien, tueur zélé de Tutsi. Il était enseignant dans le primaire. Mis aux arrêts pendant un court laps de temps, il fut relâché et a aussitôt repris son métier.

Ceux qui commandaient les attaques et les tueries au sein des *Interahamwe* et ceux qui organisaient des réunions en donnant des instructions pour aller « travailler » savaient parfaitement qu'ils ne risquaient aucune poursuite. De 1974 à 1990, tuer, c'était « travailler », accomplir un travail banal, une activité courante, qui ne nous a pas alarmés au point d'appeler au secours.

En 1975, nous avons eu un troisième enfant pour qui nous avons choisi le nom d'Uwamahoro[24]. À l'époque, il y avait la paix. En 1986, nous avions cinq enfants.

---

24 *Uwamahoro*, « qui annonce la paix ». Cette dénomination signifie que la fillette est née dans la quiétude de la famille et du pays.

LE DÉBUT DES ANNÉES QUATRE-VINGT-DIX

La situation de paix toute relative (qui avait tout juste duré le temps d'un discours présidentiel) s'est achevée le 1er octobre 1990, lorsque les soldats du FPR *Inkotanyi* sont entrés au Rwanda. Ce jour-là, nous nous sommes levés comme chaque matin et nous sommes allés au travail. On nous a demandé de retourner chez nous. Les tueries n'ont pas immédiatement commencé de manière systématique, comme ce sera le cas en 1994. Peu de temps après, on a repris le travail et on a enseigné normalement.

En 1991, les partis politiques se sont mis en place avec l'avènement du multipartisme[25]. La plupart étaient opposés au MRND[26], parti unique au pouvoir. Le climat d'insécurité est allé de mal en pis. Presque tous les Tutsi ont adhéré au PL, mais ils ont vite été marginalisés. Nous pensions que son programme nous protégerait des abus exercés systématiquement à notre encontre depuis l'indépendance. Le MDR, dirigé par Twagiramungu Faustin[27], disait avoir une orientation proche de celle du PL.

La Coalition pour la défense de la République (CDR) avait comme seul objectif l'extermination des Tutsi. Les partis MDR et PL se sont scindés en deux. La scission la plus extrémiste s'est appelée « Power ». Elle s'est coalisée avec le MRND et la CDR. Ces deux partis ont lancé un programme de recrutement des jeunes voués à la tuerie, ces miliciens se sont appelés *Interahamwe* pour le MRND et *Impuzamugambi*[28] pour la CDR. Ils ont reçu un entraînement militaire, ont appris le maniement des armes, des grenades et autres explosifs. Littéralement intoxiqués, ces groupes de la mort se sont surpassés dans leur « travail » en 1992 dans

25 Fin 1990, le président Habyarimana annonce l'instauration prochaine du multipartisme, qui sera installé en 1991. Il s'agit principalement du Mouvement démocratique républicain (MDR) ; du Parti social-démocrate (PSD) ; du Parti libéral (PL). La Coalition pour la défense de la République (CDR) se fera connaître par ses agissements d'une violence extrême.

26 MRND, Mouvement révolutionnaire national pour le développement, rebaptisé en 1991 Mouvement républicain national pour le développement. Parti unique, de 1975 à 1994.

27 En 1993, le MDR se divisera en deux courants, l'un conduit par Twagiramungu Faustin et Uwilingiyimana Agathe, favorables à une négociation avec le FPR, l'autre mené par Kambanda Jean, proche du Hutu Power. Twagiramungu a survécu au génocide et il a participé aux institutions mises en place par le FPR, après la chute de Kigali.

28 *Impuzamugambi* signifie en kinyarwanda ceux qui poursuivent la même idée, le même plan, le même objectif.

le Bugesera, où les Tutsi avaient été « déplacés » entre 1959 et 1961. Déracinés de leurs terres d'origine, ils étaient exposés aux maladies qui sévissaient dans la région. Tout en étant loin du Bugesera, nous avons appris que le fer de lance de cette opération était Bagambiki[29] Emmanuel, alors préfet de Kigali Rural (où était situé le Bugesera). Il a ensuite été muté à Cyangugu en 1992, où il n'a rien fait d'autre que poursuivre son « travail » jusqu'à la fin du génocide des Tutsi le 4 juillet 1994.

DE 1992 À 1994

Au cours de ces deux années, en préfecture de Cyangugu, des attaques nocturnes, des vols et des pillages eurent lieu. Ils ciblaient surtout les Tutsi, qui avaient étudié ou possédaient de vastes champs. Je ne peux pas même compter le nombre de fois où nous avons été « visités » durant la nuit par ces malfaiteurs. Ils venaient chez nous, au domicile de Kayibanda Jean Népomucène (mon mari), chez son petit frère qui enseignait à l'école secondaire, chez nos voisins et chez d'autres encore. Ils arrivaient armés de fusils. Ils exigeaient de l'argent et ramassaient tous les biens qu'ils convoitaient, tels les matelas, etc. C'était une répétition générale avant de passer à des étapes plus meurtrières. La nuit ne nous permettait pas d'identifier les assaillants. Nous ne pouvions savoir si c'était des militaires, des miliciens ou des voleurs à main armée. C'était vraisemblablement des militaires puisqu'à l'époque les *Interahamwe* n'étaient pas encore armés de fusils. On venait systématiquement nous rançonner le jour où nos salaires étaient versés. Nous donnions tout pour sauver notre vie. Nous étions terrorisés et vivions en permanence dans la peur. Les Hutu nous avaient isolés au sein de la population. Avec mon beau-frère, le cadet de mon mari, nous avons recruté des sentinelles. Une stratégie vite devenue inutile et qui n'empêchait en rien la venue des « voleurs ». Puis, les hommes de nos familles ont résolu de veiller à notre sécurité pendant la nuit.

29 Bagambiki Emmanuel a été successivement sous-préfet de Gisenyi, préfet de Gitarama, préfet de Kigali Rural (à l'époque des massacres dans le Bugesera en mars 1992) et préfet de Cyangugu, dont il était originaire. Le 7 avril 1994, il a fait fermer la frontière rwando-zaïroise pour empêcher la fuite des Tutsi de la région. Après le génocide, il s'est enfui au Zaïre, puis au Kenya et au Togo où il a été appréhendé en 1998 sur mandat d'arrêt du TPIR. Il a été acquitté en première instance et en appel (ICTR-99-46). En revanche, il a été condamné en son absence par les juridictions *Gacaca* de Gashirabwoba et de Kamembe, dans les deux cas à trente années de détention.

En février 1994, le jour où le ministre des Travaux publics et de l'Énergie Gatabazi[30] Félicien, leader du parti PSD, a été assassiné, une attaque nocturne avec jet de grenades a eu lieu chez nous. Comme à l'accoutumée, mon mari et cinq jeunes de ma famille dormaient dans la bananeraie qui entourait la maison. Lorsqu'ils ont entendu les détonations, ils ont pris la fuite. Seul Dieu les a sauvés. À l'entrée de notre enclos, là où l'engin avait été projeté, un énorme trou s'est formé. Il existe encore aujourd'hui. Je dormais dans la maison avec mes plus jeunes enfants. J'ai cru que la maison allait s'écrouler sur nous et nous sommes sortis précipitamment. Tout le monde est sorti, malgré la peur. Nous avons passé le reste de la nuit chez mon beau-frère. Nous seuls avons été attaqués ce soir-là.

Le matin, plusieurs personnes sont arrivées. Pour la plupart, ils voulaient vérifier que leurs vœux de mort avaient été exaucés. Une femme tutsi mariée à un Hutu s'est faufilée jusqu'à moi et m'a dit à l'oreille : « Nos maris disent que les vôtres s'entraînent pour éliminer les Hutu avec des armes que vous recevez de vos frères. » Nous étions profondément tristes.

Une seconde grenade n'avait pas explosé. L'une des sentinelles l'a ramassée et l'a fièrement brandie. Mon mari lui a expliqué que c'était un explosif à manier avec prudence. Après cet avertissement, la sentinelle est allée se renseigner auprès des militaires, installés près de l'église en prévision des futures tueries, ils l'ont fait exploser dans un bruit assourdissant.

LE 7 AVRIL 1994

Dès le 3 avril 1994, le jour de Pâques, à Mibilizi nous avons compris que les menaces se rapprochaient de jour en jour. Les Hutu ont convoqué mon mari et mon beau-frère pour leur rappeler qu'ils avaient autrefois connu un emprisonnement relativement paisible. L'un d'eux, Ladislas, a dit : « Si nous n'avions pas été chrétiens, vous auriez connu bien pire[31]. » Leur triste ironie s'exprimait sans la moindre honte.

30 Voir n. 24, p. 36.

31 *Hazaba akantu* est une expression paradoxale, qu'on peut traduire littéralement par « une petite chose ». Cette prédiction annonce quelque chose de « bien pire », qui minimisé et caché est rendu plus menaçant.

Trois jours plus tard, l'avion qui transportait le président Habyarimana s'est écrasé. Le 7 avril 1994, l'état d'urgence a été décrété. Personne ne pouvait sortir hors de sa maison. C'était jour de marché mais personne n'a été autorisé à s'y rendre. À seize heures, une femme hutu nous a convoqués. Elle nous a dit : « Quittez vos maisons dès dix-sept heures ! » Nous sommes sortis à la hâte, nous nous sommes rendus chez mon beau-père. Vers dix-huit heures, nous avons entendu les détonations des grenades qui s'abattaient sur notre maison. Nous sommes descendus dans un petit bois d'eucalyptus. Nous étions plus d'une dizaine de personnes. Nous avons entendu qu'on démolissait nos maisons, y compris celle de mon beau-frère. Tout a été incendié et détruit pendant la nuit. Le lendemain matin, le bruit a cessé. Nous sommes remontés jusqu'à ce lieu qui avait été notre « chez nous ». Nous n'avons vu personne alentour. Nous nous sommes regroupés et quelques personnes se sont approchées pour compatir et nous encourager. Ils nous disaient de rester confiants, que les violences allaient cesser comme les fois précédentes.

Je suis montée jusqu'à la route avec ma fille Daria pour faire des achats à la boutique de son oncle. Là, tout avait été pillé et la maison incendiée. Il y avait un attroupement d'hommes et de jeunes miliciens qui attendaient l'ordre de commencer les massacres. Peu de temps après, nous avons aperçu des militaires venus du siège de la préfecture de Cyangugu. En les voyant, mon enfant a commencé à exprimer sa colère contre ceux qui avaient démoli notre maison. Je lui ai dit de se taire et j'ai ajouté : « Viens, redescendons… » Je me remémorais le sort qui avait été le nôtre en 1973. Je me remémorais les agissements criminels de ceux qui n'avaient jamais été ni inquiétés ni poursuivis. Parvenues à notre domicile désormais réduit en cendres, nous avons trouvé une jeune fille du nom d'Umugwaneza, sans que nous sachions qui l'avait envoyée vers nous. Elle nous a dit qu'elle avait entendu de graves menaces proférées par ceux qui commandaient les opérations. Ils disaient : « Qu'avez-vous fait jusqu'à présent ? Vous n'avez fait que piller et démolir ! Allez maintenant, faîtes le travail, tuez toute personne identifiée comme Tutsi. Commencez immédiatement… Tuez tout homme, toute femme, tout enfant, bébé ou adolescent, fille ou garçon ! » C'était le 8 Avril. Nous nous sommes enfuies sans plus attendre.

Mes deux fils, Nshuti Jean-François et Mbanda Jean-Julien, âgés de sept et douze ans ont pris le chemin qui monte vers la paroisse et vers leur école, à environ deux kilomètres de marche. Ils sont passés par des chemins détournés. Ils sont arrivés près de l'enclos d'un enseignant nommé Égide, un homme correct, marié à une Tutsi du nom de Germaine. Elle a demandé à son fils Évode d'accompagner nos deux enfants jusqu'à la paroisse. Ils ont retrouvé leur père. C'était le jour du Sacré-Cœur de Jésus et il avait tenu à assister à la messe. Avant de partir, il m'avait dit : « Je prends avec moi nos diplômes pour les déposer chez les prêtres. Si l'un de nous survit, il pourra les retrouver là. »

À notre tour, mes deux filles et moi, nous avons couru et nous avons tenté d'aller vers la paroisse. Moins de trois minutes après l'alerte donnée par la petite visiteuse, nous avons croisé des assaillants en très grand nombre – des hommes, des jeunes, des femmes et quelques enfants. Avant que j'aie le temps de dire un seul mot, une pluie de coups lancés avec des branches d'eucalyptus s'est abattue sur moi. J'ai eu l'impression que les assaillants me frappaient tous en même temps. Deux d'entre eux, l'un à ma gauche et l'autre à ma droite, visaient essentiellement ma tête et mon front. J'ai ressenti une douleur extrême. Je me suis adressée à l'un d'eux que j'avais reconnu. Il s'appelait Népomucène. Je lui ai dit : « Comment peux-tu me frapper à mort alors que tu es l'homonyme de mon mari ? » Je me suis effondrée totalement inconsciente et je n'ai rien vu de ce qui s'est passé ensuite. Plus tard, j'ai appris que le jeune à qui j'avais parlé avait arrêté de me frapper, mais son coéquipier avait continué à me bastonner aussi fort qu'on le fait quand on veut tuer un serpent en lui brisant la tête.

J'ai appris que mes deux filles étaient parvenues sur la grand'route où elles avaient croisé des assaillants qui portaient des massues et se dirigeaient vers la paroisse. Le conseiller du secteur[32] dirigeait l'attaque. Il a ordonné à ses hommes d'emmener mes enfants là où gisait le corps de leur mère pour les tuer et recouvrir mon corps avec le leur. On les a emmenées en les frappant tout particulièrement sur la tête. Arrivée près de moi, Aimée m'a vue gisant par terre. Elle a hurlé : « Ohhhh ! Vous avez tué ma mère, vous l'avez tuée… » C'est alors qu'ils l'ont frappée plus fortement encore pour qu'elle meure sur le champ et que son cadavre serve à recouvrir le mien. Moi, j'étais toujours totalement inconsciente. Sa petite sœur, Uwamahoro Daria, a eu l'oreille presqu'entièrement coupée à la machette et elle a reçu un coup sur la tête. De nos trois

32 Le conseiller du secteur est l'équivalent de l'actuel secrétaire exécutif du secteur.

corps s'écoulaient des flots de sang. Ma belle-mère Stéphanie, handicapée depuis bien avant avril 1994, nous a appris qu'elle avait imploré les femmes hutu pour avoir le droit de nous soulever et de nous déplacer sous l'avocatier situé devant chez elle, juste à côté de chez nous. On nous a dit que nous étions comme des cadavres, totalement inanimées. Vers onze heures, il a plu intensément. Les ordures charriées par les flots d'eau s'entassaient le long de nos corps qui freinaient le ruissellement. Nous avons passé longtemps avant de reprendre conscience et de savoir où nous étions, et surtout de comprendre ce qui nous était arrivé. Inconscientes, nous n'avons pas tout de suite su ce qui se passait ni comment les massacres avaient embrasé toute la contrée et le pays. Tout cela nous a été raconté plus tard.

Germaine, notre voisine tutsi, nous a dit qu'elle était passée une fois près de nous à la hâte, sans manifester la moindre compassion de peur d'être identifiée et tuée. Arrivée à la paroisse de Mibilizi, elle avait trouvé plusieurs Tutsi réfugiés, dont mon mari. Elle lui avait appris ce qui nous était arrivé. Il a aussitôt voulu venir nous voir. Mais ses compagnons l'en ont dissuadé, rappelant la présence des jeunes miliciens et des *Interahamwe* qui faisaient le tour des routes et des chemins pour repérer les Tutsi qui s'y hasarderaient. Des cris de détresse et des appels lancés pour les attaques fusaient partout sur les collines environnantes où les incendies ravageaient les huttes.

Mon mari a approché un séminariste hutu qui était en stage pastoral à la paroisse, ainsi que les gendarmes présents soi-disant pour protéger les réfugiés. Il a demandé à aller chercher les membres de sa famille qui avaient été coupés à la machette. Sa requête a été acceptée et un véhicule l'a conduit jusqu'à nous. Il nous a trouvées trempées jusqu'à l'os et salies par les déchets. Ma fille Aimée et moi étions toujours inconscientes. Nous avons été mises dans le véhicule. Avant que les secours ne parviennent, ma fille Daria, couverte de sang, s'était rendue chez un Hutu voisin, ami de longue date de la famille. Il l'avait repoussée prétextant que, s'il la laissait entrer, il se mettrait en danger de mort. Elle a été cachée chez un autre Hutu du nom d'Ildephonse. J'étais la marraine de l'une de ses filles. Daria est ensuite montée dans le véhicule. Nous avons été conduites à l'hôpital de Mibilizi. Daria n'avait pas subi le même sort que nous et deux semaines plus tard elle a pu quitter son lit de malade. Elle est restée à notre chevet et a pris soin de nous. Un jour, elle m'a accompagnée dehors sur la chaise roulante d'une autre malade. Là, j'ai entendu le sifflement des balles à la paroisse et j'ai eu tellement peur que nous sommes rentrées précipitamment.

Quand nous avons repris conscience, bien avant la scène qui précède, nous avons reçu à manger à l'hôpital grâce à la petite sœur de ma filleule hutu, qui nous apportait des repas presque chaque jour, sauf quand son colis était renversé aux barrières par des *Interahamwe*. Des religieuses et des prêtres amis de notre famille nous apportaient également du lait.

Un jour, des *Interahamwe* ont organisé une attaque foudroyante à la paroisse. Ceux qui avaient survécu jusque-là, dont mon mari, ont été ciblés. Le préfet de Cyangugu, Bagambiki[33], a prévenu le curé Boneza Joseph : « Si tu ne nous livres pas ces *Inyenzi* que tu protèges, tous ceux qui sont chez toi seront exterminés. » Le prélat savait que ceux qui étaient recherchés prioritairement étaient des hommes instruits, enseignants ou agents de l'administration. Il leur a proposé d'être héroïques et de se rendre pour mourir, au lieu de provoquer une hécatombe durant laquelle tout le monde, y compris lui-même, allait périr. Lorsque les *Interahamwe* sont arrivés, les hommes ciblés sont sortis comme prévu. Ils ont été contraints de s'asseoir derrière le presbytère avant d'être appelés chacun par son nom. Mon mari, Kayibanda J. Népomucène, était le premier sur la liste. Il a aussitôt été tué. Tous ses condisciples enseignants, des infirmiers, de nombreux hommes et des jeunes gens ont été triés et tués. Mes trois beaux-frères, qui eux aussi avaient étudié, ont été tués. Mes deux fils Nshuti et Mbanda ont eu la chance de ne pas être appelés pour mourir.

À cette date, nous étions toujours hospitalisées, ne pouvant ni marcher ni nous tenir debout. Vers dix-sept heures, on nous a ordonné de nous couvrir jusqu'au visage parce que des tueurs se dirigeaient vers l'hôpital. Ils venaient identifier les malades tutsi pour les faire sortir et les tuer. Une peur immense a traversé tout mon corps, d'autant plus que je venais tout juste de reprendre conscience[34]. J'ai regardé à travers le drap et j'ai vu trois hommes debout à la porte de la chambre où nous nous trouvions. L'un portait autour du cou un collier de grenades. Il a demandé : « La femme et les enfants de Kayibanda, où sont-ils ? » J'ai

---

33 Voir n. 29, p. 129.

34 On dit en kinyarwanda : *utagira ubwenge ntagira ubwoba*, « celui qui n'a pas d'intelligence ne connaît pas la peur ».

entendu deux infirmières, Angelina et Belina, – toutes deux Tutsi mais difficiles à identifier –, lui répondre : « Si ce sont elles que vous venez chercher, elles ont été tués depuis longtemps. » Sur ces mots, les assassins sont repartis comme ils étaient venus. Ce jour-là, un grand nombre de malades et trois médecins réfugiés dans la salle de radiographie ont été débusqués. Ils s'appelaient Bayiro, Marcellin et Ildephonse. Tous ont été abattus près de la morgue de l'établissement hospitalier de Mibilizi.

Le 23 Avril 1994, nous avons appris que l'hôpital allait être détruit. Ma filleule, qui nous rendait régulièrement visite, est allée demander à huit réfugiés qui avaient survécu à la paroisse de venir nous chercher et de nous transporter sur un *ingobiyi*, sorte de hamac qu'on désignait aussi par le terme de *burankari* (« brancard »). Le séminariste en stage pastoral nous a offert une chambre au presbytère où nous avons dormi tranquillement, alors que les autres déplacés sont restés dehors, dans l'enceinte de la paroisse. Ce jour-là il n'y a pas eu d'attaque mais dans la soirée un souffle de peur a gagné tout le monde lorsqu'une voix a murmuré en tremblant : « Oh ! Ils arrivent… oh ! ils arrivent. » Le son ne sortait pas normalement de la bouche du jeune homme à cause de la peur qui l'étranglait. Il parlait de la venue des *Interahamwe*, mais par chance aucun d'entre eux n'est arrivé ce soir-là. Nous avons survécu grâce à la bonté des prêtres et surtout grâce au cœur plein d'humanité du jeune séminariste. Ils se sont occupés des blessés jour et nuit. Ils nous ont soignés et nourris. Ils nous ont appris à marcher comme on le fait avec un tout jeune enfant. Tout doucement, jusqu'à ce que nous puissions tenir sur nos deux jambes. Ils m'ont réappris à bien prononcer les mots… Peu à peu, je me suis rétablie.

Le 30 Avril 1994, après plusieurs vagues de tueries, une attaque virulente a eu lieu. En provenance de Bugarama, elle était dirigée par Yusufu[35], un *Interahamwe* particulièrement sanguinaire et terrifiant, qui sévissait dans la préfecture de Cyangugu. Vers dix-sept heures, on

35 Munyakazi John Yusufu (dit aussi Yussuf), originaire de Bugarama, riche riziculteur, est l'un des génocidaires les plus connus de Cyangugu. Il a été arrêté le 5 mai 2004 en RDC. Il a été condamné par le TPIR (ICTR-97-36A) à vingt-cinq ans d'emprisonnement pour génocide, extermination et crime contre l'humanité, peine confirmée en appel le 28 septembre 2011. Il a été déclaré responsable de la mort d'environ cinq mille Tutsi réfugiés dans la paroisse de Shangi et de celle d'un autre groupe de réfugiés dans l'église de Mibilizi les 29 et 30 avril 1994. La chambre a considéré qu'il était le leader de ces attaques et qu'il était arrivé sur les lieux avec deux véhicules convoyant les *Interahamwe*.

a annoncé son arrivée. Nous avons été tétanisés par la peur, lorsque nous avons appris qu'il venait de Shangi, la paroisse voisine, où il avait déployé toute sa haine. Il était connu pour la cruauté qu'il avait exercée sans retenue dans son village natal de Giheke[36]. Ceux qui en avaient encore les forces ont escaladé la clôture pour se cacher dans la brousse à côté. Vers dix-huit heures, Yusufu est arrivé. L'abbé Ignace, un Tutsi, lui a fait faire le tour des chambres de la paroisse, en passant par la salle où les femmes tutsi blessées étaient allongées sur leurs lits. Yusufu a dit : « Leurs maris, leurs frères, ont tous été tués. Qu'allons-nous faire de ces femmes malades ? Laissons-les ici, nous n'en avons nul besoin. » Il a pris les hommes et les jeunes qui avaient survécu aux précédents massacres, mais qui n'avaient pas réussi à s'échapper ce jour-là. Ils ont été abattus comme les autres. Au même endroit, près de la morgue.

Ceux qui ont réussi à fuir jusqu'au Zaïre ont terriblement souffert. Entre minuit et une heure du matin, sous l'orage et la pluie, ils ont pris des sentiers détournés pour éviter les barrières sur les routes. Les sentes boueuses et glissantes qui conduisent à la rivière Rusizi ralentissaient leur allure. Beaucoup tombaient. Ils se relevaient difficilement. Malgré tout, certains groupes ont pu traverser la rivière et ils ont été comptés parmi les rescapés du génocide. Mes enfants ont fait partie d'un groupe qui a réussi à traverser. Francina, ma fille aînée, a traversé en premier, Mbanda et Daria ont connu plus de difficultés. Personne ne parviendra jamais à raconter tout ce qui s'est passé. Les fugitifs ont franchi la rivière sur une petite pirogue. Ils allaient en terre inconnue, au Bushi[37] du Congo. Seul Dieu les a guidés.

En juin, des bus sont arrivés pour nous acheminer au camp de Nyarushishi[38]. La route n'a pas été facile en raison des nombreux bar-

---

Les témoins ont observé dans diverses circonstances la présence de Bagambiki Emmanuel et d'Imanishimwe Samuel, commandant en chef de Cyangugu, aux côtés de Munyakazi.

36 Giheke est l'un des secteurs actuels du district de Rusizi, anciennement commune de Gisuma dont le siège se trouvait près de l'usine à thé de Shagasha, sur la route Rusizi-Kigali.

37 Voir n. 8, p. 121.

38 Le camp de Nyarushishi, ouvert le 11 mai, était situé à une dizaine de kilomètres de Cyangugu et à une quinzaine de la frontière zaïroise. Huit mille réfugiés tutsi étaient rassemblés dans les tentes de la Croix-Rouge (CICR) qui leur dispensait quelques soins et distribuait des vivres. La plupart étaient rescapés des massacres qui avaient eu lieu fin avril dans la préfecture de la région. Ils ont été « déplacés » en grand nombre et contre leur gré dans des bus dont certains ne sont jamais arrivés à destination. Le camp, situé loin de tout, a fait l'objet de menaces mises en œuvre par les miliciens *Interahamwe* et

rages tenus par les *Interahamwe*. Nous sommes partis en quatre groupes. Notre groupe a été arrêté à plusieurs reprises. Les *Interahamwe* nous ont demandé de descendre du bus. Les véhicules étaient conduits par des militaires[39], qui négociaient avec les *Interahamwe*. La barrière la plus difficile était celle de Gatandara. Là, on nous a arrêtés et questionnés une heure durant. À cette barrière, nous avons entendu dire que les *Interahamwe* tuaient les Tutsi et mangeaient leur cœur[40]. Les Suisses du CICR qui nous accompagnaient sont allés voir le préfet Bagambiki, qui a ordonné de laisser passer nos bus jusqu'à Nyarushishi. Ces déplacements en bus se faisaient dans tous les coins de la préfecture et nous avons appris qu'à Gashirabwoba et à Bushenge (plus au Nord), des *Interahamwe* n'avaient pas respecté la consigne de protection des convois. Ils avaient rassemblé tous les occupants des bus pour les « pulvériser » à coup de grenades. Avant notre arrivée au camp de Nyarushishi, il nous a été rapporté que des *Interahamwe* venaient y chercher des Tutsi en passant « par l'œil borgne[41] » des soldats de l'opération Turquoise pour les tuer hors du camp.

Sur place, nous avons trouvé des déplacés venus du stade de football de Kamarampaka. Plusieurs d'entre nous avons été logés dans des *sheetings*[42] qui avaient abrité ceux qui avaient péri du choléra auparavant. Nous n'avions plus la moindre force et nous avons été placés en premier dans les tentes disponibles. J'étais seule avec deux de mes enfants, Aimée qui avait été grièvement blessée et Nshuti âgé de sept ans. Ceux qui étaient là se nourrissaient avec ce qu'ils avaient reçu des organisations humanitaires, des graines et de la farine de maïs. Une nouvelle vague de choléra s'est déclarée. Plusieurs d'entre nous ont péri. La Croix-Rouge

---

de manœuvres des militaires français de l'opération Turquoise. Devançant le projet de tueries, le 23 juin 1994, ceux-ci ont affiché l'aspect prétenduement humanitaire de leur opération devant les très nombreux journalistes présents sur place. Ce que Laure de Vulpian a appelé « Nyarushishi, l'alibi humanitaire ». Voir de Vulpian Laure, Prungnaud Thierry, *Silence Turquoise*, Paris, Don Quichotte éditions, 2012.

39 Ex-FAR, forces armées sous le régime d'Habyarimana.

40 Dans une déposition devant le TPIR en septembre 2001, un témoin a affirmé avoir vu un militaire accusé de génocide manger de la chair humaine. Il a affirmé avoir vu l'ancien commandant de la garnison militaire de Cyangugu, Imanishimwe Samuel « commencer le rite de manger la chair humaine », le 14 avril 1994. C'est la première fois qu'une personne jugée devant le TPIR a été accusée de cannibalisme.

41 « Passer par l'œil borgne », c'est passer outre la surveillance d'une personne ou d'un groupe qui vous a à l'œil et profiter de ce que le regard est occupé ailleurs pour s'échapper subrepticement.

42 Tentes en bâches plastiques.

est venue ensuite avec des couvertures et des savons. Les bébés et les nourissons ont reçu de la bouillie. Nous avons vécu là de juin à juillet. Après la prise de Kigali, le 4 juillet 1994, quelques Hutu qui avaient gardé un bon cœur sont venus rendre visite à leurs amis rescapés à Nyarushishi. Parfois, l'abbé Oscar[43] du diocèse de Cyangugu venait dire la messe dans le camp. J'ai été la première à quitter le camp pour me rendre à Kigali, où nous avons recherché ceux que nous connaissions.

APRÈS

Après avoir été battue et être restée longtemps dans un quasi coma sans savoir où je me trouvais, sans rien entendre et sans parler, j'ai conservé pendant tout un temps des problèmes d'élocution. Je bégayais et je n'arrivais plus à commander à ma langue. J'essayais de parler mais je ne faisais que balbutier et prononcer des borborygmes.

Trois de mes enfants, Francina, l'aînée, Mbanda et Daria, avaient fait le tour du Zaïre, ils étaient ensuite passés par le Burundi avant de rentrer dans la capitale libérée. Je les ai retrouvés en compagnie de Gashugi, leur cousin, le fils de leur oncle paternel. Ils vivaient à Nyamirambo. Ce cousin a cherché une maison où loger près d'eux. Ils m'ont dit de les rejoindre au mois d'août.

Quelque temps après, l'école primaire a repris. En hésitant, je suis allée me faire enregister parmi les enseignants. Je n'étais pas sûre de pouvoir enseigner, alors que je ne parvenais pas encore à m'exprimer facilement. J'ai pourtant été embauchée à l'école primaire Intwali[44] à Nyamirambo, près du lieu-dit Brigade[45] et du club Rafiki[46]. Je préparais avec soin mes cours pour les dispenser comme l'exige la pédagogie. Mais

43 L'abbé Oscar, Hutu, de mère tutsi tuée durant le génocide ainsi que sa sœur qui avait épousé un Tutsi, a sauvé la vie de nombreux Tutsi, notamment à Cyangugu, où il est arrivé en 1993. Il s'est occupé de l'infirmerie au stade de Kamarampaka, où il distribuait de la nourriture aux réfugiés. Il secourait les malades au stade et leur faisait traverser le lac Kivu. À partir du 11 mai 1994, les autorités l'ont envoyé au camp de Nyarushishi.

44 L'école Intwali a été ouverte par le *Mwami* Rudahigwa, avant l'indépendance du Rwanda.

45 Voir n. 22, p. 34.

46 *Rafiki* signifie « ami » en swahili. Le club Rafiki a été fondé en 1975 par les frères dominicains, il a été entièrement détruit pendant le génocide. Reconstruit depuis il s'adresse aux

chaque fois que je parlais, ma langue semblait buter contre un obstacle et me faisait bégayer. Enfin, peu à peu, ma langue s'est réadaptée et j'ai de nouveau parlé avec aisance comme je le faisais avant d'être torturée.

J'avais des séquelles à la poitrine et aux voies respiratoires. Je suppose que ma santé fragile et l'hypertension ont également pour origine les coups reçus. J'ai de plus fait une chute à deux reprises, suivie d'une fracture aux jambes, et j'ai dû porter des plâtres et marcher avec des béquilles.

En 1998, j'ai connu et adhéré à l'association des veuves du génocide Avega *Agahozo*[47] qui m'a donné un logement à Kimironko. On ne peut que rendre grâce à leur action qui nous a sorties du gouffre de la misère. Nous vivions dans une maison abandonnée. Les propriétaires n'ont pas tardé à rentrer au pays. Nous sommes allés louer une autre maison pour laquelle le loyer était très élevé. Pour ceux qui n'avaient pas les moyens de louer une maison, l'association Ibuka contribuait à garantir leur logement en payant le loyer. Moi, j'ai été une des premières à obtenir une maison à Kimironko[48], alors que les constructions n'étaient pas encore achevées. Nous avons décidé d'y entrer quand même et, petit à petit, nous les avons achevées.

Je remercie les combattants du FPR pour leur héroïsme et leurs sacrifices qui nous ont délivrés des mains sanguinaires des *Interahamwe* commandés par un gouvernement profondément raciste. Ce régime visait à éliminer totalement les Tutsi du monde des vivants. Pour qu'il n'y ait plus personne qui puisse raconter et dire ce qui était arrivé. Mais Dieu le Créateur n'a pas été d'accord avec cet ignoble projet. Quand les membres du FPR-*Inkotanyi* ont pris le pouvoir, tout a changé. Le gouvernement d'Union nationale a été mis en place. Il a institué le Farg pour venir en aide aux rescapés du génocide, pour la construction de leurs maisons. Il a soutenu la scolarisation des enfants rescapés jusqu'à la fin de leurs études. Il continue encore aujourd'hui à faire le suivi des orphelins jusqu'à l'université. Grâce à lui, nous avons trouvé des solutions aux problèmes cruciaux hérités du génocide. Dieu nous a accordé la chance

---

jeunes du quartier de Nyamirambo et accueille de nombreuses manifestations sportives (basketball, street ball…) et culturelles.

47 *Agahozo* est une berceuse que la mère rwandaise chante pour endormir son bébé. Elle est pleine d'histoires émouvantes et cajolantes, d'onomatopées déroulées dans la douceur pour que l'enfant s'endorme paisiblement.

48 Voir n. 15, p. 71.

de survivre, quand bien même des séquelles persistent, parmi lesquelles les blessures physiques et surtout les plaies psychiques toujours béantes.

Chez moi, les enfants ont grandi. Ils ont terminé leurs études supérieures et universitaires. Ma fille aînée s'est mariée en 1995. Il y avait encore d'immenses difficultés, mais j'ai tout fait pour organiser la fête qu'elle méritait. Elle a eu trois enfants. Mes enfants nés après elle ont obtenu des emplois et ils réussissent bien.

En peu de mots, vingt-trois ans après le génocide, nous vivons bien. Nous avons adhéré à des associations et à des coopératives de formation professionnelle. Je suis maintenant âgée et guère en mesure d'exécuter des travaux, surtout manuels. Handicapée par mon état de santé, je vais dans des tontines où nous nous entraidons. Mes cotisations proviennent de ma maigre pension. Mes enfants me viennent en aide et chacun intervient comme il peut, lorsqu'un projet concerne toute la famille.

Nous avons une certaine quiétude d'esprit et nous éprouvons de la fierté lorsque nous voyons les immeubles à étages[49] à Kigali et dans les provinces. En milieu rural, l'électrification a été réalisée et on ne peut pas dire que la nuit au cours de laquelle on s'enfermait chez soi existe encore. C'est un effet de la bonne gouvernance.

Nous vivons désormais comme dans un paradis terrestre dirigé par le plus grand des héros *Inkotanyi*, Son Excellence le président de la République, Kagame Paul. Il n'y a plus de discrimination raciale. Tous les enfants sont scolarisés. Aucun enfant rwandais ne saurait être désormais privé d'école. Il existe un programme appelé *Girinka*[50]. Le bétail est distribué en priorité aux familles les plus vulnérables et les plus nécessiteuses. Plusieurs veuves ont pu obtenir des maisons. La mienne me convient, je l'ai embellie au fil des ans, elle est aujourd'hui très jolie.

Faire la liste exhaustive des résultats atteints et des réalisations du gouvernement en notre faveur serait un travail de longue haleine. Ceux qui circulent dans notre pays peuvent témoigner de ce qu'ils ont vu.

Cependant, les séquelles du génocide restent omniprésentes, on les retrouve dans le cycle incessant de la remémoration des souvenirs et dans les blessures profondes qui gisent au fond du cœur des rescapés. Ce sont des scènes, des images, qui reviennent sans cesse à leur esprit et sous leurs yeux. Ils voient ce qui leur est arrivé, ce qu'ils ont subi et enduré,

49 Un immeuble à étages était le rêve irréalisable des Rwandais autrefois.

50 Voir n. 27, p. 91.

sans que personne ne bouge. Je sens en moi une blessure ouverte qu'un couteau empêche en permanence de se cicatriser. Mais lorsque j'arrive à dire tout ce qui bout en moi, je me sens soulagée, déchargée et apaisée.

Kwibuka[51] est une cérémonie qui fait partie de notre vie et qui ne pourra jamais tomber dans l'oubli. Tu te souviens des tiens, de tes voisins, de tes amis... Mais, lorsque nous nous rendons sur les ruines de ce qu'ont été nos maisons, je regarde à droite et à gauche, beaucoup ont disparu et il ne reste même plus rien de leurs habitations. Alors les larmes s'écoulent sans fin de mes yeux.

KWIBUKA

J'avais un neveu. Il s'appelait Jérôme. J'étais sa tante paternelle. Il s'est marié à une jeune fille dénommée Patricia. Ils ont eu quatre enfants. Toute sa famille a été décimée et s'est éteinte sous les coups de machette. Tous ont été jetés comme des excréments au fond de latrines très profondes, où se trouvaient les corps d'une quarantaine de personnes – principalement des femmes et leurs enfants. Les génocidaires leur avaient fait croire qu'ils allaient être conduits à la paroisse pour être en sécurité. Ce n'était qu'une ruse maléfique. Les femmes ont été violées ou violentées, chacune à son tour, avant d'être abattues. L'une d'elles était ma cousine Leonilla. Elle était enceinte pour la première fois. Les *Interahamwe* ont ouvert son ventre et ont sorti le fœtus pour voir à quoi ressemblait le bébé tutsi dans le ventre de sa mère. Elle et son bébé ont ensuite été jetés dans cette fosse pour y rejoindre les autres. Ces latrines se trouvaient dans l'enclos d'un enseignant tutsi qui avait été tué en premier, avant d'être rejoint par tous les autres. Il habitait le village de Cyato (Karambi) où je suis née.

Ce qui reste incompréhensible et dépasse les limites de l'entendement est que les auteurs de ces actes étaient nos voisins immédiats. Certains étaient nos amis, des Hutu, descendants des *Abakara*[52]. Nous avons

---

51 Cérémonie organisée chaque année au Rwanda depuis 1994 pour perpétuer la mémoire des victimes du génocide des Tutsi de 1994.

52 La lignée venue de l'ancêtre nommé Bakara, composée de ses descendants dits *Abakara.*

constaté que la cause première des faits génocidaires, surtout dans notre région, était la jalousie. La pauvreté a généré la frustration qui a nourri la violence. On peut le constater en se rappelant qu'aussitôt après les tueries venait l'étape de partage du butin. Suivie elle-même d'une jouissance effrénée de la possession des biens d'autrui.

Les restes des victimes de Cyato ont été extraits de ces latrines maudites en 2014. Ils ont été lavés de toute souillure et ensevelis au site mémorial de Mibilizi.

Le gouvernement d'Union nationale se préoccupe de la paix et de la sécurité de la population. En 1997, lors des attaques conduites par des infiltrés venant du Zaïre, les *Abacengezi*[53], l'armée a contré leur action. Elle a rapatrié les réfugiés qui étaient retenus à l'étranger par des rumeurs et des mensonges répandus par les responsables politiques du régime qui a préparé et organisé le génocide des Tutsi au Rwanda[54]. Actuellement presque tous les expatriés sont revenus dans leur pays natal. Ils sont aidés pour avancer et cheminer vers le progrès et le développement.

Le Rwanda a évolué dans de nombreux domaines. Aucun secteur n'est resté à la traîne. L'opinion internationale constate et admire les progrès réalisés au Rwanda, le pays sert de modèle dans les domaines du développement comme dans celui de la bonne gouvernance.

Le slogan national reste : « plus jamais ça ». Le pays ne tolérera plus jamais la moindre déviation ni l'absence de sécurité pour ses habitants. L'armée reste en alerte, elle monte la garde. Envers d'autres pays, le Rwanda n'est pas resté un spectateur passif face aux populations fragilisées au Soudan du Sud et ailleurs. Nos forces armées sont présentes pour appuyer les missions de protection des populations des Nations unies. Pour qu'il n'y ait plus jamais le risque de connaître un nouveau génocide sur la planète. Que nous œuvrions tous désormais pour la paix et la sécurité en récusant toute idéologie génocidaire.

53 *Abacengezi* (« infiltrés ») désignent les *Interahamwe* appuyés par les ex-FAR qui s'infiltraient au Rwanda pour poursuivre l'œuvre génocidaire, en venant des camps des réfugiés installés à la frontière rwando-zaïroise, dans les années 1995-1996.

54 Dans les camps de réfugiés situés le long de la frontière ouest du Rwanda, les populations étaient retenues par l'armée du régime déchu qui visait à éteindre toute velléité de retour au pays.

Kayibanda Jean Népomucène,
mari de Françoise

L'HISTOIRE TRAGIQUE DE MA FAMILLE

NYIRABAKUNGU Athanasie

AVANT…

Je m'appelle Nyirabakungu Athanasie, je suis née en 1945, dans l'ancienne commune de Cyimbogo, ancienne préfecture de Cyangugu, qui se trouve actuellement dans le district de Rusizi (province de l'Ouest). J'étais l'ainée d'une famille de cinq enfants. Voici le récit de mes malheurs.

Le plus grand malheur qui s'est abattu sur ma famille en 1960, et que je garde à jamais dans ma mémoire, est le jour où on a incendié notre maison. Je me souviens qu'à ce moment-là nous nous sommes refugiés au Congo. Nous y sommes restés pendant quelques jours, puis nous sommes revenus chez nous. À notre retour, nous n'avions plus de maison et des familles amies nous ont aidés à construire de petites huttes sur les ruines. Nos voisins hutu ne nous ont jamais aidés. Bien au contraire ils ont continué à nous persécuter, nous accusant d'être des partisans de l'Unar[1]. Ils nous regardaient toujours d'un mauvais œil. À ce moment-là, il y avait un groupe de jeunes gens qu'on appelait *Abajenesi*[2], qui avaient été choisis par le bourgmestre et qui l'accompagnaient partout. Nous avions peur d'eux, ils agressaient qui ils voulaient et quand ils le voulaient, en toute impunité. Nous savions bien qu'ils étaient mandatés par les autorités. Ils pouvaient, par exemple, enlever quelqu'un, l'attacher à un arbre ou le jeter dans la rivière après l'avoir ligoté, et aller le libérer le lendemain, moyennant de l'argent ou une vache. Les victimes étaient obligées de payer pour sauver leur vie.

En 1963, les malheurs se sont accumulés sur notre famille. Notre mère est décédée et nous sommes restés seuls avec notre père. Après la messe de Noël, cette année-là les soldats ont débarqué à la paroisse. Ils sont entrés dans l'église, ils ont dévisagé les fidèles et ont fait sortir ceux qu'ils identifiaient comme Tutsi. Ils les ont embarqués dans des camions. Ils les ont emprisonnés à la préfecture (de Cyangugu), avant de les conduire dans la forêt de Nyungwe pour les exécuter. D'autres ont été emprisonnés à la commune de Cyimbogo, où ils ont été tués. Ce jour-là, nous avons eu très peur, mais nous espérions que cela ne durerait pas et que les attaques cesseraient. Nous sommes rentrés à la maison.

Peu après, le fameux groupe de jeunes a débarqué chez nous. Ils ont demandé à notre père de les suivre, car les autorités voulaient le voir. Ils l'ont emmené avec d'autres Tutsi, surtout des hommes et des jeunes gens. Arrivés à la commune, ils les ont emprisonnés. Ils ont été torturés et beaucoup y ont laissé la vie. Le soir où il devait être exécuté, mon père a eu de la chance, quelqu'un l'a aidé à s'enfuir et l'a transporté en vélo jusqu'à la maison. Il allait très mal, on l'avait frappé avec une grande violence sur les bras, les jambes et les côtes. On voyait qu'il avait une côte cassée, et il souffrait de terribles maux de tête. Tous ceux qui étaient restés dans la prison ont été tués ce soir-là. Le groupe des jeunes venait régulièrement chez nous s'emparer de nos régimes de bananes. Ils demandaient aussi des vaches à mon père, qui refusait bien sûr de les leur donner. Un jour, prise de frayeur, ma grand-mère leur a donné trois chèvres espérant qu'ils ne reviendraient plus. Elle se trompait. Ils sont revenus et ont menacé mon père de lui prendre sa fille s'il ne leur donnait pas tout ce qu'ils voulaient. À ce moment-là, j'étais à l'école

1 Voir n. 16, p. 27.
2 « La jeunesse », « les jeunes ».

primaire. Je me souviens que les enseignants avaient l'habitude de faire le recensement des élèves suivant leur ethnie. Ils regardaient les enfants tutsi de travers, et leur lançaient des propos menaçants. Nous avons continué à vivre dans ce climat d'injustice et d'insécurité, nous avons tout supporté, et nous avons survécu.

En 1973, lors des troubles qui ont précédé le coup d'État et la prise de pouvoir du président Habyarimana, la situation s'est détériorée et on a tué des Tutsi dans notre région. J'étais mariée et je venais d'accoucher de mon troisième enfant. Le soir, nous devions quitter nos maisons pour dormir dans la brousse. Je dormais avec mon nouveau-né dans les plantations, et mon mari craignait que les chiens ne me l'arrachent et le dévorent. Bien qu'affaiblie par l'accouchement, je préférais dormir dehors dans le froid, plutôt que de courir le risque de mourir brûlée dans la maison. Le matin, je quittais la brousse, grelottant de froid et de peur. En rentrant, je trouvais mon mari debout devant la maison. Il m'attendait et s'empressait d'allumer le feu pour que je me réchauffe. Il me préparait de la bouillie, mais je n'arrivais pas à l'avaler en raison de ma faiblesse.

Pendant cette période, beaucoup de gens ont été tués, dont certains brûlés vifs chez eux. D'autres ont fui, mais à leur retour ils n'ont trouvé que des ruines. Les membres de la famille de ma petite sœur ont été attaqués, les assaillants les ont tellement battus que mon beau-frère a eu une épaule cassée. Ma petite sœur venait d'accoucher elle aussi. Ils lui ont arraché le bébé et l'ont jeté dans le foyer[3], ses côtes se sont fracassées sur les pierres. Mais son heure n'était pas encore venue et le bébé n'est pas mort. Il a grandi et il a survécu au génocide. Quand j'ai appris ce malheur, j'ai voulu aussitôt aller les voir. Leur maison avait été pillée et on les avait dépouillés de tout. En chemin, j'ai eu le malheur de croiser le groupe des jeunes. Ils m'ont frappée et laissée pour morte. Je portais mon bébé au dos. Des gens m'ont secourue et transportée à l'hôpital. J'avais le dos cassé et j'étais vraiment mal en point. J'y suis restée longtemps. Chaque fois que j'en sortais, j'y revenais presqu'aussitôt tellement j'étais faible. Je ne pouvais plus allaiter mon bébé car je n'avais plus de lait, et je l'ai nourri avec du lait de vache.

Après la prise du pouvoir par le président Habyarimana, il y a eu un semblant de paix. Mais les Tutsi continuaient à subir toutes sortes

3 Foyer traditionnel composé de trois pierres.

d'injustices. À plusieurs reprises, nous avons été chassés de nos maisons et nos biens ont été pillés. Nous vivions dans un climat d'insécurité, sans entrevoir le moindre espoir pour le lendemain. Nous étions matériellement démunis. Nos enfants n'avaient pas le droit d'accéder au cycle secondaire.

En 1990, le FPR a commencé la guerre de libération du pays. Nos malheurs ont repris de plus belle. On nous traitait *d'Inyenzi* et de « complices des *Inkotanyi*[4] ». Nous vivions terrés chez nous. Notre fils a fait ses études au Zaïre et il a rejoint le FPR. Nos voisins l'ont appris et ils nous ont persécutés. À chaque réunion des habitants du village, on nous interrogeait, on se moquait de nous et on nous accusait d'avoir envoyé notre fils dans les rangs des *Inkotanyi* qui viendraient les exterminer.

Au retour d'un de ces rassemblements, une voisine, accompagnée de son mari, m'a suivie jusque chez moi et elle m'a frappée. Son mari l'encourageait et m'accablait d'insultes. Mon neveu passait par là, il m'a sauvée la vie. En 1992 et 1993, les persécutions se sont intensifiées. On venait fouiller nos maisons sous prétexte que nous cachions des fusils, des munitions ou des lettres échangées avec les *Inkotanyi*. Quand les miliciens voyaient deux ou trois Tutsi ensemble en train de discuter, ils en déduisaient qu'ils étaient en train de fomenter un complot contre eux. Plus on approchait de 1994, plus le régime de terreur s'accentuait. Ils nous disaient qu'ils allaient tous nous exterminer, et que plus tard, les nouvelles générations hutu demanderaient à quoi ressemblait un Tutsi.

1994

En 1994, la situation a empiré. Bucyana[5] Martin, qui était à la tête de la CDR, a été assassiné. Nous ne savions pas qui l'avait tué, mais nous, les Tutsi, nous en avons payé le prix. Certains ont pris la fuite, ma famille s'est réfugiée dans la brousse jusqu'à ce qu'il y ait une accalmie. Cette accalmie a été de courte durée, le mois d'avril n'était pas loin.

4 Voir n. 9, p. 77.

5 Voir n. 24, p. 36.

Lorsque le génocide a éclaté le 6 avril 1994, les autorités de notre région ont interdit aux gens de sortir de leurs maisons. Nous avons décidé de retourner nous cacher dans la brousse. Après la première nuit, nous sommes retournés chez nous chercher quelques vêtements chauds, car il pleuvait beaucoup à ce moment-là. Nous avons trouvé notre maison complètement dévastée. On avait cassé toutes les vitres et pillé tout ce qui s'y trouvait. Des barrières avaient été érigées partout, nous empêchant de fuir. Nous étions désespérés. Mon neveu a été assassiné. Les miliciens avaient été entraînés pour tuer, ils avaient de l'essence pour brûler les maisons des Tutsi. De la brousse où j'étais cachée, je les ai vus incendier la maison de ma nièce. Comme les portes résistaient, ils sont montés sur le toit, ont enlevé la tôle et versé l'essence à l'intérieur, avant d'y mettre le feu.

J'avais confié quelques affaires à une voisine qui n'était pas inquiétée. Je me suis rendu compte que je ne pouvais pas aller chez elle pour les rechercher. J'ai demandé à une autre voisine qui n'était pas non plus menacée de me rendre service. Elle a accepté. Dès que la femme qui avait gardé mes biens a su que nous étions cachés chez un voisin tutsi marié à une Hutu, elle nous a dénoncés aux miliciens qui sont arrivés aussitôt. Ceux qui nous hébergeaient ont fait preuve d'humanité, ils ont nié notre présence chez eux. Dieu nous a également aidés. Les miliciens disaient qu'ils recherchaient « Athanasie » en raison de la correspondance qu'elle entretenait avec les *Inkotanyi*. Le chef de famille a juré qu'il ne savait pas où je pouvais être et que cela faisait longtemps qu'il ne m'avait aperçue. Les miliciens n'étant pas convaincus, ils sont entrés dans la maison avec des machettes et d'autres armes tranchantes qu'ils passaient sous le lit pour voir si personne ne s'y cachait. Ils ne nous ont pas trouvés. Ils sont sortis de la maison en grommelant contre la femme qui les avait envoyés là, l'accusant de leur avoir donné une fausse information. Ils avaient à peine quitté la maison qu'un autre groupe de miliciens s'est approché, venant d'ailleurs. Le chef de la famille a pris peur, et il nous a dit de sortir tout de suite, car on risquait de nous massacrer sous ses yeux. Il nous a montré le chemin pour retourner dans nos ruines et nous a conseillé de revenir la nuit. Nous n'y sommes pas retournés. Toute la nuit nous avons entendu des gens qui fuyaient, poursuivis par des miliciens et des chiens, et nous avions peur de bouger. Nous ne pouvions pas non plus rester dans nos ruines, car nous étions très recherchés à cause de notre fils. Mon mari est parti à la recherche d'une cachette. À ce moment-là il est tombé sur un groupe de miliciens qui l'ont assassiné ainsi que beaucoup d'autres.

Certains ont trouvé refuge à la cathédrale de Cyangugu. Moi, j'ai eu peur d'y aller en plein jour. Je suis descendue jusque dans les plantations de thé, je ramassais du bois mort, tout en m'assurant que personne ne me voyait. Quand j'en ai eu suffisamment, j'ai fait un fagot que j'ai attaché dans un pagne et porté sur la tête. J'ai entendu une voix d'homme derrière moi : « C'est toi ? Tu n'es pas encore morte ? On ne t'a pas trouvée, alors qu'on t'a cherchée toute la journée ? Tu as de la chance que ce soit moi qui te trouve. Avance, je vais te conduire où se trouvent les tiens. » Les forces me sont revenues d'un coup et je me suis mise à courir devant lui. J'ai escaladé une colline et l'ai redescendue à toute vitesse sur l'autre versant. J'ai croisé un voisin qui fuyait lui aussi. Il a été étonné de me voir en vie et m'a annoncé une terrible nouvelle : la mort de mon beau-frère et celle de mes trois frères. Je transpirais de tout mon corps. Je ne devais pas perdre de temps, je devais fuir, car, tout autour, j'entendais les cris terribles des Tutsi qu'on massacrait et des vaches qu'on abattait.

Nous avons passé quelques jours à la cathédrale. Au début, nous n'étions pas nombreux, on nous donnait de la bouillie le matin et un repas dans la journée. Quand le nombre de réfugiés a augmenté, les vivres sont devenus insuffisants et nous avons souffert de la faim. Un jour, dont j'ai oublié la date, – d'ailleurs à ce moment-là je ne savais même plus quel jour on était –, le préfet de Cyangugu, Bagambiki[6], est arrivé, accompagné de militaires armés de fusils et de grenades. Il a dit à l'évêque du lieu, Monseigneur Thaddée Ntihinyurwa[7], qu'il voulait que tous ceux qui avaient trouvé refuge à la cathédrale aillent au stade Kamarampaka pour que les militaires assurent leur sécurité. L'évêque a refusé de nous livrer au préfet, mais on lui a dit que s'il n'obtempérait pas, toute la cathédrale et ses alentours seraient réduits en cendre. L'évêque nous a dit : « Allez-y, Dieu va vous y précéder et vous protéger. » Si je me souviens bien, nous sommes arrivés au stade le 9 Mai 1994. Le père Oscar[8] nous a beaucoup aidés, il s'est sacrifié pour

6 Voir, n. 29, p. 129.
7 Évêque de Cyangugu de 1981 à 1996, puis archevêque de Kigali.
8 Voir n. 43, p. 138.

nous. Il faisait traverser des Tutsi jusqu'au Zaïre, en les portant sur ses épaules. Plus tard j'ai appris qu'il avait beaucoup souffert et qu'il avait été opéré. Je n'ai pas pu le revoir, mais nous lui sommes infiniment reconnaissants. Que Dieu le lui rende au centuple. Le préfet Bagambiki, qui avait prétendu vouloir nous protéger, venait souvent, toujours en compagnie de militaires, avec des listes de gens qu'il appelait un à un. Il avait les photos de certains et les leur montrait en leur disant qu'il savait bien qu'ils s'étaient rendus à Kinihira[9]. Les militaires rassemblaient ceux qui avaient été désignés et les emmenaient à Gatandara[10] pour les exécuter. Leurs corps restaient alignés sur la route, couverts de feuilles de bananiers et les miliciens passaient régulièrement pour s'assurer qu'ils étaient bien morts.

Après ces massacres, nous étions moins nombreux dans le stade de Kamarampaka. Certains ont décidé d'aller jusqu'à la frontière avec le Zaïre pour tenter de traverser. Ils savaient bien qu'ils risquaient d'être tués, mais ils se disaient qu'ils n'avaient plus rien à perdre. En restant dans le stade, ils allaient mourir de faim, de chagrin, sous le soleil ou la pluie… Ils sont partis mais ils n'ont pas pu traverser la frontière. Les miliciens et les militaires les ont encerclés pour les empêcher d'avancer. Certains sont revenus au stade, d'autres ont été massacrés en chemin. Les miliciens et les militaires venaient de temps en temps, ils tiraient sur la foule, et quand ils se sentaient fatigués, ils s'en allaient. Ils nous ont laissé mourir de faim. Des bébés mouraient au dos de leur mère. On pouvait être en train de parler avec quelqu'un et le voir mourir l'instant d'après. Les cadavres étaient régulièrement ramassés et jetés dans des camions comme on jette des briques. Nous n'avons jamais su où ils les ont mis pour pouvoir les inhumer en dignité. Nous aurions pu mourir de maladies dues à l'insalubrité du lieu où nous étions, mais Dieu nous a protégés. Des poux grouillaient dans nos cheveux, sur notre corps et dans nos habits. C'était la première fois que je voyais des poux dans les cils et les sourcils. C'était incompréhensible de survire : nous passions des jours et des jours sans nous laver, sans changer de vêtement, entourés de détritus, parmi les cadavres en décomposition. Ce stade a été pour nous un purgatoire ou un chemin de croix.

---

9 À Kinihira, se trouvait le quartier général du FPR pendant la guerre de libération.

10 Gatandara, rivière située entre les collines de Mutara, Murangi et Kacyangugu, elle se jette dans le lac Kivu. Un pont élevé traversait la rivière. Une barrière dangereuse y avait été installée. Voir p. 137.

Entre le 21 et le 28 juin 1994, nous avons été évacués et conduits au camp de Nyarushishi. Les militaires français venaient d'arriver. On nous embarquait dans de gros bus, il y en avait une douzaine. Quand les bus arrivaient à destination, les miliciens nous attendaient et ils sélectionnaient ceux qu'ils emmenaient à Kadasomwa[11] où ils les tuaient. Tout ceci se passait sous les yeux des militaires français. La majorité des rescapés était des femmes et des enfants puisque les hommes avaient été tués bien avant. J'ai entendu dire que l'ex-préfet Bagambiki a été jugé non coupable[12] ! Ce qui me fait le plus mal, c'est que personne ne nous a demandé de témoigner des horreurs qu'il nous a fait subir pendant le génocide.

Arrivés à Nyarushishi, on nous a installés dans des tentes qui n'étaient pas bien fixées et certaines ont été emportées par le vent. D'autres ont pris feu parce qu'on y faisait la cuisine. Les soldats français nous donnaient des vivres, du riz, des lentilles, de l'huile, mais nous n'avions pas de bois pour les préparer ! Celui qui s'aventurait dans les plantations de thé pour en ramasser tombait dans les embuscades tenues par les *Interahamwe* qui rôdaient tout autour. Mis à part cela, nous commencions à croire que nous étions protégés. Mais c'était une illusion. L'accalmie n'a pas duré. Un matin, quelle n'a pas été notre surprise en voyant débarquer un véhicule suivi par des bus, transportant des familles entières : des femmes, leurs maris et leurs enfants. Ils avaient beaucoup de malles, des sacs, des paniers remplis de manioc, de bananes et d'autres vivres. Tous se portaient très bien et étaient bien habillés, les femmes étaient coiffées comme si elles se rendaient à une fête. Nous étions intrigués par ces « réfugiés » bien portants et bien équipés. Nous avons fini par comprendre avec stupeur qu'il s'agissait de familles hutu qui fuyaient l'avancée du FPR, qu'on allait nous massacrer et que les nouveaux venus nous « remplaceraient ». Dans leur langage codé, les militaires parlaient de « nettoyage » ou « d'enlever la saleté ». Ils pensaient pouvoir exhiber les photos des nouveaux venus pour montrer à la communauté internationale que les militaires français avaient sauvé des vies… Mais un militaire a douté de la réalisation de ce plan, nous l'avons entendu dire que c'était trop tard. Que cela aurait été possible, s'ils étaient venus

11 Kadasomwa, rivière située entre plusieurs collines, dont celles de Kacyangugu et de Kamembe. Une barrière particulièrement redoutable avait été érigée sur le pont, au carrefour des routes où se croisaient les réfugiés venus de différentes directions.

12 Voir n. 35, p. 135.

plus tôt : ils auraient pu « s'occuper » de nous auparavant, pendant la nuit. Il a ajouté qu'ils ne pouvaient pas massacrer en plein jour des personnes dont la communauté internationale connaissait l'existence. Ils ont continué leur route, très en colère. À plusieurs reprises, nous avons vu une forte lumière qui éclairait tout le camp à partir du ciel, nous n'avons jamais su ce que c'était.

APRÈS

Quatre mois plus tard, en octobre 1994, on nous a demandé de quitter le camp, car tout le pays avait été pacifié et sécurisé par le FPR. Les miliciens avaient fui vers le Zaïre, nos maisons avaient été détruites et nous nous sommes installés dans celles qu'ils avaient abandonnées.

J'ai appris que mon fils était à Kigali. Il n'a pas tardé à venir nous voir, mes autres enfants et moi. Il nous a emmenés et il a loué une maison pour nous. À ce moment-là, je me sentais forte et je voulais travailler pour faire vivre mes enfants. Mon fils m'a donné de l'argent et j'ai commencé à vendre des légumes. Plus tard, j'ai acheté une balance et j'ai vendu du sucre, du riz, des haricots, du sel… Mes enfants se portaient bien. Lorsque l'école a ouvert ses portes, j'ai pu leur acheter le matériel scolaire et j'arrivais aussi à payer le loyer de la maison.

Plus tard, j'ai appris, l'existence de l'Avega, et j'ai commencé à assister aux réunions de cette association. Avec mes compagnes d'infortune, nous échangions sur ce que nous avions vécu et cela nous aidait. Chacune se rendait compte qu'elle n'était pas seule à souffrir et que certaines souffraient plus encore qu'elle-même. Les responsables de l'association retenaient les difficultés qui étaient les nôtres et se chargeaient de plaider notre cause auprès des institutions. J'ai obtenu une maison, à Kimironko. Je n'ai pas arrêté mon commerce, bien au contraire j'ai continué avec plus de moyens puisque je n'avais plus la charge d'un loyer. Ce commerce m'a aidée à faire les finitions de ma maison qui n'avaient pas été réalisées. J'ai construit deux annexes, l'une pour faire mon commerce et l'autre que j'ai mise en location.

Aujourd'hui je rends grâce à Dieu qui a préservé ma vie pendant le génocide perpétré contre les Tutsi en 1994. Il voulait que je m'occupe de mes enfants qu'Il avait protégés. Parmi les cinq enfants que j'ai eus, deux sont morts pendant le génocide et trois ont survécu, un garçon et deux filles.

Je remercie les soldats du FPR-*Inkotanyi* qui ont arrêté le génocide, ont libéré le pays des génocidaires et l'ont sécurisé.

Je remercie le gouvernement d'Union nationale qui s'est bien occupé de nous, et nous a rendu l'espoir de vivre. Il nous a donné la possibilité de travailler pour reconstruire notre pays.

Je remercie le Farg qui a aidé nos enfants à faire leurs études. Aujourd'hui, certains ont fini et ont déjà leur propre foyer. Il s'est également occupé de nous après le génocide. Il nous a aidés à résoudre nos difficultés, notamment pour les soins de santé dont nous bénéficions jusqu'à aujourd'hui.

Je remercie l'Avega qui nous a réunies, a plaidé notre cause et nous a octroyé des maisons.

Je remercie Florence et l'équipe de la « Maison de quartier », qui nous ont aidés à écrire nos témoignages sur les moments difficiles que nous avons traversés, à perpétuer la mémoire des nôtres, et à déposer ce poids que nous portons.

Je vous remercie tous.

LE VOL DE MON ENFANCE

NYARWAYA François

AVANT…

Je suis né en 1951, en préfecture de Gikongoro, dans la région du Bufundu, actuellement province du Sud, dans le district de Nyamagabe. Durant mon enfance j'ai affronté des événements tous plus terribles les uns que les autres.

En 1959, à l'âge de huit ans, j'ai commencé à observer tout ce qui se passait chez nous. L'année précédente, j'avais vu fuir les gens. Certains partaient en Ouganda, d'autres planifiaient de se réfugier au Congo ou en Tanzanie. Les uns partaient à bord de camions et d'autres marchaient le long des routes, transportant leurs bagages sur la tête. Sur les collines on voyait les flammes qui dévoraient les habitations des Tutsi. Mes parents ont décidé de nous emmener chez des voisins où nous serions en sécurité.

En 1960, le *Mwami* Kigeli V Ndahindurwa[1] est venu visiter notre région. Les autorités de base, appelées chefs et sous-chefs, chapeautaient alors l'administration locale. Cette année-là, des événements inhabituels auxquels rien ne m'avait préparé ont eu lieu. Pour la première fois de ma vie, j'ai vu des militaires sauter d'hélicoptères en plein vol. Ils atterrissaient dans les champs de sorgho, c'était au mois de juillet juste avant la récolte. C'était des militaires blancs, plus précisément des Belges. Pour la première fois de ma vie, j'ai assisté à la tuerie d'êtres humains par leurs semblables. J'ai appris que ceux qui étaient tués étaient des Tutsi.

En 1963, tout a empiré. J'avais douze ans. Les tueries plus sauvages et plus féroces qu'auparavant se sont généralisées. J'ai vu une personne en abattre une autre à coups de machette, comme si elle coupait un tronc de bananier. Les Tutsi étaient recherchés, persécutés et tués. Nous avons fui vers les écoles et nous avons cherché refuge dans les églises. Je me souviens que notre voisin, Mpetamacumu Elias, a été tué et coupé en morceaux comme on débite un tronc d'arbre, en laissant les tronçons dévaler la pente jusqu'à la route. Mon père m'a entraîné dans la maison pour m'éviter d'assister plus longtemps à cette scène macabre. Dès cette époque j'ai eu le sentiment d'assister au génocide. En tous cas, c'est ainsi que je peux le dire aujourd'hui. Ce jour-là, notre hutte a été incendiée. Nous sommes sortis miraculeusement sains et saufs. Mais ma mère n'a pas réussi à échapper aux flammes. Son corps est resté enseveli sous les cendres. Ça, je l'ai appris plus tard.

Tout s'est déroulé en pleine journée sous le soleil. Nous sommes sortis, mon grand frère et moi, lorsque le sommet de la hutte a cédé au feu et s'est écroulé sur nos têtes. Nos cheveux ont pris feu. Nous avons couru nous cacher chez notre plus proche voisin, Nyirinkwaya Évariste. Sa femme, Marguerite, nous a cachés dans un recoin de la maison. De là, nous avons entendu les propos de ceux qui avaient épié notre fuite. Ils ont donné l'ordre à notre hôte de livrer les deux enfants de Kanyandekwe – nous ! – qu'elle venait d'accueillir. Elle a nié nous avoir hébergés et a ajouté qu'il y avait plusieurs jours qu'elle ne nous avait pas vus. Nous sommes restés sous sa protection pendant une semaine. Elle nous donnait des nouvelles de notre famille désormais privée de logement. Deux semaines après, nous avons vu arriver notre père. Il venait nous réconforter. Il nous a retrouvés chez Évariste. Il était

1 Voir n. 7, p. 107.

accompagné d'un voisin du nom de Nyakabwa qui l'avait caché chez lui au moment de l'incendie de notre maison. Nous avons tout de suite demandé où était notre mère. Papa n'a pas voulu nous apprendre tout de suite la triste nouvelle de sa mort. Un peu plus tard, la conversation l'a amené à nous dire qu'elle n'avait pu sortir de la maison en flammes… Il lui a été douloureux d'ajouter : « Elle a été brûlée à l'intérieur… » Nous avons longuement pleuré en silence, sans émettre le moindre cri. Nos sœurs avaient fui et échappé aux tueries. « Elles ont survécu », a ajouté Papa, mais nous avions du mal à l'écouter après avoir appris la mort de notre mère.

Depuis ce jour, je n'ai plus connu la paix. J'ai grandi, je suis arrivé en âge d'aller à l'école secondaire. Je dois rappeler qu'aucun enfant tutsi ne pouvait réussir à l'examen national qui conduisait à ce cycle désormais exclusivement réservé aux enfants hutu. Les notes brillantes de l'élève tutsi étaient attribuées à un enfant hutu qui pourtant ne les méritait pas. Sur la liste des élèves admis, figurait un enfant hutu à la place de l'enfant tutsi qui aurait dû y être. Cette pratique s'est mise en place dès 1964. L'année suivante, avec mes notes, j'aurais dû réussir. Mais je n'ai pas été accepté et je suis resté à la maison… L'accès à l'enseignement secondaire pour un Tutsi était aussi éloigné que la lune de la terre, et je n'ai pu continuer à étudier.

En 1965, j'ai quitté le Bufundu. Je suis parti chez ma tante paternelle à Nyanza. Arrivé là, j'ai trouvé une maison désertée. J'ai appris que ses habitants avaient fui vers l'Ouganda. Au moment où je me demandais comment survivre, j'ai rencontré un homme bienveillant qui m'a pris chez lui comme cuisinier. C'était un agent de l'État, il vivait seul et avait besoin d'un « boy », comme on disait à l'époque. En 1970, nous avons déménagé à Kigali où il avait été muté. Deux mois plus tard, nous ne nous sommes plus entendus et nous nous sommes séparés.

Peu de temps après, j'ai eu la chance de trouver un emploi similaire auprès d'un autre homme, qui s'appelait Nyirinkwaya Stanislas. Il a été comme un parent pour moi. Nous avons passé trois ans ensemble. Je suis devenu le fils de la maison. Un jour, il m'a regardé et il m'a demandé : « Dis-moi, es-tu déjà allé à l'école ? » Je lui ai appris que je n'avais pu aller au-delà de la sixième année primaire. Il a compati, a ajouté qu'il voulait me trouver un travail et il m'a donné sa parole d'homme. Quelques jours plus tard, il m'a annoncé qu'il m'avait trouvé un emploi de chargé de la propreté à son bureau. Je suis devenu à mon tour un agent de l'État.

En 1973, lors du coup d'État d'Habyarimana, les troubles ont repris, les Tutsi ont une fois de plus fui le pays et de nouveau leurs habitations ont été incendiées. Beaucoup ont été tués. Après cette période de dangers et d'insécurité, Habyarimana a promis d'apaiser la nation, en apportant « la paix et l'unité ». Un nombre limité d'enfants tutsi a eu accès à l'enseignement secondaire et quelques-uns ont même réussi à entrer à l'université, grâce à l'application du système de quota ethnique. Le calcul était basé sur des statistiques censées représenter proportionnellement les différentes ethnies qui existaient au sein de la population, où les Hutu étaient largement majoritaires. En 1975, lors de la création du MRND, il y a eu un calme relatif sur l'ensemble du territoire. Entre 1980 et 1984, la guerre a sévi en Ouganda et le Rwanda a accueilli ceux qui fuyaient la guerre au camp de Nasho[2], à l'est du pays, près du parc national de l'Akagera. Nyirinkwaya Stanislas a été nommé responsable de la distribution de vivres au camp des réfugiés. Un jour, il m'a emmené avec lui et m'a confié la charge du magasin général. Les réfugiés qu'on appelait des « Ougandais » pour dissimuler leur nationalité d'origine sont restés un an dans ce camp, avant de le quitter en 1984. Pour ma part, je résidais toujours à Kigali, où le génocide me trouvera en 1994, avec mon épouse et nos trois enfants.

LES ANNÉES QUATRE-VINGT-DIX

Le 1er Octobre 1990, les soldats du FPR sont entrés au Rwanda par le poste frontalier de Kagitumba, situé au nord-est du pays. La voie négociée d'un retour au pays avait échoué avec Habyarimana et ils n'ont eu d'autre choix que de prendre les armes pour revenir. Dans la nuit du 4 au 5 octobre 1990, s'est déroulée une spectaculaire mise en scène. Toute la nuit, les FAR ont tiré des balles et des obus dans la ville de Kigali. À l'aube, Habyarimana a déclaré à la radio Rwanda que des complices des *Inkotanyi* étaient entrés dans Kigali cette nuit-là et qu'ils en avaient été chassés par l'armée… Cette information totalement mensongère était destinée à attiser la haine et à désigner l'ennemi de l'intérieur. À

2 Ces réfugiés appelés les « réfugiés ougandais » étaient des Rwandais qui avaient fui en Ouganda en 1959 et en 1973. Lors de la guerre en Ouganda, ils sont rentrés au Rwanda et ils ont été installés à Nasho.

partir de ce jour les Tutsi ont souffert sans fin. Un grand nombre d'entre eux ont été mis en prison et systématiquement torturés[3]. Ils ont été privés de nourriture et injustement accusés pendant que leurs familles subissaient toutes sortes de supplices. La discrimination à leur égard a atteint son point maximal lorsqu'il est devenu banal qu'un Tutsi soit persécuté et pourchassé par tout un chacun dans son propre pays. Par ailleurs, la discrimination régionale entre la population du nord et celle du centre était plus exacerbée que jamais. Elle distinguait un *Umukiga* d'un *Umunyanduga*[4]. Le premier connaissant alors les privilèges dont le second avait joui entre 1962 et 1973.

Lorsqu'Habyarimana a admis le multipartisme[5] en 1992, les partis sont nés. Tous étaient proches du MRND, le parti du pouvoir en place. Les troubles politiques se sont conjugués à une discrimination croissante à l'égard des Tutsi jusqu'au début de l'année 1994. Le FPR opposé à l'armée d'Habyarimana avançait et les *Inkotanyi* étaient souvent maîtres du jeu dans les combats. Les Nations unies ont alors poussé les deux belligérants, l'État rwandais et le FPR-*Inkotanyi*, à cesser les combats pour participer aux négociations de paix qui se sont déroulées à Arusha (Tanzanie). L'État rwandais renâclait à appliquer les résolutions adoptées de manière consensuelle. Sur le terrain, les combats continuaient et le FPR gardait une certaine ascendance. Habyarimana persistait à s'opposer au retour des réfugiés rwandais, mais il avait fini par admettre la présence d'autres partis aux côtés du sien. L'insécurité et les discriminations se renforçaient.

Des dissensions au sein des partis ont éclaté entre les tenants de la ligne dure (Hutu Power) et les autres. Dans chaque parti, une faction est restée alliée au gouvernement Habyarimana, pendant que l'autre se rangeait derrière les extrémistes. Ainsi, par exemple, l'extrémiste Karamira Frodouard[6], conduisait la branche MDR *Pawa* (« Power »),

---

3 Les Tutsi ont été accusés d'être des « complices » des *Inkotanyi* et d'avoir appuyé la prétendue attaque de la ville de Kigali.

4 On appelle *Umukiga* le « ressortissant du Rukiga » (*Bakiga*, au pluriel), c'est-à-dire les gens du nord du pays. La région d'origine du président Habyarimana située dans le Rukiga était précisément le Bushiru où se trouvent les ex-préfectures de Gisenyi et de Ruhengeri, et les districts actuels de Rubavu et de Musanze. La région d'origine de Kayibanda est le Nduga, situé au centre et au sud du pays, autour de Gitarama, Butare et Gikongoro. Ses ressortissants sont appelés les *Bayenduga* (*Umunyanduga* au singulier).

5 Voir n. 25, p. 128.

6 Karamira Frodouard, vice-président du MDR et leader de sa branche extrémiste, le MDR-Power. En octobre 1993, il a utilisé pour la première fois en public le terme « Hutu Power ».

tandis que Twagiramungu[7] Faustin était partisan des négociations avec le FPR. Tout n'était que ruse politique. Les membres et dirigeants des différentes factions savaient bien, et d'ailleurs c'était leur slogan, que l'ennemi commun était les Tutsi et qu'ils devaient former un front commun pour les combattre jusqu'au dernier. Tous les partis se sont ralliés aux objectifs du MRND et de la CDR. Les opposants à la mise en œuvre des résolutions d'Arusha commençaient à être majoritaires[8]. Les jeunes *Interahamwe* recrutés par le MRND ont reçu un entraînement militaire. Certains formateurs étaient des soldats français. Le déclenchement du génocide semblait ne plus pouvoir tolérer le moindre retard.

L'ONU continuait à inciter Habyarimana à suivre la voie des négociations et à soutenir l'aspiration au retour des exilés rwandais. Le dernier voyage d'Habyarimana à Arusha le 6 avril 1994 s'est effectué malgré l'avis contraire de ses « frères », de ses conseillers et de son épouse Agathe, restés à Kigali dans un état d'extrême irritation. Il s'est achevé par le crash de l'avion présidentiel, peu avant son atterrissage à l'aéroport de Kigali, dans la soirée.

Les tueries ont aussitôt commencé. Le matin du 7 avril 1994, l'exécution du génocide s'est généralisée sur l'ensemble de la ville. De tous côtés nous avons entendu le sifflement des balles. Nous avons vu les militaires gouvernementaux surarmés, accompagnés par les habitants. Ensemble ils chassaient les Tutsi. À chaque instant, nous apprenions que tel Tutsi que nous connaissions venait d'être tué ou que toute une famille venait de trépasser dans tel quartier. Nous nous efforçions de nous cacher. J'habitais près du camp militaire où résidait la Garde Présidentielle (GP). J'ai vu ses membres se joindre aux *Interahamwe*. Ils ont envahi le quartier de Kimihurura et ses environs pour tuer les Tutsi identifiés sur des listes soigneusement établies au préalable. En progressant dans leur chasse à l'homme, ils pillaient les maisons et volaient le bétail. Nous étions cernés de toutes parts, pris au piège. Les tueurs nous pointaient du doigt jusque dans les coins les plus reculés où nous espérions rester cachés. Ceux qui ont réussi à s'enfuir se sont réfugiés dans des églises, à Gacinjiro, lieu de prières des Pentecôtistes, à

---

7 Voir n. 27, p. 128.

8 Les Accords signés à Arusha au mois d'août 1993 avaient été qualifiés d'*Ibyo bipapuro* (« cette paperasse ») par Habyarimana. Quant au colonel Bagosora, il avait fait savoir qu'il n'adhérait pas à ces accords, quand bien même ils avaient été signés.

la Sainte-Famille, ou ailleurs comme à l'hôtel des Mille Collines. Mais tous ont été tués, jusque dans les lieux sacrés.

À Kimihurura, j'habitais au lieu-dit Kimicanga. J'avais un emploi, de bonnes relations professionnelles avec mes collègues et tout autant avec le voisinage. Je ne fréquentais pas les débits de boissons. Chaque soir, je rentrais directement du travail chez moi. On n'avait rien à me reprocher. Mais déjà, bien avant cette époque, des gens entraient chez moi et me demandaient : « Qui es-tu ? Tu es hutu ou tutsi ? » Plus tard, tout s'est aggravé, mais un jeune homme, hutu et proche voisin, du nom de Maurice, est venu à mon secours. Dans les moments où je risquais la mort, quand les tueurs demandaient quelle était mon ethnie, il répondait : « Celui-ci est des nôtres. » Par deux fois, ils m'ont emmené pour me tuer. Avant ce moment fatal, nous avons croisé des gens informés par Maurice que j'étais des leurs. Ils recommandaient aux miliciens de ne pas m'achever : « Celui-ci, ramenez-le où vous l'avez pris. »

Mais tout a empiré. Nous avons compris que les tueurs ne suivraient plus les conseils de Maurice. Nous avons cherché un endroit où être en sécurité. Mon épouse avait donné naissance à un nouvel enfant le 1er avril 1994. Le bébé se portait bien, mais il n'était pas facile de fuir avec le nouveau-né et nos deux jeunes enfants de cinq ans et de trois ans. Je me rendais compte que mon épouse n'avait pas récupéré toutes ses forces, pourtant elle a accepté notre projet.

Le 3 juillet 1994, dans l'après-midi, nous avons décidé de fuir et nous nous sommes dirigés vers l'église de la Sainte-Famille. Au rond-point, à l'entrée du centre-ville, nous avons vu les soldats gouvernementaux qui couraient en tous sens. Quelques instants auparavant, nous avions appris que le gouvernement génocidaire avait annoncé que tous les hommes devaient se rassembler au lieu-dit *Giti cy'Inyoni*[9] pour combattre les *Inkotanyi*. Selon ce communiqué, les femmes devaient se rendre au bureau de la préfecture, aucune ne devait rester à la maison. Beaucoup ont suivi les ordres, mais avec ma famille et de nombreux voisins nous avons préféré rester là et passer la nuit en plein air, au rond-point. Soudain nous n'avons plus entendu le moindre sifflement des balles. Je suis allé devant l'église voir ce qui se passait. J'ai aperçu des camions

9 Croisement des routes qui entrent et sortent de Kigali, en direction de Ruhengeri (actuellement Musanze) au nord et de Butare (actuellement Huye) au sud. *Giti cy'Inyoni* signifie « l'arbre aux oiseaux ».

qui transportaient des militaires et des civils qui se bousculaient pour monter à bord. Ils fuyaient donc ! C'est alors que nous avons compris que les *Inkotanyi* étaient parvenus dans la ville et l'avaient conquise.

Sans plus attendre, nous sommes retournés vers nos maisons respectives et le lendemain matin les *Inkotanyi* nous ont trouvés là. Ils se sont présentés et ils nous ont demandé de les observer attentivement pour constater qu'ils n'avaient pas de queues[10] ! Une rumeur courait à l'époque, laissant entendre qu'ils avaient des queues et de longues oreilles et qu'ils étaient semblables à des monstres. Ils nous ont demandé pourquoi nous étions restés alors que tout le monde avait fui hors de la ville. Nous avons répondu fièrement : « Nous étions en train de fuir les *Interahamwe*, mais ce sont eux qui viennent de fuir ! Désormais nous pouvons rester. » Ils nous ont demandé de les rejoindre sur la route. Ils ont rassemblé les gens par quartiers. Notre groupe a été conduit dans les maisons du village d'enfants orphelins SOS[11], situé de l'autre côté de la colline, à Kacyiru. Nous sommes restés là trois semaines avant d'être reconduits chez nous. Les *Inkotanyi* ont veillé sur nous et nous ont transmis quelques règles de morale : « Nous ne venons pas nous venger de qui que ce soit[12]. Nous venons sauver le pays, ainsi que ceux qui restent en danger de mort dans certains lieux. Nous devons nous épauler réciproquement, vous et nous, main dans la main, pour rebâtir notre pays, sans différences entre les ethnies. Nous sommes tous Rwandais. La paix et la sécurité seront restaurées partout. Personne ne pourra troubler l'ordre établi, nous vous le garantissons. » Avant de nous laisser réintégrer nos maisons, les *Inkotanyi* ont vérifié qu'il n'y avait pas de mines ni d'autres explosifs. Ils s'assuraient qu'aucun *Interahamwe* ne rôdait plus dans les parages, décidé à poursuivre les tueries. Ma gratitude ne sera jamais assez forte pour les remercier de tout ce qu'ils ont fait pour nous protéger.

---

10 Voir n. 12, p. 111.

11 SOS ou Save Ourselves, organisation allemande d'appui aux enfants orphelins. Elle s'appelle aujourd'hui Save Our Souls.

12 Voir p. 379.

APRÈS

Après avoir perdu tous les nôtres, nous étions profondément tristes. Nous avons commencé par rechercher les corps de ceux qui avaient été tués dans leurs maisons pour organiser des cérémonies d'enterrements. Pour ceux qui avaient été tués hors de chez eux, nous procédions pareillement aux recherches, mais nous ne trouvions que des corps déchiquetés par les chiens et les vautours ou en état de décomposition. Cette activité bouleversait tout un chacun. Nous étions remplis de terreur et de chagrin. Pourtant, lors des enterrements, nous ressentions une consolation et un certain apaisement. Pour ces victimes tuées sans défense, conduites vers des lieux de mort avant que leurs corps ne soient jetés telles des ordures, nous souhaitions une sépulture digne.

La vie a repris peu à peu. Nos cœurs se sont tranquillisés et nous avons retrouvé la paix qui continue à nous accompagner. En 1995, petit à petit, nous, les rescapés du génocide, nous avons pu nous retrouver vivant réellement en communauté. Nous avons connu les institutions et organisations qui rassemblaient et recherchaient les rescapés pour les accompagner dans un processus de reconstruction de soi, en vue d'une nouvelle vie. Pendant ce temps, partout, en tous lieux, les recherches continuaient pour retrouver les rescapés.

En 1998, je suis allé dans mon village d'origine à Gikongoro pour voir si certains membres de ma famille avaient survécu. J'ai compris que tout le monde avait été tué. Nos voisins hutu m'ont appris que les habitants de notre village n'étaient plus là. La plupart avaient été tués, les autres avaient fui au Zaïre. J'ai rebroussé chemin. Je suis reparti à Kigali où je bénéficiais d'un peu plus de quiétude. Voir notre maison familiale réduite en un lieu de nulle part, sans plus personne de vivant, m'a fait sombrer dans une tristesse infinie. La maison avait été démolie, tous ses habitants avaient été massacrés. Alors que j'avais participé à la recherche des ossements sur les collines de Kigali et contribué à l'enterrement de disparus, je n'ai pu enterrer aucun des miens. J'ai réfléchi à tout ce qui s'était passé et j'ai pensé que ma vie avait été un long calvaire depuis que j'étais né.

Le plus grave problème qui demeure pour les rescapés est le trauma. En raison de la terreur endurée jour après jour, il reste omniprésent pour beaucoup. Les uns n'ont pas d'emploi. Ils vivent loin de leurs terres d'origine et n'ont aucune possibilité de retourner sur leur parcelle. Les autres passent de longues heures à se rappeler ce qu'ils ont vécu et ils pensent à la perte de tous les leurs, parents, frères et sœurs, qui auraient pu leur apporter le goût de revivre en société. Pour ma part, beaucoup de choses ont changé et se sont améliorées par rapport à la situation de l'après-génocide, il y a près de vingt-cinq ans. Même si j'éprouve encore de grandes difficultés, la sécurité règne au pays et permet à tout un chacun de se débrouiller en vivant en paix, sans que personne ne persécute personne, comme cela était le cas avant et pendant 1994. Les cérémonies initiées chaque année par l'État en mémoire des victimes du génocide nous ont fortifiés. Elles nous ont permis d'accepter ce qui nous est arrivé, sans pour autant l'admettre[13]. Pendant les commémorations, ceux qui ont pu retrouver les restes des leurs sont aidés pour les inhumer en dignité. Cela apporte un peu de calme à l'esprit. Quand bien même nous avons perdu nos parents, frères, sœurs et amis, les cérémonies immortalisent leur mémoire. Je suis persuadé que les miens, dont je n'ai pas retrouvé les corps, en particulier à Gikongoro, ont été inhumés avec d'autres, quand leurs corps ont été sortis des maisons ou ramassés sur les collines, comme nous l'avons fait à Kigali. Certes j'aurais voulu voir les restes des miens pour les enterrer. Le regret de n'avoir pu le faire persiste sans fin. Il est la cause de mes soucis et d'un questionnement incessant. Mais je suis obligé d'apprendre à revivre. Je fais des efforts pour réveiller la vie en moi pour qu'elle m'entraîne à son tour.

J'ai un vif plaisir à exprimer ma gratitude envers toutes les personnes qui ont contribué à me tirer de la spirale macabre du génocide, envers tous ceux qui ont appuyé ma démarche de réhabilitation jusqu'à me permettre de revivre comme je vis actuellement parmi mes compatriotes. Je rends grâce à Dieu qui nous a gardés vivants jusqu'à ce que nous soyons comptés parmi les rescapés du génocide des Tutsi, malgré le plan d'extermination élaboré par les génocidaires pour effacer de la surface de la terre jusqu'au nom *umututsi*[14]. Je dis merci aux *Inkotanyi* qui ont tout donné, leur courage, leur esprit et leur patriotisme sans faille pour tirer le pays du gouffre, et nous avec. Ils nous ont libérés de la servitude

---

13 *Kwakira ibyatubeyebo* est une expression qui n'a pas d'équivalent en français. Elle signifie oublier pour mieux vivre sans tomber dans l'amnésie.

14 *Umututsi*, Tutsi au singulier.

dictatoriale et raciste instituée par des gouvernements médiocres et génocidaires. Ils ont restauré la paix et protégé les victimes jusqu'à nous offrir la jouissance effective de tous nos droits.

Notre pays respire et la paix règne. Notre préoccupation n'est autre que de viser le développement pour nous-mêmes et pour bâtir un pays prospère où tout le monde a droit de cité. Le gouvernement d'Union nationale a aidé les rescapés à se réintégrer psychiquement et socialement et à retrouver des moyens de subsistance. La scolarisation a été encouragée jusqu'à l'université.

Je n'oublierai jamais mon jeune collègue, Maurice, qui disait à ceux qui voulaient me tuer : « Celui-ci est des nôtres. » Il était originaire de Nyaruguru, situé dans la préfecture d'où j'étais venu. Je souffre de ne pas l'avoir retrouvé après le génocide.

Je n'oublierai jamais tous ceux qui nous ont cachés à des moments divers pour essayer de nous sauver la vie pendant le génocide des Tutsi alors qu'on nous pourchassait pour nous éliminer. À eux tous, je formule mes remerciements infiniment sincères.

De même, je remercie chaque organisation, nationale ou internationale, pour l'appui apporté sur le chemin qui conduit de la survie après le 4 juillet 1994 jusqu'à la pleine vie dans le mieux-être et la paix. Encore une fois, merci à tous et à chacun.

Dans l'activité de l'atelier de mémoire et de l'élaboration de nos textes pour nourrir notre histoire et en particulier l'histoire de ma vie, je remercie celles et ceux qui m'ont aidé dont Florence Prudhomme, qui a créé un lieu où nous asseoir, dans la Maison de quartier. Je remercie également Mukamugema Annonciata, Kayumba Jean-Paul et Munyaburanga Basengo Louis. Que Dieu les bénisse, tous.

EXILÉE DANS MON PROPRE PAYS

MUKAMAZERA Julienne

AVANT…

Laissez-moi vous dire ce que je sais, ce que j'ai vécu. Je suis née en 1955 dans la commune de Nyakizu en préfecture de Butare, actuellement district de Nyaruguru (Province du Sud). Je me souviens de mon enfance. Toute petite, j'ai vu mon père vivre en harmonie avec les voisins hutu qu'il invitait à passer la soirée chez nous. Il allumait son transistor et tous en profitaient. Nous ignorions tout de la division qui existait entre les Hutu et les Tutsi. Bien plus tard, notre mère nous a expliqué que mon père avait fui à l'étranger parce que les Hutu voulaient le tuer. C'est ainsi que j'ai pris conscience du problème des ethnies. Fuyant les menaces de mort, il est parti au Burundi en 1959. Avant son départ, il ne dormait déjà plus à la maison. Il s'est enfui avec son frère, mais mon oncle a rebroussé chemin, parce qu'il avait oublié quelque chose. De retour au Rwanda, il a été arrêté et torturé. Les bourreaux ont creusé une fosse et l'ont placé dedans, la partie inférieure du corps enterrée, le tronc et les bras au-dessus du sol. Chaque jour, on est venu lui couper un doigt ou une autre petite partie du corps jusqu'à ce qu'il rende l'âme. J'ai appris que les oiseaux s'étaient précipités sur lui et lui avaient arraché les yeux. Il a vécu une torture inimaginable.

Dès mon plus jeune âge, j'ai partagé la situation précaire de ma famille en butte aux persécutions. Après le départ de mon père, ma mère et moi avons continué à vivre à Nyakizu. En 1959-1960, j'étais encore petite, mais j'ai remarqué des faits inhabituels. Je voyais des gens qui venaient à notre domicile pour interroger ma mère. Ils voulaient qu'elle leur dise où s'était rendu mon père. Elle leur répondait qu'elle l'ignorait. « Je l'ai tout simplement vu partir d'ici », ne cessait-elle de leur répéter. C'étaient nos proches voisins avec qui nous avions beaucoup partagé[1]. Puis, nous les enfants, nous avons commencé à être harcelés à notre tour. Les voisins menaçaient de nous tuer le moment venu et ils ajoutaient que les filles seraient épargnées…

Un jour en 1961, je ne sais plus exactement quel mois, deux femmes ont averti ma mère des dangers : « Il te faut partir et fuir. Ne vois-tu pas combien la situation empire ? » Elle n'a pas hésité une seconde. Au cours des jours précédents, à plusieurs reprises elle avait déjà perçu des signes annonciateurs du danger. Elle avait également entendu les propos que tenaient nos voisins. Sur le champ, elle a offert tous nos biens aux deux femmes et nous sommes parties chercher refuge au Burundi, espérant rejoindre mon père. Là, je me suis retrouvée apatride avec les miens, alors que je commençais à peine à comprendre la situation.

Arrivées à Bujumbura, après avoir retrouvé mon père, nous avons été conduits ensemble en camion dans un camp de réfugiés, situé à Kayongozi, en pleine forêt. Là, nous avons côtoyé des lions, des buffles et autres animaux sauvages. De petites huttes en paille nous servaient d'abri mais, dès qu'on s'allongeait, nos jambes traversaient les parois. Parfois, on découvrait un serpent sous la natte. D'autres fois, c'était une hyène qui tirait sur les jambes qui dépassaient hors

1 *Gusnagira Akabisi n'agahiye*, littéralement « partager le petit cru et le petit cuit ». Cette expression signifie vivre en harmonie avec quelqu'un, partager les repas avec lui.

de la hutte et emportait la personne entre ses crocs pour la dévorer loin du camp. Telle a été notre vie en exil au Burundi. Mon père est décédé en 1971 et il a été enterré loin de chez lui. Orpheline de père, j'ai poursuivi le chemin périlleux qui était le mien et qui allait être long à parcourir.

J'ai vécu au Burundi jusqu'à ma maturité et à vingt ans je me suis mariée. Mon mari était rwandais, lui aussi réfugié au Burundi. Il est rentré au Rwanda pour des raisons professionnelles (il travaillait chez Transintra, une société de transport). Je l'ai suivi en 1980. Ma mère est restée au Burundi, elle est revenue après le génocide et elle est morte en 2012.

RETOUR AU RWANDA

Au Rwanda, j'ai été reçue par les sœurs de mon mari, qui vivaient à Butare, sur la colline de Sovu. Dès le lendemain de mon arrivée, j'ai été persécutée. Des agents du service des renseignements se sont présentés. Ils nous ont convoquées, mes belles-sœurs et moi, tôt le lendemain matin devant l'autorité de l'Immigration. Nous avons respecté leur ordre. Parvenue devant le chef, il m'a demandé pourquoi j'étais revenue au Rwanda. J'ai dit la vérité : « Je suis venue rejoindre mon mari. » Les agents ont menacé de me mettre en prison. J'étais remplie de peur et de chagrin. J'ai fait appel à leur pitié, je ne comprenais pas pourquoi je n'avais pas le droit de vivre au Rwanda comme mes compatriotes. Mais rien n'y a fait. Ils ont ordonné à mes belles-sœurs d'organiser mon retour au Burundi dans les vingt-quatre heures, sans dormir une nuit de plus sur la terre rwandaise. Au lieu de me rendre au Burundi, j'ai décidé de rejoindre mon mari à Kigali où il travaillait.

J'ai vécu là sans avoir de papiers. Plus tard, j'ai obtenu ma carte d'identité contre argent comptant remis à un agent du bureau communal. J'ai voulu rendre visite aux membres de ma famille qui étaient restés au Burundi, mais en allant demander un laissez-passer pour traverser la frontière, je me suis fait attraper comme une souris dans un piège. On m'a demandé d'expliquer comment j'avais obtenu ma carte d'identité. Je ne m'étais pas rendu compte que l'agent qui me l'avait délivrée avait fait en sorte que les agents de l'immigration puissent découvrir l'irrégularité. Je l'avais déjà utilisée plusieurs fois, sans que personne ne trouve à redire. J'en ai déduit que ma carte d'identité falsifiée m'avait été octroyée par un agent vénal qui ne se préoccupait guère des accusations qui allaient s'abattre sur moi. Lorsque j'y repense aujourd'hui, je ne suis même pas sûre que ma carte d'identité était fausse. C'était en tous cas un prétexte tout trouvé pour me refuser le document m'autorisant à aller au Burundi. Ce jour-là, ma carte d'identité m'a été confisquée. Pendant tout un temps, j'ai vécu comme une réfugiée dans mon propre pays. Une réfugiée qui ne parviendrait pas à s'adapter à son pays d'accueil. L'absence de papiers m'exposait à tous les dangers et à Kigali personne ne pouvait circuler librement sans en avoir.

Lorsqu'on a commencé a arrêter les *Ibyitso*, les « complices du FPR », je n'avais pas de papiers d'identité et je redoutais en permanence d'être mise en prison. J'ai parlé à mes enfants, je leur ai dit que je risquais d'être conduite au stade[2] où on emmenait ceux qui avaient été arrêtés avant de les trier et de les conduire en prison. Beaucoup ont été maltraités et brutalisés dans ce stade.

LES ANNÉES QUATRE-VINGT DIX

Pendant cette période d'arrestations massives, je risquais ma vie à chaque instant. Les services de renseignements entraient partout, dans chaque maison. Les Tutsi étaient systématiquement arrêtés et j'étais d'autant plus menacée que j'étais sans papiers. Ils sont arrivés près de chez moi quand midi sonnait. Ils se sont arrêtés à la route. Les apercevant, craignant d'être emmenée, j'ai réuni mes trois enfants et mon mari pour leur confier mes dernières paroles. Je pensais que j'allais être la première à partir… Les agents des renseignements avaient toutes les raisons de s'en prendre à moi et de m'accuser d'être une infiltrée dans la capitale, complice du FPR. Ce qui s'est passé après, je ne suis jamais arrivée à en comprendre ni le pourquoi ni le comment. C'est resté un mystère. Seul Dieu m'a évité d'être arrêtée. Le groupe était déjà à l'entrée de la clôture lorsque la voix d'un des leurs resté plus loin a dit : « Venez, allons déjeuner, il est temps. » Ils ont aussitôt fait demi-tour. Et j'ai été sauvée.

Pour obtenir sa carte d'identité, il fallait aller dans sa commune natale et demander une attestation de naissance. Je n'osais pas le faire. J'étais

2 Tous les Tutsi arrêtés à cette époque étaient conduits au Stade régional de Nyamirambo, à Kigali.

partie de là-bas encore enfant et je craignais de ne trouver personne qui puisse témoigner de la véracité de mes déclarations. Plus tard, j'ai eu la chance de croiser mon « frère », le fils de ma tante maternelle. Je lui ai raconté mon désarroi et mes difficultés. Il m'a promis d'aller chercher mon attestation de naissance à Nyakizu. Il avait grandi au village, il y vivait toujours et était en lien étroit avec le bourgmestre de la commune. Le responsable n'a pas tout de suite délivré l'attestation. Il a attendu que se tienne une réunion des administrés pour savoir si quelques-uns d'entre eux connaissaient mon père et ma mère. Les habitants ont déclaré sans hésitation que oui. Le bourgmestre a remis mon attestation de naissance à mon « frère » et j'ai pu obtenir ma carte d'identité en commune de Nyarugenge (Kigali).

En 1993, nous habitions toujours à Kiyovu, où nous avions comme voisin un ressortissant du nord du pays qui disait être né à Ruhengeri[3]. Chaque fois qu'il me croisait, il me menaçait : « Alors, tu sais ce que font tes frères *Inyenzi* ? Attends un peu. Le moment venu tu verras de quoi nous sommes capables. » Il vivait avec sa sœur. Elle m'a invitée un jour et j'imaginais que c'était pour une causerie entre voisines. J'y suis allée sans me douter que son frère serait présent et qu'il était à l'origine de mon « invitation ». Je suis entrée dans la maison, la fille est aussitôt sortie et son frère a fait irruption dans le salon. Il m'a indiqué où m'asseoir et m'a déclaré qu'il pouvait me retenir enfermée toute la journée chez lui, jusqu'au retour de mon mari. Dans ma tête, tournait sans fin le même questionnement : Voulait-il me tuer ? Ou me violer ? Il a continué à me terroriser affirmant qu'avec les siens ils allaient nous exterminer en raison de ce que les nôtres faisaient subir aux leurs. Déjà avant ce sinistre épisode, il me demandait : « Vous n'écoutez pas la radio *Muhabura*[4] ? » Je lui répondais que nous n'avions pas de poste. Naïvement, je pensais que cela mettrait fin au harcèlement, mais ce jour-là j'ai compris qu'il était capable de nous tuer. Je crois qu'il a constaté que j'étais terrorisée. Je tremblais de tout mon corps. J'étais entrée chez lui à dix heures du matin. Il m'a ouvert la porte à dix-sept heures trente, heure à laquelle mon mari rentrait du travail.

---

3 Les ressortissants du nord du pays, les *Bakiga* de Ruhengeri, de Gisenyi et même de Byumba avaient tout pouvoir sur les autres citoyens. Ils jouissaient de privilèges qui en faisaient des auxiliaires de police. En 1990, ils ont torturé en toute impunité leurs concitoyens tutsi. Voir n. 4, p. 159.

4 La radio *Muhabura* ou « la radio qui guide » était la radio du FPR *Inkotanyi*.

Pouvez-vous comprendre pareille torture infligée à une voisine ? Quand le génocide a éclaté, j'ai compris le message que cet homme, – par ailleurs instruit et qui avait fait des études à l'étranger –, me délivrait à travers ses propos blessants et ses menaces. Nous accusant d'être des *Inyenzi*, il nous avertissait de ce qui se tramait et prédisait tous les malheurs qui sont advenus plus tard. *A posteriori*, j'ai compris qu'il était au courant depuis longtemps de la préparation du génocide. Il nous annonçait tout par des métaphores et des énigmes, en maintenant un climat de terreur à notre égard. Pourtant nous n'avons pas su entendre ni analyser ses avertissements sournois. Heureusement, quelque temps après, il est retourné à Ruhengeri et je me suis sentie un peu apaisée.

Le 21 février 1994 un autre événement m'a effrayée, ce fut la mort du président de la CDR, Bucyana Martin qui était le chef des *Interahamwe*. Un voisin qui faisait partie des leurs mais était marié à une Tutsi a aussitôt été tué pour son opposition à l'idéologie du génocide. Nous, les Tutsi, nous étions effrayés, nous redoutions les représailles qui ne manqueraient pas de s'ensuivre. Beaucoup se sont réfugiés au groupe scolaire Saint-André ou à la Sainte-Famille.

1994

Le génocide nous a trouvés dans notre maison à Kiyovu, en commune de Nyarugenge. C'est là que mon mari a été tué. On pourrait dire qu'il a été tué deux fois. La première, lorsqu'on l'a blessé à coups de machette avant de le jeter dans la grande canalisation qui traverse le quartier. Les *Interahamwe* l'ont coupé au cou. Pensant qu'il était mort, ils se sont éloignés. Mon mari s'est relevé, il a tenu son cou entre ses mains placées autour de la blessure béante, d'où s'écoulaient des flots de sang. Il est arrivé jusqu'à la maison, il m'a dit le nom de celui qui lui avait donné ce coup de machette, « Kizito[5] », mais je ne le connaissais pas. Il avait proposé à mon mari d'aller avec lui jusqu'à la barrière pour qu'il ne soit pas repéré en tant que Tutsi. En fait

5 Aujourd'hui cet homme est en prison.

c'était une ruse abjecte pour le désigner en tant que tel et le conduire à la mort. Puis, est arrivé un autre bourreau du nom de Laurent, qui travaillait chez l'un de nos voisins. Il a tiré une balle sur mon mari qui s'est effondré. Mort.

Dans tout le pays, les jeunes avaient été entraînés au maniement des armes qui leur avaient été distribuées. Notre habitation était proche de l'église de la Sainte-Famille mais je n'ai pas réussi à m'y rendre. J'ai décidé de fuir vers Gitarama avec mes trois enfants, ma fille Josiane, mon fils Patrick et Wilson, le cadet, qui avait cinq ans. Nous sommes partis en même temps qu'une voisine tutsi de Kiyovu. À la sortie de la ville, un peu avant de traverser le pont de la Nyabarongo, nous avons trouvé des soldats qui sélectionnaient les Tutsi parmi la foule. Ils les fusillaient ou les jetaient vivants dans la rivière, en criant : « Allez rejoindre les vôtres en Abyssinie. » Avec mes enfants nous avons été désignés pour entrer dans la file de ceux qui devaient mourir. Je leur ai chuchoté à l'oreille : « Ne restez pas là, faufilez-vous… » Ils sont sortis du rang et je les ai suivis en marchant très lentement. J'ai réussi à passer. À cet endroit, mon fils Wilson a été séparé de nous. Un véhicule allait nous dépasser, mais le conducteur a eu pitié de cet enfant, ainsi que de deux autres qui nous accompagnaient. Il les a fait monter dans son véhicule. Il m'a promis que nous allions nous retrouver à Gitarama. Arrivés sur place, nous n'avons retrouvé ni le conducteur ni les enfants. C'est beaucoup plus tard, après le génocide, que j'ai retrouvé mon fils. Il avait été emmené jusqu'au Zaïre où une femme l'a reconnu et me l'a ramené.

Nous avons décidé de ne pas aller plus loin. À Gitarama, nous avons été protégés par un *Interahamwe* qui nous a logés. Chaque fois que nous étions regroupés au salon, ses acolytes venaient nous annoncer que nous étions destinés à couvrir le cercueil d'Habyarimana quand il serait enterré. Un jour, un homme plus cruel encore que ceux qui nous avaient épargnés jusque-là est arrivé. J'étais toujours avec ma voisine de Kiyovu. Lorsqu'il est entré, il nous a demandé à nous, les deux mères de famille, de le suivre dans la chambre et de laisser les enfants au salon. Nous avons obéi, je tremblais d'effroi, sachant ce que voulait notre bourreau. Les enfants étaient si petits qu'ils ne pouvaient imaginer rien de pire que notre mort. Quand ils nous voyaient revenir, ils étaient rassurés. Nous n'étions pas mortes…

Lorsque les *Inkotanyi* se sont approchés de Gitarama, l'*Interahamwe* qui nous avait hébergés est parti. Nous nous sommes dirigés vers Kabgayi. Ce que j'ai vécu à Kabgayi est une abomination sans nom. Nous étions réfugiés dans le groupe scolaire attenant à la paroisse. Des *Interahamwe* venaient la nuit chercher les personnes qu'ils voulaient tuer. Les victimes étaient listées à l'avance. Le lendemain matin, nous trouvions leurs corps étendus dans la cour. Certains avaient les yeux sortis de leurs orbites, d'autres avaient été décapités. Les femmes avaient des morceaux de bois ou de métal enfoncés dans leur vagin. À chaque fois que la nuit tombait, nous pensions que notre dernière heure était venue. Que nous soyons encore vivantes le lendemain matin relevait du plus improbable hasard. Les *Interahamwe* emportaient les jeunes filles qu'ils allaient violer, avant d'en tuer un certain nombre. Je me souviens qu'une fois, alors qu'ils étaient venus chercher des jeunes filles, ma fille Josiane a été désignée. Je me suis levée et j'ai hurlé pour implorer leur clémence. De manière imprévisible, ils ont laissé ma fille et nous sommes retournées dans notre coin. Malheureusement, les autres ont été prises et emportées par les génocidaires. Elles sont revenues par petit groupe, au gré de leurs bourreaux.

En nous réfugiant chez l'archevêque Nsengiyumva Vincent[6] à Kabgayi, nous avions cru que rien de mal ne pourrait nous arriver. Mais c'est la mort que nous avons trouvée, cautionnée par les discours que tenait l'archevêque dans la cour. Cette découverte m'a causé une immense souffrance. Ce que je l'ai entendu dire m'a montré à quel point nous nous étions trompés en cherchant refuge auprès de lui ! Il a dit aux *Interahamwe* d'aller tuer tous ceux qu'ils voulaient, en prenant soin toutefois de ne pas endommager les lieux… Après le discours de

6 Nsengiyumva Vincent, proche d'Habyarimana, a fait partie du comité central du MRND de 1976 à 1990, date à laquelle le Vatican lui a demandé de renoncer à cette appartenance. En 1994, il a été archevêque de Kabgayi, haut lieu du catholicisme au Rwanda. Mi-avril, les réfugiés tutsi ont afflué vers Kabgayi jusqu'à être trente huit mille à la fin mai. Le Vatican a demandé la création d'une zone de sécurité pour les sauver des tueries, mais les observateurs de l'ONU dépêchés sur place n'y ont vu que de simples « intimidations » des miliciens. Face à l'avancée du FPR, les *Interahamwe* se sont enfuis en juin 1994, après avoir massacré les réfugiés. L'archevêque a été fusillé au couvent de Byimana par un soldat du FPR dont les parents venaient d'être tués à Kabgayi avec la caution de l'archevêque. Six mille victimes sont enterrées dans le mémorial, près de la cathédrale de Kabgayi.

l'archevêque, nous sommes retournés dans les salles de classe, où les *Interahamwe* venaient prendre qui ils voulaient pour aller les tuer dans la cour.

Je me suis enfuie et suis allée me cacher non loin dans un bois d'eucalyptus. Là, je me suis retrouvée face à un python. J'ai voulu m'échapper mais j'étais paralysée par la présence de ce reptile que je devais affronter face à face. Et, si je prenais la fuite, je serais découverte par les bourreaux que je fuyais et ils me tueraient. La peur au ventre, j'ai choisi de me mettre à genoux devant ce diable pour que ce soit lui qui me tue plutôt que les *Interahamwe*. L'animal m'a observée. Moi aussi je l'ai observé, les yeux dans les yeux, sans bouger ni respirer ni trembler de peur. Réellement, j'étais comme morte. Après un temps relativement long, je crois que le serpent a compris ma situation de victime qui fuit la mort orchestrée par les *Interahamwe*. Comme pris de pitié, il s'est retourné sur lui-même avant de s'en aller ! Après le départ du serpent, des *Interhamwe* sont arrivés dans le bois pour rechercher ceux qui s'y seraient cachés. L'un a dit : « Il y a quelqu'un qui se cache ici. » Un autre a répondu : « Mais non, c'est un tronc d'arbre que tu aperçois, personne ne peut se cacher ici. » Pourtant c'était bien vers moi que le premier avait pointé son doigt. Mystérieusement, je venais une nouvelle fois d'échapper aux tueurs.

Après la prise de Kabgayi par les *Inkotanyi*, nous avons pu quitter ce lieu de désolation avec ma voisine de Kigali, ses deux enfants et ma petite famille. Nous avons rejoint le Bugesera, où étaient installés les camps du FPR pour les rescapés, à Rilima et à Nyamata. Nous nous sommes sentis loin des catastrophes que nous venions de connaître.

Lors du génocide, force a été de constater que les religieux que nous croyions être des personnes de cœur ne l'étaient plus. Les événements nous l'ont démontré. C'est ce que confirme l'exemple de l'abbé Munyeshyaka Wenceslas[7] qui était à la paroisse de la Sainte-Famille à Kigali, où

---

7 Munyeshyaka Wenceslas est né en 1958 au Rwanda. En 1992, il a été ordonné prêtre et nommé vicaire de la paroisse de la Sainte-Famille à Kigali. Il a également dirigé le Centre d'éducation de langues africaines (CELA) et le centre pastoral Saint-Paul à partir d'avril 1994. Le 5 juillet 1994, il prend la fuite vers la République démocratique du Congo (ex-Zaïre). En août 1994, il cosigne une lettre adressée à Jean-Paul II, dans laquelle le génocide des Tutsi est nié. Accusé d'avoir participé au génocide, le prêtre aurait abusé de son autorité pour commettre des crimes dans les établissements qui étaient sous sa responsabilité. Ces exactions auraient été facilitées par les rapports que le prêtre entretenait avec les hauts dignitaires civils ou militaires de la région : Renzaho

plusieurs personnes ont trouvé la mort, alors qu'il aurait pu user de son poids pour les secourir. Il était toujours armé d'un revolver qu'il portait à la ceinture et on l'accuse d'avoir personnellement commis des crimes de génocide et autres crimes contre l'humanité. Hyacinthe, fille de Rwanga[8] Charles, et sa mère avaient trouvé refuge à la Sainte-Famille. En s'y rendant, elles croyaient que le prélat allait les protéger, compte tenu des échanges amicaux qui existaient entre cette famille et le prêtre. On n'imaginait pas un instant qu'elles puissent être tuées. Pourtant de toute la famille, seule la mère a été rescapée. La fille, Hyacinthe, a été tuée à l'église, son père et ses frères furent tués ailleurs, alors qu'ils tentaient de fuir. Nous avons appris que Munyeshyaka continue d'exercer son sacerdoce en France… Je me demande pourquoi il n'a pas été extradé au Rwanda, comme d'autres l'ont été pour répondre de leurs actes. A-t-il été innocenté par la justice ?

Tharcisse, préfet de Kigali-ville ou encore le colonel Munyakazi Yussuf. Tous deux condamnés par le TPIR en 2011, respectivement à la perpétuité et à vingt-cinq ans de prison. Dès juillet 1995, une plainte avec constitution de partie civile a été déposée en France à son encontre auprès du procureur de la République de Privas. La législation française ne prévoyant pas, à l'époque, la compétence universelle pour crime de génocide et crime contre l'humanité, cette plainte n'a pu aboutir. La situation change suite à l'adoption de la loi du 22 mai 1996 portant adaptation du droit français à la création du TPIR. En janvier 2012, de nouveaux juges d'instruction héritent du dossier lors de la création du Pôle crimes contre l'humanité, crimes et délits de guerre au sein du Tribunal de grande instance de Paris. Finalement, le 19 août 2015, le Parquet du Pôle spécialisé a rendu ses réquisitions demandant un non-lieu à l'encontre de Munyeshyaka Wenceslas. De non-lieu en report d'audience, les retards s'accumulent au détriment des victimes qui en paient le prix fort. Le 21 juin 2018, la Cour d'appel confirme l'ordonnance de non-lieu concernant l'abbé Munyeshyaka, prêtre de la paroisse de Gisors, dans le diocèse d'Évreux.

8 Rwanga Charles avait été arrêté une première fois, lors des persécutions de 1973. Puis, emprisonné durant quatre mois en 1990. Jusqu'en 1994 il a été interrogé à plusieurs reprises par la police en tant que « complice des *Inkotanyi* », ainsi que son épouse, avant d'être enlevé au CELA.

APRÈS

J'ai eu la joie de retrouver ma mère qui est rentrée du Burundi et je rends grâce à Dieu qui m'a sauvée avec mes enfants. J'ai été sauvée par Sa grâce et par les *Inkotanyi* qui ont libéré le pays.

En reprenant le cours de la vie, je me suis d'abord demandé comment je pourrais vivre, tout en éduquant mes enfants. Le calme est revenu peu à peu et mon cœur a appris à endurer les malheurs et souffrances passés. J'ai commencé par chercher un travail pour survivre. J'ai démarré un commerce de vêtements qu'on appelait les « vêtements Viet » et j'ai pu nourrir mes enfants. Des bienfaiteurs m'ont aidée. Malgré mes efforts, à un moment donné, il m'aurait été impossible de poursuivre sans quelque assistance. J'étais sous le choc des traumatismes subis lors du génocide et je n'arrivais pas à rester longtemps debout. C'était un exercice insurmontable.

Aujourd'hui, j'ai pu me rétablir et retrouver une certaine confiance en moi et une détermination à vivre. Nous sommes dans un pays paisible. Le gouvernement d'Union nationale a soutenu le projet du Farg et de l'Avega et il nous a installées dans des habitations où des bienfaiteurs étrangers viennent nous trouver pour nous aider psychologiquement et matériellement.

Ces personnes de cœur étrangères à notre pays nous ont appris à créer des activités qui nous apportent quelques ressources. Elles nous ont tournées vers l'avenir. Il y a eu Nicole (Canada), elle m'a appris le métier de couturière. Florence (France) s'est préoccupée de notre vie psychique. Elle a regroupé les grandes mamans au sein de la Maison de Quartier où elles se rencontrent pour échanger et éviter la solitude. À Florence nous disons infiniment merci, surtout pour l'activité particulière du travail de mémoire, à travers laquelle nous pouvons dire ce que nous avons vécu au cours de notre vie, durant le génocide, et après. Nous étions incapables d'en parler mais dès que l'écriture est arrivée, nous avons pu débobiner le fil.

Hélène est une bienfaitrice venue du Canada. C'est une femme de cœur, d'une beauté éclatante. Je l'ai rencontrée lorsque je travaillais au Centre César[9], créé à l'initiative de Nicole Pageau. Nous avons

9 Le Centre César, situé dans l'*umudugudu* Imena, a été créé par des bienfaiteurs canadiens. Il était dirigé par Nicole Pageau qui a initié diverses activités (atelier de couture, crèche, etc.). Le Centre s'est préoccupé des veuves et de la scolarité des enfants auxquels il payait

noué une amitié qui perdure jusqu'à aujourd'hui. Durant toutes les années qu'elle a passées au Rwanda, elle a été réellement mon enfant et j'ai essayé d'être sa parente. Elle a été et elle reste ma fille aînée. Je ne pourrai jamais oublier les gestes qu'elle a faits à mon égard. J'ai eu une fracture qui m'a maintenue au lit durant six mois. Elle restait près de moi, me conduisait à l'hôpital, attendait avec moi. Ensuite nous rentrions à la maison ensemble. Elle s'est toujours préoccupée de ma santé et de ma situation. Elle a constaté que mes moyens pour l'éducation de mes enfants étaient insuffisants. Elle m'a aidée pour qu'ils ne manquent plus de quoi vivre. Au bout de six ans, elle a déménagé mais elle est restée attentive à notre famille et elle s'est chargée de la scolarité de l'un de mes enfants. Elle a également aidé plusieurs familles parmi nos voisins et voisines de notre quartier Avega. Pendant les vacances, elle regroupait les enfants, cherchait des enseignants et des animateurs pour les éloigner de l'oisiveté ou de la délinquance. De retour du Canada, elle leur apportait des vêtements. Les enfants étaient heureux. Ils l'aimaient beaucoup. À certains d'entre eux, elle faisait distribuer du lait. Je la remercie infiniment comme tous ceux et toutes celles qui ont été pour nous des sœurs et des frères humains.

Laissez-moi encore rendre grâce à Dieu pour ce qu'Il a fait pour moi et quelques autres des miens. Je n'ai rien à vous offrir en retour, Seigneur, si ce n'est mon cœur. Prenez-le et emmenez-le où vous voudrez, dans la direction que vous choisirez pour moi. Sans Vous à mes cotés, je n'aurais pas été capable d'être là. Je vous demande de continuer à protéger tous ceux qui de près ou de loin m'ont secourue. Faites qu'ils continuent à vivre dans la plénitude du bien.

Pour terminer mon récit, je glorifie de nouveau Dieu et j'exprime ma gratitude envers toutes celles et ceux qui nous ont permis de parler de notre situation de victime ayant survécu au pire. Les blessures que nous avons connues étaient inimaginables. Les écrire nous permet d'expulser ces souffrances qui nous ont contaminés pendant le génocide des Tutsi en 1994.

---

le minerval, le matériel scolaire et les billets pour les trajets en bus. Certains ont appris la mécanique, la soudure et d'autres techniques.

Kalinda Emmanuel,
mari de Julienne

L'AMOUR A REFROIDI

MUKAMURIGO Perpétue

AVANT…

Je m'appelle Mukamurigo Perpétue. Je suis née en 1956 dans la région de Nyaruguru sur la colline de Kabirizi. Je suis la quatrième d'une famille de huit enfants, six filles et deux garçons. Aujourd'hui il ne reste que trois filles. Tous les autres sont morts. J'ai eu une enfance heureuse, nous avions nos deux parents et ne rencontrions pas de problèmes particuliers. En 1962, tout a changé. Les violences ont éclaté, on a pillé tous nos biens, on a brûlé nos maisons, abattu nos vaches, dévasté nos plantations… Nous avons trouvé refuge à la paroisse et à l'école de Kibeho, et nous sommes restés là-bas plusieurs jours. Quand la situation s'est calmée, les autorités nous ont demandé de retourner chez nous. Nous sommes rentrés sur les ruines de nos maisons, mais des membres de notre famille sont restés en exil au Burundi.

Nous nous sommes installés dans ce qui restait de nos demeures. Quelque temps plus tard, des policiers de la commune sont venus chercher mon père, disant que les autorités voulaient le voir. Ils l'ont emmené, le frappant tout au long du chemin. Il a été emprisonné à Karehe (sous-préfecture de Munini), avec d'autres Tutsi. On les torturait chaque jour, les accusant d'être des *Inyenzi*. On leur reprochait l'exil des leurs. C'était le cas de mon père, dont un fils était resté au Burundi. On nous accusait aussi d'héberger des *Inyenzi*. Au début, ils ont emprisonné beaucoup de monde, puis ils en ont libéré quelques-uns, gardant ceux qui étaient économiquement « aisés ». Quand ceux-ci ont été physiquement affaiblis, ils les ont jetés dehors et ont appelé leurs familles pour qu'elles viennent les récupérer. Comme ils étaient trop faibles pour marcher, les voisins et les amis les ont transportés sur un *ingobyi*[1] (« brancard »). Mon père a longtemps souffert des sévices subis en prison. Après sa libération, on a continué à nous persécuter sous prétexte que les nôtres étaient au Burundi et s'étaient enrôlés aux côtés des *Inyenzi*.

En 1986, je me suis mariée avec Kayirangwa Justin à la paroisse de Muganza. Un jour, vers 1987-1988, mon beau-frère qui vivait au Burundi est venu rendre visite à sa famille. Les policiers de l'ex-commune de Kivu, accompagnés de nos voisins hutu et des autorités locales ont débarqué chez nous, menaçant de nous tuer si nous ne livrions pas l'*Inyenzi* que nous hébergions. Ils sont entrés dans la maison et ont demandé à mon mari de leur montrer où était caché cet homme. Il leur a répondu qu'il n'avait rien à montrer, qu'ils n'avaient qu'à chercher eux-mêmes. Ils ont cherché dans le plafond, ils ont fouillé partout jetant tout par terre. Ils ont même enlevé le toit de la cuisine, mais ils n'ont rien trouvé. En fait, nous avions été prévenus de leur arrivée et avions envoyé mon beau-frère chez un voisin hutu qui était marié à une femme tutsi. À son tour, notre voisin l'a caché chez un autre loin de chez nous. Quand la nuit est tombée, ils ont raccompagné mon beau-frère qui est retourné au Burundi. Il n'est plus jamais revenu. Le jour suivant les policiers et leurs acolytes sont revenus, accompagnés de chiens dressés pour la chasse. Ils ont cherché partout, même dans la brousse, mais ils sont rentrés bredouilles, après nous avoir dit : « Vous ne perdez rien pour attendre. » Nous n'avons rien dit, nous sommes restés calmes et ils ont fini par partir. Quelques jours après, ils ont attaqué la famille du voisin

1 Voir p. 135.

hutu qui avait caché mon beau-frère, ils l'ont chassé et il a été obligé de déménager. Un autre jour, ils ont tellement frappé un de mes frères que j'ai cru qu'ils l'avaient tué. Ils lui demandaient où se trouvait son frère et l'accusait d'avoir hébergé un *Inyenzi*. Comme ils n'ont rien trouvé, ils ont fini par abandonner, mais ils ont gardé une forte rancœur contre nous.

Mon mari était le fils aîné de sa famille. Après notre mariage, ses parents sont allés habiter à Kibungo (Province de l'Est) où ils avaient acheté une parcelle et, nous, nous sommes restés à Gikongoro. Peu de temps après, mon mari est tombé dans une embuscade préparée par nos voisins hutu. Ils lui ont jeté une bouteille à la figure et l'ont blessé à l'œil. Il est allé se faire soigner à Butare. Il a été opéré, le traitement a duré longtemps et il a été obligé d'arrêter son travail d'enseignant. Il a porté plainte et a gagné le procès. Le coupable devait payer huit cent quatre-vingt mille francs rwandais d'amende, mais il a refusé de s'exécuter. À plusieurs reprises mon mari est allé réclamer son dû sans jamais obtenir gain de cause. Il a demandé au bourgmestre d'intervenir en sa faveur, mais ce dernier a refusé. Au bout d'un certain temps, mon mari a guéri et il a repris le travail. Peu de temps après, son agresseur accompagné d'un groupe de Hutu lui a de nouveau tendu une embuscade. Ils l'ont attendu sur le chemin au retour du travail, ils se sont jetés sur lui et l'ont roué de coups. Ils l'ont tellement frappé qu'il est resté longtemps malade et très affaibli. Nous ne pouvions rien faire d'autre que nous taire et accepter la situation. Celui qui était à la tête de ce groupe, le même que la première fois, s'appelle Munyengango Augustin.

Plus tard, mon mari a été chassé de son travail. Il en a trouvé un autre dans une société privée. Là on a refusé de lui payer son salaire et la situation s'est dégradée. Seuls les Tutsi étaient privés de salaire. Quand mon mari le réclamait, il était menacé de mort. Les malveillances et la haine ont perduré à son égard jusqu'à ce que le génocide éclate et Munyengango a continué à le poursuivre jusqu'au jour où il l'a tué.

LE GÉNOCIDE

Quand les tueries ont commencé près de chez nous, avec d'autres Tutsi nous nous sommes réfugiés à la paroisse de Muganza. Munyengango et d'autres Hutu nous ont suivis pour nous exterminer. Pendant cinq jours nous avons essayé de résister avec des pierres face à des policiers armés de fusils et des miliciens qui avaient des armes traditionnelles. Nous avons perdu plusieurs des nôtres et nous avons décidé de fuir jusqu'à Kibeho. Les prêtres de la paroisse de Muganza nous avaient abandonnés, ils étaient partis à Cyahinda. Près de Kibeho, nous avons vu qu'on avait tué les Tutsi qui vivaient là. Arrivés à la paroisse de Kibeho, nous avons trouvé l'église en feu avec beaucoup de corps de Tutsi à l'intérieur. Toute la cour était jonchée de cadavres recouverts de simples nattes. Nous avons continué le chemin en direction de Cyahinda, où nous avons de nouveau trouvé la même scène : à la paroisse des cadavres de Tutsi massacrés étaient étalés à même le sol. Quand nous étions partis de Muganza, nous étions avec un prêtre qui portait une soutane blanche, pour que ses frères hutu l'identifient et ne le tuent pas. Quand nous sommes arrivés à Cyahinda, ses collègues l'ont accueilli et il nous a abandonnés. Nous n'avons pas compris pourquoi il nous avait accompagnés jusque là. Nous avions espéré qu'il plaiderait notre cause pour que nous soyons hébergés par les prêtres. Au moment où nous repartions, nous avons été étonnés de l'entendre nous dire : « La situation est pareille partout dans le pays, vous n'y échapperez pas. » C'est d'ailleurs ce que tout le monde nous disait tout au long de notre chemin.

À Cyahinda, nous avons appris que mon cousin, sa mère et ses jeunes frères venaient d'être tués. Mon père a été tué près de la rivière Akanyaru, alors qu'il essayait de traverser avec ses vaches. Forcés de nous défendre contre ceux qui nous lançaient des pierres, nous n'avons pas pu dormir de la nuit dans les salles de classe où nous nous étions réfugiés. Le matin, les miliciens ont commencé à abattre nos vaches, à se partager la viande et à manger. Après, ils se sont attaqués à nous. Ils ont tué mon frère à coups de machette, puis ils sont venus vers la salle de classe dont ils ont arraché la porte. Ils ont coupé à la machette un jeune garçon qui s'appelait Ignace, puis un autre. Les deux sont morts sur le champ. À ce moment-là, mon mari est arrivé en courant, il m'a demandé de vite venir le rejoindre. J'ai pris mon jeune enfant de trois ans, je me suis faufilée entre les tueurs et j'ai couru. Mon mari a pris notre fillette et nous sommes entrés dans l'église. Les miliciens ont lancé des grenades à l'intérieur. L'église a pris feu. Certaines personnes sont mortes déchiquetées. Nous sommes sortis en courant jusque dans la vallée. Ensuite nous sommes montés sur une colline qui s'appelle Gasasa et nous nous sommes réfugiés à son sommet. Mais là aussi on massacrait les Tutsi. Nous étions nombreux. Nous avons passé la nuit sous une pluie battante.

Le lendemain, les miliciens nous ont poursuivis sur cette colline et ils ont massacré plusieurs d'entre nous en les coupant à la machette. Il a plu pendant près de trois jours d'affilée. La pluie nous a aidés, nous en avons profité pour fuir. Nous nous demandions ce que nous pouvions faire, certains ont proposé que nous fuyions vers le Burundi et au milieu de la nuit nous avons entrepris le voyage. Nous nous sommes divisés en plusieurs groupes. Ceux qui sont passés par Butare ont eu de la chance, il n'y a pas eu beaucoup de morts parmi eux. Certains sont parvenus là-bas avec leur bétail. Mon groupe a malheureusement pris la direction de Nshili, où le bourgmestre Kadogi avait massacré tous les Tutsi de sa commune. Là, nous avons connu les pires atrocités.

Avec les miliciens, Munyengango continuait à nous poursuivre et à pourchasser mon mari. C'est sur la colline de Gasasa près de Cyahinda qu'il l'a tué. Il l'a coupé, il a également coupé notre fillette et il a posé leurs corps l'un sur l'autre. Mon frère et ma mère aussi ont été tués là.

Quand nous sommes arrivés à Busenyi, les miliciens de notre région nous attendaient. Ils nous ont obligés à déposer par terre tout ce que nous avions, y compris les bâtons qui aidaient ceux qui avaient du mal à marcher. Les miliciens ont d'abord frappé ma belle-sœur. Elle est tombée par terre mais elle n'est pas morte. Elle était commerçante, ils se sont mis à chercher l'argent qu'elle pourrait avoir sur elle. Cette activité mobilisait toute leur attention et nous en avons profité pour fuir. Nous l'avons laissée là. Allongée par terre. Nous avons marché pendant des heures et des heures. Partout où nous passions il y avait des cadavres. Nous avons continué jusque dans l'ex-commune de Nshili. Arrivés là, ce fut encore et toujours la même scène de dévastation qui nous attendait :

les corps des Tutsi mutilés étaient étalés comme du sorgho. On les avait étendus sur le bas-côté du chemin pour pouvoir les recouvrir facilement d'une mince couche de terre. Nous avons regretté d'avoir fait tout ce trajet. Nous aurions préféré être restés où nous étions auparavant et mourir sans nous acharner à fuir. J'avais porté mon enfant au dos tout au long du trajet, mon corps n'en pouvait plus, il était quasiment coupé en deux et mes jambes ne me portaient plus. Dès que les miliciens nous ont vus, ils nous ont lancé des pierres. Armés de lances, de machettes, de gourdins, de haches, de couteaux, ils marchaient derrière nous en nous insultant. Ils ont tué des enfants, des jeunes gens, des hommes, sans s'occuper des vieilles femmes déjà très épuisées. Nous avons continué à marcher, ils nous suivaient et continuaient à tuer. Arrivés à Busenyi dans la commune de Nshili, ils nous ont fait asseoir par terre. Ils nous ont demandé de déposer nos armes. Tous ceux qui avaient des bâtons et des pierres les ont posés à terre. Il y avait parmi nous Segatarama, un homme qui a beaucoup lutté pour nous protéger. Qui s'est sacrifié pour nous. Lorsque nous étions à Cyahinda, il avait arraché le fusil à un milicien hutu et l'avait utilisé pour nous protéger. À Nshili, les miliciens lui ont arraché ce fusil et l'ont tué à coups de machette. Ils ont continué à tuer certains d'entre nous. Ils ont violé une jeune fille, qui était ma voisine. Puis ils nous ont divisés en deux groupes. Un groupe devait continuer le chemin qui descendait de la colline. Ils ont tué tout au long du parcours.

Quand j'ai vu que la situation empirait, j'ai pris peur et j'ai décidé de partir seule de mon côté. J'ai pris un autre chemin et j'ai couru très vite avec mon enfant au dos. Quand j'ai vu que les miliciens me poursuivaient avec des lances, des machettes et des gourdins, je me suis cachée dans un buisson. Mon enfant a commencé à pleurer, mais j'ai réussi à le calmer. Par chance, ils ne nous ont pas vus et ils ont continué le chemin. Après leur départ j'ai pris un autre chemin au hasard, et j'ai entendu quelqu'un dire : « Où vas-tu ? D'où viens-tu ? » Un autre a ajouté : « En face, il y a les *Inkotanyi* de Munini. » Et ils m'ont ordonné de rebrousser chemin. Je les ai suppliés de me laisser passer. J'ai avancé lentement et un peu plus loin, je les ai entendus dire : « Il n'y a pas eu de bain de sang chez nous, alors ne la touchons pas », et s'adressant à moi : « Va, tu seras tuée par les tiens. Dis aux *Inkotanyi* que nous sommes prêts pour le combat. » Je leur ai dit que je ne connaissais pas les *Inkotanyi* et je les ai de nouveau suppliés de me laisser partir. Ils m'ont encore demandé où j'allais. Je leur ai dit que je fuyais parce j'avais vu qu'on brûlait des maisons et que tout le monde s'enfuyait. Ils m'ont ordonné de revenir sur mes pas et ils ont demandé à un jeune homme de m'accompagner pour me montrer le chemin. Il marchait derrière moi, muni d'une machette qui ne semblait pas très aiguisée. Je me suis dit qu'il ne pourrait pas nous tuer avec, mais qu'il pourrait facilement nous torturer. Grâce à Dieu, il a de nouveau plu comme à Gasasa. Nous avons continué à marcher en silence sous la pluie. Je n'avais plus rien à dire. Mais soudain j'ai eu une inspiration et j'ai dit au jeune homme : « Abritons-nous ici, ne t'en fais pas, après la pluie nous continuerons ensemble. » Le jeune a accepté et il est allé s'abriter. Je me suis aussitôt échappée en courant sous la pluie jusqu'au sommet d'une colline d'où j'apercevais le Burundi. Je ne pouvais pas descendre normalement et j'ai dévalé la colline tant bien que mal jusque dans la vallée. J'ai croisé deux hommes qui se sont exclamés : « Eeh, vous l'avez vue ? » D'autres sur la colline se sont mis cyniquement à crier : « Voici les *Inkotanyi* ! » Ils ont posé leurs lances et m'ont ordonné de m'asseoir par terre. Je me suis assise. J'étais très fatiguée. Ils m'ont demandé d'où je venais et où j'allais. Ils m'ont posé beaucoup de questions. Et comme je ne savais que leur répondre, je leur ai dit que j'allais chercher du travail. Un dialogue d'une cruelle ironie s'est engagé : « Si on te donnait un travail tu le ferais ? Dans ton état ? Tu crois que tu en as la force ? Alors, commence par labourer ce champ. Quand tu auras fini on te donnera deux cents francs. Mais à condition que tu le finisses. » Chaque fois je répondais par l'affirmative. Finalement ils ont abandonné la partie en concluant : « Pfeu, elle est incapable de faire ce travail ! Laissons-la partir. Qu'elle aille mourir chez les siens. Ne nous rendons pas responsables de sa mort. Lève-toi, allez, traverse cette rivière, va retrouver les tiens et dis-leur que nous les attendons de pied ferme. » Ils m'ont relâchée et je me suis jetée dans la rivière avec mon enfant de trois ans au dos. C'était la saison des pluies, la rivière était en crue et je ne savais pas nager. Par miracle, nous avons atteint l'autre rive. J'ai escaladé une haute colline et je suis arrivée au Burundi avec mon enfant. J'avais tellement marché que mes jambes étaient très gonflées, et mon enfant était affamé. J'ai croisé un homme qui nous a dévisagés et il a dit : « Cet enfant est très laid, c'est un *Inyenzi*, il faut le couper à la machette. » À cet instant, Dieu m'a envoyé « un ange gardien » en la personne d'un enfant qui m'a demandé où j'allais. Je lui ai répondu : « Au Burundi. » Il m'a demandé si j'étais réfugiée, je lui ai dit que oui et il m'a informée que tout près de là il y avait un camp de réfugiés hutu, où les Tutsi étaient tués dès qu'ils s'y aventuraient. Il a ajouté qu'il y avait aussi un camp de réfugiés tutsi où les Hutu subissaient le même sort. J'ai traversé la vallée et je suis passée de l'autre côté. Je suis entrée dans une maison où nous avons été bien accueillis. On nous a donné à boire et à manger. On m'a demandé quelles étaient les nouvelles. J'ai répondu que les massacres étaient à leur comble et que nous faisions partie des rares survivants. Nous avons passé la nuit dans cette famille et le lendemain matin ils ont proposé de nous accompagner au camp de réfugiés tutsi, qui était gardé par des militaires burundais. Au camp, j'ai trouvé un grand nombre de réfugiés. On a donné de la bouillie à mon enfant et on s'est bien occupé de moi. Nous n'avons pas pu dormir sur place parce que l'insécurité régnait. Les miliciens rwandais traversaient la frontière et, aidés par les Hutu burundais, ils agressaient les réfugiés tutsi. On nous a emmenés dans des camions militaires jusqu'à Gahombo, un lieu désert, au milieu de la forêt. Les réfugiés étaient si nombreux que les camions ont dû faire deux voyages successifs pour emmener tout le monde. Là, j'ai cherché à savoir si quelques-uns des miens avaient pu survivre. J'ai trouvé l'oncle de mon mari ainsi que ses deux filles. Ils m'ont dit qu'ils étaient les seuls survivants de leur famille. C'était une chance de les retrouver. Nous sommes restés ensemble. Nous vivions sous des tentes, sans avoir à manger. On nous donnait quelques grains de maïs que nous préparions tant bien que mal dans des boites de conserves vides, qui n'étaient pas faciles à trouver non plus. On venait régulièrement faire le recensement des réfugiés. En raison de notre grand nombre, certains ont été conduits dans le camp de Kayanza, d'autres à Mureke. Nous, nous sommes restés longtemps à Gahombo. J'ai eu de terribles maux de dents, je n'arrivais même plus à manger les grains de maïs. Nous n'avions d'autres vêtements que ceux qu'on portait. Un jour quelqu'un m'a donné un tricot. Je l'ai donné aussitôt à mon enfant et je suis restée avec la robe que je portais depuis que j'avais quitté la maison. Nos cheveux étaient tellement sales qu'ils étaient couverts de poux. La vie était très dure dans ce camp.

Quelquefois, des Burundais au bon cœur nous apportaient à manger. D'autres venaient chercher les membres de leur famille qui se trouvaient là. Un jour, j'ai demandé à certains d'entre eux de me conduire chez ma petite sœur qui vivait à Bujumbura avec son mari. À Bujumbura, je l'ai retrouvée et elle m'a emmenée chez elle. J'y suis restée jusqu'à ce que mon beau-frère décide de rentrer au Rwanda et nous sommes partis ensemble. Nous sommes arrivés au Rwanda par l'est du pays, dans la région de Kibungo, plus précisément à Rukumberi. Nous nous sommes installés dans des salles de classe à la paroisse de Rukoma où nous sommes restés plusieurs jours.

Je suis allée immédiatement chez mes beaux-parents espérant trouver des survivants. Hélas je n'ai vu que des ruines, et j'ai pleuré. Dès que j'ai franchi l'enclos de leur concession, je suis tombée sur des corps mutilés et des ossements, et j'ai perdu la tête. Leur maison n'avait pas été pillée, tous leurs biens, même leurs vêtements, étaient encore là. Je n'ai pas pu rester, je me suis enfuie en courant. De son côté mon beau-père de retour au Rwanda s'était renseigné pour savoir s'il restait des survivants dans sa famille. Il a retrouvé son petit-fils, mon fils Munyaneza, que les soldats *Inkotanyi* avaient trouvé dans les marais au milieu des papyrus. Plus tard je les ai rejoints et nous sommes restés ensemble.

Quand il a fallu quitter les lieux où nous avions été mis en sécurité, mon beau-frère et sa femme sont allés habiter à Kigali. Je suis restée à Kibungo avec mon beau-père qui était seul et âgé. Mes enfants tombaient souvent malades. J'ai voulu emmener mon fils Munyaneza avec moi à Kigali, mais il a violemment refusé. Avant le génocide, très jeune, il avait vécu chez ses grands-parents paternels à Kibungo et il croyait que sa grand-mère était sa mère. Il m'a dit que je n'étais pas sa mère et qu'il savait tout ce qui était arrivé à sa « vraie » mère. Sa grand-mère avait été tuée et on l'avait jetée dans le lac Sake. J'ai décidé de rester avec eux pour que nous nous rapprochions l'un de l'autre petit à petit. La vie était très dure mais nous l'avons supportée. Puis j'ai décidé d'aller habiter à Kigali. Je n'avais aucune raison de retourner à Nyaruguru, ma région natale, car il n'y avait plus personne de ma famille.

APRÈS

À Kigali, un ami de mon mari nous a prêté une maison dans le quartier de Kimisagara. Une amie m'a trouvé un emploi de cuisinière dans un orphelinat tenu par des religieuses. La responsable de l'orphelinat me permettait d'emporter les restes de nourriture chez moi pour mes enfants et chaque samedi elle me donnait un peu d'argent pour faire vivre ma famille. J'ai pu récupérer les cotisations de mon mari à la Caisse sociale du Rwanda (CSR), mais je n'ai pas pu tout avoir faute de moyens suffisants pour me rendre à la CSR pour suivre le dossier. Avec cet argent j'ai loué un étal au marché de Nyabugogo et j'ai commencé un petit commerce. Ainsi j'ai pu nourrir mes enfants.

Une nuit, nous avons été attaqués par des voleurs qui sont entrés chez nous en cassant une fenêtre. Comme je faisais du commerce, ils croyaient que j'avais beaucoup d'argent. Ils m'ont frappée avec des gourdins au niveau de la poitrine, comme on le faisait pendant le génocide. Ils ont pris tout ce qui avait de la valeur dans la maison : un thermos et deux matelas. Quand ils me frappaient je criais fort, et les voisins ont cru que « la guerre » éclatait de nouveau. Les voleurs ont menacé de me tuer si je continuais à crier. Je leur ai dit que je n'allais plus crier, et je les ai suppliés de tout prendre et de me laisser tranquille. Quand ils sont entrés dans la chambre, je suis sortie et j'ai alerté ma voisine. Nous avons crié et les voleurs sont sortis en emportant tout ce qu'ils pouvaient. J'avais surtout peur pour mes enfants et je redoutais qu'ils les tuent. Heureusement, je les ai retrouvés vivants, chacun recroquevillé dans un coin. Après cela, je me suis sentie très mal et on m'a amenée au CHUK[2]. J'ai passé plusieurs jours à l'hôpital, mais avec la grâce de Dieu j'ai guéri. Quand je suis rentrée j'ai tout recommencé à zéro, et la vie est redevenue très dure.

Par la suite j'ai connu l'association Avega où nous avons pris l'habitude de nous réunir en tant que veuves du génocide. On a fait la liste de celles qui n'avaient pas de logement, et une fois les maisons construites par Avega dans le quartier de Kimironko, nous avons emménagé. La vie était dure, nous avons souffert du paludisme. Avega nous a donné

2 CHUK : Centre hospitalier universitaire de Kigali.

des étals au marché et une somme modeste pour démarrer. Plus tard l'État a privatisé le marché de Kimironko, les impôts ont augmenté. Je n'ai pas pu faire face à toutes ces dépenses qui s'ajoutaient à la charge familiale. Mon commerce est tombé en faillite et j'ai abandonné.

Après le génocide j'avais cinq enfants à charge – mes deux fils, un neveu et les deux fils de ma belle-sœur. J'ai pris soin d'eux et ils ont grandi. Malheureusement deux sont morts. Mon neveu qui m'aidait beaucoup à m'occuper des plus jeunes est mort subitement l'an dernier. Je me suis sentie d'autant plus découragée que son petit frère était mort quelques années auparavant. La mort me les a cruellement arrachés.

Je n'ai pas pu récupérer nos champs que nos anciens voisins s'étaient appropriés. Ils les exploitent comme si c'était les leurs. Ma grande sœur habite non loin de là, mais elle ne peut rien faire non plus. Les voisins déplacent les bornes de notre propriété, ce qui donne lieu à d'interminables procès. Ils font traîner les décisions de justice. Rares sont le voisins bienveillants, la plupart complotent contre nous et avec ma sœur nous nous sentons démunies. Il nous est difficile et coûteux de nous rendre dans notre région d'origine. Nous portons en plus le poids de tout ce que nous avons enduré et vécu. Faute de moyens, je n'ai pas davantage pu assister aux procès *Gacaca*[3]. Les frais de transport étaient trop élevés pour moi. Mais la perte de nos biens m'afflige moins que la perte de tous les miens. Avant, j'avais une grande famille qui vivait paisiblement… Elle a été décimée.

Mes enfants ont grandi mais ils n'ont pas pu continuer les études. L'un a arrêté l'école suite à une maladie, et l'autre l'a tout simplement abandonnée. Mais je ne les condamne pas. Je sais qu'ils sont dépassés par des problèmes et des conditions de vie qu'ils n'arrivent pas à gérer. Souvent, ils passent toute la journée au lit. Ils ne sortent pas pour rejoindre les jeunes de leur âge. Je n'ai pas de moyens pour les aider, et c'est grâce à Dieu que nous survivons. J'ai essayé de construire une petite maison que j'ai mise en location, mais elle a besoin d'être retapée. J'ai

3 Les juridictions *Gacaca* (littéralement « le gazon ») s'inspirent des assemblées traditionnelles où les sages du village réglaient les différends et les conflits sociaux de voisinage. Après une phase d'instruction de trois ans, les douze mille cent juridictions *Gacaca* réparties dans tout le pays (2002-2012) ont jugé près de deux millions de personnes, à l'exception des crimes de première catégorie concernant les planificateurs, les organisateurs, ceux qui ont agi en position d'autorité, ainsi que ceux qui sont coupables de tortures sexuelles ou de viols, qui relèvent du TPIR.

voulu louer un étal pour faire un petit commerce, mais faute de capital je n'ai pas pu poursuivre. Quand je pense à ce que nous avons souffert, je me dis que nos enfants devraient pouvoir évoluer et avoir une vie meilleure. Mais hélas non ! Tout cela fait partie des conséquences du génocide. Ce qui m'attriste le plus, c'est que mes enfants ne veulent pas faire d'études. C'est agréable pour un parent de voir un enfant terminer ses études. Je souffre de voir les miens s'enferrer dans le désespoir. Seule la grâce de Dieu que je supplie pourra m'aider car même mes compagnons d'infortune que je considère comme mes frères, ceux-là qui devaient me soutenir, me trahissent. Il n'y a plus assez d'amour entre les gens. L'amour a « refroidi ».

De gauche à droite : Mutumwinka Virginie, la mère de Perpétue ;
une religieuse ; Kagoyire Agnès, la petite sœur de Perpétue
avec un de ses enfants

UN DEUIL SANS CONSOLATION

MUKAGASANA Monique

AVANT…

Je suis née le 6 Juin 1965. Je m'appelle Mukagasana Monique. J'étais la sixième d'une fratrie de dix enfants. Quand le génocide a éclaté nous n'étions plus que six, quatre étaient déjà décédés, dont deux à la naissance.

Très jeune, j'ai remarqué que j'étais différente des autres enfants à cause de mon handicap. Plus tard, quand j'ai appris à marcher, j'ai compris que j'avais eu la poliomyélite. Mes parents ont tenté de me faire soigner, mais en vain. Les médecins disaient que c'était trop tard. Pour me déplacer, je marchais à quatre pattes. Mes parents n'ont pas baissé les bras, ils ont essayé de me faire soigner par tous les moyens. Je leur en suis infiniment reconnaissante. Ils m'ont aimée et entourée autant que mes frères et sœurs. Ils ne m'ont jamais cachée, comme le font certaines familles qui pensent que c'est une honte d'avoir un enfant handicapé.

Mes parents ont appris par des annonces faites à l'église qu'il existait un centre pour enfants handicapés. Il avait été créé par un prêtre européen (belge) qui s'appelait Joseph Fraipon et qui avait aussi un nom rwandais, Ndagijimana. Ils ont pris la décision de m'y amener. C'était loin de chez nous, au centre du pays, à Gatagara[1], dans l'ancienne préfecture de Gitarama, alors que nous, nous habitions au sud, dans l'ancienne préfecture de Butare, commune de Gishamvu, secteur de Sholi, (actuellement district de Huye). Mes parents ont demandé de l'aide à un prêtre européen qui était à la paroisse de Nyumba, et il m'a fait accompagner là-bas. J'étais encore très petite et les responsables du centre ne m'ont pas gardée. J'ai dû repartir à la maison et attendre d'avoir atteint un certain âge pour y retourner. Entretemps, mes parents ont modifié ma date de naissance et j'ai été accueillie au centre. Mes parents me l'ont appris plus tard. Mon père m'a accompagnée, puis laissée au centre. Ce jour-là, je me souviens avoir beaucoup pleuré avant de m'endormir. Quand je me suis réveillée, tout avait changé autour de moi. Je suis restée là avec les autres enfants et j'ai commencé à m'habituer à ma nouvelle vie.

Dans le centre, le père Fraipont avait tout prévu : les soins de santé, l'école, l'attention et l'affection… Il nous a tout donné. On m'a opérée et étiré les membres inférieurs et ensuite on m'a donné un appareil pour m'aider à me déplacer. Après ma convalescence, j'avais l'âge d'être scolarisée et j'ai commencé l'école.

Quand les vacances approchaient, le centre faisait passer un communiqué dans nos paroisses respectives pour que les parents viennent nous y attendre. Lorsque je suis retournée chez moi pour la première fois, tout le monde était content de me voir marcher. C'était comme un miracle pour eux. Nos vacances duraient deux mois, de juillet à septembre. La plus grande partie de l'année, nous la passions au centre. Mon père venait souvent me rendre visite et ma vie a continué à ce rythme jusqu'à fin de mes études.

En 1985, j'ai commencé ma vie professionnelle comme laborantine à l'hôpital universitaire de Butare, dans le service de transfusion sanguine. Mes collègues m'aimaient bien. Je n'avais encore jamais connu la haine. Les rares fois où j'en ai entendu parler, c'est par ma mère. Elle évoquait ce que mon père et elle avaient enduré en 1959 et au cours des années

1 À Gatagara, se trouvait le centre de rééducation pour jeunes handicapés dans la province du Sud.

suivantes. Elle nous racontait brièvement comment on avait pillé leurs biens, abattu leurs vaches, incendié leur maison, et comment ils avaient fui leur région. Mais elle nous disait qu'après tout cela, la vie avait repris son cours « normal ».

La situation sociale s'est détériorée à partir de 1990. La haine est devenue palpable et le climat d'insécurité régnait partout. Certaines personnes, accusées injustement d'être complices du FPR, ont été torturées et jetées en prison sans autre forme de procès. Ce qui était le plus surprenant, c'est que les bourreaux étaient des gens que nous connaissions, que nous avions côtoyés tous les jours. La situation s'est envenimée avec l'instauration du multipartisme, et nous avons continué à vivre dans ce climat délétère jusqu'en 1994. Quelques mois avant le génocide, en septembre 1993, j'ai perdu ma mère. J'avais vingt-neuf ans.

1994

Nous avions travaillé en dehors de l'hôpital, nous étions à Musange dans l'ancienne préfecture de Gikongoro. Au retour, comme la route était impraticable, nous avons fait demi-tour pour passer par Nyanza. Nous sommes arrivés à Butare tard dans la soirée, après vingt heures. La ville était étonnamment calme et nous n'avons pas compris ce qui se passait. Nous sommes rentrées dormir chez nous. Le lendemain, à l'aube, une de nos collègues a ouvert la radio et elle a constaté que le programme avait changé sur Radio Rwanda. On diffusait une musique classique lancinante. Elle nous a immédiatement réveillées. Nous ne comprenions toujours pas ce qui se passait. Quelques minutes après, un communiqué a annoncé la mort de l'*Ikinani*[2], surnom que le président Habyarimana s'était attribué à lui-même. Nous avons pressenti que le malheur allait s'abattre sur nous. Un second communiqué a interdit aux gens de sortir de leurs maisons. La situation était critique, avec mes collègues nous sommes restées à la maison. Puis, on a autorisé ceux qui travaillaient à l'hôpital à retourner dans leurs services. Nous avons appris que les tueries, les incendies et les pillages avaient commencé. Les hostilités

2 « L'invincible ».

avaient débuté dans la région de Gikongoro et commençaient à s'étendre à certaines communes de la préfecture de Butare. Nous pouvions voir les colonnes de fumée qui montaient au-dessus des collines. Beaucoup de blessés ont afflué à l'hôpital et chaque jour le nombre de réfugiés grandissait à la périphérie de la ville. Puis, on nous a autorisés à sortir de nos maisons pour pouvoir nous ravitailler. Peu avant le 20 avril, mon père a envoyé ma petite sœur Odette pour savoir comment j'allais. Elle m'a appris que la situation des miens n'était pas bonne non plus. Ils passaient la nuit dehors pour ne pas être brûlés vifs dans leur maison. Ce sont les dernières nouvelles que j'ai eues de ma famille. En ville, à Butare, les tueries n'avaient pas encore commencé. Le préfet tutsi et ceux qui étaient chargés de la sécurité ne cautionnaient pas les violences. Le préfet a été assassiné et les tueries ont commencé le 20 avril, juste après le fameux discours de Sindikubwabo[3] incitant les gens à éliminer ceux qui ne voulaient pas participer au génocide, ceux qu'il appelait *Ntibindeba*[4]. Les massacres se sont étendus à toutes les communes de la préfecture.

Le 20 avril 1994, les soldats de la Garde présidentielle (GP) sont arrivés à Butare pour commencer les tueries. Ce jour-là, après mon service, je me préparais à rentrer et j'ai vu un collègue qui discutait avec un militaire de la GP. Il paraît que c'était son ami et qu'ils venaient tous deux de la même région. J'ai entendu mon collègue dire que les soldats de la Garde présidentielle allaient « s'occuper » des gens de Butare. Le soldat a proposé de m'accompagner jusqu'après le camp militaire qui abritait l'École des sous-officiers (ESO). Mais, juste avant de sortir de l'enceinte de l'hôpital, j'ai croisé une fille qui venait d'être sauvée par un militaire de la Minuar. Elle m'a dit que je ne devrais pas sortir de l'hôpital parce que la situation était grave au centre-ville. Elle m'a dit qu'on était en train d'attaquer les gens. Avec une autre collègue religieuse, elle a insisté pour que je passe la nuit à l'hôpital, mais j'ai refusé. Je leur ai dit que, même si je mourais, je serais en compagnie de mes collègues avec lesquelles j'habitais. Elles m'ont dit : « Pars, si tu n'es pas tutsi. Sinon… » Je leur ai répondu que j'étais tutsi mais que je rentrais. Je suis arrivée à la maison vers dix-neuf heures. Mes collègues étaient inquiètes, elles croyaient qu'on m'avait interdit de quitter l'hôpital. Je

3 Sindikubwabo Théodore, ancien député, plusieurs fois ministre, président du gouvernement intérimaire du 9 avril au 7 juillet 1994.

4 *Ntibindeba* : « je ne suis pas concerné ».

suis entrée dans la maison et nous avons verrouillé les portes. Ce soir-là, nous avons entendu les premiers tirs et les coups de sifflets. À dix-neuf heures, nous allions dîner, quand les tirs se sont intensifiés. Nous avons tout abandonné et avec nos voisins nous sommes allés nous cacher dans la brousse. La situation est restée tendue toute la nuit. À l'aube, nous avons appris que beaucoup de Tutsi avaient été assassinés. C'étaient pour la plupart des professeurs, des commerçants, des gens qui étaient connus ou qui avaient une bonne situation. Les cadavres jonchaient les rues. Les soldats de la Garde présidentielle venaient de donner le coup d'envoi de l'horreur qui allait s'abattre sur la ville de Butare comme sur tout le reste du pays. Nous sommes sortis de nos cachettes, croyant que les tueries s'étaient arrêtées. Mais nous en avons été vite dissuadés, entendant un voisin dire qu'on allait massacrer tous les Tutsi jusqu'au dernier. Il a ajouté que les miliciens allaient continuer « le travail ». Ces paroles étaient un sinistre présage.

Les miliciens venaient de recevoir non seulement l'autorisation mais aussi l'ordre de continuer leur sale besogne. Jour après jour, ils ont massacré les Tutsi sans s'arrêter. Dans la journée, ils passaient leur temps à rassembler ceux qu'ils allaient tuer le soir. Certains Tutsi avaient fui la campagne pour se réfugier à Butare, eux aussi ont été tués.

Chaque jour, on nous annonçait qu'on viendrait nous tuer, mais notre heure n'était pas encore venue. Les miliciens rôdaient autour de notre maison, mais le gardien parvenait à détourner leur attention. Il leur disait qu'on avait été évacuées par la Croix-Rouge ou qu'un européen nous avait emmenées vers une destination qui lui était inconnue. Du 20 avril au 6 juillet, nous sommes restées enfermées le jour dans la maison et la nuit cachées dans la brousse jusqu'à l'aube. Il était difficile pour moi de me déplacer et à un moment donné j'ai décidé de ne plus sortir de la maison. J'ai dit que j'étais prête à mourir et que je ne sortirais plus. Dieu est venu à notre secours. Nous avons décidé de nous cacher dans une petite pièce, une sorte de réduit situé à l'intérieur de notre cuisine. Nous avons installé un matelas sur lequel nous dormions à quatre, dans le sens de la largeur. Nous avons placé une grande armoire derrière la porte pour en dissimuler l'entrée.

Personne ne peut comprendre comment nous avons pu survivre, sans même être blessées, dans un quartier et un environnement aussi hostiles et violents. Nous étions entourées par l'École des Sous-Officiers et par des barrières où les massacres faisaient rage. Non loin de chez nous, dans le « quartier arabe » (*mu cyarabu*), il y avait une barrière. Et juste en-dessous de chez nous, chez Ntahobari, il y en avait une autre, dont le chef était le fils de Ntahobari Maurice et de Nyiramasuhuko Pauline[5]. Il y avait une autre barrière entre le laboratoire universitaire et l'hôpital. Nous étions cernées de toutes parts, mais Dieu nous a protégées. C'est ce que j'ai vécu pendant le génocide, mais je ne peux tout dire, car cela serait sans fin.

J'ai perdu tous les miens et ma tristesse est infinie. Et, pire encore, je n'ai pas su où sont leurs corps et je n'ai pas pu les inhumer dignement ni faire mon deuil. La disparition d'un être cher fait très mal, alors, imaginez notre douleur à nous qui avons perdu tous les membres de nos familles.

LETTRE À MA MÈRE

« C'était le 21 septembre 1993. Très tôt le matin, je me préparais à aller au travail, lorsque j'ai appris la terrible nouvelle de ton décès. On m'a dit que je devais venir pour tes funérailles. Au départ, je n'y ai pas cru. Je ne pouvais imaginer que tu nous aies laissés moi et tous les miens. Mais je me suis dit qu'on ne pouvait inventer pareil mensonge ni oser venir l'annoncer de bon matin. Alors j'ai immédiatement fait cette prière : "Seigneur, reçois-la dans ton Royaume." J'étais plongée dans un océan de tristesse. Je ne peux décrire la douleur que je ressentais à ce moment-là. Surtout quand je pensais qu'on était ensemble une semaine auparavant et que tu ne souffrais de rien. Je te revoyais assise au milieu de tes enfants. Mais je me suis rappelé qu'à un certain moment tu avais dit : "Je partirai, je m'en irai." Quand tu as dit cela, je me suis demandé où tu comptais aller, mais je n'ai pas eu de réponse. Je l'ai compris le

5 Nyiramasuhuko Pauline, ancienne ministre de la Famille (1992-1994), a comparu devant le TPIR dans le procès dit « Butare » avec cinq autres personnes, dont son fils Ntahobari Arsène Shalom, ancien dirigeant d'une milice locale. Elle est la première femme de l'histoire à se voir condamnée pour crimes de génocide et crimes contre l'humanité (viol, extermination, persécution). Elle a été accusée d'avoir supervisé les massacres des Tutsi et d'avoir donné l'ordre de violer les femmes tutsi avant de les tuer dans le stade de Butare le 25 avril 1994. Dans sa ville, les tueries ont coïncidé avec son arrivée sur place. En 2011, la chambre de première instance avait relevé le nombre très élevé de meurtres et de viols commis avec une cruauté extrême dans la préfecture de Butare et l'avait condamnée, ainsi que son fils, à la prison à perpétuité. Une peine réduite en appel à quarante-sept ans d'emprisonnement, en 2015.

jour où tu es décédée. Nous ne connaissons pas la date de notre mort, mais nous en décelons souvent les signes avant-coureurs.

Tu es partie sans me dire adieu, sans me dire ne fût-ce qu'un dernier mot, sans me donner ta bénédiction maternelle. Même le bracelet que tu m'avais laissé en souvenir, on me l'a pris. Mais je garderai ton image imprimée dans mon cœur et je regarderai souvent ta photo, chère mère. Tu es partie au moment où j'allais te prouver à mon tour mon amour. J'allais t'aimer comme tu m'as aimée. Toi, tu m'as aimée comme tous tes enfants, et plus encore à cause de mon handicap. Tu ne t'es jamais plainte de mon état, et tu m'as protégée du désespoir. Quand je pense à tout cela, j'ai le cœur brisé.

Chère mère, le jour où tu nous as quittés nous avons tellement souffert. Nous tous, ta famille ainsi que tes amis, personne ne s'y attendait. C'était la volonté de Dieu. Dieu seul sait quand nous devons venir sur terre et quand nous devons la quitter. C'est Lui qui rappelle les siens. Chère mère, ce jour-là, tu es partie en laissant l'élu de ton cœur, après presque quarante ans de vie commune. Tu l'as quitté, en lui laissant vos enfants pour accompagner sa vieillesse. Et il a supporté cette séparation jusqu'au jour où Dieu l'a rappelé à son tour. Je ne sais pas si un jour je me remettrai du chagrin causé par ta mort, mais je dois m'y habituer, car ainsi va la vie.

Ma chère mère, je pourrais parler sans fin de ta bonté. Je serai digne de l'éducation que tu m'as donnée, jamais je ne m'écarterai de la voie que tu m'as montrée. Je serai compatissante envers les autres comme tu l'as été pour moi. Je prierai toujours Dieu pour toi. Nous ne sommes plus ensemble physiquement, mais nous ne serons jamais séparées et tu es toujours avec moi.

Chère mère, les blessures causées par ton décès n'étaient pas encore cicatrisées, quand j'en ai connu une autre, plus profonde et plus douloureuse encore. Une blessure qu'aucun remède ne guérira jamais. Elle a été causée par le massacre de tous les miens, de ceux avec qui j'espérais pouvoir partager ma vie. C'est comme s'ils m'avaient dit : "Nous aussi nous partons, nous te laissons." Ils sont tous morts, personne n'a survécu et je suis restée seule.

Chère mère, tu m'as donné la vie, tu m'as nourrie de ton sein, tu as pris soin de moi jusqu'à l'âge adulte, et tu es partie pour un long voyage, une destination lointaine où nous ne te reverrons plus. Je l'ai accepté, parce que je ne pouvais faire autrement. J'ai dû supporter cette situation mais jusqu'à aujourd'hui je n'ai toujours pas accepté ton décès. Sans doute l'aurais-je mieux accepté si j'avais quelqu'un avec qui parler et me souvenir de toi. Mais tous sont partis te rejoindre. Ils sont allés là où je ne les reverrai plus jamais.

Vous, tous les miens, vous êtes partis me laissant sur cette terre, où j'essaie de survivre tant bien que mal. Je suis assaillie par la tristesse quand je me souviens de vous. Comment pourrais-je encore être heureuse ? Auprès de qui d'autre que vous pourrais-je aller ? Vous étiez la source de ma joie.

Chère mère, transmets mes salutations à tous les miens, si vous vous êtes retrouvés. Dis-leur que je les aime encore plus qu'avant quand nous étions tous ensemble, et que j'aimerais les revoir. Chère mère, si j'étais douée, je chanterais pour toi, je t'offrirais une très belle chanson que j'ai dans mon cœur. Je ne sais pas chanter, mais je t'en dirai les paroles et je sais que tu m'écouteras. Chère mère, permets-moi d'arrêter un peu. Je te dis à bientôt. Je ne t'oublierai jamais. Laisse-moi te dire ceci encore : "Même si tu m'as laissée, je te remercie pour tout le bien que tu m'as fait. Repose en paix. Puisse Dieu te combler des bienfaits qu'Il avait préparés pour toi quand Il t'a appelée auprès de Lui." C'était la voix de ta fille. »

LEUR ULTIME VOYAGE

Il m'est très difficile d'écrire sur la mort que les miens ont subie, puisque je n'y ai pas assisté. Tout ce que j'écris, je le dois à un rescapé qui était avec eux depuis le début de leur fuite jusqu'à ce qu'on les assassine entre le 20 et le 22 avril 1994.

Dans ma région natale, les Tutsi vivaient dans la terreur avant même que les tueries ne commencent. Ils ne dormaient plus dans leurs maisons, et ils étaient effrayés par la vague de réfugiés qui venaient de Gikongoro. Les blessés venaient chercher refuge là. D'autres continuaient jusqu'en ville (au chef-lieu de la préfecture de Butare). Les Hutu ont demandé aux Tutsi de se réfugier dans les églises, leur faisant croire qu'ils protégeraient leurs maisons. Mais c'était un piège. Aussitôt après leur départ, ils se sont empressés de piller leurs biens et de brûler leurs maisons. Ils voulaient surtout regrouper les Tutsi pour pouvoir les exterminer en grand nombre. C'est ainsi que ma famille, composée de mon père, de ma petite sœur Odette, de ma grande sœur qui était chez nous à ce moment-là et de ma nièce Francine, est allée au grand séminaire de Nyakibanda. Il y avait également la famille de mon oncle paternel, celle de mon frère, celle de ma tante maternelle, celle de mon oncle maternel, ainsi que des voisins. Tous se sont réfugiés à Nyakibanda. Beaucoup venaient des communes de Runyinya, Mubuga, Ngoma et Huye. Mes grandes sœurs mariées, qui vivaient dans la commune de Runyinya, étaient là elles aussi avec leurs familles. Mon grand-père originaire de Nyakibanda et toute ma famille élargie se sont retrouvés là.

Un très grand nombre de réfugiés s'étaient rassemblés dans la vallée de Nyakibanda. Certains se sont réfugiés à l'église de Nyumba. Le 22 avril, les miliciens ainsi que les militaires du gouvernement génocidaire sont venus prêter main forte à la population pour massacrer tout le monde. Ils ont lancé des grenades sur la foule et beaucoup y ont laissé la vie. Ceux qui ont pu y échapper ont trouvé refuge dans la brousse aux alentours. Certains ont essayé de continuer jusqu'au Burundi, mais très peu sont arrivés à destination. Le massacre des Tutsi réfugiés à Nyakibanda et dans l'église de Nyumba a duré des jours et des nuits. Les grenades ont laissé la place aux machettes et aux gourdins. Les miliciens circulaient au milieu des cadavres pour achever les survivants. Ils ont utilisé des chiens pour débusquer ceux qui s'étaient cachés. Ils allaient de maison en maison pour vérifier qu'aucun Tutsi ne leur avait échappé.

C'est ainsi que j'ai perdu tous les miens. C'était leur ultime voyage et je ne les reverrai plus jamais dans ce monde. La dernière fois qu'on s'était vus c'était en septembre 1993, lors de la levée de deuil de ma mère.

« Je ne sais pas exactement comment vous êtes morts. Tout ce que je sais, c'est que vous avez subi le sort de tous les Tutsi qui étaient au Rwanda, car le plan des génocidaires était partout le même dans le pays. Je sais que vous avez souffert, vous avez été torturés, déshabillés, tués par ceux qui étaient vos voisins, avec qui vous partagiez la vie de tous les jours. Cela n'a pas de nom.

Je passe la plupart de mon temps avec vous. Je me souviens de vous et vous me manquez. Plus je réfléchis à la façon dont on vous a tués, plus cela devient inconcevable pour mon esprit. Et ce qui me fait le plus mal, c'est que je n'ai pas pu retrouver vos corps pour vous offrir une sépulture digne. Quand j'entends parler des cérémonies d'inhumation des corps à Nyumba, à Nyakibanda, à Cyahinda, à Ngoma, à Nyaruguru, à Kigembe et dans les autres lieux non loin de chez nous, je me sens directement concernée. Je me dis que c'est là que vous avez trouvé la mort. Dans le pays beaucoup sont dans la même situation que moi. Notre seule consolation est l'espoir que vous reposiez en paix. »

L'unique membre de ma famille qui a pu échapper aux massacres commis au grand séminaire est ma nièce Francine. Elle a été sauvée par son instituteur, mais les miliciens de mon village ont continué à la poursuivre. La famille qui l'avait cachée a pris peur et lui a demandé de se réfugier à Butare, où elle m'a retrouvée le 31 mai 1994. Elle m'a dit qu'elle était la seule survivante de notre famille. Nous sommes restées ensemble jusqu'à l'arrivée des soldats du FPR. Nous somme sorties de notre cachette, le 6 juillet.

« Je vous aime du même amour que celui que vous aviez pour moi. Vous êtes partis trop tôt et tous en même temps. Je souffre, mais j'avance doucement. Je ne vis plus à Butare parce que j'ai trop en mémoire tout ce qui s'y est passé pendant le génocide. Actuellement je vis à Kigali. Le pays s'est beaucoup développé, et il y a tellement de choses que je voudrais vous raconter. Il y a vingt-quatre ans déjà que nous sommes séparés, mais j'ai l'impression que vous venez tout juste de me quitter. Je n'arrive pas à croire que tout ce temps s'est écoulé. Il me semble que mon cerveau s'est arrêté de compter les années depuis 1994 ».

LETTRES AUX MIENS

« Je me souviens de vous. Chers parents, chers frère et sœurs, je pense à vous très souvent. Je n'oublierai jamais l'accueil que vous me réserviez chaque fois que je rentrais à la maison. Vos maisons sont tombées en ruine, comme si elles n'avaient jamais été habitées. Et ce qui me fait le plus mal, c'est que je ne retournerai plus jamais dans mon village natal, où mon père s'occupait de ses vaches, tandis que ma mère et les enfants avaient en charge les tâches ménagères et les travaux des champs. Ainsi se déroulaient les activités de la journée. La soirée était consacrée à la veillée familiale pendant laquelle notre mère nous berçait avec des contes. Je ne pourrai jamais épuiser les souvenirs que je garde de vous et je prie le Seigneur de vous accorder le repos éternel. Lui seul jugera les bons et les méchants. Je me souviens de vous tous, de la famille François, de la famille du vieux Bosco qui habitaient non loin de chez nous, et de vous tous que je ne peux énumérer ici mais que je porte toujours dans mon cœur. »

Je me souviens de toi, cher père

« Quand ma mère nous a quittés, elle croyait que nous allions rester avec toi. Tu n'as pas mis longtemps avant de la suivre. J'avais grandi, c'était pour moi l'occasion de vous remercier à mon tour, mais c'est à ce moment-là que vous êtes tous partis. Cela faisait longtemps qu'on ne s'était pas vus, et tu es parti sans me dire adieu, sans me donner ta bénédiction paternelle. Je pleure chaque fois que je me souviens de toi, et mes larmes ne cesseront jamais. Je me souviens de l'éducation que tu m'as donnée, tu m'as enseigné l'amour du prochain et je le sèmerai autour de moi. Je me souviens de l'amour dont tu m'as comblée car tu ne voulais pas que je souffre de mon handicap. Je me souviens du jour où tu m'as amenée à Gatagara pour que je puisse marcher comme les autres enfants, pour que j'avance dans la vie. Tu me portais sur tes épaules sans te plaindre. Je me souviens de la peine que je t'ai donnée, mais tu as tout supporté. Je me souviens de tes sacrifices pour que je ne manque de rien, je t'en remercie, père. Je me souviens que tu as continué à te soucier de moi, même quand j'étais déjà assez grande pour me débrouiller seule. Tu m'as toujours choyée comme une petite fille, et je continuais à profiter de ton affection. Mais les ennemis de la paix m'ont tout arraché, et je suis devenue comme une enfant sevrée de façon précoce. Cher père, quand les tueries ont éclaté, tu as envoyé ma petite sœur auprès de moi, car tu étais très inquiet. Tu croyais qu'on allait nous massacrer avant les autres parce que nous habitions dans une région très hostile. Mais les tueries faisaient rage partout. Je me souviens que tu vivais en bons termes avec tout le monde jusqu'à ta mort. Mais ceux que tu traitais comme des amis sont ceux-là mêmes qui ont massacré ta famille. Je ne peux pas énumérer tous tes bienfaits, je préfère m'arrêter ici. J'essaie de m'habituer au fait que tu es parti subitement, mais je ne sais pas si je vais y arriver. Aide-moi, père. Je ne cesserai jamais de te remercier, et Dieu seul saura comment te remercier. Je Lui demande souvent de transformer mes larmes de tristesse en larmes de joie pour le jour où je te reverrai. Je m'arrête un peu, je te dis à bientôt. Je ne t'oublierai jamais, tu es parti comme un héros. Puisse Dieu t'accorder le repos éternel ! C'était la voix de ton enfant. »

Je me souviens de toi mon cher frère, Oscar

« Toi, le fils aîné de notre père, tu es parti en même temps que lui. Avec les tiens, ton épouse et vos deux enfants. Tu es parti sans me laisser un enfant en souvenir de toi. Et je suis désespérée quand je me souviens de ta fille aînée. Vous êtes tous partis sans me dire adieu. Puisse Dieu vous donner le repos éternel. »

Je me souviens de toi, Dativa

« Je me souviens de toi, la deuxième enfant de notre fratrie, je me souviens de ton mari et de vos cinq enfants. Vous aussi, vous nous avez quittés. Comment avez-vous pu tous partir sans penser à ce que je deviendrais ? Mais vous n'êtes pas partis de votre plein gré, c'est la volonté de Dieu et je ne peux pas discuter de cela. Je me souviens de vous deux et de vos quatre enfants, et je suis assaillie par un chagrin indicible. Dativa, je ne t'oublierai jamais, tu m'as laissé ta fille ainée, Francine, pour me souvenir de toi. Elle me console quand je suis submergée par la tristesse, mais cette tristesse ne finit jamais. Reposez tous en paix. Je ne vous oublierai jamais. »

Je me souviens de toi, Agnès

« Te souviens-tu de nos blagues ? Te souviens-tu des moments heureux que nous passions autour de notre maman ? Quand j'y pense, je pleure sans fin. Tu venais de fonder ton propre foyer et ton mari est décédé lui aussi. Je te rejoindrai un jour. Puisse Dieu t'accorder le repos éternel. Je ne t'oublierai jamais. »

Je me souviens de toi, Triphine

« Toi que je suivais dans la fratrie, toi avec qui j'ai partagé mes jeux d'enfant, toi qui m'aidais en tout, je me souviens de toi et de tes enfants. Je me souviens de leur père. Vous êtes partis tous ensemble. Reposez en paix, vous qui avez fini votre séjour sur terre. »

Je me souviens de toi, ma petite sœur chérie, Odette

« Où que tu sois, je veux te dire qu'à chaque fois que je pense à toi, je cesse toute activité. Dieu seul sait combien je t'aimais. Odette, je ne t'oublierai jamais. Oooh, ma chérie, si tu savais combien tu me manques. Je me souviens de notre enfance, de nos jeux et de nos espiègleries. Je me souviens de nos fous rires. Tu avais tellement grandi que nous étions presque de la même taille. Je me souviens de tous les projets que j'avais pour toi. Tu avais un bel avenir, mais les ennemis de la paix t'ont arrachée à mon affection. Jusqu'à présent, je n'arrive pas à réaliser que je ne te reverrai plus. Quand j'y pense, je me sens de plus en plus découragée, je suis envahie par la tristesse et je n'ai plus le goût de vivre. Mais j'essaie de chasser ces pensées parce que c'est la volonté de Dieu qui a été faite. Tu ne m'as pas dit adieu, mais je sais combien tu souffrais toi aussi. Je ne t'oublierai jamais, j'ai tellement de souvenirs de toi. Pourquoi n'es-tu pas restée ? On pourrait parler longuement comme on aimait le faire. Je prierai pour toi chaque jour. Odette, repose en paix, là où tu ne connaîtras plus de souffrance. Tu es partie mais tu restes toujours avec moi. Adieu petite sœur, repose éternellement auprès de Dieu. Embrasse notre mère de ma part. Je sais qu'elle vous a accueillis là où elle vous a précédés. »

Mon Dieu, tu es l'Éternel, Toi que je loue tout le temps, Toi que j'adore, Toi que je glorifie, Toi que je prie nuit et jour et qui m'écoutes, Toi que j'invoque et à qui je confie ma douleur. Je Te rends grâce Seigneur et je Te supplie de m'accorder la grâce d'honorer Ton nom et Ta face, car la vraie sagesse c'est la crainte de l'Éternel. Mon Dieu, accorde-moi la grâce de pouvoir supporter tous ces événements malheureux que j'ai traversés. Toi seul connais le projet que tu as pour moi, et je suis sûre de ton amour. Que le fait d'avoir perdu tous les miens ne crée jamais en moi le désespoir et ne m'écarte de ma voie. Je T'en supplie Seigneur. Chaque fois que je me souviens des miens je suis triste, mais ne permets pas que je pèche contre Toi Père. Je T'en supplie, garde-moi de toute forme de vengeance, car Toi seul Tu me vengeras le moment venu.

VOUS NE SOUFFRIREZ PLUS JAMAIS

« Le Seigneur dit à Caïn : Où est ton frère Abel ? Il répondit : Je ne sais pas ; suis-je le gardien de mon frère ? Et Dieu dit : Qu'as-tu fait ? La voix du sang de ton frère crie de la terre jusqu'à moi. Maintenant, tu seras maudit de la terre qui a ouvert sa bouche pour recevoir de ta main le sang de ton frère. Quand tu cultiveras le sol, il ne te donnera plus sa richesse. Tu seras errant et vagabond sur la terre[6]. »

---

6 Genèse 4, 1-26.

« Qui verse le sang de l'homme, – par l'homme aura son sang versé, car Dieu a fait l'homme à son image[7]. »

« Vous avez terminé votre combat. Votre parcours ici-bas s'est achevé, c'était trop tôt, mais c'est là qu'il devait se terminer. Vous avez courageusement fini votre route, et maintenant vous reposez en paix, là où vous ne souffrirez plus jamais. Vous ne connaîtrez plus les horreurs, les souffrances, la méchanceté, la cruauté de ce monde. Vous avez physiquement souffert, on vous a tués à coups de machettes, de lances, de gourdins.

Les tueurs vous ont massacrés soi-disant pour se débarrasser de "l'ennemi", terme qui désignait tous les Tutsi. Ils ont osé dire que Dieu nous avait abandonnés. Mais ce sont eux qui ont trahi Dieu, leur seule motivation était la haine et leurs mains étaient couvertes du sang des innocents. Quand Dieu nous a créés, Il n'a pas fait de distinctions entre les hommes qui ont tous été créés à son image.

Vous êtes dans le repos éternel de Dieu et malheur à ceux qui vous ont fait subir toutes ces souffrances. Je veux encore vous rendre hommage. Vous m'avez laissée dans une détresse qui ne prendra fin que le jour où j'aurai moi aussi fini mon voyage. Ma seule consolation est que je sais que Dieu est auprès de moi. Il m'a mise à l'épreuve, et Il sait que je n'aime rien ni personne plus que Lui. Si je n'ai pas été tuée, ce n'est pas qu'ils ont eu pitié de moi. C'est parce que Dieu n'a pas voulu qu'ils viennent jusqu'à moi. Sinon, j'aurais subi le même sort que vous. Peut-être ai-je survécu pour raconter l'histoire, notre vie. Mais plus le temps passe, plus je reste confrontée dans ma solitude à des problèmes sans fin. Avant, quand j'avais un souci, je venais vous en parler, vous m'aidiez à trouver une solution, et j'étais soulagée. Avec qui puis-je dorénavant partager ma souffrance ? Souvent quand je suis seule, je réfléchis à ma vie et je ne trouve aucune perspective pour mon avenir. Reposez en paix, vous qui avez fini votre combat avec beaucoup de courage. Je ne vous oublierai jamais. »

QUELLE DOULEUR SANS CONSOLATION

Quelle tristesse, quelle douleur ! Quelquefois on trouve les mots pour décrire ce qu'on ressent, mais il arrive qu'on préfère se taire et ne rien dire. Quelle haine, nourrie et entretenue pendant des années ! Les gens ont été entraînés à tuer aussi bien un bébé, qu'un fœtus dans le ventre

---

7 Genèse 9 : 6.

maternel, un vieillard ou une vieille femme qui n'avaient plus de forces. Les gens sont devenus des loups. Quel bain de sang ! Oh combien de charognards et de chiens errants ont été repus de la chair humaine ? Les rivières ont emporté les nôtres. Les feux, les incendies ont brulé les corps des nôtres. Les fusils, les machettes, les gourdins ont massacré les nôtres. Les églises, les hôpitaux, les temples renferment leurs corps. Quand je pense à tout cela, je me demande si l'être humain est différent de la bête sauvage. Mais quand j'y réfléchis, je trouve qu'il y a une grande différence entre eux. Un animal ne fait jamais autant de mal à un autre de son espèce. Quelle détresse sans secours ! Quelle désolation ! Quelle douleur sans consolation ! Quel Rwanda, quels Rwandais ! Quels voisins, quelles relations ! Il n'y a pas de mots pour exprimer ce que le cœur ressent.

Le temps s'est écoulé, il a passé vite, mais pour moi, c'est comme si c'était hier.

Nous devons nous remémorer ce que nous avons vu, ce que nous avons traversé, les injustices que nous avons subies. Nous devons nous souvenir des nôtres, de leur calvaire et de leur mort atroce. Nous devons garder en mémoire l'amour qui nous liait. Le devoir de mémoire n'est pas synonyme de vengeance. Se souvenir n'est pas déterrer la hache de guerre. Le devoir de mémoire n'entrave pas la réconciliation. Le devoir de mémoire nous permet de nous souvenir de notre culture. Celui qui t'empêche de te souvenir n'est pas ton ami. Celui qui t'empêche de te souvenir cache de mauvaises intentions. Ne fréquente pas quelqu'un qui t'empêche de te souvenir, car il ne te veut aucun bien. Ne pas se souvenir, c'est cacher la vérité. Ne pas se souvenir, c'est aller contre la paix. Nous sommes pour la paix, l'unité et la réconciliation, mais laissez-nous nous souvenir. Souvenons-nous de tout ce qui s'est passé et de tous ceux que nous avons perdus. Seule la justice conduira à la réconciliation.

PRIÈRE

Mon Dieu, mon père, je voudrais d'abord Te rendre grâce puisque je suis toujours en vie. Personne ne m'a agressée malgré les durs moments que nous avons traversés. J'aurais pu être blessée, violée, mais Tu m'as protégée Père, Tu m'as épargnée. Je T'en supplie, donne la force à ceux qui ont subi cela. C'est avec gratitude et humilité que je Te rends grâce.

KWIBUKA, SE SOUVENIR

« En effet, l'Agneau qui est au milieu du trône prendra soin d'eux et les conduira aux sources des eaux de la vie, et Dieu essuiera toute larme de leurs yeux[8] ».

Ma mère, Mukarubuga Madeleine, est décédée en septembre 1993, quelques mois avant le génocide perpétré contre les Tutsi en 1994.

Parmi le Clan des *Abega*[9], dans le rang[10] des *Abasaro* sont décédés :

Mon père Mukurarinda Donat

Mon frère Nsanzabera Oscar et sa femme Munganyinga Béata, ainsi que leurs deux enfants, dont leur fille aînée Mukakarisa

Ma sœur aînée Mukangwije Dativa, son mari Ruhinguka et leurs cinq enfants, dont un seul a survécu (Francine) : Damari, Manori, Mukabatsinda, Marina, Nsabimana (Nsabiri)

Ma sœur Mukangango Agnès et son mari, Uteyumurame Viateur, et leurs deux enfants

Ma sœur Musabyemariya Triphine, son mari et leurs deux enfants : Claudine et son petit frère

Mukabutera Odette, ma petite sœur

Les familles de mes tantes et de mes oncles :

François et sa femme Stéphanie et leurs enfants : Immaculée, Alphonse, Cartine, Ildephonse, Diogène, Cadette

Anastase et sa femme Concessa et leurs enfants : Thérèse et ses enfants, Niyoyita et son mari

Ma tante Kandanga, son mari Bosco et leurs enfants Michel, Gaspard

Cinq enfants de mon oncle paternel et leurs mères

La famille Rumashana (à l'exception de Rédempta qui a survécu)

La famille Karekezi (à l'exception d'une fille qui a survécu)

La famille Rubanda (sauf Agnès et son frère qui ont survécu)

---

8 Apocalypse 7, 17.

9 *Abega :* L'un des clans rwandais parmi lesquels on trouvait les Reines Mères. Ainsi Kanjogera, la mère de Yuhi V Musinga. Les clans *Abega*, *Abakono* et *Abaha* se réclament d'un même totem : le Crapaud. Ils se disent trois clans frères, descendant respectivement de *Serwega*, de *Mukono* et de *Muha*.

10 Dans les clans, se trouvent les rangs formés suivant les noms des fils chefs de famille. Les *Abasaro* représentent un rang de famille parmi le clan des *Abega*.

La famille Rugenzabatwa (à l'exception de trois personnes qui ont survécu)

Et les autres familles qui habitaient à Nyakibanda dont j'ai oublié les noms.

Cette liste n'est pas exhaustive, car je ne peux énumérer les noms de tous ceux que j'ai perdus. Quelquefois, je suis anéantie par le chagrin, mais je m'efforce de rester debout, et j'essaie d'achever ce que vous avez laissé en suspens. Perdre tous les siens est une tristesse indicible, mais je suis motivée par l'espoir de vous retrouver un jour. Ils ne vous ont pas complètement anéantis, car je suis encore vivante, moi, votre descendance. Je me reconstruis petit à petit tout en m'efforçant de ne pas laisser le chagrin me submerger. Nous achèverons les projets que les nôtres avaient commencés.

MES REMERCIEMENTS

Je remercie Dieu qui m'a protégée et épargnée, car il y a des familles qui n'ont aucun survivant. Je remercie les soldats du FPR-*Inkotanyi* qui se sont sacrifiés pour nous. Avec l'aide de Dieu, et grâce à leurs qualités humaines, ils ont combattu avec courage et sauvé des vies. Grâce à eux, nous avons survécu et nous pouvons dire ce qui s'est passé.

Chers *Inkotanyi*, je vous remercie. La ville de Butare est tombée entre vos mains le 4 juillet 1994, et vous nous avez secourus le 6 juillet. Je vous remercie de tout cœur. Les mots me manquent pour vous exprimer ma reconnaissance.

Je remercie Florence qui m'a informée de l'atelier des Cahiers de mémoire. Toute seule je ne pouvais pas rédiger ce cahier, car je n'ai pas l'habitude d'écrire. Je remercie toute l'équipe : Michelle, Annonciata, Jean Paul, Vincent et Denis. Je remercie également Marie Nicolas qui est toujours là pour moi. Que Dieu vous bénisse.

Je remercie Dieu de tout mon cœur pour la nouvelle famille qu'Il m'a donnée après le génocide. Il m'a donné des enfants formidables qui m'ont aidée à me reconstruire. Aujourd'hui ils ont tous grandi, beaucoup d'entre eux ont déjà leur propre foyer et ont eu des enfants. Je Te remercie Seigneur.

Mukarubuga Madeleine, mère de Monique

De gauche à droite : quatre membres de la belle-famille de Triphine ; son mari ; Triphine et Nsanzabera Oscar, son frère

Musabyemariya Triphine,
sœur de Monique et son mari

LA CRUAUTÉ INOUÏE DES *INTERAHAMWE*

MUKANSIGAYE Irène

AVANT…

Je m'appelle Mukansigaye Irène. Je suis née en 1960 dans la commune de Ntyazo, dans l'actuel secteur de Kagunga, district de Nyanza. Nous étions huit enfants. Sept filles et un garçon. J'étais la cadette.

Mon père a été tué en 1959. Je n'étais pas encore née, mais ma mère me portait en son sein. À cette époque, de violentes manifestations opposaient les partis des différents bords. C'était le cas de l'Unar[1] et de l'Aprosoma[2]. Mon père était membre du comité local de l'Unar. Un jour, il est allé à une manifestation dans la commune de Mugusa. Son groupe s'est retrouvé face à des militants de l'Aprosoma, dont Gitera[3] était le leader. Une bagarre a éclaté. Les Tutsi ont été cruellement battus

1 Voir n. 3, p. 99.
2 Voir n. 11, p. 122.
3 Habyarimana Joseph, alias Gitera, est l'un des signataires de la « Note sur l'aspect social du problème racial indigène au Rwanda » (1957), appelée *Manifeste des Bahutu*.

et ils ont dû être transportés dans des *ingobiyi*[4] jusque chez eux. Mon père est resté alité durant une semaine, puis il a rendu l'âme. Ceux qui n'étaient pas morts sont restés blessés ou handicapés pour le restant de leur vie. Cette année-là, les violences poussèrent les Tutsi à l'exil. Leurs habitats constitués de huttes et de maisons en chaume ne résistaient pas aux incendies provoqués par des Hutu malveillants. Leurs vaches étaient pillées ou sauvagement abattues. À cette époque, entre 1959 et 1961, les voisins hutu s'emparaient des biens et des troupeaux des Tutsi, en pleine journée et en toute impunité. C'est ce qui est arrivé à ma famille.

Âgé de treize ans, mon frère Kanamugire gardait les bêtes lorsqu'il a vu arriver des gens qui venaient s'emparer du bétail. Il a saisi la dénommée Indinganire par la queue et la lui a tordue pour la forcer à détaler en entraînant le reste du troupeau. Mais un assaillant a donné un coup de machette à la vache et la queue sanguinolente est restée entre ses mains, pendant que le troupeau, composé de huit autres vaches, s'enfuyait. Les malfaiteurs se sont finalement emparés du bétail.

Ma mère est partie au Burundi avec mon frère et mes sœurs. Ils étaient accompagnés du mari de notre sœur aînée, Mujawabandi Donatilla. Une fois là-bas, elle n'a pas pu vivre selon la tradition[5] qui lui interdisait de demeurer sous le toit de sa fille et de son gendre. Elle a pris le chemin du retour avec ses enfants. Elle y avait été encouragée par le discours de Kayibanda[6], tout juste élu président, qui avait déclaré : « Je viens restaurer la paix pour tout le peuple. » Donatilla et son mari sont restés peu de temps au Burundi avant de partir en Ouganda.

De retour au pays, ma famille – ou du moins ce qu'il en restait autour de ma mère – fût bien accueillie. Le toit de notre maison n'existait plus. Il avait été incendié. Il fût prestement réparé. Ceux qui s'étaient partagé le butin des vaches de mon père sont venus spontanément offrir des vaches ou des produits de leurs récoltes. À cette époque la fraternité et l'amitié favorisaient la réparation des torts commis. La méchanceté et l'inhumanité n'étaient pas encore largement répandues. Avec les huit

4 Ces hamacs en osier, *ingobyi*, étaient utilisés pour le transport des malades. Voir p. 182.

5 Dans la coutume rwandaise, si un parent ne pouvait subvenir à ses besoins et qu'il n'avait personne qui puisse veiller sur lui, il lui était recommandé d'aller vivre chez son fils et sa belle-fille. La mère ne pouvait demeurer chez sa fille qui, après le mariage, habitait dans la famille de son mari, à laquelle elle donnait ses descendants. Si le parent n'avait personne d'autre que sa fille et son beau-fils, il restait néanmoins avec eux.

6 Voir n. 16, p. 27.

vaches restituées, ma mère a soigneusement reconstitué le troupeau. Au cours des retrouvailles dans notre village, l'une d'elles a été abattue et partagée entre les voisins du village. C'était un symbole de réconciliation et de convivialité.

Dans la commune de Ntyazo, le bourgmestre était membre du clan[7] *Abasinga*[8], comme ma mère. Il s'appellait Mbarubukeye François. Ma mère, bien éduquée et courtoise, a saisi la balle au bond. Elle s'est rendue au bureau communal. Elle a dit au bourgmestre : « Je suis *Umusingakazi*[9] de votre clan, votre Honneur ! Je ne vais pas vous rappeller que la fraternité clanique est au-dessus de la camaraderie et même de l'amitié. Le malheur vient de nous frapper et je suis désormais veuve. C'est à vous de veiller sur le bien-être de mes enfants afin de les aider à grandir. » Le bourgmestre n'hésita pas un instant, il promit de remplir honorablement cette tâche. Je venais de naître. Ma naissance a coïncidé avec le semis des haricots, au retour de la pluie en septembre.

Quelque temps plus tard, les vaches restituées ont de nouveau été volées pendant la nuit. Au cours de ce pillage, en parvenant à la rivière Kabikoro, qui sépare la région du Mayaga des autres villages de la région du Nduga[10], l'une des vaches surnommée Mpabuka a refusé d'obéir. Elle n'a pas voulu traverser le ruisseau. Elle était très têtue. Au Mayaga, il existait une coutume destinée à empêcher le bétail de traverser les cours d'eau et de quitter le territoire qui lui était attribué. Mpabuka avait subi ce rite et rien n'aurait pu la convaincre de passer sur l'autre rive du cours d'eau qui ceint le village où vivait autrefois mon père. Pour la punir de son insoumission, Mpabuka fut lacérée à coups de lances par les voleurs. Elle s'effondra dans la rivière où elle est restée toute la nuit. Le lendemain matin, un passant a fait un communiqué : si quelqu'un avait perdu une vache, il lui conseillait d'aller voir si elle n'était pas

7 Les Rwandais se réclamaient d'un même ancêtre mythique, ainsi que d'une ascendance commune à l'intérieur de chaque clan. Quinze clans totémiques existaient, on s'y référait pour mesurer le statut d'un personnage ou d'un lignage. Ils sont répartis selon des catégories mythiques, céleste ou terrestre, et presque toujours liés à d'anciennes dynasties.

8 Le clan des *Basinga* détenait jadis un vaste empire, sous les monarques de la dynastie des *Barenge*. Les représentants de cette lignée sont appelés les *Basinga-basangwa-butaka*, c'est-à-dire « ceux qui se trouvaient là avant l'arrivée des *Banyiginya* ». *Basinga* a donné neuf Reines Mères. Voir Kagame, Alexis, « Les quinze clans du Rwanda », *Les organisations socio-familiales de l'ancien Rwanda*, Bruxelles, 1954, ARSC, p. 37-61.

9 Du clan *Abasinga*. *Umu* indique le singulier, *Kazi* indique le féminin.

10 Rwanda central qui s'étend à presque la moitié du pays.

celle qui gisait dans le cours d'eau. Les miens se sont précipités. Ils ont extrait Mpabuka. La rivière était rougie par le sang de l'animal. Et de plus, Mpabuka était gravide.

Ma mère a été très perturbée par ce vol. Elle en parlait en toutes occasions. Ses interlocuteurs lui ont conseillé de voir un faiseur de miracles à Inyakibingu. Ils assuraient que lui seul pourrait l'aider à retrouver ses vaches. Découragée, ma mère en a décidé autrement. Elle a demandé que Mpabuka soit conduite à Ruyenzi, où vivait ma sœur Mukakibibi Vénantie qui était mariée. Là, elle pourrait recevoir des soins appropriés. Grande productrice de lait, Mpabuka le méritait bien. Ce second vol de nos vaches a eu lieu alors que je quittais l'enfance. J'étais entrée dans l'âge de la puberté et je comprenais mieux les différentes situations. Après sa guérison, la vache Mpabuka fut ramenée chez nous, en compagnie de son veau. L'absence de vaches à la maison a poussé ma mère vers la piété. Elle s'est fait baptiser chez les adventistes et j'ai grandi dans une famille dont le chef, ma mère, a entraîné tout le monde vers la chrétienté. Elle disait souvent : « Le malheur s'est abattu sur moi, il m'a séparée des miens et a détruit mon lien conjugal. Je n'ai personne d'autre à qui confier mon désarroi si ce n'est à l'Éternel. Lui seul peut m'aider. » Vous comprendrez que la vie était dure pour une veuve qui devait élever ses enfants, seule et sans bétail. Nous n'étions cependant pas totalement démunis ni abandonnés, des oncles et tantes maternels nous aidaient.

En 1973, ma grande sœur, Mukamazimpaka Rachel, s'est fiancée et la cérémonie de la dot a eu lieu chez nous. Cet événement heureux a eu lieu quand les plus jeunes d'entre nous approchions de l'âge de la majorité. Nous allions travailler dans les champs et avions de bonnes récoltes. Le Mayaga était très fertile, beaucoup plus que les terres alentour et nous avions adopté la culture du riz. Je me souviens que nous le récoltions à Cyili, lors du coup d'État d'Habyarimana en juillet 1973. À l'époque cette culture n'existait que dans le Mayaga et à Cyangugu, au sud-ouest du pays. Grâce aux récoltes suivantes, nous avons pu bâtir une case en tôles, signe que la famille était sortie de la pauvreté.

Mes autres sœurs se sont tour à tour fiancées et mariées. La famille s'est agrandie avec la présence de mes nombreux beaux-frères et de leur parenté. La vie a repris le dessus. Nous avons oublié notre statut d'orphelins de père. Maman a vu sécher ses larmes de veuve. Des membres de la famille étaient encore vivants. Mes oncles maternels gravissaient l'échelle sociale. L'un d'eux, Twahirwa Vénant, était enseignant, il habitait le lieu-dit Muganza. Il aimait beaucoup ma mère et avait compati lors du vol de nos vaches. Il est venu nous voir et il lui a offert une vache. Les vaches ont à nouveau été présentes chez nous, rendant le lieu aimable, dans l'harmonie et la paix sociale. Nous étions suffisamment aisés. Mais des jalousies naissaient chez ceux qui se rendaient compte que la veuve Nyiranshuti, – entendez ma mère –, avait été la première à bâtir en tôles, alors que d'autres continuaient à vivre sous un toit de chaume, dans des huttes où la fumée persécute les occupants. Ces intrigues accompagnaient la vie dans le Mayaga où nous vivions.

J'AVAIS PERDU MON PÈRE, PIRE ENCORE JE NE L'AVAIS JAMAIS CONNU

J'ai grandi avec une terrible blessure. Avec les filles de mon âge au village, nous avions l'habitude de nous rendre visite le dimanche après-midi. Nous nous rendions successivement au domicile de chacune où du jus de bananes, du lait ou du sirop de sorgho nous étaient servis. Durant nos bavardages et causeries, il arrivait que la fille de la maison nous interrompe en disant : « Parlons plus bas, mon père arrive. » Nous étions assises sur des nattes. Machinalement, elle venait installer à côté de nous une chaise pour le père. Lorsque je voyais le chef de famille s'asseoir, j'étais assaillie par la tristesse. Je m'efforçais de le dissimuler. Je me levais en hâte. Je disais que des visiteurs allaient arriver à la maison et que je devais les accueillir. Mon intervention convainquait l'assemblée. Tout le monde savait que j'étais la cadette de la famille et que mes neveux avaient besoin de mes services. Ce que je ne pouvais exprimer explicitement était le chagrin que j'éprouvais en face du père de mon amie. J'avais perdu le mien et, pire encore, je ne l'avais jamais connu. Son père venait me saluer, demandant des nouvelles des miens. Il disait : « Yoooo, que cette enfant ressemble à son père ! Il a laissé son empreinte dans le sein de sa femme. » Cela ne faisait que me torturer davantage et me rappeler le vide dans lequel je vivais. Je partais sur le champ. Lorsque venait le tour d'aller chez la dénommée Batamuriza, je restais à causer, à manger et à boire avant de rentrer en même temps que les autres le soir venu. Elle était orpheline de père et vivait chez son grand-père. Lorsque nous allions chez Florida, je faisais de même. Dans notre équipe, seules Batamuriza, Florida et moi n'avions plus de père. Un jour, Patricia s'est adressée à moi en disant : « Irène, je voudrais te poser une question. J'ai constaté que quelque chose te fait fuir régulièrement dans certains lieux. Que fuis-tu ? Chaque fois que nous allons rendre visite à certaines de nos amies, tu t'excuses en disant que tu as des invités à la maison, tu te sauves et tu pars. Si tu attendais la fin de notre réunion, ne pourrais-tu les retrouver pareillement le soir chez toi ? Chez d'autres, tu ne parles jamais de tes visiteurs. » Elle a continué à me questionner et je lui ai dit : « Oui. C'est vrai. Je ne souhaite ni écouter ni voir cette personne qui veut avoir des nouvelles de ma famille et qui me dit que je ressemble à feu mon père. Je préfère m'éloigner. » J'ai poursuivi : « Je vis avec une idée qui hante mon cœur. Mon père a été tué par nos voisins. Je ne l'ai pas connu. Je ne cesse d'y penser, surtout lorsqu'on me dit que je lui ressemble. Ces paroles m'affligent. » J'ai grandi ainsi.

Plus tard, mon frère, Kanamugire, s'est marié et il a atteint un certain bien-être en acquérant du bétail comme notre père avant lui. Plus tard, durant le génocide de 1994, sa maison a été détruite. Pourtant il l'avait bâtie avec des matériaux bien solides. J'ai vu les ruines de cette maison. Elles portent toujours les traces de la belle peinture d'antan.

J'ai été scolarisée mais arrivée en troisième année primaire, j'ai dû quitter l'école pour élever les enfants de mes grandes sœurs. Elles les avaient envoyés chez ma mère. J'étais la cadette et c'était à moi de m'en occuper. Plus tard j'ai appris l'art des *agaseke*[11] dans un lieu qu'on appelait « le Foyer », chez les sœurs de Ruyenzi. Cet art, je le maîtrise encore, mais je ne peux plus l'exercer en raison de ma vision défaillante.

LES ANNÉES QUATRE-VINGT

Je me suis mariée en 1980. La vache de la dot[12] a été confiée à mon frère. Le mariage civil a eu lieu à la commune, puis nous sommes allés habiter à Kigali. « Lui » – c'est-à-dire mon mari que je n'ose appeler par son nom en raison de la coutume[13] –, travaillait à Ruhengeri (actuel-

11 *Agaseke*, paniers traditionnels aux motifs géométriques qu'on retrouve dans l'art *Imigongo* et les panneaux muraux.

12 Voir n. 6, p. 106.

13 Par respect envers leur époux, les femmes rwandaises ne prononçaient pas le nom de leur mari. Elles utilisaient des métaphores. Par exemple, le père de mes enfants ou le chef.

lement Musanze). Il venait en fin de semaine et repartait le dimanche. Quelque temps après, je l'ai rejoint là-bas et nous avons vécu dans le quartier dit « Tête-à-Gauche[14] ». Nous vivions parmi d'autres fonctionnaires. On nous désignait par notre lieu d'origine, *Abanyanduga*, « les ressortissants du Nduga[15] ». Ce qui ne créait pas encore de problèmes de voisinage. Mon mari travaillait pour un projet belge. Un Tutsi qui voulait être embauché devait disposer de deux cartes d'identité. L'une falsifiée portait la mention Hutu et l'autre la mention Tutsi. Celle-ci restait dissimulée. Lors du recrutement, si vous vous présentiez avec la carte d'identité Tutsi, vous n'aviez aucune chance d'être accepté. Les Blancs avaient appris à regarder la mention ethnique sur la carte d'identité, ainsi que l'apparence physique de leur interlocuteur. Si votre physionomie pouvait vous trahir, ils n'en tenaient pas compte, à condition que vous disposiez d'une carte d'identité Hutu.

Notre lien conjugal a prospéré. Nous avons d'abord eu trois garçons. Je n'ai malheureusement pas eu de fille. J'ai attendu cinq ans pour la première conception de notre aîné en 1985. Puis j'ai eu deux autres enfants durant notre séjour à Ruhengeri. Je n'étais pas employée, je m'occupais de mes enfants. Les deux autres naissances ont eu lieu à Muhima (Kigali) où nous sommes allés habiter plus tard. Nous étions locataires et le salaire de mon mari était suffisant pour assumer le loyer.

LES ANNÉES 1992, 1993

Le multipartisme fut instauré en 1992 et les persécutions se sont développées de manière systématique dans tout le pays. Nous vivions alors à Muhima. En 1993, mon mari revenait du travail lorsqu'arrivé près de chez nous, un peu plus bas que Chez Kabuga[16], il a croisé des

14 « Tête à gauche » est un quartier de Ruhengeri. Là habitaient des femmes libres qui étaient très belles. Elles aimaient s'asseoir devant leurs maisons, près de la route, où les hommes les admiraient en tournant la tête à gauche.

15 Voir n. 10, p. 217.

16 Ce terme désigne un immeuble de commerce, détenu par Kabuga Félicien. Lui-même n'habitait pas à cet endroit. C'était un point de rencontre pour les assaillants et les miliciens. Homme d'affaires, Kabuga a été surnommé « le financier du génocide ». Il est à l'origine de l'armement des populations civiles. En novembre 1993, il a importé vingt-cinq tonnes de machettes chinoises, puis cinquante mille machettes en mars 1994. Il était également président du conseil des directeurs de la radio RTLM. En juin 1994, il a fui le Rwanda. Il vivrait en cavale malgré le mandat d'arrêt lancé contre lui par le TPIR.

Interahamwe. Ils l'ont frappé à coups de machette, prétendant qu'il espionnait leurs conversations. Ils l'ont accusé de rendre régulièrement visite aux *Inkotanyi*, dans les locaux du Conseil national de développement[17] (CND) et d'être leur complice. Pouvez-vous imaginer un pays où quelqu'un peut être blessé à la machette sans recevoir la moindre assistance et sans pouvoir déposer plainte pour que justice soit rendue ?

Dans notre quartier, à Muhima, les *Interahamwe* étaient nombreux, cruels et redoutés. Ils se réunissaient chez Muhigirwa. Les dénommés Ikwabu, Migambi, Kazehe et Epa en faisaient partie. Leur mère, Mukakayonde, révélait les cachettes des familles tutsi. Elle a été détenue après le génocide et elle est récemment sortie de prison. Un jour, après la mort d'un officiel burundais, des individus sont venus m'interroger. Ils m'ont menacée et insultée : « Dis-nous, Maman Kanyoni[18], quel est ton lien de consanguinité avec Bikomagu[19], le chef de l'armée au Burundi ? C'est ton frère ? Tu es sa tante maternelle ? Il y a une telle ressemblance entre vous… Même ton mari lui ressemble. On croirait que votre mariage a été conclu entre un frère et une sœur. » Ils m'ont humiliée, ils m'ont dit : « Votre ethnie se caractérise par les mariages incestueux. »

Lorsque les *Inkotanyi* sont arrivés au CND en 1993, nous nous sommes rendus sur le bord de la route dite « Poids lourds » pour les voir passer. Nous avons été battus, certains ont été arrêtés. Les *Interahamwe* faisaient des photos, qui leur ont permis plus tard d'identifier et de tuer massivement les Tutsi dans notre quartier de Muhima. Au lieu-dit « La fraîcheur », les Tutsi venaient boire un verre après le travail, chez un jeune homme du nom de Kamanda qui tenait un cabaret[20]. Lorsque des *Interahamwe* passaient par là en rentrant des meetings de leur parti, ils interpelaient les clients, renversaient leurs bières ou les buvaient. Ils cassaient des bouteilles. Personne n'osait rien dire. Les victimes payaient les consommations et partaient, sans avoir bu ni été responsables de la casse. Kamanda gagnait bien sa vie. Les langues malveillantes disaient

17 Les accords d'Arusha signés en août 1993 prévoyaient un gouvernement de transition. Préfigurant l'intégration militaire des exilés, un détachement de six cents soldats du FPR, les *Inkotanyi*, fut autorisé à s'installer dans les locaux du CND, qui abritait le parlement rwandais.

18 Au Rwanda, les femmes se font appeler « maman », terme suivi du prénom de l'un de leurs enfants. Les unes choisissent le nom de l'aîné, les autres celui d'un enfant qui a des qualités particulières ou celui d'un enfant proche de sa mère.

19 Le colonel Bikomagu Jean, Tutsi, était à la tête de l'armée burundaise.

20 Le cabaret désigne un débit de boisson qui est aussi un lieu de rencontre.

que l'argent provenait des *Inkotanyi*. Les accusations gratuites et les incriminations mensongères étaient légion. L'exemple le plus frappant reste la rumeur fabriquée de toutes pièces selon laquelle une grande fosse avait été préparée par les Tutsi pour enfouir le moment venu les Hutu qui seraient décimés dans le marais de Nyabugogo.

Certains disaient par ailleurs que les *Interahamwe* s'entraînaient à Gabiro. Ce qui était vrai. Nous les voyions partir là-bas dans les gros autocars d'autrefois. Ils les déposaient sur les lieux d'entraînement, puis rentraient avec leurs passagers habituels. Au début nous ne connaissions pas leur destination, mais des chuchotements l'ont révélée. Un homme a donné l'alerte : « Les Tutsi vont être tués. Ne voyez-vous pas que les *Interahamwe* s'entraînent ? » On doutait tout autant de la véracité de ces propos que de l'annonce prémonitoire qu'ils délivraient. Le 21 février 1994, l'assassinat de Bucyana[21] Martin, président de la CDR[22], a eu de terribles répercussions dans tout le pays. Il avait été précédé par celui de Gatabazi, président des *Abakombozi*[23] du PSD. Tous ces événements ont servi à justifier les meurtres et les assassinats.

Je suis partie chez ma mère dans le Mayaga pour la rassurer face à l'imminence des dangers qui nous menaçaient. Quelques jours auparavant, des membres du MDR[24] avaient effectué des descentes nocturnes chez ma grande sœur. Ils soupçonnaient mon neveu d'entrer en relation avec les *Inkotanyi* avec sa radio Motorola. Ils étayaient leurs accusations sur le fait que ses tantes (mes sœurs) vivaient à Kigali. J'ai conseillé aux membres de ma famille d'anticiper les représailles et de s'enfuir au Burundi. Ils ont refusé de m'écouter. La présence des *Inkotanyi* dans la capitale les rassurait et ils restaient confiants. Ils refusaient d'envisager une attaque généralisée contre la population qui se développerait partout en même temps dans le pays. Je suis repartie alors que la peur s'installait. L'une de mes sœurs ne pouvait imaginer conduire ses vaches avec elle jusqu'au Burundi ni partir en les laissant derrière elle. Elle avait tout misé sur elles dans l'attente de jours meilleurs. Plusieurs *Banyamayaga* (« habitants du Mayaga ») sont restés là pour sauvegarder leurs biens et continuer à en jouir au lieu de tout abandonner et s'enfuir.

---

21 Voir n. 24, p. 36.
22 Voir n. 25, p. 128.
23 Jeunesses sociales-démocrates du PSD.
24 Voir n. 27, p. 128.

Avant mon départ, Jacques, un jeune homme, m'a dit : « Maman Kanyoni, ne rentre pas à Kigali. Désormais on tue tous les Tutsi, surtout les *Banyabutare*[25]. » Je suis quand même partie. J'ai eu de la chance, j'ai réussi à passer. Je suis parvenue à Kigali, croyant que l'ouragan était passé… Certains avaient été tués, d'autres avaient survécu. J'ai laissé l'enfant déjà sevré aux soins de ma mère et j'ai emmené le bébé sur mon dos. Au vu de la gravité de la situation à Kigali, je ne voulais pas emmener tous mes enfants avec moi, par crainte de les perdre tous.

Je me souviens d'une réunion, qui s'était tenue à l'époque à Butare. Nyagasaza[26] Narcisse, notre bourgmestre à Ntyazo, était tutsi. Il a été atrocement tué. Son assassinat était un signal irréfutable qui aurait dû nous alerter. Si les Tutsi de l'administration étaient tués comme on tue une mouche, nous pouvions tous nous attendre à connaître le même sort. Voire pire encore. Avant d'être tué, à la hauteur d'un petit centre commercial, il avait croisé le dénommé Murindabigwi qui lui avait dit : « Fuyez, fuyez sans rien prendre. Quittez les lieux sans attendre… Ce que je viens d'entendre indique qu'il n'y aura pas de survivant. » Certains sont partis à la hâte au Burundi. Ils sont revenus chercher de l'argent à la banque pour subsister en exil. Sur le chemin du retour, à la hauteur de l'Akanyaru, ils ont trouvé les gendarmes et ils ont subi ce que l'assassinat du bourgmestre laissait prévoir. Ceux qui étaient censés les protéger se sont révélés être leurs bourreaux. Ils les ont battus, assassinés et jetés dans la rivière. Quelques jours plus tard, le 9 avril, le président du gouvernement intérimaire[27], Sindikubwabo[28] Théodore, allait prendre la tête du pays et Kambanda Jean devenir premier Ministre.

25 Les « ressortissants de Butare ».

26 Voir n. 22, p. 83.

27 Dans la nuit du 6 au 7 avril 1994, au sein de l'ambassade de France à Kigali, le colonel Bagosora, directeur de cabinet du ministre de la Défense, préside un comité de crise de l'armée rwandaise qui exerce le pouvoir jusqu'à la formation du gouvernement intérimaire qui mettra en œuvre le génocide et entre officiellement en fonction le 9 avril 1994.

28 Voir n. 3, p. 198.

1994

J'étais de retour à Kigali. Alors que nous dormions, une voisine du nom de Mujawamariya est venue frapper à la fenêtre de ma chambre en scandant mon nom : « Maman Kanyoni, Maman Kanyoni, avez-vous entendu ce qui est arrivé ? Le président Habyarimana a été tué, son avion s'est écrasé et il est mort. » J'ai eu la plus grande frayeur de ma vie. J'étais morte de peur. Les Tutsi pensaient que les membres du FPR cantonnés au CND les protégeraient. Mais leurs prévisions ne se sont pas immédiatement réalisées. Les *Inkotanyi* ont été débordés par l'ampleur de la participation des habitants aux actes criminels et macabres. Les Tutsi n'imaginaient pas que le gouvernement allait les faire éliminer par leurs concitoyens et voisins les plus proches, tous endoctrinés et incités à commettre l'innommable. Moi aussi, j'ai été naïve. J'ai cru que les tueries n'auraient lieu qu'à Kigali, sans qu'ailleurs au Rwanda on soit inquiété !

À Muhima, les pillages, les meurtres et les assassinats ont commencé. Les balles sifflaient sans relâche à nos oreilles. Chez notre voisin, un colonel du nom de Bizimana, plusieurs pelotons se sont rassemblés. Ils se sont réparti les tâches. C'était à l'évidence un état-major en détachement. Le jeune commerçant Kamanda a été le premier à être tué ce jour-là. Ils ont ensuite attaqué chez Millieri, un autre habitant tutsi de Muhima, et ils l'ont abattu par balle. Des cris et des gémissements ont fusé de toutes parts, mêlés aux sifflements des balles et aux derniers soupirs. Nous sommes précipitamment sortis de la maison pour fuir. Mon mari, Claver, et un homme appelé Munyakayanza ont couru, prenant le chemin en contrebas de la maison qui conduit à Nyabugogo. Ils ont été arrêtés par des *Interahamwe* et regroupés avec d'autres Tutsi venus d'ailleurs. Tous ont été tués ce 10 avril 1994. Ils avaient voulu fuir pour aller à la rencontre des *Inkotanyi* qui étaient au Mont Jali. C'était leur seul espoir. Malheureusement, ils sont allés grossir la foule immense de ceux qui ont été fusillés ce jour-là à Nyabugogo.

J'étais affolée, portant toujours au dos le plus jeune de mes enfants. Les autres étaient portés disparus (mon fils Kazungu, je l'ai retrouvé après le génocide). Ce jour-là je suis allée chez ma cousine, Mukantaganda Dorothée, qui vivait à Muhima. C'était encore une jeune fille. Elle venait de partir à Kabgayi. À Muhima, elle habitait avec plusieurs de ses amies. J'ai vu leurs corps sans vie à l'entrée de leur maison. Je suis revenue sur mes pas et je me suis dirigée chez Habimana Amuri pour lui demander de m'accompagner jusqu'à la paroisse de la Sainte-Famille. Il a refusé arguant qu'il ne voulait pas me voir être tuée sous ses yeux. J'ai couru chez une enseignante du nom de Gatarina (Catherine). Je l'ai trouvée en train de tourner en rond sur place sans pouvoir se décider à prendre une quelconque direction. Je lui ai proposé qu'on aille ensemble à l'église de la Sainte-Famille. Elle a accepté. C'était en pleine nuit. Arrivées à une barrière érigée par des *Interahamwe*, j'ai trouvé M. Cyprien que je connaissais. M'apercevant, il m'a dit à voix basse : « Passe par-là, ne passe pas par ici, sinon on va te tuer malgré mes vœux pour ta survie et mon souhait de t'apporter ma protection. » Cette fois-là, j'ai échappé à la mort. C'était, je crois, le 13 avril. J'avais toujours mon enfant au dos sans savoir où étaient les quatre autres. Partout où je passais, je croisais des Tutsi en fuite, égarés, terrorisés. Comme eux, dans notre fuite, nous passions au-dessus de corps sans vie. À l'entrée de la maison de Dieu, nous avons trouvé un homme occupé à décapiter des Tutsi comme on fauche la brousse aux abords d'un marais. Autour de l'église, il y avait une foule immense, des Tutsi, mais aussi des Hutu et des *Interahamwe* machette à la main qui disaient fuir les *Inkotanyi*. Gatarina et moi sommes entrées avec la foule, puis nous sommes rapidement ressorties. J'ai rencontré un journaliste du nom de Mugabo. Il était ressorti lui aussi, espérant trouver protection ailleurs. Malheureusement, il a été tué à Gitarama. Son épouse survit jusqu'à aujourd'hui.

Nous sommes arrivées à l'endroit qu'on appelle Yamaha[29] à Muhima. Là, un homme du nom de Murefu nous a arrêtées. Il était onze heures du matin. Il a crié : « Hé ! Présentez vos identités. » Sans attendre, j'ai présenté la mienne sachant qu'elle portait la mention Tutsi susceptible de me conduire à la mort. Cette carte d'identité, je l'ai gardée en souvenir durant des années. Aujourd'hui, je ne sais plus où elle est… Lorsqu'il l'a lue, il a vu que j'étais Tutsi. Il a hurlé : « Toi, l'*Inyenzi* de Butare, dis-moi, par qui a été tué Habyarimana ? » Je lui ai coupé la parole : « Il a été tué par ceux qui sont en train de tuer tous ces innocents. » Les corps étaient là, sous ses yeux et presque sous ses pieds. Ils recouvraient le sol depuis la Nyabarongo jusqu'au centre de la ville. Toute la capitale empestait telle

29 Bâtiment où se trouvait une boutique de motos, à Muhima.

une sépulture béante. Plus tard, des buldozzers ont été réquisionnés pour dégager les corps, dont certains étaient dans un état de décomposition avancée. C'était terrifiant, dépourvu de toute humanité. On les ramassait comme on charge du sable ou des moellons. J'ai été traumatisée par cette scène et aujourd'hui encore, il m'est impossible de voir un bulldozer sans être aussitôt envahie par cette image, qui revient et me tue. À peine avais-je répondu que Murefu m'a assommée d'un coup de machette plate sur le crâne. J'ai perdu connaissance pendant un long moment. Retrouvant mes esprits, je l'ai entendu nous ordonner de nous asseoir par terre. Il nous a annoncé qu'il nous tuerait à quatorze heures. Je lui ai répondu qu'à cette heure-là je ne serais plus en vie. Il a surenchéri : « Alors, je vais te couper dès maintenant. » Je lui ai répondu : « Il n'y a pas de problème. » J'étais à bout de force, je portais au dos mon enfant affamé qui n'avait ni tété ni mangé depuis des jours. Je venais moi aussi de passer plusieurs jours sans manger ni boire. Le manque d'eau nous faisait cruellement souffrir.

Un instant plus tard, un chauffeur-conducteur nommé Gahutu est arrivé vers nous. Il transportait un sac contenant un gros récepteur-radio. Il a machinalement tendu sa pièce d'identité. Alors que j'attendais que Murefu exécute sa sentence et me tue sur le champ, il a dit à Gahutu : « Ah… Toi, tu es tutsi ! Regarde ta physionomie ! » Gahutu a répondu : « Sais-tu que ce que tu veux me faire, tu devrais alors te l'infliger à toi-même, parce que je suis hutu[30], fils de Gahutu et seule ma mère était tutsi. » Les gardiens de la barrière lui ont dit : « Laisse-nous vérifier en comptant les côtes de ta poitrine. » Il a répondu : « Que vous les comptiez ou pas, cela vous regarde ; ce que je sais c'est que vous allez vers votre propre extermination. » Alors qu'ils étaient occupés à déshabiller Gahutu, nous sommes passées par leur « œil borgne[31] ». Nous avons continué à avancer parmi les déplacés venus de Byumba, qui étaient nos voisins à Muhima, près de Chez Kabuga. À cet emplacement, les *Interahamwe* venaient trier les victimes pour les conduire à la mort. Les très jeunes garçons étaient leur cible principale. Les miliciens affirmaient que Kagame[32] et Rwigema[33] avaient quitté le pays alors qu'ils étaient encore

30 Voir n. 1, p. 21.
31 Voir n. 41, p. 137.
32 À l'âge de 4 ans, en 1961, Paul Kagame a quitté le Rwanda avec sa famille contrainte de s'exiler en Ouganda, à la suite des persécutions des Tutsi.
33 À l'âge de 3 ans, Rwigema Fred Gisa, s'est enfui en 1960 avec sa famille en Ouganda pour les mêmes raisons que le président Kagame.

de très petits enfants et qu'ils avaient survécu en exil. Cette fois-ci, ils ne voulaient laisser aucune chance de survie aux petits garçons tutsi.

Le lendemain, Renzaho[34], le préfet de la Ville, est venu ordonner : « Arrêtez de tuer les petits garçons… Inscrivez sur une liste le nom de toutes ces femmes tutsi. Laissons-les en vie pour l'instant, elles seront la couverture qui couvrira le cercueil d'Habyarimana, le jour de son enterrement. » Les obsèques étaient prévues le 5 juillet. On nous a inscrites sur des listes. Renzaho a ajouté que les femmes ne suffiraient pas à couvrir le cercueil et que les enfants de sexe masculin viendraient compléter les emplacements vides. Ils nous ont torturées, nous les femmes et les jeunes filles présentes. La nuit tombée, les gendarmes venaient nous chercher pour nous faire subir des actes d'une cruauté inhumaine et inouïe. Nous avons enduré des violences extrêmes. Nous sommes restées ainsi à attendre d'être utilisées pour couvrir le cercueil d'Habyarimana, jusqu'au jour où les *Inkotanyi* ont libéré le pays et nous ont délivrées de ce sinistre projet.

Dans mon cœur j'acceptais de mourir. Parfois, en raison de la faim, mon enfant au dos me mordait avec ses dents de lait comme un jeune chien. Je me sentais inutile et incapable de l'attraper pour lui offrir mon sein devenu stérile. L'enfant était dénutri et totalement apathique. Il se trouvait au bord de la mort. J'étais horrifiée de survivre. Je voulais aller me coucher parmi les cadavres qui jonchaient la ville. Depuis que Murefu m'avait asséné un coup de machette plate, je redoutais en permanence de recevoir de nouveaux coups. Après le génocide, je l'ai croisé un jour sur ma route. Il est entré dans le bus où je me trouvais… En l'apercevant, je suis tombée en syncope traumatique et j'ai été conduite à l'hôpital.

Lorsque les *Inkotanyi* ont libéré le pays, tous ont cru pouvoir échapper aux tueries, mais beaucoup sont morts. Les *Interahamwe*, qui nous avaient « préservées » pour couvrir le « parent[35] » lors de ses obsèques, se sont précipités tels des chiens enragés pour achever leurs victimes. Ils voulaient que les *Inkotanyi* ne trouvent aucun Tutsi en vie lorsqu'ils arriveraient sur place. Cependant, aucun peuple ne peut disparaître totalement et nous sommes aujourd'hui comptés parmi les rescapés du génocide des Tutsi. Les *Interahamwe* n'avaient plus le moindre sentiment humain dans le

34 Voir p. 42.

35 Le président Habyarimana était désigné par la population comme le « parent » (*Umubyeyi*). Ce qui signifie dans la culture rwandaise qu'on lui doit tout et qu'on l'accompagne de manière magnanime jusqu'à la fin de sa vie.

cœur. Lorsqu'on apprend comment sont morts les *Banyamayaga* au sud du pays, dans la région frontalière avec le Burundi, on est confondu par la déraison, la perversion et l'animalité avec lesquelles les assassins ont agi. Mon frère avait offert des vaches à des gens. J'étais convaincue que ceux qui les avaient reçues ne pourraient pas tuer ma mère. Mais ils ont été les premiers à se précipiter pour détruire notre enclos, devenu dès lors un lieu de nulle part. Ils ont pris toutes les vaches, sans en laisser une seule vivante. Une adolescente, nommée Felista (Félicité), se trouvait là, elle a été livrée aux tueurs par le garçon qui faisait le ménage chez mon frère. Il était très fier de son geste et frottait ostensiblement ses mains sur sa poitrine pour ôter le sang tutsi qui les souillait.

LA NUIT DU 3 JUILLET, LES *INTERAHAMWE* ONT FUI

Fin juin, les *Inkotanyi* ont commencé à combattre les *Interahamwe* dans Kigali. Les balles sifflaient partout autour de nous. Nous avons tous fui dans la même direction, de même que les *Interahamwe* qui redoutaient les représailles. Nous nous sommes dirigés vers Rwahi en commune de Gatonde[36]. J'ai été sauvée par un homme qui habitait à Kiyovu et répondait au nom de Yohani. Il avait une femme originaire de Gikongoro et cinq enfants. C'est à Yohani que je dois d'avoir la vie sauve. Je marchais aux côtés d'un vieil homme du nom de Semakamba, accompagné de sa femme Clotilda, une Hutu. Ce couple était originaire de Rulindo au nord de Kigali d'où ils avaient été délogés par les autorités qui ne voulaient pas qu'ils restent dans la zone reconquise par les *Inkotanyi* en 1992. On les accusait. On les soupçonnait. On les appelait les « éclaireurs des *Inkotanyi* ». Ils étaient considérés comme des traîtres. Après avoir tué leur fils, on les a forcés à partir. Il leur restait deux jeunes enfants. Nous étions voisins dans notre quartier de Muhima. La femme niait connaître Semakamba, alors que tout le monde savait qu'il était

36 La commune de Gatonde est située au sud-ouest de l'ex-préfecture de Ruhengeri. Les déserteurs passaient par là pour rejoindre Goma en RDC. Dans cette commune se trouvait le lieu-dit Rwahi.

son mari. Au sein de la cohorte en fuite, il m'a révélé qu'il habitait sur la colline de Shyorongi, au lieu-dit Remera (Kigali), où résidaient des *Abaforongo*[37]. Il m'a proposé de venir habiter chez lui, au lieu de risquer la mort en continuant à marcher parmi les tueurs qui s'enfuyaient. La main protectrice de Dieu m'a sauvée. Elle m'a protégée ! Au cours de cette sombre nuit noire, en sortant de la ville, nous croisions à tout instant des véhicules sur notre route qui transportaient les militaires gouvernementaux qui fuyaient les combats. À l'aube, nous sommes parvenus au rond-point de *Giti cy'Inyoni*[38]. Nous avons croisé ceux qui descendaient du Mont Kigali et qui fuyaient eux aussi. Nous nous sommes assis pour nous reposer jusqu'au matin. Certains avaient des chèvres attachées par des cordes et d'autres avaient emporté différents objets ou vêtements. Nous avons pris le raccourci, au pied du Mont Shyorongi, qui conduit chez Muvoma[39], dans la vallée, en amont de la rivière Nyabarongo.

Parvenus à Rwahi, les *Inkotanyi* qui se trouvaient dans les parages ont tiré sur la colonne de fuyards, au sein desquels se dissimulaient les militaires gouvernementaux et les *Interahamwe* en déroute. Ils se mélangeaient aux civils qui craignaient toujours la mort et les utilisaient comme bouclier humain. Un grand nombre de Tutsi ont péri. Semakamba, Yohani et moi sommes allés demander refuge aux habitants des environs. Yohani m'a protégée. La femme de Semakamba était la complice de l'homme qui avait fait de moi son esclave sexuelle. Tous deux étaient hutu. Elle a dit à mon bourreau que j'avais juré ne pas vouloir me rendre au Zaïre et que Semakamba et moi traînions des pieds en attendant les *Inkotanyi*. Elle soupçonnait Semakamba de m'avoir indiqué le chemin à emprunter pour rejoindre les *Inkotanyi* qui se trouvaient au sommet du Mont Shyorongi.

La nuit où la femme de Semakamba nous a calomniés, son mari et moi, a été remplie par la peur de la mort imminente. Son complice est venu vers moi. Il m'a dit : « Écoute, je ne t'ai pas tuée jusqu'à présent, mais je n'ai pas l'intention de veiller sur les *Inyenzi* et leurs descendants. Je vais te tuer sur le champ sans hésitation. » Yohani s'est aussitôt levé

37 Famille élargie du Clan *Abaforongo*.

38 Voir n. 9, p. 161.

39 Muvoma (Mouvement en français) désigne ici le Secrétaire général du MRND, Habimana Bonaventure, qui habitait aux abords de la rivière Nyabarongo, aux pieds de la colline de Shyorongi.

pour intervenir en ma faveur. Il s'est adressé à l'homme : « Laisse-moi te dire quelque chose. Elle va bientôt mourir, pourquoi la tuer ? Ne te souille pas inutilement les mains avec son sang. Regarde d'où nous venons sans qu'elle ait connu la mort. Épargne-lui la mort par ta main, elle va sans nul doute se suicider. » Son interlocuteur a refusé et il a poursuivi : « Je m'en veux de t'avoir protégé toi aussi. Depuis que nous marchons, je me suis opposé plusieurs fois à ce qu'on te conduise à la mort. Et maintenant tu veux m'offrir aux *Inkotanyi* pour qu'ils me tuent, alors que je leur ai échappé depuis Byumba ? » Yohani a déployé des trésors de négociation. J'ai vu la colère et le goût du sang s'éloigner de mon bourreau.

Nous avons dormi à Rwahi avant de nous diriger au matin vers le siège administratif de la commune de Gatonde. Nous y avons passé la nuit. À l'aube, le lendemain, Semakamba nous a montré le chemin au pied de la colline, d'où nous pouvions apercevoir les soldats du FPR de l'autre côté. Le chaos était total… La veille, en passant par là nous avions trouvé les militaires gouvernementaux positionnés. Ils n'y étaient plus ! Ils étaient remplacés par les *Inkotanyi* !

L'homme qui m'avait kidnappée en tant qu'esclave sexuelle s'est affolé et il a juré de m'achever sans délai. Yohani a repris son rôle d'ange gardien en poursuivant la conversation, jusqu'à ce que nous croisions – enfin – les *Inkotanyi* au matin. Durant tout ce trajet, je n'ai cessé de penser à la mort que voulait m'infliger celui qui m'avait prise de force comme « épouse ».

Les libérateurs m'ont offert un petit morceau de canne à sucre à mâcher avant de nous emmener sur une colline où nous nous sommes assis en sécurité, hors du champ des tirs. Ils ont vérifié nos cartes d'identité. Quand ce fut le tour de celui qui m'avait promis la mort, ils ont vu qu'il avait une carte d'identité établie à Byumba, au nord du pays. Ils lui ont demandé si, venant de là-bas, il n'était pas en train de fuir les *Inkotanyi*. Sa réponse a été négative. Il a prétendu qu'il habitait à Butare, au sud du pays. Lorsqu'est arrivé mon tour de répondre à leurs questions, je n'ai fait qu'acquiescer de la tête. Je n'arrivais pas à parler, j'avais le souffle coupé, l'air me manquait. J'étais dégoûtée de vivre et j'envisageais de me suicider en me jetant dans la rivière. Mais je savais nager et je ne serais pas restée prisonnière de l'eau. En revanche mon enfant risquait de se noyer lorsqu'en descendant dans la rivière, le pagne qui le tenait sur mon dos céderait. Je ne pouvais m'imaginer survivre sans lui. J'étais toujours terrorisée à l'idée de recevoir de nouveaux coups de machette. J'ai demandé à Dieu d'avoir pitié de moi et de m'offrir une autre mort que celle-là. Les *Inkotanyi* nous ont conduits au couvent des religieuses de Rutonde, où nous avons passé une semaine avant de retourner à Kigali.

La ville était jonchée de cadavres. Nous passions par-dessus pour avancer. Nous sommes retournés à Muhima. J'ai trouvé ma maison pillée et la porte béante. J'ai beaucoup hésité avant d'y pénétrer et je suis allée occuper une maison voisine de la mienne. J'étais très affaiblie et dénutrie. Encouragés par la paix, certains ont trouvé les forces de profiter des réserves qui se trouvaient dans les entrepôts de chez Kabuga[40]. Les *Inkotanyi* les avaient ouverts pour pouvoir nourrir tout le monde. J'attendais la mort pour échapper à ma situation de non-vie jusqu'au jour où un garçon du nom de Rutayisire m'a observée et reconnue. Il a demandé à son caporal de m'inviter à le rejoindre là où ils étaient assis près d'une boutique. Il voulait me parler. Il s'est levé pour m'embrasser et il m'a demandé si je le reconnaissais. Je lui ai répondu que non, mais je voyais qu'il était rempli de compassion à mon égard. Il m'a demandé comment je me sentais. Je lui ai répondu que j'allais très mal et je lui ai proposé de me tuer par balle. Il ne s'est pas moqué de moi. Il était horrifié par mon malheur. Il m'a dit : « Alors que tu as survécu à la mort, comment peux-tu imaginer que je pourrais te tirer dessus ? » Il était de notre village. Il m'a dit que tous les miens avaient été exterminés. Il m'a annoncé que les siens avaient survécu miraculeusement, sauf Mukamugema et Elamu. Il a continué à me donner des nouvelles. Il avait appris que la fille de Kanamugire, ma nièce Musabyimana, était sortie d'entre les cadavres et qu'elle vivait à Kagunga. Cette enfant, rescapée du génocide comme moi-même, je l'ai retrouvée plus tard.

Un matin, Kanamugire, mon frère, avait vu arriver les assaillants dans son enclos où ils ont décimé toute sa famille. Son épouse attendait un enfant, sa grossesse était presqu'à terme. Elle et l'un de ses enfants ne sont pas morts sur le coup. Ils ont reçu des coups de machette et sont restés à lutter contre la mort en entendant tout ce qui se passait. J'ai appris que si quelque soin leur avait été donné, ils auraient pu guérir de leurs blessures, si graves soient-elles. Les morts avaient été entassés dans

40 Voir n. 16, p. 221.

une tranchée creusée pour empêcher les coulées de boue jusqu'à la plaine. Plusieurs respiraient encore. Musabyimana est sortie d'entre les cadavres ressemblant à une morte de retour chez les vivants. Un homme et son épouse sont passés juste à côté d'elle. Ils allaient chercher du feuillage pour couvrir le sorgho. Ils ont dit : « Allons voir ce qu'il en est de la tuerie qui a visé nos voisins. » Ils ont trouvé Melisiyana, ma belle-sœur, les yeux grand'ouverts. Ils l'ont appelée par son nom et elle a réagi par un frémissement du corps avant de succomber. Lorsqu'ils ont regardé sur les côtés qui bordaient le fossé, ils ont vu Musabyimana qui respirait encore. Elle était couverte de sang jusque dans les yeux, les oreilles et la bouche… Une brise venait de la réveiller dans ce lieu où le destin l'avait jetée parmi les corps où elle aurait dû rester enfouie et périr. Elle a repris vie. Elle seule a survécu parmi la parenté du côté de mon frère. Les voisins l'ont emmenée chez eux. Un jeune, suspicieux, les a vus faire. Il est monté jusqu'au cabaret pour alerter les *Interahamwe* de la survie de l'un de chez Kanamugire. Ils sont allés jusque dans l'enclos des bienfaiteurs, mais Musabyimana avait été cachée. Les tueurs ne l'ont pas trouvée. C'est ainsi qu'elle a pu être sauvée et comptée parmi les rescapés.

APRÈS

De tous les enfants nés de mon sein, il ne m'en reste que trois. Au lendemain du génocide, Kazungu était porté disparu. J'ai croisé une femme qui m'a dit l'avoir aperçu à Gitarama. Elle était de Kicukiro et je la connaissais. Elle lui avait demandé où étaient les membres de sa famille, mais l'enfant avait accéléré sans lui répondre parce qu'il ne voulait pas perdre de vue son groupe, qui se dirigeait vers Kigali. Au mois d'octobre 1994, j'ai croisé une autre femme aux environs de Nyabugogo. Elle m'a appris qu'elle avait vu Kazungu à Karuruma, chez une femme, mère de famille, qui l'avait gardé chez elle comme enfant non accompagné[41]. Je suis tout de suite allée chez elle et j'ai ramené mon enfant.

41 En 1996, quatre-vingt-quatorze mille enfants non accompagnés étaient enregistrés par le Comité international de la Croix-Rouge.

Puis je suis allée chercher ma nièce Musabyimana. Ma démarche a été rejetée. À cette époque, les enfants rescapés présentaient de graves troubles traumatiques. Lorsqu'ils étaient entourés d'enfants qui n'avaient pas été présents au moment où ils avaient échappé à la mort, le trauma faisait brutalement retour et les privait de tout contact avec les autres. Tout au long de la journée ils ne faisaient que pleurer. Finalement, j'ai pu aller chercher Musabyimana à la fin du cycle primaire pour qu'elle poursuive sa scolarité à l'école secondaire de Rilima. Là elle n'a fait que tourner en rond. À la fin de ses humanités, elle a échoué à l'examen national. Elle a été admise à redoubler sans connaître davantage de succès et elle a recommencé une nouvelle fois la quatrième année secondaire. Cette décision lui a réussi. Elle a terminé ses humanités et elle vient de finir l'université avec une spécialisation dans le domaine du tourisme, à Kicukiro.

Lorsque nous sommes rentrés à Kigali, je suis tombée gravement malade. J'étais enceinte mais totalement inconsciente de mon état. Je suis allée chercher un petit local à louer à Nyabugogo pour tenir un commerce. Le jeune soldat Rutayisire a voulu m'aider à reconstruire ma vie. Mais je sentais ma mort prochaine et j'ai refusé. La maladie altérait ma vision du monde. Il m'a quand même donné neuf mille francs rwandais, que j'ai utilisés pour démarrer mon petit commerce. J'achetais des ananas, des tomates, des choux et d'autres légumes en gros que je revendais. Mais chaque jour, à peine ma marchandise installée, je tombais en syncope. Quand dix heures sonnaient dans la matinée, je voyais toutes les personnes autour de moi semblables à des fourmis qui défilaient. Je me couchais sous la table et je dormais comme une masse jusqu'à midi. À ce moment-là, ma vieille voisine commerçante me réveillait. C'était l'heure où Kazungu revenait de l'école. Il était en deuxième année primaire. Son petit frère restait à la maison avec la boyesse qui s'occupait de lui. Il avait une diarrhée chronique, due à la malnutrition et présentait beaucoup de retard dans sa croissance. Il n'a commencé à marcher qu'après l'âge de trois ans. Moi-même, en raison de ma mauvaise santé et de mon désespoir, je cherchais à recevoir des soins, y compris ceux de la pharmacopée traditionnelle. On me disait que j'avais un abcès au ventre. Je prenais de l'embonpoint, mais j'ignorais toujours tout de ma grossesse.

L'organisation Giribambe est arrivée en août 1994 à Kigali, venant de Kinshasa. Ses membres travaillaient dans l'immeuble Chez Kabuga.

Ziton en faisait partie. Elle m'a vue passer et s'est approchée de moi. On m'avait trouvée couchée sous un papayer. Chaque fois que je m'allongeais par terre, je perdais connaissance. Elle m'a demandé comment je me sentais. Je lui ai tout raconté. Elle m'a emmenée dans son bureau. Elle m'a photographiée avec l'un de mes enfants, ma nièce, qui était toujours très faible. Hélas, une boyesse a volé mon sac où se trouvait cette photo – sinon j'aurais pu la présenter aujourd'hui pour qu'on se rende compte dans quel état j'étais à l'époque. Cette photo a été envoyée en Belgique où une enseignante est devenue ma bienfaitrice. Elle m'envoyait cinq mille francs belges chaque mois. J'ai été hospitalisée au centre hospitalier universitaire de Kigali et on a détecté que j'étais enceinte. À ce moment-là Avega n'existait pas encore. Les médecins ont vu que j'attendais un garçon. Moi je ne sentais rien et ma grossesse était à peine visible. La gynécologue qui m'a suivie, Julienne, venait elle aussi de Kinshasa. Elle m'a accompagnée. Elle m'a fait faire tous les examens nécessaires et m'a recommandé de me présenter chez elle une fois par semaine pour recevoir du lait. J'ai accouché. On m'a félicitée, on m'a offert des biens et des denrées pour me redonner des forces, du sucre, du lait et aussi quelques pagnes. J'ai repris goût à la vie. La gynécologue a continué à me suivre et à m'envoyer des personnes qui faisaient le suivi. Je lui disais que j'allais de mieux en mieux. Un jour elle m'a dit : « Il y a une information que j'ai hésité à te livrer au moment de ta grossesse, en raison de ta mauvaise santé. Maintenant je dois te la révéler. Prends-la avec autant de calme que possible pour pouvoir l'assumer. Quand les résultats de ton examen de sang sont arrivés, je n'ai pas osé te les faire connaître. Ils ont indiqué que tu es porteuse du virus du Sida. » Je lui ai répondu : « Je ne suis pas étonnée. Je le soupçonnais, je le pressentais. Je m'attendais au pire. » Elle m'a demandé comment je l'avais deviné et je lui ai dit que j'avais été victime de plusieurs hommes durant le génocide. L'examen confirmait mes inquiétudes. Elle m'a consolée et m'a accompagnée jusqu'à ce que je parvienne à surmonter la situation.

L'Avega a commencé ses activités et nous avons été nombreuses à adhérer. Nous avons obtenu de l'aide, un suivi, et surtout des séances de psychothérapie, qui se déroulaient en groupe. Nous recevions du riz, des haricots, de l'huile et d'autres vivres. Nous avons pu revivre en famille. Puis on a récensé les veuves les plus nécessiteuses, qui ne bénéficiaient d'aucune assistance. J'en ai fait partie. Chacune a obtenu une maison à Kimironko[42]. En même temps que moi, Mukasekuru, Mukasonga et Mukamusoni ont été retenues. Toutes les quatre nous venions de Muhima. Je suis arrivée à Kimironko en septembre 1999. Je n'avais pas pu venir plus rapidement. Mon fils avait commencé ses études, mais l'école primaire de Kimironko située aujourd'hui près de chez nous n'était pas encore construite. Je me suis installée dans ma maison, où j'ai fait un petit commerce. Avega m'a donné vingt mille francs. Mon commerce a prospéré jusqu'à ce que je prenne contact avec la banque Duterimbere[43].

J'ai eu aussi la chance de rencontrer Basengo Louis, qui dirigeait l'association des personnes âgées. Il m'a fait connaître l'association Kanyarwanda qui m'a aidée à scolariser ma nièce. Une religieuse m'a orientée vers l'association Ibuka[44], à laquelle je devais confier mon désarroi pour solliciter une aide pour les frais de scolarité de la fille de mon frère. J'ai rencontré une femme qui était membre de ma famille élargie. Je ne la connaissais pas jusque-là. Je lui ai tout raconté. Elle m'a demandé d'aller chercher une pièce d'identification et de la lui apporter. Les enfants devaient aller étudier à Rilima mais Ibuka n'avait pas de fonds pour le matériel scolaire. Il fallait les chercher ailleurs. Je ne savais quoi faire. J'ai résolu de m'adresser à l'Avega qui n'a pas répondu à ma demande d'appui pour la scolarité de ma nièce et qui m'a juste donné une couverture. En descendant vers la maison, j'étais complètement perdue et je me demandais que faire. Arrivée à la hauteur du siège administratif de la Jeunesse Ouvrière Chrétienne (JOC), j'ai croisé une femme qui m'avait entendu monologuer à haute voix. Elle m'a questionnée. Je lui ai expliqué ma situation, elle m'a tenue par la main et m'a montré du doigt une église protestante de l'autre côté de la route. Elle m'a dit : « Va leur raconter ton cas. Tu trouveras là-bas une femme du nom de Gasenge Thérèse. Elle t'aidera parce qu'elle aide les rescapés du génocide. » Avant de me rendre à cette église, j'ai confié à une tierce personne le peu que j'avais reçu d'Avega. Parvenue à l'église, je suis entrée sans hésitation et j'ai demandé qu'on m'indique

42 Voir n. 15, p. 71.

43 *Duterimbere*, « Développons-nous », est le nom d'une organisation de femmes qui a ouvert en 1996 une coopérative d'épargne et de crédit, la Coopedu. Par la suite, avec la multiplication des entreprises de micro-finance, elle est devenue la banque *Duterimbere* où les femmes sont encouragées à ouvrir des comptes.

44 Voir n. 38, p. 47.

Thérèse. On m'a présentée à elle et je lui ai expliqué mes soucis. Elle m'a demandé de revenir le lendemain. Très tôt, le jour suivant, je suis allée à mon rendez-vous. J'ai trouvé Thérèse dans son bureau avec une femme pasteur. Tout de suite elles ont compté vingt-cinq mille francs rwandais qu'elles m'ont tendus en disant : « Ici, nous aidons plusieurs enfants de nos chrétiens mais nous voulons te venir en aide parce que tu es veuve. Essaie de te débrouiller avec ce peu d'argent que nous pouvons t'offrir. » J'ai imploré la bénédiction divine pour ces femmes et pour leur institution et je les ai remerciées. Je suis allée acheter un gros sac et tout ce qui manquait à l'élève, y compris son costume de sport. L'enfant a eu la chance d'aller étudier sans que rien ne lui manque. Plus tard le Farg a continué à l'aider pour les dépenses scolaires.

Des enfants qui sont restés avec moi, le plus âgé Kazungu a terminé ses études secondaires. Son véritable nom est Iragena Jean Claude. Kazungu est son surnom. Après ses études, il n'a pas tout de suite trouvé du travail. Un Indien pour qui il avait travaillé a décidé de l'emmener avec lui au Kenya. Celui qui est né après lui est actuellement à la fin de sa sixième année secondaire. C'est l'enfant dont j'ai accouché à l'hôpital CHUK, le cadet de la famille.

Partout, autour de nous, c'était comme un désert. Aucun des miens ne survivait sauf moi-même, ma nièce sortie d'entre les cadavres et deux enfants de ma grande sœur. Toute la famille semblait avoir été exterminée pour mettre fin à notre généalogie. Bien que je sois restée veuve et que tous les miens aient été frappés par la mort, Dieu m'a épargnée. C'est un miracle que je sois encore en vie. Les faits que nous avons vécus sont d'une extrême déraison, ils démontrent la cruauté humaine et la méchanceté inouïe. À la fin du génocide, le 4 juillet 1994, je n'avais plus de mots pour exprimer ce qui m'était arrivé.

Lorsqu'Avega venait vers nous, mes condisciples donnaient leurs témoignages et souvenirs. Moi, j'étais incapable de parler de ce que j'avais vécu. Avega, notre organisation et notre famille, nous invitait dans leurs bureaux. Un jour, j'ai parlé avec un conseiller mais j'ai été tellement déboussolée qu'en voulant rentrer chez moi, j'ai pris la route de Nyamirambo – où je n'avais jamais vécu – au lieu de me diriger vers Kimironko. Aujourd'hui, après avoir reçu des soins, je suis guérie, ma tête fonctionne normalement, sans trouble ni trauma. Nous avons eu la chance d'être approchées par des personnes possédant différentes spécialisations. La rencontre avec des veuves qui vivaient dans les mêmes conditions que moi a été un appui fort. Je ne me sentais plus seule et abandonnée. J'ai progressivement accepté et assumé ma situation et ce qui m'était arrivé. Sinon nous serions restées comme des folles décervelées. Nous avions perdu et la tête et la raison, et nous survivions dans une sorte de non-existence.

Dans le village Avega de Kimironko où je suis arrivée en 1999, nous avons trouvé un quartier rempli de broussailles et de moustiques où la malaria sévissait. Nous étions tout le temps malades et alitées. Peu de temps après mon arrivée, j'ai été hospitalisée cinq jours dans un établissement privé dirigé par le docteur Gakuba. Il m'était impossible de supporter les frais médicaux. On m'a gardée à l'intérieur du cabinet médical, puis j'ai dû laisser ma carte d'identité en caution. Après cela, j'ai fait un projet que j'ai apporté à Ibuka. L'association m'a accordé deux cent cinquante mille francs. J'ai déposé ces fonds à la Banque Populaire, à l'agence de Muhima. J'ai retiré soixante-dix mille francs rwandais pour payer le cabinet médical. Pour lancer mon commerce, j'ai acheté une balance et quelques produits, – du riz, des haricots, des caisses de bière, etc. Quelques jours après, on a entrepris la construction d'autres maisons près des nôtres dans le lotissement des veuves. J'ai décidé de cuisiner pour les maçons et les ouvriers. Ils sont venus se restaurer chez moi. J'ai gagné quatre-vingt-cinq mille francs rwandais. J'étais fière et j'ai pu financer une porte métallique pour fermer solidement ma maison jusque-là munie d'une misérable porte en bois, comme celle de mes voisines. J'étais fière de mon succès. Je suis allée solder mon compte à la banque pour retirer les fonds qui me permettraient d'investir davantage et de gagner plus. J'ai continué à cuisiner pour des clients durant trois mois, au bout desquels ils devaient me payer. Hélas, tous n'ont pas honoré leurs engagements et je n'ai pas reçu tout mon dû. Seuls cinquante mille francs rwandais sont entrés dans ma caisse. Le reste est resté entre les mains de mes débiteurs. Mon commerce a périclité et le manque à gagner impossible à combler.

J'ai cessé de faire du commerce et je suis allée cultiver dans le marais de Kabavu, situé près de notre quartier. Lors du partage des terrains, nous sommes allées voir les lopins de terre disponibles. J'ai utilisé les cinquante mille francs qui me restaient pour cultiver et mettre en valeur sept parcelles. Lors de la récolte, j'ai eu une belle quantité de manioc, mais la situation économique de ma famille restait précaire. J'avais accueilli des enfants orphelins et j'étais leur unique soutien. Il fallait supporter les frais de scolarité. Par ailleurs, je devais me rendre régulièrement dans des procès au sujet de nos parcelles dans mon village d'origine, dans le Mayaga. Il n'était pas facile de payer les frais de transport et de séjour. Là aussi, j'ai perdu beaucoup d'argent et jusqu'à aujourd'hui ces procès perdurent.

Plus tard, Nicole, une bienfaitrice venue du Canada, a entrepris de promouvoir l'artisanat avec celles d'entre nous qui savaient faire quelque chose. Moi je savais tricoter et broder les nappes. J'ai tout de suite adhéré à son projet. Au début, nous étions dix. Nous avons confectionné des couvre-lits et d'autres pièces. Nous avons fait des sacs à main. Nicole allait les vendre dans son pays et nous rapportait l'argent de la vente. Elle nous a aidées jusqu'à ce que son projet s'éteigne. Un nouveau projet a vu le jour, mis en œuvre par Rwanda avenir. Il a commencé avec des formations pour réaliser les tableaux *Imigongo*. Ce projet nous a permis de gagner de l'argent et nous nous en sommes régalées. J'ai fait des économies et j'ai entrepris le commerce de charbon de bois pour la cuisine. En raison de ma mauvaise santé, cette activité est devenue de plus en plus difficile pour moi. J'ai fait bâtir sur ma parcelle des maisonnettes qu'on appelle des annexes et je les ai louées. Je vis actuellement de cela. Je n'ai plus les forces d'entreprendre quoi que ce soit d'autre.

Je remercie infiniment Avega, Giribambe, Ibuka et le Farg qui continue à me remettre vingt mille francs rwandais par mois, Florence et Nicole, ainsi que Solace[45] qui nous a procuré des vivres pendant six ans. Aujourd'hui je survis et la vie continue.

Cependant, je ne saurais dire ce qui m'est arrivé ces derniers temps. Je sens en moi une sorte de détresse qui ne m'autorise ni à regarder un quelconque être humain en face ni à me déplacer pour aller quelque part. Me rendre en dehors de Kigali pour voir les miens rescapés, là où ils habitent, je n'en ressens même plus le besoin.

Il me revient souvent à l'esprit une scène. Lorsque ma grande sœur, qui s'était réfugiée en Ouganda en 1960, est rentrée chez nous portant le costume des Ougandaises, elle a demandé : « C'est qui cette jolie

45 Solace Ministries, association qui aide les veuves et les orphelins pour les soins médicaux, les projets de développement communautaire, l'éducation…

petite fille au teint clair, elle est d'où ? » Il s'agissait de moi. J'étais née après son départ en exil. J'entends encore dans mes oreilles qu'on lui a répondu que j'étais sa petite sœur et qu'elle ne pouvait pas me reconnaître parce qu'elle n'était plus au pays quand je suis née.

Je me souviens d'elle, et je ne l'oublierai jamais. Revenue dans son pays natal, elle a trouvé la mort avec toute sa famille. Elle, son mari et leurs quatre enfants ont péri pendant le génocide.

VOUS ÊTES PARTIS SANS LAISSER NI TRACES NI PHOTOS

RUTAGANDA Gilbert

AVANT…

Je suis né en 1972 dans l'actuelle province de l'Est, district du Bugesera, secteur de Ntarama, cellule de Kanzenze. J'ai vécu là avec mes parents et mes deux petites sœurs. À notre adolescence, ils nous ont appris que nous n'étions pas originaires du Bugesera. Ils n'étaient pas nés là et ce n'était pas non plus la terre de nos grands-parents. Ils précisaient qu'en 1959 les Hutu avaient chassé les Tutsi de leurs terres, surtout dans le nord du pays, et les avaient envoyés dans la forêt très insalubre du Bugesera[1]. L'objectif était de les exterminer. Ce qui était programmé est arrivé. Beaucoup ont péri, décimés par la maladie.

En 1979, j'ai été inscrit dans une école primaire où la discrimination ethnique était appliquée. Chaque année, nous subissions le même rituel

1 Avant 1959, le Bugesera était couvert d'une forêt qui s'étendait jusqu'au Burundi.

humiliant de comptage et de recensement selon notre ethnie. Dans mon souvenir, aucun Twa[2] n'a été recensé au cours de ces années. Nous n'étions pas impressionnés outre mesure, mais nous étions loin de comprendre le pourquoi de ces distinctions. Chaque élève avait sa fiche d'identification. Sur celle-ci étaient mentionnées sa région d'origine et son ethnie.

À la fin de l'école primaire en 1987, je n'ai pas été autorisé à accéder au secondaire. Je dis « autorisé » parce qu'il s'agissait bien plus d'une mesure arbitraire que d'une décision liée au mérite de l'élève. La sélection sur la base des points obtenus arrivait en dernière position. L'ethnie et la région d'origine prévalaient sur toute autre information. Les élèves tutsi, privés de la poursuite de leurs études dans les écoles secondaires de l'État, étaient dirigés vers une formation rudimentaire. Par exemple dans le Bugesera, on leur apprenait à confectionner des vans, des paniers et d'autres ustensiles à base de lianes ou bien à tailler et raboter des spatules dans des morceaux de bois. À mes yeux et aux yeux de beaucoup, l'apprentissage de cet artisanat était inutile. Cet art quasi inné appartenait à tout un chacun. Ce n'était pas un métier qu'on apprend, en espérant en vivre plus tard. De plus, à l'époque, les lieux où les produits de cet artisanat se vendaient étaient rares, voire inexistants, et cet apprentissage ne pouvait en aucune façon promouvoir socialement celui qui l'avait acquis.

En 1990, les *Inkotanyi* du FPR ont fait une incursion militaire dans le nord du pays, réclamant leur droit au retour. J'étais dans mon village de Kanzenze. Le matin du 5 octobre[3], nous avons entendu à la radio une information selon laquelle les *Inyenzi* étaient arrivés dans la capitale Kigali, d'où ils avaient aussitôt été chassés par l'armée nationale. L'ordre a été donné à tout le monde de rester chez soi et de ne pas sortir.

Dans le Bugesera, les tueries ont commencé. Les Hutu tuaient les Tutsi et incendiaient leurs maisons. Nous observions le désastre qui se déroulait sur les collines de Kayumba et de Karambi et progressait en direction de Kanzenze, passant par le lieu-dit Arete[4]. Cette violence généralisée a été orchestrée et lancée par le bourgmestre de la commune de Kanzenze, Rwambuka Fidèle[5], membre du parti unique

2 Voir n. 23, p. 126.

3 Voir p. 29.

4 Le terme « Arrêt » (de bus) prononcé en kinyarwanda « arrêtez » a donné son nom au lieu-dit en question.

5 Voir n. 10, p. 77.

au pouvoir, le MRND[6]. Face à cette violence, certains Tutsi ont fui vers le centre commercial de Nyamata pour trouver refuge dans l'enceinte de l'organisation d'une Italienne, nommée Tonia Locatelli[7]. Très rapidement, les tueurs ont décidé de couper l'eau pour nuire à l'accueil des réfugiés. L'assassinat de cette femme qui avait tenté de leur sauver la vie n'a pas tardé. Les massacres se sont poursuivis de plus en plus durement. Ils se sont rapprochés de Kanzenze. Plusieurs voisins, dont les maisons étaient en flammes, se sont enfuis. J'ai pris la décision d'aller à Kigali, où j'espérais être plus en sécurité.

À l'époque pour quitter une commune et se diriger vers une autre, il fallait obtenir un laissez-passer que l'administration renâclait à délivrer aux Tutsi, soi-disant parce que les bénéficiaires allaient en profiter pour rejoindre les rangs des *Inkotanyi* du FPR. Je suis parti. J'ai pris la route de Kigali à pied.

Je m'étais débarrassé de ma pièce d'état civil qu'on appelait *Indangamuntu*[8] en la jetant au fond des latrines parce qu'elle risquait de me conduire à la mort. Puis, j'étais allé me présenter à l'autorité locale pour demander une attestation de perte. Je savais que l'ethnie ne serait pas mentionnée et que seuls figureraient mon nom et mon lieu d'origine.

Arrivé à la barrière située à la périphérie de Kanzenze, les soldats gouvernementaux m'ont ordonné de m'arrêter, de m'asseoir par terre et de présenter ma carte d'identité. J'ai tendu mon attestation de perte. Ils ont vu que j'étais originaire de Kanzenze. Une rumeur circulait selon laquelle les Tutsi du Bugesera en général et de Kanzenze en particulier se rendaient en nombre dans la zone occupée par les *Inkotanyi*, pour leur apporter du renfort et se faire recruter comme combattants. Les soldats m'ont observé un moment. Puis ils m'ont interrogé en m'ordonnant de parler des *Inyenzi*, c'est-à-dire du FPR. Je leur ai dit que j'ignorais tout des *Inyenzi*, à l'exception des informations diffusées à la radio que tout le monde connaissait. Nous étions en surplomb de la rivière Nyabarongo, qui sépare le Bugesera de Kicukiro. Je redoutais que les chefs de la barrière où je me trouvais immobilisé me jettent dans le fleuve. Je leur ai menti pour justifier mon déplacement. J'ai dit que j'étais malade, que je me

6 Voir n. 27, p. 36.

7 Tonia Locatelli, Italienne venue au Rwanda en 1970 avec des volontaires laïcs, a été tuée à Nyamata le 9 mars 1992 alors qu'elle tentait de sauver les Tutsi, lors des massacres qui eurent lieu dans la région.

8 *Indangamuntu*, « identifiant une personne ».

rendais à Gahanga de l'autre côté du cours d'eau pour me faire soigner. Par chance ils m'ont cru et m'ont laissé continuer ma route. J'ai avancé à grandes enjambées, j'ai traversé la rivière. Parvenu au centre commercial de Gahanga, j'ai tourné vers la gauche pour quitter la grand'route sur laquelle je risquais de trouver d'autres barrières. Je connaissais bien ce chemin qui était un raccourci et j'ai atteint le versant de Kicukiro, avant d'arriver à Gikondo. De là, je suis descendu rapidement et je suis parvenu à Nyamirambo, ma destination.

Près du marché de Nyakabanda situé entre Nyamirambo et le Mont Kigali, un peu plus bas que l'actuel stade régional, vivaient des personnes qui avaient été nos proches voisins dans le Bugesera. J'ai été reçu comme chez moi et je suis resté avec eux. Après plusieurs jours, j'ai osé sortir de la maison pour voir ce qui se passait en ville. À l'époque les manifestations se succédaient et l'insécurité régnait. J'ai dû subir le contrôle des cartes d'identité qui visait les habitants de la capitale. Ceux qui n'étaient pas originaires de Kigali devaient avoir une autorisation de résidence. J'ai été arrêté non loin de là où je logeais. Puis emmené en prison, dans le cachot du bureau de l'administration urbaine, où j'ai trouvé plusieurs personnes qui partageaient ma condition d'« irrégulier » dans la ville. Pour les gendarmes, il s'agissait avant tout de connaître l'identité ethnique des personnes qui circulaient en ville et leur région d'origine. Dans ces années-là la discrimination était ethnique, mais également régionale[9]. J'ai présenté mon attestation de perte de carte d'identité. Découvrant que je venais de Kanzenze, les choses se sont envenimées et j'ai été conduit au cachot. De nouveau on m'a dit que les ressortissants du Bugesera étaient des complices des *Inkotanyi*. En prison, personne n'avait droit aux visites ni aux repas apportés par la famille. Ceux qui se risquaient à venir nous apporter à manger étaient chassés par les gendarmes et les policiers. C'était au cours de l'année 1992. Comme les autres détenus, j'ai passé plus d'une semaine sans manger ni boire. Certains en sont morts et leurs corps sans vie cohabitaient avec ceux qui parvenaient à survivre.

Peu avant ma libération, les autorités de la ville de Kigali sont venues à la prison. Elles ont interrogé chacun sur les raisons de son arrestation. Lorsque vint mon tour, au regard de mes déclarations ils m'ont jugé innocent. Dieu aidant, je suis ressorti libre et je suis parti pieds nus.

9 Voir n. 2, p. 52.

Dès notre arrivée, anticipant notre culpabilité, on nous avait enlevé nos chaussures, nos ceintures et nos clés. Plusieurs d'entre nous ont été relâchés. Aucun n'a retrouvé ses chaussures. Dans la rue, ma démarche malaisée a attiré l'attention des passants. L'un d'eux compatissant m'a acheté une paire de babouches. Je ne le connaissais pas. Je lui ai dit que j'avais été arrêté et que je venais du cachot. Je n'ai pas eu besoin de lui en dire plus. Il n'a rien dit lui non plus. Tout le monde savait dans quelle situation nous vivions. Je remercie du fond du cœur cet homme et j'espère que ma gratitude lui parviendra, si tant est qu'il vive encore. J'ai regagné mon logement de Nyamirambo.

Plusieurs jours après, Bucyana[10] Martin, le président de la CDR, a été assassiné. Les massacres ont repris de plus belle. De virulentes attaques des *Interahamwe* associés à la milice de la CDR, tous plus vindicatifs les uns que les autres, eurent lieu dans les minutes qui ont suivi son assassinat. Nous redoutions chaque jour la venue des tueurs à notre domicile et nous vivions dans la peur de la mort. Les assaillants faisaient sortir les Tutsi de chez eux. Certains, accusés d'être complices des *Inkotanyi*, étaient tués sur le champ, sans que soit donnée la moindre raison de leur assassinat.

En 1992, le règne de la barbarie a été instauré en même temps que l'émergence du multipartisme au Rwanda. Le chef de la milice *Interahamwe* de notre quartier s'appelait Katumba[11]. Il excellait dans les tueries. Il a été assassiné. La rumeur a couru selon laquelle les extrémistes *Interahamwe* étaient responsables de son assassinat. Ce bruit a aussitôt été démenti et les *Inkotanyi* ont été désignés comme seuls responsables. Les *Interahamwe* ont affirmé qu'ils demeuraient soudés et ce fut le signal de nouveaux massacres.

La nuit, nous ne dormions plus dans la maison craignant qu'on vienne nous y trouver, nous donner la mort et abandonner nos cadavres sous les décombres. Nous nous cachions hors de chez nous. On entendait le sifflement des balles et les cris des *Interahamwe*. Ils faisaient la chasse à l'homme sur les routes du quartier de Nyakabanda. Que leurs victimes figurent sur des listes ou pas. Nous les apercevions de loin. Ils étaient nombreux, beaucoup arrivaient en renfort pour exterminer les Tutsi. À

---

10 Voir n. 24, p. 36.

11 Ingabire Alphonse, connu sous le nom de Katumba, chef opérationnel de la CDR, assassiné le 31 mars 1994.

l'arrière des camionnettes, certains portaient des massues cloutées qu'on appelait *Ntampongano y'umwanzi*[12]. D'autres avaient des armes blanches ou des fusils, tout un arsenal destiné à être utilisé pour donner la mort.

Dans notre quartier de Nyakabanda, plusieurs Tutsi ont fui et sont montés vers le plateau de Nyamirambo pour trouver refuge dans l'enceinte du collège Saint-André. Je suis resté dans le quartier avec d'autres. Nous ne faisions que rôder cherchant des cachettes loin des yeux des *Interahamwe*. Cette situation a duré plusieurs jours, jusqu'à la mort de Katumba.

En 1993, la violence a changé de visage. Des divergences et des scissions sont nées au sein des partis politiques. Au Burundi, le Président Ndadaye Melchior qui avait gagné les élections a été assassiné. On a dit que les Tutsi du Burundi et du Rwanda avaient ourdi un complot et qu'ils étaient responsables de sa mort. Les Tutsi du Rwanda qui s'étaient réfugiés au Burundi ont été aussitôt pourchassés et tués.

Des barrières ont été érigées sur les routes du Rwanda et de jeunes délinquants ont été recrutés et formés à tuer avec des fusils ou des armes blanches. C'est alors que les *Impuzamugambi*[13] de la CDR sont passés sur le devant de la scène pour rivaliser avec les *Interahamwe*. L'organisation des *Interahamwe* du MRND était constituée de chômeurs et de jeunes qui aident à décharger les sacs sur les marchés et dans les centres commerciaux. Tout heureux de manier le fusil, ils s'estimaient affranchis de leur statut social au bas de l'échelle. Ils portaient désormais des uniformes plus propres que leurs vêtements habituels. Tuer les Tutsi est devenu un spectacle. Les miliciens barraient les routes avec des arbres abattus. Si les chasseurs apercevaient un Tutsi passant par là, ils criaient à la vue de leur proie. Le Tutsi ne bénéficiait d'aucune clémence. Dès qu'il approchait, tout le monde s'exclamait : « Et un de plus ! »

Quand les miliciens des partis MRND et CDR, – et tout particulièrement les *Impuzamugambi* –, découvraient un groupe de Tutsi, ils hurlaient qu'il n'y avait aucune raison d'utiliser la kalachnikov et de gaspiller les balles. Ils utilisaient des poignards. Puis ils allaient fièrement donner leur rapport en chantant leur bravoure tout le long de la route. Je me rappelle qu'à cette époque les rassemblements des partis se multipliaient au stade de Nyamirambo. Tous appelaient à tuer

12 Massue dans laquelle on plantait des clous. Personne ne survivait à ses coups.

13 Voir n. 23, p. 36.

les Tutsi. De jeunes excités qui semblaient drogués sortaient du stade régional à la recherche de leurs proies. S'ils croisaient un de ceux qui leur semblaient être tutsi, ils l'abattaient aussitôt. Chaque fois qu'avait lieu un meeting dans ce stade, les Tutsi restaient sur leurs gardes et évitaient de croiser les tueurs.

1994

Le soir du 6 avril 1994, nous avons entendu dans notre quartier des tirs inhabituels à l'arme lourde et une pluie de balles. N'ayant rien suivi aux informations ce soir-là, nous nous sommes demandé ce qui se passait. Le lendemain matin, la radio diffusait de manière ininterrompue une musique insipide comme s'il y avait un deuil national. Puis un communiqué a été lu. Il annonçait que l'avion transportant le « père de la Nation » et le président burundais, de retour d'Arusha[14], s'était écrasé, abattu par les *Inyenzi*. Personne ne devait sortir de chez soi et tout rassemblement était interdit. Le communiqué a été lu à plusieurs reprises tout au long de la journée. Le génocide a commencé. Les Tutsi ont été tués à Kigali et sur tout le territoire national.

Peu après le début des massacres, dans un tout autre quartier que Nyamirambo où j'étais allé chercher une cachette plus sûre, les *Interahamwe* nous ont attaqués. Ils ont encerclé l'enclos pour que personne ne leur échappe. Une partie de leur groupe a fait irruption dans la maison. Ils nous ont trouvés paralysés par la peur et l'angoisse et ils nous ont donné l'ordre de nous mettre à plat ventre sur le sol. Au moment où ils s'apprêtaient à nous fusiller à bout portant, le commandant leur a dit : « Ne tirez pas. Allons d'abord travailler là où c'est plus important. De toute façon, ils ne nous échapperont pas, nous reviendrons vers eux. Allons. » Tous ont obéi… Après leur départ, nous avons soupiré : « Notre mort s'éloigne, mais elle repassera par ici, c'est certain. Ne nous réjouissons pas, elle reste imminente. » Dès lors, nous avons vécu dans la terreur ; nous avons perdu tout contrôle de nous-mêmes et nous avons cherché dans tous les recoins de la maison et même à l'extérieur où nous cacher.

---

14 Voir n. 17, p. 222.

Peu de temps après, un second groupe d'*Interahamwe* est venu pour nous tuer. De nouveau, l'enclos et la maison ont été encerclés. Ils ont surgi, munis de fusils et de grenades. Ils ont inspecté toute la maison, y compris le plafond, pour chercher les *Inyenzi* qui y seraient cachés. Ils nous ont interrogés sur notre complicité avec les *Inkotanyi*. Notre réponse a été clairement négative. Ils ont insisté en demandant si nous avions du matériel provenant des *Inyenzi*. Notre réponse a été identique à la précédente. C'est alors que des cris se sont fait entendre sur la route près de la maison. Nos bourreaux sont sortis en courant. Ils avaient compris que des fugitifs avaient été repérés et ils voulaient être les premiers sur place pour les tuer, avant de s'en vanter. Ils sont partis, convaincus que nous resterions là et qu'ils nous retrouveraient à leur retour… Nous avons échappé à l'attaque ce jour là ! Nous avons vécu un jour et une nuit de plus.

Le 17 avril 1994, une bombe dite Katioucha a explosé dans les studios de la RTLM. Elle a blessé à la jambe le journaliste Hitimana[15] Noël qui était au micro. Pour alerter les auditeurs, il a crié d'une voix stridente que les *Inyenzi* venaient de lui tirer dessus. Cette radio incitait sans relâche à exterminer les Tutsi. À la moindre information venue du champ de bataille entre le FPR et l'armée gouvernementale, si les Hutu étaient en difficulté, la RTLM s'empressait d'appeler à la vengeance contre les Tutsi, même s'ils se trouvaient hors de proximité des lieux du combat. Le jour de l'attaque de la RTLM, les *Interahamwe* étaient plus virulents que jamais, décidés à venger le journaliste. Leurs pelotons ont systématiquement sillonné toutes les routes, quartier par quartier. Ils ont fouillé les maisons pour y chercher ceux qui avaient réussi à leur échapper jusque-là.

Nous sommes restés enfermés dans la maison. Il était hors de question de sortir. Nous regardions à travers les rideaux pour voir si les tueurs approchaient. À un moment donné, nous les avons aperçus. Nous sommes sortis tous ensemble par la porte arrière de la maison et avons sauté par-dessus la clôture. Nous nous sommes retrouvés chez des voisins. C'était une famille qui venait de Tanzanie. La femme nous a accueillis. Elle a ouvert la porte d'une pièce située au fond où nous

15 Hitimana Noël a été parmi les premiers animateurs recrutés par la RTLM après sa création le 8 avril 1993. Il a systématiquement incité aux meurtres des Tutsi, les désignant nommément et révélant où ils se trouvaient. Il serait mort en prison.

nous sommes entassés. Là, nous avons observé les *Interahamwe* qui se trouvaient chez nous. Ils nous avaient ratés ! Ils ont dit : « Ces *Inyenzi* ont peut-être déjà été tués. » Et ils sont repartis, convaincus que leur hypothèse était la bonne. Le cœur lourd, après l'attaque, nous avons pris congé de notre bienfaitrice.

Aussitôt après l'attaque d'Hitimana Noël, une journaliste nommée Bemeriki[16] Valérie qui travaillait elle aussi à la RTLM, connue également sous le nom de Radio *Rutwitsi*[17], a relayé les propos de son collègue : « Les *Inyenzi* viennent de tirer sur notre journaliste. Chassez ces *Inyangarwanda*[18], chassez-les partout où ils se trouvent, tuez-les pour qu'aucun n'échappe. Ne laissez aucun survivant. » Cette femme était emplie d'une haine sans égale. Elle est actuellement détenue dans la prison centrale de Kigali, dite 1930. Ses incitations et ses appels au meurtre ont exacerbé la cruauté des *Interahamwe*. Dans la minute qui a suivi, dans la ville de Kigali et partout dans le pays, des perquisitions et des destructions de maisons ont eu lieu. Les fouilles dans les brousses, les marais et ailleurs ont été minutieusement menées, extirpant les Tutsi de leurs cachettes. Les miliciens disaient : « Ces Tutsi sont très nombreux encore, ils sont difficiles à liquider... Ils sont plus nombreux que les fourmis qu'on brûle et qui réapparaissent sans fin. »

La mise à mort était à l'ordre du jour. Partout sur les routes, les *Interahamwe* rôdaient. L'appel à la vengeance du journaliste a provoqué des massacres, qui ont fait couler plus de sang encore que celui qui s'écoulait dans les caniveaux du quartier de Nyamirambo.

D'autres carnages ont suivi. Chaque fois que les combats devenaient plus intenses et meurtriers, les *Interahamwe*, qui peinaient à affronter les *Inkotanyi* sur le champ de bataille, s'en prenaient aux civils, victimes innocentes et non armées. Sous prétexte d'être mis en sécurité, les Tutsi étaient emmenés et rassemblés en un seul endroit où tous étaient tués en même temps. Cela se passait parfois aux barrières où les chefs *Interahamwe* réunissaient leurs caporaux pour leur donner les instructions et recevoir leurs comptes-rendus. C'était là aussi que le butin des pillages était distribué. Partout, en un temps record, des barrières ont

16 Bemeriki Valérie, ancienne journaliste de la RTLM, arrêtée en RDC. Elle a été jugée par les Gacaca en 2009. Elle a plaidé coupable et a été condamnée à la perpétuité.

17 Ce qui signifie la radio qui met le feu aux poudres.

18 *Inyangarwanda*, « ennemis du Rwanda ».

été installées sur toutes les voies susceptibles d'être empruntées par les Tutsi et les fugitifs se retrouvaient soudain piégés.

Le jour où les rebelles du FPR *Inkotanyi* sont arrivés à Nyamirambo, les combats ont changé de visage. Entre la mosquée dite « de Kadhafi » et le lieu-dit « Tapis-Rouge », terrain de football en terre battue, les combattants se tiraient dessus et s'affrontaient corps à corps.

Une fois de plus, pendant tous ces temps, au lieu de combattre, les *Interahamwe* entraient dans les maisons pour tuer les survivants et achever leur « travail » d'extermination. Dans notre cachette située un peu plus bas que le lieu du combat, nous avons continué à suivre la Radio Muhabura, la voix des *Inkotanyi*. Nous faisions extrêmement attention et mettions le son très bas pour ne pas être découverts et classés parmi les traîtres. Nous voulions savoir où ils parvenaient chaque jour, avec l'espoir d'être sauvés dans les heures qui suivaient. Ce que je souhaitais plus que tout entendre, c'était que le Bugesera (chez nous) avait été libéré par les *Inkotanyi*. Je savais que le FPR venant du nord avait contourné la capitale par le sud avant de l'assiéger. J'espérais que plusieurs personnes aient pu être sauvées. J'espérais surtout que ma famille était saine et sauve et que je reverrais les miens. C'était malheureusement une illusion.

Dans notre quartier de Nyamirambo, proche du stade régional, les combats à l'arme blanche se sont intensifiés. Nous avons décidé de descendre de manière dispersée dans le quartier de Biryogo, près du centre ville pour trouver une nouvelle cachette. Notre groupe comptait toujours les mêmes huit personnes – un couple et leurs cinq enfants, plus l'hébergé que j'étais. Aucun d'entre nous n'a été tué et nous nous sommes tous retrouvés au même endroit sans concertation. Le chef de famille était musulman ainsi que toute sa famille. Chaque fois qu'il sortait pour chercher de quoi nourrir les siens (dont je faisais partie), il s'efforçait de ressembler à un étranger. Dehors, pour parer au danger, il ne parlait pas kinyarwanda, mais swahili et faisait mine de ne pas comprendre la langue du pays. Nous sommes demeurés presque paisiblement à Biryogo pendant quelques jours, avant que Kigali ne soit reprise par le FPR et que les *Interahamwe* et les soldats gouvernementaux ne s'enfuient par la route de Nyabugogo.

La date inoubliable de mon histoire, la date inoubliable de l'histoire du pays tout entier est celle du 4 juillet 1994. Ce jour-là les rebelles du FPR nous ont soustraits à la mort en conquérant totalement la capitale.

Ils sont venus nous saluer et nous ont priés de quitter l'endroit où nous étions. Nous avons été conduits à l'ambassade de Tanzanie à Kiyovu, quartier résidentiel où vivaient les hommes d'État, les diplomates et les étrangers. Là, nous ne sommes pas restés longtemps, juste le temps pour les *Inkotanyi* de sécuriser les autres quartiers de la ville, où les tueurs risquaient de s'être cachés. Nous avons été conviés à une réunion de sensibilisation. Ils nous ont expliqué qu'ils étaient là pour assurer notre sécurité. Puis, tous ceux qui étaient rassemblés dans l'ambassade ont repris avec confiance le chemin de leurs quartiers. Nous nous sentions protégés par ceux qui avaient restauré la paix pour nous tous. Nous, les rescapés du génocide.

APRÈS

Après l'arrêt du génocide, le 4 juillet, nous avons vécu quasiment seuls dans la ville de Kigali désertée. Le peu d'habitants qui restaient étaient surtout des rescapés. Il n'y avait ni bus ni vélo. Nous allions partout à pied espérant croiser quelqu'un que nous connaissions. Je connaissais mal Kigali. J'ai décidé de retourner dans le Bugesera pour retrouver ma famille. Sur la route, j'imaginais revoir au moins un des miens qui aurait survécu. Je me disais que j'allais le retrouver à la maison.

Arrivé à notre domicile, je n'ai trouvé que des ruines, vestiges des démolitions. J'ai pensé que les miens étaient enfouis dessous. Effrayé et désespéré, je suis reparti précipitamment à Kigali. Là, un peu plus tard, un oncle maternel a appris que j'avais survécu. Il m'a cherché, il m'a retrouvé et il a obtenu un emploi pour moi au CICR où il travaillait. De mon côté, j'ai retrouvé mes deux sœurs, rescapées elles aussi. Nos parents avaient été abattus sans que je sache où. Durant le génocide à Kanzenze, les Tutsi avaient été chassés comme du gibier et chacun avait pris la direction qu'il pouvait. Je n'ai jamais vu les corps des miens et je n'ai pas pu les enterrer en dignité. Je n'ai pas connu les circonstances de leur mort ni le supplice qu'ils ont enduré avant de mourir. J'ai vécu, le cœur lourd, avec mes deux petites sœurs. J'avais un travail. J'ai loué une maison qui est devenue notre domicile et j'ai continué à leur venir en aide. Hélas, cela n'a pas duré… Au CICR, les agents dont les activités s'étaient peu à peu réduites ont été démobilisés. Plusieurs personnes ont été remerciées. J'en ai fait partie. L'une de mes sœurs a reçu une des maisons attribuées aux orphelins du génocide dans le Bugesera, où elle a vécu. La seconde vit avec une cousine.

Je veux formuler des messages de remerciement et de gratitude :

Aux militaires du FPR-*Inkotanyi* et de leurs commandants qui m'ont permis d'être compté parmi les rescapés du génocide qui vivent paisiblement aujourd'hui.

Au gouvernement d'Union nationale qui a institué le Farg pour venir en aide aux rescapés du génocide perpétré contre les Tutsi. Ce fonds m'a donné une habitation, par l'intermédiaire de l'Avega *Agahozo*.

Enfin, je remercie ceux qui m'ont accueilli à Kigali dès 1992. Là, j'ai été comme chez moi, me battant chaque jour contre la mort, durant tout le génocide.

Le titre de mon cahier de mémoire, *Vous êtes partis sans laisser ni traces ni photos*, exprime mon désarroi. Si mes parents étaient encore vivants, nous pourrions parler avec eux de tout ce que nous avons subi. Nous pourrions tenter de faire face aux difficultés qui nous frappent durement.

Je suis actuellement marié et père de famille. Nos deux filles, Gisèle et Germaine, nous questionnent sans arrêt. Elles nous demandent s'il n'y aurait pas ne fût-ce qu'une photo de leurs grands-parents. Elles pourraient la regarder quand elles désirent savoir à qui elles ressemblent. Cette question nous perturbe terriblement mon épouse et moi. Ni l'un ni l'autre n'avons pu retrouver une seule photo des nôtres. Nous aurions pu montrer à nos enfants l'image de leurs grands-parents pour les apaiser et calmer leur tristesse face à un questionnement qui ne trouve pas de réponse. Elles croient que nous venons de nulle part, que nous n'avons pas été des enfants qui vivaient avec leurs parents. L'amour de leurs grands-parents leur manque.

Un jour j'ai pensé répondre à leurs questions en décidant d'aller dans notre région, notre lieu d'origine, notre « chez nous au Bugesera », pour leur montrer où je suis né et là où se trouvait notre domicile. Ma sœur l'a rebâti et elle y habite avec son mari. Ils ont convié une cousine à venir dans notre enclos où elle est leur voisine. Nous avons mis en œuvre notre projet durant les vacances et mes filles sont allées visiter le lieu. Elles ont pu se rendre compte que j'avais un « là où je suis né ». Elles ont pu toucher du doigt la réalité de mes dires, en constatant, en observant et en examinant de leurs propres yeux. Elles ont exploré cette demeure, où résident aujourd'hui ma sœur et ma cousine.

JE N'AI PAS FAIT LE DEUIL DES MIENS

Mukakabera Domina

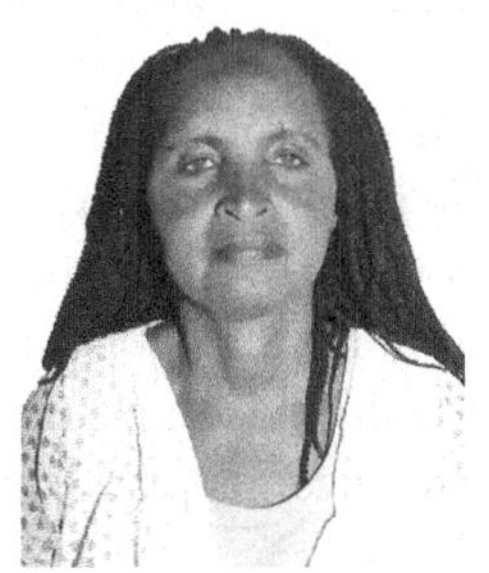

AVANT...

Je m'appelle Mukakabera Domina, je suis née en 1964. J'habite dans la cellule de Gacaca, village de Gasharu, secteur Rubengera, district de Karongi, actuelle province de l'Ouest. Avant le génocide, j'habitais dans la cellule de Cyarusera, village de Kigarama, secteur de Mushubati, commune de Mabanza, préfecture de Kibuye (actuellement district de Rutsiro).

Autrefois quand j'étais petite, on jouait avec les autres enfants sans distinction. Mais à l'école, à la suite de l'appel de l'instituteur distinguant les enfants hutu et tutsi, l'enfant hutu, avec qui on s'amusait l'instant d'avant, vous regardait avec dédain comme s'il était votre ennemi depuis toujours. Je n'y prêtais pas attention sachant que ça venait de leurs parents qui leur avaient sans doute raconté que les Tutsi sont de mauvaises personnes. Malgré cela, nous continuions à jouer tous ensemble comme des enfants. Nous nous rendions visite et nous partagions tout entre voisins.

En 1990, le Front patriotique rwandais (FPR) a commencé la guerre de libération du pays. Les Tutsi qui habitaient sur notre colline avaient une bonne situation économique ; certains étaient enseignants et d'autres commerçants. Dès que les soldats du FPR sont entrés dans le pays, on a arrêté des Tutsi, les accusant d'être complices du FPR. Ils ont été emprisonnés et torturés. Ceux qui n'étaient pas emprisonnés ont été persécutés de différentes façons. Je me souviens qu'à ce moment-là dans notre secteur, les Hutu ont abattu nos vaches et saccagé nos plantations. Nous avons emmené nos enfants à Rubengera pour les mettre en sécurité. Nous étions menacés et n'ayant aucun moyen de nous défendre, nous avions décidé de ne plus dormir dans nos maisons. Nous passions la nuit dans la brousse et le matin nous revenions chez nous. Les Hutu venaient piller nos biens sous nos yeux. Étroitement surveillés par nos voisins et les autorités locales, nous ne pouvions pas même envisager de nous enfuir. Pendant cette période, on nous a dépouillés de nos biens, privés de nos droits et persécutés jusqu'au génocide de 1994.

LE GÉNOCIDE

Dans notre région, le génocide a commencé le 9 avril 1994. Je me souviens que la première personne tuée dans notre secteur était un enseignant. Il s'appelait Gakwaya Jean. Après l'avoir tué, les miliciens sont aussitôt venus chez nous. Ils nous ont frappés, ils ont emporté notre poste de radio et m'ont dépouillée de six mille francs rwandais. Ils se sont ensuite rendus chez notre voisin Ruhisha Médard et ont abattu ses vaches. Ils ont continué ainsi toute la journée, pillant le bétail, volant des objets de valeur. Le soir ils ont commencé à incendier les maisons. Nous avons réussi à leur échapper et nous avons trouvé refuge au bureau de la commune de Mabanza. Ceux qui n'ont pas pu fuir ont été brulés vifs dans l'incendie de leur maison, et ceux qui ont essayé d'en sortir ont été coupés à la machette.

À Mabanza où nous avions trouvé refuge, il y avait beaucoup de monde, des personnes venues de Mushubati, Buhinga, Gihara, Kigeyo, Bandamiko, Nyarugenge, Kayove, Nyagatovu… Toutes les collines alentour étaient couvertes de fumée. Le deuxième jour, les massacres ont atteint la région de Rubengera, de Kibirizi et de Gacaca. Ceux qui ont pu fuir nous ont rejoints à la commune, mais les autres ont été tués en cours de route. Le soir du 12 avril 1994, Kayishema[1] Clément, à l'époque préfet de Kibuye, est arrivé à la commune de Mabanza, accompagné par les gendarmes qui venaient de tuer les Tutsi à Rutsiro. Il s'est entretenu avec le bourgmestre de la commune, Bagilishema[2] Ignace. Plus tard dans la nuit, lorsque le préfet et les gendarmes sont partis, des gens sont venus dans un véhicule, ils ont dit qu'ils cherchaient les membres de la famille du père Senyenzi[3]. Ils les ont embarqués et nous n'avons plus jamais entendu parler d'eux. Cette même nuit, tous ceux qui étaient rassemblés à la commune ont été attaqués par des miliciens armés de gourdins cloutés. Ils nous ont frappés mais n'ont pas réussi à nous maîtriser en raison de notre très grand nombre. Nous nous sommes dispersés et nous avons pu leur échapper. Nous n'avons pas pu aller très loin, les policiers nous ont barré la route et nous ont ramenés à la commune sous prétexte d'assurer notre sécurité. Nous avons passé la nuit là et tôt le lendemain matin le bourgmestre Bagilishema est venu nous demander de partir en ces termes : « Allez immédiatement à Kibuye. J'ai parlé avec le préfet et nous avons décidé que vous deviez aller là-bas car votre sécurité y sera mieux assurée. Ce n'est pas bien pour vous de rester ici. » Il voulait nous faire croire qu'il avait pitié de nous.

Durant tout le temps que nous avons passé à la commune, nous n'avons rien mangé et les enfants pleuraient de faim. Aucun parent ne pouvait sortir chercher quelque chose pour eux. À un certain moment, les autorités nous ont demandé de choisir parmi nous des gens qui pourraient nous représenter. Nous avons choisi un certain Bagambiki

1 Ancien préfet de Kibuye, transféré au TPIR en 1996, Kayishema Clément a été reconnu coupable en 1999 de quatre chefs d'inculpation pour génocide et a été condamné à l'emprisonnement à vie (ICTR-95-1). Il a fait appel. Le jugement de première instance a été confirmé par la chambre d'appel en 2001.

2 Bagilishema Ignace, bourgmestre de Mabanza, de 1980 à la mi-juillet 1994. Il a été visé par sept chefs d'accusation au TPIR, parmi lesquels : génocide, crimes contre l'humanité. Bien qu'associé pour beaucoup aux crimes qui se sont déroulés en avril 1994 à la commune de Mabanza, à l'église et au stade de Gatwaro, il a été acquitté par la chambre de première instance le 7 juin 2001. Il s'est alors rendu en France sous contrôle judiciaire. Le verdict de l'appel a confirmé en juillet 2002 le verdict de première instance, avec levée du contrôle judiciaire. Il vit toujours en France.

3 Abbé Senyenzi Boniface, vicaire de Kibuye.

et une femme qui s'appelait Josette. Ils ont plaidé en notre faveur et on nous a donné du riz dans des fûts qui avaient servi à transporter du gasoil. Les enfants n'ont pas pu en manger. Quand j'y pense aujourd'hui, je suis horrifiée. Ces gens étaient des monstres.

Le bourgmestre nous a demandé de partir, assurant hypocritement qu'il nous ferait accompagner. Mais ce sont des miliciens qu'il nous a envoyés et ils nous ont harcelés, nous ont jeté des pierres, ils ont pillé les vaches de ceux qui avaient pu emporter leur bétail et ils ont tué certains d'entre nous tout au long du trajet. Avant même d'arriver à Kayenzi nous avions déjà perdu deux personnes. Nous étions si nombreux que j'ai perdu la trace des miens dans cette foule immense. L'une de mes filles était partie avec son père, tandis que mon fils était resté à Rubengera. J'ai décidé de faire marche arrière pour retourner à Rubengera. Je marchais en toute fin de ce sinistre cortège et mon départ est passé inaperçu.

Arrivée à Rubengera, la situation avait complètement changé. Ceux que je n'aurais jamais soupçonnés pouvoir être des miliciens étaient armés de gourdins et de machettes. Ils étaient en train de massacrer leurs victimes et de piller leurs biens. Je me suis cachée. De ma cachette j'ai vu un groupe de miliciens attaquer la famille de Karungu, mais ce dernier leur a résisté. Le lendemain 14 avril, ils sont retournés chez lui et ils l'ont tué. Les miliciens ont continué à tuer, les cadavres jonchaient la route. Le 15 avril, ils ont tué Hitimana qui encadrait la jeunesse de la commune de Mabanza, le pasteur Muganga Albert et tous ceux qui avaient trouvé refuge au centre IGA[4]. Ils ont été exterminés dans la cour du centre. J'étais cachée non loin dans un buisson de roseaux et j'ai entendu le bruit de la fusillade qui provenait de la commune. Quelques instants après j'ai vu un bulldozer appartenant à une compagnie chinoise creuser une fosse en face de la commune où les morts ont été jetés. Cette fosse était tellement profonde qu'aujourd'hui encore tous les corps n'ont pas été exhumés. Le lendemain, les miliciens m'ont délogée de ma cachette et m'ont molestée. Si je suis vivante aujourd'hui, ce n'est pas qu'ils aient eu pitié de moi, c'est simplement que mon heure n'avait pas encore sonné. Tandis qu'ils me frappaient, il a commencé à pleuvoir. Ils sont partis s'abriter, me laissant pour morte. Je me suis traînée jusque chez Munyaneza Ezra, surnommé Mushishe. Quand il m'a vue, il a été très choqué et sa femme a pleuré. J'étais tellement mal en point que

4 IGA, centre d'alphabétisation.

je n'ai même pas pu arriver à l'endroit où il avait caché d'autres Tutsi. Je n'arrivais plus à marcher. Avec sa femme, ils m'ont massée avec de l'eau chaude et m'ont cachée dans une cabane qui abritait les lapins. J'y ai passé six jours.

La situation s'est encore aggravée. Ezra nous a informés qu'une réunion s'était tenue au collège de Rubengera, où il avait été décidé de punir tous ceux qui cachaient des Tutsi. Il nous a tous rassemblés et il a prié pour nous. Puis il nous a dit que nous n'avions rien d'autre à faire que d'attendre la volonté de Dieu. C'était autour du 22 avril. Vers minuit les miliciens sont venus, ils ont défoncé le portail, ensuite ils ont obligé Ezra à leur ouvrir et ils nous ont tous fait sortir. C'était une nuit horrible. Les miliciens étaient nombreux et ils étaient armés de gourdins, d'épées et de machettes. Ils ont commencé à nous frapper, ils ont demandé à Ezra de les aider à nous tuer. Ils lui ont demandé de se charger de nous enterrer, mais Ezra a refusé de faire cette sale besogne. Pourtant, Enock, le chef de ces miliciens, avait un lien de parenté avec Ezra… Pendant que certains discutaient du sort d'Ezra, d'autres démolissaient sa maison. Ils nous ont conduits à la commune en nous frappant tout au long du parcours. En cours de route, ils ont tué un jeune homme qui s'appelait Théophile. Avant d'arriver à la commune, ils nous ont fouillés et ont pris tout ce que nous avions sur nous. C'est ainsi que j'ai été dépossédée du peu d'argent que j'avais. Le policier de garde à la commune n'a pas voulu de nous, il nous a chassés en nous disant d'aller rejoindre les nôtres et nous nous sommes dispersés.

Le 24 avril 1994, il y a eu des massacres sans précédent. Les miliciens ont fouillé partout, de maison en maison et dans les champs de sorgho. Ils ont utilisé des chiens pour déloger ceux qui se cachaient. Ils nous ont rassemblés tous au même endroit et j'ai retrouvé ceux qui étaient avec moi chez Ezra. Ils nous ont regroupés pour nous conduire à l'« abattoir ». J'ai assisté à la mort de beaucoup de personnes. Je me souviens de la mort de Mbayiha, d'une femme dont je ne connais pas le nom et ses quatre enfants, de Shingiro, d'une vieille femme de chez Munyankindi, d'une femme qui s'appelait Anastasie, de Hodari et sa fille Sandra qui travaillaient chez Astardi[5] et de beaucoup d'autres… Il s'est mis à pleuvoir et quand la pluie est devenue plus forte, les miliciens sont allés s'abriter, laissant les survivants sur place. Une fois

5 Compagnie d'aménagement des routes.

encore j'ai été sauvée par la pluie. Après leur départ nous nous sommes enfuis, chacun a couru de son côté. Je suis partie sans savoir où aller et vers le soir je suis arrivée à un endroit où il y avait un cadavre d'enfant qui n'avait plus de jambes, il avait sans doute été dévoré par les chiens. Je me suis cachée sous ce cadavre car personne n'osait s'en approcher à cause de l'odeur de putréfaction qu'il dégageait. Il était en état de décomposition avancée.

J'ai décidé de partir, je me suis cachée dans différents endroits sans y rester longtemps. Chaque fois on me chassait. Après un certain temps, je suis allée chez une femme que je connaissais, mais elle m'a fait beaucoup de mal. Après m'avoir dépouillée des vêtements qu'un bienfaiteur m'avait donnés, elle a appelé les miliciens pour me tuer. Ils sont venus et m'ont conduite auprès des différentes fosses communes où ils avaient jeté les corps des Tutsi, tout en continuant à me frapper. Ils m'ont attaché les mains et, pour finir, ils m'ont abandonnée près de l'une de ces fosses. C'était le 17 mai 1994.

J'ai continué à me cacher dans des buissons pendant la journée, et la nuit j'allais dormir avec des réfugiés qui se cachaient sur la colline. J'ai continué ainsi jusqu'à la fin du génocide.

Je rends grâce à Dieu qui m'a protégée. Je remercie tous ceux qu'Il a mis sur ma route pour me cacher et me protéger. Je remercie tout particulièrement Munyengango Gérard, Munyaneza Ezra (Mushishe), Munyanshongore Amuza (Gasatsi), la regrettée Émilienne ainsi que Ryumugabe.

À la fin du génocide je n'ai retrouvé qu'un seul enfant (mon fils) et je remercie ceux qui l'ont caché.

APRÈS

Aujourd'hui je me rends compte combien la vie est difficile et je mesure pleinement la valeur de ceux que nous avons perdus. Je suis seule au monde. Ma solitude a pour origine la persécution d'autrefois qui perdure aujourd'hui à travers elle. Je suis seule, je vis seule. Quand je tombe malade, je reste au lit, je me rappelle que je suis seule et le chagrin m'envahit. Je n'ai personne à mes côtés pour m'aider ou me donner une tasse de thé… Les conséquences du génocide sont innombrables. Tu es seul, tu vis seul et quand tu sors, tu ne laisses personne à la maison. Pour moi c'est comme si la persécution avait juste changé de forme. Je vois qu'il existe toujours des personnes qui ont conservé la haine à l'égard des rescapés. C'est dur de n'avoir personne qui puisse t'écouter. Les maladies et la pauvreté t'attaquent et le peu que tu possédais, on te le prend. Les conséquences sont constamment présentes pour un rescapé.

J'ai abandonné mon habitation d'autrefois en raison du manque de sécurité. J'avais essayé d'aménager les lieux. J'avais réhabilité la maison, mais la toiture a été volée à trois reprises. J'avais une plantation de bananiers et d'autres cultures vivrières mais on me les volait et on abîmait le reste. J'avais du bétail mais on empoisonnait mes vaches. Un jour je me suis rendue sur les lieux accompagnée par des gens de la sécurité qui ont été impressionnés par la maigreur de mes vaches. On pouvait compter les os sur leur dos ! Tout cela veut dire que les voisins ne sont pas contents de mon existence, et c'est partout pareil.

Je n'ai retrouvé le corps d'aucun membre de ma famille pour pouvoir l'enterrer en dignité. Ce que j'ai su, c'est que tous ont péri au stade Gatwaro de Kibuye, et ma fille en a fait partie. Mon frère qui vivait à Kigali a été tué à Kacyiru. En 1996, j'ai vu quelqu'un qui voulait me montrer l'endroit où se trouvait son corps. J'étais toujours très traumatisée et je n'arrivais à prendre aucune décision. Je n'avais personne pour m'accompagner jusqu'à Kigali et je n'avais pas d'argent pour prendre le bus… Malheureusement quelque temps plus tard, cette personne a quitté le pays, je n'ai jamais su vers quelle destination. Je n'ai plus eu aucune nouvelle. La chance a sauté de mes mains. Je n'ai plus l'espoir de le retrouver jamais.

Cependant, j'espère toujours retrouver ne fût-ce qu'un seul corps des membres de ma famille parmi les corps retrouvés dans les fosses communes du stade de Gatwaro. Les corps ont été abîmés, mais j'espère quand même y revoir un des miens. La peine qui pèse sur mon cœur en serait allégée. À chaque commémoration, je suis traumatisée et la nuit je vois leurs visages. Le chagrin m'envahit et le trauma se réactualise. Je pense sans cesse que je n'ai jamais revu aucun corps des membres de ma famille pour l'enterrer en dignité. Ce qui entraîne en moi l'illusion de les revoir un jour. Je ne les abandonne pas et je n'ai toujours pas fait leur deuil.

JE NE RETOURNERAI JAMAIS À MUGAMBAZI

KANTARAMA Patricia

AVANT…

Je suis née en 1953, mes parents se sont occupés de moi jusqu'à l'adolescence. Nous habitions la commune de Mugambazi, dans l'actuel district de Rulindo. En grandissant, j'ai appris qu'il y avait trois ethnies, les Hutu, les Tutsi et les Twa. En 1959, dans la région de Byumba, actuellement Gicumbi, les maisons des Tutsi ont été incendiées sur les collines voisines de la nôtre. Je me demandais ce que les Tutsi avaient fait pour mériter un tel traitement. Au mois de juillet, on a détruit notre maison et nous avons trouvé refuge à la paroisse de Rutongo. J'étais très jeune encore et je ne comprenais pas vraiment la situation. Mon père, ma mère et nos voisins ont rassemblé nos troupeaux pour les conduire en lieu sûr. Certains ont suggéré qu'on prenne des armes, des lances, des arcs et des flèches pour nous défendre, mais d'autres disaient que la fuite était la meilleure des solutions. À cette époque on ne tuait pas encore.

C'était la saison des moissons, nous avons caché nos récoltes chez des voisins hutu. Tous n'étaient pas malveillants, certains ont accepté de garder nos biens. Nous sommes restés à la paroisse. Parmi les réfugiés, quelques-uns sont partis en camion en Ouganda, après avoir vendu leurs vaches pour payer le transport. Un cousin a proposé de nous y emmener. Mon père a refusé de partir. Mes parents étaient alors séparés et mon père s'était remarié. Mon frère et moi vivions avec notre mère. Mon père a dit à ma mère de nous laisser partir, mais nous avons préféré rester avec elle.

Puis nous sommes retournés dans notre village. Des amis ont conseillé à mon père de changer son ethnie sur sa carte d'identité. Il a catégoriquement refusé, disant qu'il ne la renierait jamais. Avant notre fuite à Rutongo, je me souviens que le roi Kigeli V[1] était venu visiter notre région. Les gens s'étaient amassés sur les bords de la route pour le voir. Les Tutsi chantaient : « Notre roi est le meilleur. »

DANS LES ANNÉES SOIXANTE

Plus tard, en 1962, nous avons appris que Kayibanda avait pris le pouvoir et pour la première fois j'ai entendu le terme d'*Inyenzi*. J'avais neuf ans et je ne comprenais pas ce qui se passait. Les voisins ont détourné la convivialité qu'on appelait *Umusangiro*, nous obligeant à partager les boissons avec les Twa, ce qui était tabou dans la société rwandaise. C'était une façon parmi tant d'autres de nous humilier. Au cours de cette période, la visite du président de la République a été annoncée dans notre région. Les autorités locales ont préparé les festivités, mais seuls les Hutu ont eu le droit d'y participer.

Nous avons vécu dans ce climat de mésentente et de suspicion. Partout il y avait des militaires. Un jour, mon père est rentré après la messe de Noël. Les militaires l'ont arrêté et frappé à coups de crosse. Ils l'ont insulté et menacé. Il les a suppliés de le tuer plutôt que de le torturer. Ma grande sœur et moi observions la scène de loin. Beaucoup de Tutsi ont été tués pendant cette période. Les militaires allaient chercher

1 Voir n. 7, p. 107.

les hommes détenus dans les prisons pour les assassiner. Mon cousin, chauffeur au camp militaire de Kigali, nous a raconté qu'il avait été obligé de transporter les corps pour les jeter dans les fosses communes, dont la tristement célèbre fosse de Rwabayanga[2].

Mwambutsa, le bourgmestre de notre commune, se rendait chaque jour à Kigali pour des réunions. Ntuyahaga assurait l'intérim et un jour, il a envoyé un militaire chercher mon père. En chemin il a arrêté d'autres Tutsi et il les a tous emmenés à la commune. Nous lui apportions de la nourriture au cachot où il était détenu. Le policier acceptait ou non de la lui donner, selon son bon vouloir. Les prisonniers étaient entassés les uns contre les autres. Ils ont été libérés trois jours avant le Nouvel An. Ils avaient été sauvagement torturés. Nous avons conseillé à mon père de fuir chez son frère Kinyogote qui habitait à Nyarufunzo, dans la commune de Butamwa. Il nous a répondu que cela ne servirait à rien et que notre oncle était dans la même situation que lui : on l'avait arrêté, molesté et laissé pour mort près de la rivière. Quelques jours plus tard, un militaire est venu de nouveau chercher mon père pour le conduire à nouveau dans les bureaux de la commune. Il n'est jamais revenu.

LA VAINE RECHERCHE DE MA MÈRE

J'étais allée passer la nuit chez ma demi-sœur, Nyiragacari Marie, qui était mariée. Le matin quand je suis revenue, j'ai appris que ma mère était recherchée. À la maison, je n'ai trouvé que ma vieille grand-mère qui ignorait où était ma mère. Je suis allée chez la deuxième épouse de mon père. Aucun de ses enfants n'était présent. Je lui ai demandé où ils se trouvaient, elle n'a rien voulu me dire. Elle m'a demandé d'aller lui chercher de l'eau à la source et j'y suis allée. À mon retour je lui ai posé de nouveau la même question. Elle a encore une fois gardé le silence. À ce moment-là, je n'avais pas encore appris la mort de mon père. Je suis allée chez un voisin qui s'appelait Nyamuziga et j'ai demandé s'il savait où se trouvaient mon frère Mundege Innocent, mon demi-frère Isaïe et ma demi-sœur. J'ai appris qu'ils étaient partis à Kigali avec Kaneza, l'épouse de notre cousin Kanani Raphaël. Elle avait obtenu un laissez-passer pour vivre avec son mari là-bas. J'ai décidé de les rejoindre. En

2 Dans le Bugusera, on a jeté dans cette fosse naturelle les corps des victimes des premiers massacres de la région.

chemin, quand je rencontrais quelqu'un avec une machette à la main, je prenais peur. Je m'empressais de le saluer poliment. Je priais pour pouvoir retrouver les membres de ma famille. L'idée de perdre leur trace m'angoissait. Je n'avais nulle part où aller. Je les ai retrouvés à Kabuye. J'ai remercié le Ciel. Nous avons continué la route ensemble. Je ne savais toujours pas où se trouvait ma mère.

Nous sommes arrivés chez mon cousin Kanani qui habitait à Kigali près du CHUK[3]. Il vivait dans une petite hutte. Il a demandé à son voisin de m'héberger parce qu'il manquait de place chez lui. Mon frère Innocent est reparti au village pour voir si ma mère était encore en vie. Il l'a retrouvée mais elle ne dormait plus dans la maison. Quand elle l'a vu, elle lui a dit : « Où vas-tu mon fils ? Que viens-tu faire ici ? Retourne d'où tu viens car ici il n'y a pas de paix et je ne veux pas qu'on assassine mes enfants sous mes yeux. » J'étais restée à Kigali, mais je sentais la nostalgie m'envahir. Je voulais voir ma mère. Je suis retournée au village. Quand elle m'a vue, elle m'a dit mot pour mot ce qu'elle avait dit à mon frère. Je suis repartie et j'ai continué à vivre dans la famille qui m'hébergeait, mais le couple s'est séparé. J'ai voulu retourner chez mon cousin mais il m'a chassée, disant que sa maison était trop petite, que je n'avais qu'à retourner vivre chez ma mère et qu'il n'était pas responsable de la mort de mon père. Je n'ai pas supporté ces paroles et je suis repartie au village. Ma mère m'a raconté les péripéties de sa fuite. Un soir elle avait entendu les policiers dire qu'ils allaient venir chez nous. Elle a pris peur. Elle est passée par la cour arrière et est allée se cacher. Les policiers sont allés demander à la seconde épouse de mon père où était ma mère. Elle leur a répondu qu'elle n'était pas là. Ils l'ont cherchée en vain toute la nuit. Dépités, ils ont dit regretter de n'avoir pu lui faire subir le même sort qu'à son mari. Ils ont ajouté qu'elle ne perdait rien pour attendre. Le lendemain, elle s'est levée tôt pour aller demander protection au bourgmestre Mwambutsa. Il la lui a accordée. Ma mère est rentrée à la maison tout en continuant à vivre dans l'insécurité. La nuit, elle dormait dans la brousse craignant qu'on la trouve seule à la maison et qu'on la tue.

3 CHUK : Centre Hospitalier Universitaire de Kigali.

UN PREMIER MARIAGE, PRESQU'AUSSITÔT SUIVI D'UN SECOND

En 1969, je suis retournée à Kigali. J'avais seize ans. J'avais abandonné l'école. Seul mon frère avait pu continuer. Mon cousin m'a donnée en mariage à l'un de ses amis. Cet homme m'a maltraitée et m'a abandonnée alors que j'étais enceinte. Je ne savais que faire. Il m'était impossible de retourner au village où on allait me traiter de femme sans moralité. Peu après, un collègue de mon frère, un Hutu du nord du pays, est venu dire à mon frère qu'il voulait m'épouser. J'ai refusé. Je ne voulais pas épouser un Hutu. Finalement mon cousin m'a mariée à un homme de confession musulmane. Je ne voulais pas épouser un Hutu mais je n'avais plus le choix. J'ai emménagé avec cet homme en qui je n'avais aucune confiance. Je pensais que si la guerre éclatait, il serait parmi les premiers à me tuer. Je suis tombée malade, il m'a quand même fait soigner. Nous avons continué à vivre ensemble et j'ai de nouveau été enceinte. J'ai sevré mon premier enfant et je l'ai envoyé chez ma mère.

En 1972, j'ai accouché de mon deuxième enfant. Je suppliais le Bon Dieu de ne plus avoir d'enfant avec cet homme. Peu après, il a été emprisonné. À ce moment-là, mon premier mari a ressurgi. Il a envoyé quelqu'un chez ma mère pour vérifier que mon premier enfant lui ressemblait. Après avoir appris que c'était le cas, il est venu me voir pour me demander de me remettre en ménage avec lui. J'ai refusé. Quelques mois après, mon second mari est sorti de prison. J'ai découvert qu'il m'avait menti depuis le début. Il m'avait dit qu'il travaillait à son propre compte, mais j'ai appris qu'il avait été détenu à cause de malversations commises dans les affaires de son patron. Il ne s'attendait pas à me trouver à la maison. Il m'a offert des cadeaux. Peu après, il a pris une deuxième femme. J'étais soulagée parce que je ne voulais plus avoir d'enfant avec cet homme que je n'aimais pas.

Quand mon mari a épousé cette deuxième femme, il m'a assuré que rien n'allait changer dans notre vie et que je ne manquerais de rien. Mais peu à peu, la seconde épouse a commencé à semer la mésentente entre mon mari et moi. Un jour, il a osé me dire que je valais moins qu'une employée de maison. Cela m'a tellement blessée que je l'ai quitté, et je suis retournée chez moi au village.

Le lendemain de mon arrivée, eut lieu le coup d'État du 5 juillet 1973. Dans mon village on a tué des Tutsi. J'ai décidé de retourner à Kigali me disant que j'y serais plus en sécurité. Là, j'ai été hébergée par la famille de mon parrain qui travaillait au Camp Kigali. Je suis restée chez eux jusqu'en 1976, avant de me remettre en ménage avec mon premier mari. Nous avons eu ensemble six enfants, auxquels s'ajoutait la fille que j'avais eue avec mon deuxième mari. Les cinq garçons s'appellaient : Murenzi, Bimenyimana, Sindayigaya Édouard, Hategekimana Samuel, Nshimiyimana, et la cadette, Mukarubango Claire. En tout j'ai eu sept enfants, mais l'aîné des garçons est décédé. Mon mari était mécanicien, j'ai commencé à faire du commerce et nous mettions nos revenus en commun pour faire vivre notre famille.

LES ANNÉES QUATRE-VINGT DIX

En 1992, le multipartisme a été instauré au Rwanda. Nous habitions dans le quartier de Cyahafi tout près du bureau du secteur. Notre voisin, Félicien, était le chef des miliciens. Un jour, il est venu chez nous accompagné d'un homme originaire du nord du pays pour demander à mon mari à quel parti politique il comptait adhérer. Mon mari a répondu qu'il préférait garder sa décision secrète. Les autorités ont commencé à entraîner les jeunes miliciens dans les camps militaires. Un climat d'insécurité et de méfiance régnait partout. À ce momentlà on a commencé à entendre parler des *Interahamwe* qui disaient qu'il était temps de « balayer[4] » et que les enfants hutu qui allaient naître ne sauraient jamais à quoi pouvait ressembler un Tutsi.

1994

Quand le génocide a commencé, nous habitions toujours à Cyahafi. Le matin du 7 avril 1994, mon mari a ouvert la radio, il a appris la mort du président Habyarimana. Il m'a aussitôt réveillée. Je lui ai dit que c'en était fini pour nous. Les tueries ont commencé à Kimisagara. Je passais mes journées à courir en tous sens, essayant tant bien que mal

---

4 *Gukubura*, « balayer », terme couramment utilisé durant le génocide, sans qu'on nomme nécessairement les Tutsi. Le terme allait de soi. Il signifiait terminer le « travail » commencé en 1959.

de me cacher. Partout où j'allais on me chassait. J'ai fini par trouver refuge chez un dirigeant local du nom de Sedari, mais il m'a chassée rapidement. J'ai appris qu'on avait tué plusieurs de nos voisins. Je suis allée chez une voisine qui s'appelait maman Rose, elle n'a pas voulu me laisser entrer, mais d'autres voisins m'ont accueillie. Une vieille femme est venue me trouver. Elle m'a dit : « Arrête de fuir, tout ce qui arrive est de votre faute. Va voir Bitamari, elle veut te parler. » Quand elle m'a vue venir, Bitamari a eu les larmes aux yeux. Elle m'a avoué que son fils avait juré de me tuer. Elle m'a expliqué qu'elle l'avait supplié de me laisser tranquille mais qu'il n'avait rien voulu entendre. J'ai été prise de panique. Je suis sortie en courant de chez elle. Mais à peine franchi le portail, j'ai eu un coup au cœur. Je ne pouvais abandonner mon enfant chez elle. Je me suis trouvée face à un dilemme : aller rechercher mon enfant en risquant de me faire tuer ou l'abandonner. Je suis retournée voir Sedari et l'ai supplié de m'aider à récupérer mon enfant. Il jouissait d'une certaine autorité, il a demandé à quelqu'un de m'amener mon enfant sur la route. Au même moment des miliciens ont regroupé des hommes. Mon mari était parmi eux. Mais ce jour-là, ils ne voulaient pas tuer. Ils voulaient utiliser les hommes pour détruire les brousses où nous aurions pu nous cacher et dénicher les *Inyenzi* qui s'y trouvaient. Finalement, mon mari et moi sommes retournés à la maison.

Un matin, vers onze heures, le milicien Bikomagu a arrêté un voisin du nom de Silas, chauffeur au ministère des Affaires étrangères. Il l'a amené chez un commerçant et, devant la foule qui était là, il a sorti la carte d'identité de sa poche et l'a exhibée pour montrer qu'il était tutsi. Ensuite il a demandé si quelqu'un voulait prendre sa défense. Tout le monde s'est tu. Silas a demandé de quoi il était accusé. Pour toute réponse Bikomagu a tiré une balle. Silas est mort sur le champ. Quelques instants après, un jeune homme est venu dire à mon mari que Bikomagu voulait le tuer lui aussi. Mon mari lui a répondu qu'il n'avait nulle part où aller. Les tueries faisaient rage dans le quartier de Kimisagara, où Karisa, son cousin, venait d'être tué. Mon mari est finalement allé se cacher chez une de nos connaissances.

J'AI COMMENCÉ À ERRER DANS KIGALI AVEC MON BÉBÉ AU DOS

Moi aussi, j'essayais de me cacher. Je suis allée chez un collègue de mon mari, j'y ai passé la nuit et le lendemain il m'a dit que nous perdions notre temps à nous cacher parce que tout était fini pour nous. Je suis allée chez une femme qui s'appelait Berabose. J'ai trouvé sa fille. Je lui ai demandé de me cacher. Elle m'a appris qu'on venait de tuer ma voisine Nyirasangwa. J'ai insisté pour qu'elle me laisse entrer pour une nuit. Elle a accepté. Vers neuf heures du matin, nous avons entendu une voix qui hurlait dans un micro que quiconque hébergeait un Tutsi subirait le même sort que lui. Je suis sortie en même temps qu'une autre femme. Je me suis demandé où j'allais pouvoir aller. Non loin de là, il y avait une petite brousse. J'y suis restée cachée toute la journée. Mon bébé Claire pleurait mais je n'avais rien à lui donner pour la calmer. Je n'avais aucune nouvelle de mes autres enfants. Une femme se cachait avec moi dans ce buisson, elle s'appelait Rose et elle travaillait au CHUK. Vers seize heures, j'ai entendu un jeune homme dire à d'autres qu'une femme se cachait dans le buisson. Je savais que l'un des fils de Sedari connaissait ma cachette, j'ai compris qu'on parlait de moi et je suis sortie du buisson pour protéger Rose. Arrivée sur la route, j'ai rencontré un groupe de quatre jeunes gens armés d'épées, dont deux fils de Sedari. Le plus jeune m'a barré la route en disant : « Ne te risque pas à aller chez nous. » Je lui ai répondu que je n'en avais nullement l'intention.

J'ai continué mon chemin jusque chez un autre voisin où j'ai demandé de l'eau. Un enfant m'en a apporté en me disant de me dépêcher. Des miliciens se trouvaient chez eux. Je suis partie aussitôt. Ceux qui logeaient dans la maison voisine m'ont dit eux aussi de partir au plus vite car mon mari et moi étions recherchés. J'ai fait semblant de partir et je me suis cachée dans les latrines. J'y suis restée en berçant mon enfant pour qu'il ne pleure pas. Quelques instants plus tard, j'ai entendu quelqu'un dire qu'on devait arrêter de chercher les fuyards parce qu'on les tuerait tous le jour de l'enterrement du président Habyarimana. Quand j'ai entendu cela, j'ai pris la décision de sortir des latrines. Je n'avais plus peur de mourir.

Je me suis mise en route sans savoir où aller. Je suis arrivée chez le fils de Semusambi, où on m'a donné de l'eau et un peu de nourriture pour mon enfant. Je leur ai dit que j'avais décidé de ne plus me cacher, même au péril de ma vie. Le chef de famille m'a conseillé d'aller à l'hôpital CHUK. Il m'a promis que si j'y parvenais, il m'apporterait à manger. J'avais peur, mais il m'a donné du courage et j'ai suivi ses conseils.

Près des ateliers de Manumetal, j'ai rencontré Victor, à qui mon mari avait rendu service autrefois. Il était avec d'autres jeunes, je les ai suppliés de me laisser passer et ils ont accepté. À ce moment-là, les miliciens étaient du côté de la brigade[5] de Muhima. J'ai rencontré plusieurs connaissances qui s'étonnaient de me voir toujours vivante. L'une d'elles m'a appris la mort de nos voisins, Narcisse, Rutaganda et Gasana. J'ai continué à marcher rapidement. Je me suis encore une fois heurtée à une barrière de miliciens. J'ai pensé que cette fois je n'échapperais pas à la mort. Mais je n'avais pas peur, j'étais prête à mourir. Après avoir examiné ma pièce d'identité, ils me l'ont rendue avec mépris. J'ai continué, je suis passée à côté du lycée Notre-Dame de Cîteaux et suis arrivée au CHUK. À l'entrée, j'ai trouvé des militaires très menaçants. À côté d'eux il y avait des piles de cartes d'identité. Ils m'ont demandé où j'allais et j'ai répondu que j'allais chercher de l'aide à la Croix-Rouge. Une employée de l'hôpital est arrivée juste après moi. Ils lui ont demandé : « Est-ce qu'il y a un service de la Croix-Rouge ici ? » Elle a répondu que non. Les militaires se sont tournés vers moi et m'ont dit de disparaître.

J'AI SUPPLIÉ DIEU DE ME TRANSFORMER EN OISEAU

J'ai rebroussé chemin, me disant que j'avais eu une chance inouïe. Je me suis arrêtée un instant, me demandant toujours ce que nous avions fait pour mériter pareil traitement. J'ai supplié le Bon Dieu de me transformer en oiseau pour que je puisse m'envoler et me rendre dans mon village ou dans celui de mon mari. Je me disais que là-bas les gens me connaissaient et ne me tueraient pas. Je me suis dirigée vers Cyahafi. Je suis tombée encore sur une barrière au niveau des feux de signalisation, près des anciens bureaux de la commune de Nyarugenge. Un homme armé d'un grand couteau m'a ordonné d'approcher. J'ai avancé. Il m'a dit de m'asseoir par terre. Il s'est éloigné quelques minutes, me laissant à la garde d'un homme sous ses ordres. Il est revenu et m'a ordonné de

5 Voir n. 22, p. 34.

le suivre. Puis, il m'a dit qu'il n'allait pas me tuer. Il m'a avoué que sa mère était tutsi et il m'a demandé de l'argent. J'avais cent cinquante francs rwandais sur moi, il a pris cent francs rwandais et il m'a dit d'aller rejoindre ceux qui étaient au bureau de la commune de Nyarugenge, où il n'y avait aucun danger. Je n'ai pas eu confiance. Avec les cinquante francs rwandais restant, j'ai acheté de la bouillie pour mon enfant. Il était environ dix-sept heures, j'ai repris le chemin de Cyahafi.

Je suis arrivée chez Victor et je lui ai raconté tout ce qui m'était arrivé. Il a dit à son cuisinier de nous donner à manger, mais celui-ci nous a juste donné un peu de thé. J'ai demandé à Victor de m'héberger ne serait-ce qu'une nuit, mais il avait peur des fils de Sedari et il craignait que mon enfant se mette à pleurer. Je l'ai rassuré, disant que mon enfant ne pleurait jamais la nuit. Il m'a laissée dans la maison et il est allé passer la nuit à la barrière avec son cuisinier. Je n'arrivais pas à dormir. Vers quatre heures du matin, Victor est rentré, accompagné d'une vieille femme, la mère de Nyirasangwa et de nos voisines Spéciose et Mama Bora. Il nous a conseillé de rejoindre les Tutsi qui se trouvaient en grand nombre à la commune de Nyarugenge. Il a promis qu'il nous apporterait à manger.

Accompagnée de la vieille femme, j'ai monté la colline. Arrivées au bureau de la commune, nous avons compris que ceux qui étaient là étaient des Hutu qui avaient fui les zones de combat. Beaucoup venaient de Kimihurura et de Rugando et ils avaient été regroupés là par la Garde Présidentielle. Vers quatorze heures, une bombe est tombée sur le bâtiment, dont une partie s'est effondrée. Effrayés, nous nous sommes tous dispersés. Je suis retournée à Cyahafi, mais j'avais peur de croiser les fils d'Augustin, miliciens impitoyables qui avaient été militaires sous le régime d'Habyarimana. Je redoutais surtout un vieux voisin tout le temps à l'affût devant sa porte.

Pour me dissimuler, je me suis couvert le visage et j'ai couru en direction de Gitega et de Nyamirambo. Nous avons continué jusqu'à Kimisagara et Kabusunzu, où nous avons croisé un homme qui travaillait non loin de là. Il nous a indiqué un chemin pour échapper aux militaires du FPR. Mais, arrivés sur la route principale, ce sont les miliciens que nous avons trouvés. Ils nous ont rassemblés au bord de la route et nous ont séparés en fonction de nos ethnies. À moi et à une autre femme ils ont demandé d'où nous venions et qui nous fuyions.

Nous avons répondu que nous fuyions les « *Inyenzi* ». Elle leur a promis de l'argent, puis nous nous sommes éloignées. Ils nous ont rappelées, croyant que nous étions des « leurs » et nous ont ramenées à la commune de Nyarugenge. Partout, il y avait des mouvements de foule en tous sens et une panique généralisée. Certains escaladaient le Mont Kigali et disparaissaient derrière la colline. Un jeune homme nous a dit : « Ne suivez pas ces fuyards (les Hutu). Restez sur place, les *Inkotanyi* sont arrivés, ils ont atteint Nyamirambo. »

Nous sommes restés à la commune. Un jeune de Byumba particulièrement cruel a dit que les Tutsi n'avaient pas à rester là. Les militaires gouvernementaux sont arrivés, ils ont pris un groupe de femmes, d'enfants, de jeunes filles et de jeunes garçons et ils les ont embarqués pour les conduire à la mort. Seul, un homme a pu leur échapper. Un gendarme le connaissait, il l'a protégé. Aujourd'hui il est vivant, il a survécu au génocide.

Je n'avais aucune nouvelle de mon mari ni de mes enfants. J'étais seule avec ma fille Claire. Les autres enfants étaient avec ma fille aînée, leur demi-sœur, qui s'occupait d'eux. Mon fils Édouard avait été blessé et hospitalisé au CHUK, mais je ne le savais pas encore. Les miliciens de notre quartier qui n'avaient vu ni mon corps ni celui de mon mari continuaient à nous chercher. L'un d'eux est venu à la commune. Quand il m'a vue, il m'a dit avec haine : « Vous croyez être en sécurité ici ? Détrompez-vous. » Je n'ai rien dit. Un autre milicien n'a pas supporté que je refuse ses avances sexuelles, il m'a menacée de mort, mais à peine avait-il passé le seuil de la porte qu'une bombe est tombée sur lui. C'est ce que m'a dit une personne qui avait assisté à cette scène.

Plus tard, mon mari nous a rejoints à la commune. Peu après, trois de nos enfants sont arrivés eux aussi, amenés par une voisine qui pouvait circuler librement. Presque toute la famille était réunie, à l'exception de ma fille aînée et de l'un de mes fils resté chez elle et qui a été tué plus tard. Le jeune de Byumba continuait à me menacer. Heureusement d'autres lui tenaient tête. Un jour, mon fils Samuel a traversé la route pour aller demander de la nourriture aux militaires. Un véhicule l'a percuté. Nous nous sommes précipités pour le secourir. Par chance, un agent du CICR passait par là. Il l'a pris dans son véhicule et je l'ai accompagné au dispensaire à Kiyovu, laissant derrière moi mon mari et trois de mes enfants.

Là, j'ai rencontré un employé que je connaissais un peu. Je lui ai dit que j'étais l'épouse de Spidi, surnom qu'on donnait à mon mari Sayinzoga Sylvérien. Il m'a reconnue à son tour et avec bienveillance il a sorti un billet de mille francs rwandais de sa chaussette et il me l'a tendu. Mon fils s'est rétabli peu à peu, il me fallait bientôt quitter les lieux. À l'approche de mon départ, l'agent du CICR m'a demandé si je préférais retourner à la commune ou rester là. Évidemment j'ai choisi la seconde option et j'ai ajouté que j'aimerais que les membres de ma famille me rejoignent. Il a accepté pour les enfants, pas pour mon mari, et il est revenu avec Claire et Édouard. Nshimiyimana est resté avec son père.

La guerre faisait rage à Kigali, en particulier sur la colline de Mburabuturo. À Kiyovu nous étions juste en face et nous avons assisté à des scènes horribles. Nous avons vu le pilonnage de cette colline, nous avons vu les militaires qui évacuaient les blessés... Puis, un jour l'un des militaires présents a dit aux autres : « Allons-nous-en d'ici... La ville a été prise, nous avons perdu la guerre. » Quand la ville a été conquise par le FPR, les *Inkotanyi* nous ont trouvés là parmi les enfants blessés ou séparés de leur famille. Ils nous ont installés dans une maison désertée par le personnel diplomatique étranger. Puis, le CICR a évacué tous les enfants. Mon fils Samuel a été transféré à l'hôpital du roi Fayçal. D'autres ont été confiés aux militaires du FPR qui les ont emmenés à Byumba.

APRÈS

Plus tard, j'ai rencontré ma belle-sœur. Elle m'a annoncé la mort de mon mari et elle m'a dit que mon fils Nshimiyimana avait été transféré au collège Saint-André, à Nyamirambo. Après la mort de son père, il était resté avec les réfugiés de la commune jusqu'à ce qu'ils soient évacués. J'ai accueilli pieusement la nouvelle du décès de mon mari. Je me suis dit que c'était la volonté de Dieu et je l'ai acceptée. Un jour, vers quatorze heures, le CICR a ramené mon fils Samuel auprès de moi. Je priais pour que mon fils Bimenyimana ait survécu. Je n'imaginais pas vivre sans lui.

Le 10 juillet 1994, on nous a transférés à Kimihurura, où j'ai retrouvé ma fille aînée. Elle rentrait du Bugesera où elle avait trouvé refuge après la mort de son mari. Nous sommes restées ensemble. Mon fils Bimenyimana nous a rejointes. J'ai remercié Dieu. Nous sommes restés dans un orphelinat tenu par une femme suisse. Avant le génocide, mon fils étudiait à l'école primaire EPA[6], à Gitega. Mais, quand les écoles ont rouvert leurs portes, il a refusé d'y retourner. Je l'ai supplié d'y aller, je lui ai dit de ne pas refuser cette chance que je n'avais pas eue. J'ai insisté, mais il a encore refusé. Il est allé vivre au centre-ville avec son cousin qui vendait des boissons alcoolisées.

LES ASSASSINS DE MON MARI

Un jour, l'un des garçons, qui était réfugié avec nous à la commune de Nyarugenge, est venu me dire que l'assassin de mon mari avait été arrêté. Je l'ai suivi. On m'a montré sa photo et je l'ai immédiatement reconnu. C'était Sinamenye, celui qui avait tenté de me tuer à la barrière située aux feux de signalisation. Munie de sa photo, je suis allée à la brigade. J'ai montré la photo aux militaires et j'ai demandé à voir cet homme. Je voulais le frapper, même si je risquais la prison. On l'a fait sortir et on lui a demandé s'il me connaissait. Il a répondu qu'il me connaissait bien et qu'il m'avait sauvé la vie. J'ai rétorqué qu'il m'avait plutôt tuée que sauvée. On l'a remis au cachot. Je suis partie. Je suis descendue vers Nyabugogo pour rechercher un autre milicien qui m'avait menacée auparavant. Je l'ai trouvé en train de vendre ce qu'il avait pillé et je l'ai attrapé. À ce moment-là lui et les siens avaient tellement peur qu'ils n'opposaient guère de résistance. Je lui ai dit que j'allais le tuer, mais les militaires du FPR m'ont dit de le laisser, qu'ils allaient l'emprisonner. Et ils l'ont emmené.

J'ai continué à supplier Bimenyimana de reprendre les études. Il a finalement accepté. Mon fils Édouard a été opéré des éclats de balle reçus et il a guéri. Il est retourné à l'école avec Bimenyimana qui a réussi l'examen national de fin de cycle primaire et il a été admis à l'école secondaire de Butare. Je n'avais pas les moyens de payer ses études. J'ai prié Dieu de faire des miracles. J'habitais à Cyimicanga, dans une maison qui avait appartenu à ceux qui avaient fui le pays. Je n'avais

6 EPA : École Primaire d'Application.

plus de travail et je me demandais comment nous allions survivre. J'ai commencé à travailler comme aide-maçon, ensuite un homme qui s'appelle Rutayisire m'a engagée pour travailler dans son jardin. J'avais un salaire de quatre mille francs rwandais par semaine et j'arrivais à nourrir ma famille. Un projet du PAM[7] nous fournissait des vivres. Je suis allée voir mon patron pour lui dire que mon fils était admis à l'école secondaire, mais que je n'avais pas les moyens de payer les frais de scolarité. Il m'a donné cinq mille francs rwandais en plus de mon salaire hebdomadaire. J'ai cherché de l'aide un peu partout : à la centrale[8] de Kimihurura, à la paroisse de la Sainte-Famille, à la paroisse Saint-Michel, au Camp Kigali, chez Avega, à Ibuka. Je n'ai rien obtenu. Parfois on me disait que le stock de matériel était épuisé. Finalement, la Caritas m'a aidée en me donnant tout le matériel scolaire nécessaire et le ministère des Affaires sociales m'a octroyé un document attestant que je n'avais pas les moyens de payer les frais de scolarité. Ainsi mon enfant a pu étudier sans problème.

Édouard restait très traumatisé. Il est devenu un enfant des rues. Il errait partout. Un jour, aux alentours de l'église de la Sainte-Famille, il a rencontré des bienfaiteurs qui regroupaient les orphelins devenus enfants des rues, dans un centre à Butamwa. Il leur a dit qu'il avait une maman, ils sont venus me voir et ils m'ont aidée à redémarrer un commerce de vêtements. J'ai retrouvé une vie normale, j'avais de quoi faire vivre ma famille et acheter le matériel scolaire. Mon fils Bimenyimana a continué ses études jusqu'au niveau supérieur. Il a terminé ses études au KIST[9], et après trois ans au chômage il a trouvé un travail.

Quelque temps après, le propriétaire de la maison que j'occupais est rentré au pays et il m'a mise dehors. Je ne savais où aller. Avec une autre femme, nous sommes allées présenter notre problème lors d'une séance du parlement et on nous a autorisées à rester dans les maisons que nous occupions, jusqu'au jour où nous avons dû les restituer. L'Avega venait de finir la construction de trente-deux maisons pour les veuves à Kimironko et l'une d'elles m'a été attribuée.

La vie a continué son cours plus ou moins normal. Aujourd'hui j'ai quatre enfants, dont trois à la maison. Bimenyimana a son propre foyer.

7 PAM : Programme alimentaire mondial.
8 Sous-paroisse.
9 KIST : Kigali Institute of Science and Technology.

Édouard a fait une école professionnelle. Aujourd'hui il est indépendant. J'ai continué à faire du commerce jusqu'à ce que les autorités interdisent le commerce ambulant. Une bienfaitrice canadienne, Nicole, nous a aidées à fabriquer et à vendre des paniers et autres objets décoratifs. À ce moment-là, nous gagnions assez pour faire vivre nos familles. J'ai agrandi ma maison en y annexant de petites chambres que je mettais en location. J'avais ainsi des revenus suffisants quand les activités de couture ne marchaient pas bien. L'Ong Solace[10] nous a aidées en payant les frais de scolarité de nos enfants. Aujourd'hui j'ai un petit-fils, l'enfant de Bimenyimana.

JE NE RETOURNERAI JAMAIS DANS MON VILLAGE NATAL

Ma famille élargie a été massacrée. Ma mère est morte avant le génocide, en 1993. De toute ma fratrie il me reste seulement mon demi-frère Isaïe et quelques neveux. Toutes mes tantes et tous mes oncles ont été massacrés à partir de 1963. Quant à la famille de mon mari, sa mère, ses frères et sœurs qui avaient trouvé refuge en Ouganda sont morts là-bas. Seuls certains de ses neveux sont rentrés au pays. J'ai vendu tous les terrains de ma famille. J'ai décidé de ne plus jamais retourner dans mon village natal à Mugambazi.

10 Voir n. 45, p. 239.

SOIS GLORIFIÉ SEIGNEUR, TU M'AS SAUVÉE

MUKANKURANGA Béatrice

AVANT…

Depuis longtemps, nous habitions la commune de Murambi près du lac Muhazi où je suis née en 1952. Actuellement, elle est localisée dans le district de Rwamagana, secteur de Murambi, cellule de Gasharu. Pendant toute mon enfance, j'ai vu les habitants vivre en bonne entente. Des liens de solidarité, d'amitié et de fraternité existaient parmi la population, avant la venue des colons qui ont détruit ces liens, en faisant croire aux différents groupes sociaux qu'ils appartenaient à des catégories ethniques différentes. C'est ainsi que la haine a été introduite et cultivée entre ceux qui étaient identifiés comme Hutu et ceux qui l'étaient en tant que Tutsi.

À sept ans, en 1959, j'ai entendu dire que le roi Mutara III Rudahigwa[1] était décédé et qu'il avait été assassiné par les Blancs au Burundi. Après

1 Voir n. 10, p. 25.

sa mort, Kigeli V Ndahindurwa[2] a été intronisé pour lui succéder. Il n'a pas régné longtemps en raison des troubles et violences qui déferlaient sur le le pays. Un climat de terreur régnait. Les militaires belges venaient à bord de jeeps. On les appelait « Kamina[3] ». Ils étaient armés de fusils. Ils entraient dans les maisons pour effectuer des perquisitions. À l'approche des Blancs, beaucoup s'enfuyaient en courant.

À l'époque, chaque Rwandais devait déclarer le parti auquel il adhérait. Je me souviens du drapeau du Parmehutu. Je voyais les membres de ce parti planter un long mat à l'entrée de leurs habitations pour hisser ensuite le drapeau du parti. Des hélicoptères survolaient les environs pour recenser les membres du parti Parmehutu. Plus les réunions des partis politiques se multipliaient, plus la haine des Hutu envers les Tutsi prenait de l'ampleur. Le pays était dirigé par Mbonyumutwa Dominique, qui fut rapidement remplacé par Kayibanda Grégoire. Mais la situation ne s'est pas apaisée. La carte d'identité avec mention ethnique a été l'outil majeur de la discrimination et du harcèlement à l'égard des Tutsi.

En 1960, dans notre village, les Tusi ont été malmenés et leurs huttes ont été incendiées. Ceux qui l'ont pu ont pris le chemin de l'exil, tandis que d'autres ont été tués ou jetés vivants dans le lac Muhazi. Un grand nombre de nos vaches ont été abattues. Nous avons fui vers le presbytère des prêtres de la paroisse de Rwamagana.

À partir de cette époque, les Tutsi n'ont plus jamais vécu paisiblement au pays où leur participation à la chose publique était devenue impossible. Accéder au cycle secondaire pour les enfants tutsi relevait du miracle. En ce qui me concerne, j'ai été à l'école primaire jusqu'en 1960, puis j'ai suivi pendant deux ans les cours de « l'école familiale », à Rwamagana. À la fin de ma scolarité en 1967, je suis retournée à la maison. Je me suis mariée le 15 décembre 1969.

Il était difficile, si ce n'est impossible, pour un Tutsi de progresser dans la vie ou d'espérer un quelconque avenir au sein de la société. Le président Kayibanda a relayé les pratiques coloniales, à l'instar de son maître à penser, Mgr Perraudin[4] du diocèse de Kabgayi à l'époque.

2 Voir n. 7, p. 107.

3 Nom du premier camp militaire installé par les colons dans la province actuelle du Bas-Congo.

4 Mgr Perraudin André, archevêque suisse de Kabgayi, Père Blanc. Voir n. 22, p. 373.

LE COUP D'ÉTAT DE 1973

Le coup d'État du Général Major Habyarimana Juvénal, le 5 juillet 1973, fut suivi d'une brève accalmie. Deux ans plus tard, le parti unique MRND, qui prétendait réunir tous les Rwandais en son sein, a été mis en place. Habyarimana disait œuvrer pour « la paix et l'unité des Rwandais en marche vers le développement », mais sous la deuxième République les Tutsi ont continué à être en permanence harcelés et maltraités. Outre la virulente discrimination ethnique qui régnait sur le pays, il existait une discrimination basée sur la région d'origine de chaque Rwandais. Ceux qui provenaient du nord[5] du pays comme le chef de l'État obtenaient les plus hauts postes. De là est né le slogan selon lequel le gouvernement Habyarimana était celui « d'une seule et même case[6] ». Les autres régions venaient loin derrière et bénéficiaient chichement des bienfaits du développement. Quant à la région du Nduga, d'où était originaire Kayibanda, elle était la plus discriminée.

Je me souviens que le secteur de l'éducation était tenu par le Colonel Nsekalije[7] Aloys. À propos de l'orientation scolaire après le primaire, ce notable du Nord martelait qu'il était hors de question d'accorder la moindre place aux « fils du chapeau[8] ». Était ainsi désigné tout enfant de pauvres, dont les parents n'étaient ni des hauts gradés de l'administration ni des fils de militaire ou des fils d'un citoyen qui était proche des autorités. En revanche, il accordait une attention particulièrement bienveillante aux fils des bourgmestres, qui pourtant n'auraient pas dû prétendre accéder au secondaire en raison de ses résultats médiocres.

---

5 Voir n. 4, p. 159.

6 C'est l'*Akazu* (« petite maison »), noyau dirigeant et familial qui comprend l'épouse du président, Kanziga Agathe, de hauts gradés des Forces Armées Rwandaises (FAR), des chefs d'entreprises et des responsables de l'administration du pays.

7 Le colonel à la retraite Nsekalije Aloys a été blanchi en 2009 des accusations de génocide par le tribunal *Gacaca* de son lieu de résidence. En juillet 1973, il faisait partie des officiers supérieurs qui se sont appelés « les camarades de la révolution », suite au coup d'État militaire d'Habyarimana. Il sera ministre des Affaires étrangères, ministre de l'Éducation nationale et ministre de la Jeunesse et aura une très forte influence sur la vie politique de son pays. À propos de la scolarité d'enfants non originaires de sa région, il trouvait légitime de satisfaire d'abord les besoins scolaires des enfants de ses proches et connaissances. En avril 1994, il ne sera pas évacué et il ne cherchera pas à l'être. Il restera dans sa résidence de la périphérie de Kigali avec quelques membres de sa famille, des employés de maison et une cinquantaine de victimes potentielles du génocide jusqu'à ce que les troupes du FPR contrôlent la zone.

8 Leurs pères portaient un chapeau pour garder le bétail ou travailler dans les champs.

Tel était le mode de fonctionnement de l'administration scolaire et plus encore celui de l'enseignement supérieur.

Seuls les enfants tutsi qui avaient réussi au concours d'admission vers les petits séminaires interdiocésains parvenaient à poursuivre leurs études. Quant à ceux qui par une chance exceptionnelle avaient réussi à l'examen national, ils étaient orientés vers les sections qui forment aux métiers d'enseignants ou d'infirmiers, c'est-à-dire des métiers peu enviés en raison de leurs maigres salaires[9]. D'une manière générale les enseignants terrorisaient les enfants qui se décourageaient et n'étaient plus motivés à prendre part à cette compétition impitoyable et faussée par avance. Mes enfants étudiaient à l'école primaire de la paroisse de la Sainte-Famille, au centre ville de Kigali. Un jour, de retour de l'école, ils nous ont décrit une scène tristement comique. Leur maître était passé devant chaque élève, lui demandant de décliner son ethnie. Quand ce fut le tour de notre fils Charles, il a répondu : « Moi, je suis *Mushi.* » L'enseignant a répliqué : « Assieds-toi. Nous connaissons bien vos mensonges… Qu'est-ce que signifie ce terme de *Mushi* ? » L'enfant a innocemment répondu : « Mon papa nous a dit que nous sommes des *Bashi*[10] originaires de Cyangugu. » Cette séance se répétait chaque année, dans chaque classe. L'exercice consistait à vérifier que l'enfant avait intégré les mentions qui figuraient sur ce qu'on appelait « la fiche suiveuse » et qu'il avait mémorisé ces données impitoyables.

À cette époque, nous avons entendu dire que les Rwandais exilés depuis 1959 tentaient de négocier leur retour au pays, mais Habyarimana persistait à s'opposer à leur retour.

DU 1er OCTOBRE 1990 À 1994

Le 1er octobre 1990, les *Inkotanyi* sont entrés par la force au Rwanda, puisque leur demande de rapatriement n'avait pas trouvé d'accord avec le pouvoir en place. Dans la nuit du 4 au 5 octobre 1990[11], il y eut un

9 Pour désigner ce type de salaire, on employait l'expression de « sérum physiologique », c'est-à-dire qui « ne tue ni ne guérit », qui vous maintient en vie sans pour autant vous guérir.

10 *Mushi* au singulier devient *Bashi* au pluriel. Il s'agit d'une tribu insulaire riveraine du lac Kivu, divisé par la frontière coloniale entre le Rwanda et l'actuelle RDC, dont l'île d'Idjwi. Des familles ou des parents se sont ainsi retrouvés de part et d'autre de cette frontière, dans deux pays différents.

11 Voir p. 29.

coup de théâtre à Kigali. Les militaires gouvernementaux ont tiré toute la nuit dans la ville et les *Inkotanyi* ont été rendus responsables de cette attaque. Ce fut le coup d'envoi de l'arrestation et de l'emprisonnement de milliers de personnes, toutes accusées d'être complices des *Inkotanyi*. C'étaient des innocents, ils ignoraient tout des rebelles. Certains ont été froidement exécutés. D'autres ont péri dans les prisons. D'autres encore sont morts plus tard des suites des violences exercées par leurs geôliers.

En 1991, le président Habyarimana a instauré le multipartisme autorisant d'autres partis à exister aux côtés du MRND. Les affrontements entre les partis se sont multipliés et la discrimination ethnique s'est accrue. Les Hutu répandaient publiquement leur haine des Tutsi. Les partis ont scissionné en deux tendances[12], mais l'ennemi commun à abattre, physiquement et pas seulement politiquement, n'était autre que le Tutsi. Lors des réunions de ces partis, la terreur régnait au sein des quartiers où elles avaient lieu. À cette occasion se déroulaient de redoutables chasses à l'homme. Les attaques meurtrières se déroulaient sur les collines et jusque dans les maisons des Tutsi. On laissait entendre que les assassinats avaient été orchestrés par des malfaiteurs et tout finissait sans poursuite ni enquête.

1991-1993

Lors d'une réunion de son parti, Habyarimana a lui-même trouvé son titre de gloire et il s'est attribué le nom de *Kinani* (« l'invincible »). Entre 1991 et 1993, plusieurs répétitions du génocide des Tutsi eurent lieu dans le Bugesera, à Kibilira, chez les Bagogwe, à Gisenyi et ailleurs. À l'époque, les journaux qui venaient d'être autorisés se répandaient en insultes et caricatures. *Kangura* (« Réveille-le »), journal extrémiste bi-mensuel, était aux mains du tristement célèbre journaliste Ngeze Hassan[13].

---

12 La branche la plus extrémiste de chaque parti portait le nom de *Power* accolé au nom du parti en question.

13 Ngeze Hassan a fondé en 1990 avec d'autres personnalités de l'*Akazu*, le journal *Kangura* (« Réveille-le »). Il en est le rédacteur en chef et publie *Les dix commandements des Bahutu*. En 1993, il devient actionnaire et correspondant à Gisenyi de la RTLM. Il est l'un des leaders de la CDR, fer de lance du génocide, et l'un des chefs des miliciens de la préfecture de Gisenyi, où de juin 1993 jusqu'à sa fuite, il a distribué des armes, diffusé des listes portant les noms de Tutsi et de Hutu modérés à éliminer. À partir d'avril 1994, Ngeze a participé à de nombreuses tueries dans la préfecture de Gisenyi. Il a comparu

En 1992 se sont déroulées des négociations à Arusha entre le gouvernement rwandais et le FPR. Les questions de l'intégration de la branche armée du FPR dans l'armée nationale, de l'attribution de postes politiques aux leaders rebelles et du rapatriement des exilés étaient paralysées par la mauvaise foi gouvernementale. Le gouvernement rwandais a développé toute une série d'intrigues pour accuser l'autre partie d'être responsable des retards dans l'application des décisions prises. Le Premier ministre de l'époque, Uwiringiyimana[14] Agathe, était en désaccord avec le président de la République et avec les hauts gradés de l'armée qui ne voulaient pas cohabiter avec les soldats venus de la rébellion. Ces accords ont volé en éclats le 6 avril 1994 lorsque l'avion présidentiel s'est écrasé au retour d'Arusha. Vers vingt heures ce soir-là, le génocide des Tutsi a commencé[15].

1994

Le 7 avril 1994, les tueries des Tutsi ont commencé au vu et au su de tous. On tuait les Tutsi, ainsi que les Hutu dits modérés. Ce qui a surpris tout le monde, c'est de voir tout le pays mis à feu et à sang sans souffrir le moindre délai. Partout les tueurs étaient équipés des mêmes armes. Nous nous en sommes rendu compte après le génocide, lorsque chacun rapportait les faits qu'il avait observés dans sa région et nous avons alors compris la programmation uniformisée et systématique de l'entreprise génocidaire.

Le 8 avril 1994, mon mari, Kayumba Jean, né en 1950, a été tué, à l'âge de quarante-quatre ans. Il était maçon et travaillait dans l'entreprise de construction Pillard, à Kigali. Nous habitions le quartier de Kiyovu

devant le TPIR en octobre 2000 dans le cadre du « procès des médias de la haine ». Il a été reconnu coupable de génocide et crimes contre l'humanité et condamné à la prison à vie. Il a fait appel. En 2007, la chambre d'appel a réduit sa peine à trente-cinq ans d'emprisonnement.

14 Parmi les hautes autorités du pays, on a commencé par tuer Agathe Uwilingiyimana, Premier ministre.

15 Des personalités politiques proposées pour le gouvernement de transition, tels que Ndasingwa Landouard, dit Lando, et Kavaruganda Joseph de la Cour suprême, ont été ciblées et tuées aussitôt après la chute de l'avion présidentiel.

à Kigali. C'était un vendredi. Il a été tué aux environs de huit heures du matin. Mes enfants et moi avons passé toute la journée auprès de son corps. Nous avions eu dix enfants. L'une, Eugénie, était morte avant le génocide. Eugène s'est engagé dans les rangs du FPR. Les filles s'appelaient Gwizimpundu Didacienne, Fidélité et Yvette. Celle-ci a été tuée durant le génocide, comme ses frères Uwamahoro Richard et Kanamugire Charles. Les autres garçons s'appelaient Fidèle et Kayishema Pascal. Le plus jeune, Ngizwenabagabo Patrick, était un bébé, il avait deux mois. Le soir de la mort de mon mari, des militaires sont arrivés pour nous dire qu'ils avaient appris que la femme de Kayumba était une « espionne » à la solde des *Inkotanyi*. Ils m'ont trouvée avec mon bébé de deux mois au dos. Mes enfants les avaient entendus arriver et ils sont sortis à leur rencontre. Lorsque les hommes en armes ont vu tous ces enfants, ils ont dit : « Laissons-la, de toutes façons elle va souffrir atrocement et ne pourra élever seule tous ses nombreux enfants. » Plus tard, vers dix-huit heures, un groupe de gendarmes est venu avec l'ordre d'inhumer mon mari avec les autres victimes tuées dans le quartier. Mes enfants et moi avons soulevé le corps de leur père pour le leur remettre. Nous avons appris plus tard par des témoins qu'il avait été déposé parmi d'autres cadavres sur le bord de la route. Les corps avaient été recouverts d'une mince couche de terre. Les bourreaux auraient affirmé que cette « inhumation » consistait à éloigner du monde des vivants leurs plus grands ennemis, les Tutsi.

Après l'assassinat de mon mari, nous sommes restés dans la maison avec les enfants, sans vivres ni eau. Tous nos proches voisins étaient des *Interahamwe*. Depuis chez nous, nous les observions mener leurs sinistres opérations. Je les ai entendus dire que personne ne devait accepter l'argent que les Tutsi proposeraient pour sauver leur vie et que les boutiques ne devaient rien leur vendre, afin qu'ils périssent de faim et de soif. Mes enfants et moi avons passé cinq jours sans boire ni manger. C'était une véritable torture de n'avoir personne à qui nous confier dans notre propre quartier. Les miliciens nous attaquaient la nuit sous prétexte de perquisition, ils disaient vouloir vérifier si nous ne détenions pas des caisses de cartouches transmises par les *Inkotanyi*. Ils soupçonnaient notre fils Eugène de nous avoir donné des munitions « pour tuer les Hutu ». Nous avons continué à vivre sans manger ni dormir et sans sortir de la maison.

Le 1er mai, mon fils Uwamahoro Richard a été tué. Le 15 juin 1994, des militaires sont venus nous menacer à notre domicile. Ma fille était particulièrement visée, mais ils sont repartis, affirmant que notre heure viendrait plus tard. Le 20 juin, mon fils Kanamugire Charles a été tué. Durant tous ces jours, le chagrin et la dépression m'ont envahie. Je pensais qu'il était inutile de continuer à vivre. Les *Interahamwe* sont revenus à plusieurs reprises pour m'insulter, parce que j'avais un fils dans les rangs des *Inkotanyi*. Le 25 juin, nous avons pu fuir vers l'hôtel des Mille Collines et nous sommes restés là-bas. Nous y avons trouvé des *Interahamwe*, qui étaient au rez-de-chaussée. Nous, nous demeurions dans la chambre numéro 40, située à l'étage. De là, nous pouvions les voir jour après jour en train de trier les Tutsi avant de les conduire à la mort.

Un jour, un engin dit Katioucha a brisé la fenêtre de notre chambre. Les éclats de verre sont tombés à l'extérieur, nous en avons réchappé par miracle. Je ne peux expliquer dans quel état je me trouvais. Je souffrais terriblement, je pensais à mes enfants et à mon mari qu'on avait tués. J'étais prête à mourir, à mon tour. J'étais comme un cadavre. Continuer à vivre ne m'intéressait plus. J'étais avec mes quatre plus jeunes enfants : le bébé, un de quatre ans, et les autres âgés de neuf et treize ans. La fille de treize ans avait fini l'école primaire. Elle était désormais l'aînée. Avec eux, je vivais dans un chagrin extrême. Je me voyais dans l'ombre de la mort. Je l'appelais, mais elle ne venait pas. Le soleil se levant et le soleil se couchant me trouvaient dans le même état. Mes larmes avaient séché et je pleurais sans larmes. Un jour, j'ai demandé à des *Interahamwe* : « Pourquoi ne me tuez-vous pas ? » Ils m'ont répondu : « La mort que nous t'avons infligée depuis le début suffit, tu n'as besoin de rien de plus. Est-ce que tu oublies que ton fils tire sur nous qui combattons les *Inkotanyi* ! » J'ai pleuré pendant des mois, jour après jour. Sous mes yeux, défilaient les images macabres de mes enfants et de mon mari qui ne quittaient jamais ni ma mémoire ni mes pensées. J'étais très amaigrie et prête à périr.

APRÈS

Les *Inkotanyi* nous ont trouvés à l'intérieur de l'hôtel des Mille Collines. Nos libérateurs ont d'abord désarmé les *Interahamwe*, puis ils nous ont déplacés à Gikondo, chez les Pères Pallotins, à l'écart des combats. Nous y sommes restés un mois. J'ai vécu tout ce temps avec mon chagrin, malgré l'avènement miraculeux de la fin du génocide, auquel je ne m'attendais plus. Après la perte de trois êtres chers en moins de trois mois, je n'ai pas réussi à me réjouir de cette soudaine accalmie. J'avais vécu leur disparition comme une irruption du malheur, une calamité.

On nous a demandé ensuite de rentrer dans nos domiciles respectifs. Je suis partie avec les miens. Dans le quartier, nous avons revu plusieurs de nos bourreaux qui étaient devenus comme des chiens sans canines. Certains d'entre eux avaient été dénoncés et arrêtés. D'autres avaient fui au Zaïre ou dans d'autres régions du pays où ils pouvaient vivre incognito. Nous les avons recherchés en vain. Les dénommés Ntibaziyaremye Anastase, Muvunandinda et Mazimpaka Joseph ont été attrapés et mis en prison, où Mazimpaka est mort avant son procès. *L'Interahamwe* Muvunandinda a été jugé quelque temps plus tard et condamné à la perpétuité. C'est lui qui avait conduit jusqu'à nous les membres de la Garde Présidentielle venus tuer mon mari. Je l'ai accusé avant même qu'il soit arrêté et j'ai témoigné lors de la juridiction *Gacaca*[16] de Kiyovu où nos voisins ont appuyé mon témoignage et ont confirmé qu'ils avaient assisté aux actes génocidaires qu'il avait commis. Plusieurs connaissaient nombre de détails sur ses actes.

Après notre réinstallation à Kiyovu, le malheur n'a pas tardé à me retomber dessus. Souvent, lorsque je cuisinais, mes enfants décédés m'apparaissaient. Je voyais leurs visages devant moi. Je criais comme quelqu'un qui appelle au secours et je ne trouvais personne pour me consoler et me secourir. Je vivais un calvaire permanent. Je ne faisais qu'hurler de douleur. J'ai porté mes blessures psychiques durant plusieurs années sans trouver à qui me confier pour partager ma douleur.

Ah, mon Dieu ! J'étais restée comme seule sur terre. Dans ma dépression, désormais je haïssais le genre humain et je ne voulais plus croiser

16 Voir n. 3, p. 191.

le regard de qui que ce soit. J'étais en colère contre la vie. Je préférais mourir plutôt que connaître cette vie sans vie. Mais la mort ne venait pas. Alors je me suis mise en colère contre Dieu, lui demandant de quoi mes enfants étaient coupables pour avoir subi cette mort atroce. Avant le génocide, quand ils n'étaient pas à la maison, ils allaient chanter à la chorale de la paroisse pour glorifier Dieu. Je me disais qu'ils étaient dans la maison de Dieu et qu'ils seraient épargnés par la mort. Hélas, je me leurrais… Je demandais à Dieu : « Pourquoi tes serviteurs sont-ils morts ? Dis-le moi Seigneur Dieu. »

Ah, mon Dieu ! Chaque fois que ces pensées me venaient, je sortais de la maison pour pleurer, crier et gémir. J'étais éperdue de douleur. J'ai traversé ainsi le mois de juillet après que les *Inkotanyi* du FPR aient mis fin au génocide. Je n'arrivais pas à me réjouir que la paix soit revenue, j'étais enfermée dans ma tristesse et dans mon chagrin, tel un oiseau dans sa cage. Plus rien d'heureux ne m'était accessible. Je n'étais plus capable d'apprécier la grandeur et l'importance du miracle de notre libération. Le nombre de fois où j'aurais souhaité mourir ne se comptait plus. Mais ce n'est pas arrivé. Aujourd'hui, je pense que cet état dans lequel j'étais prouve que Dieu avait besoin de moi pour que son plan réussisse : je devais survivre pour accompagner mes enfants. Nous étions revenus là où nous habitions auparavant, mais cette maison n'était pas la nôtre. Nous étions locataires, j'ai affronté de grandes difficultés pour parvenir à payer le loyer et nourrir mes enfants, alors que je n'avais ni salaire ni aucune source de revenus. Ces difficultés aggravaient ma dépression. Pourtant Dieu ne nous a pas abandonnés. Parfois quelqu'un passait nous voir. La plupart du temps, c'étaient des rescapées du génocide comme nous. Si l'une avait trouvé quelque chose, elle venait vers nous avec un paquet de farine de maïs, du riz ou des haricots. Ainsi, passaient les jours.

Au mois d'août, j'ai commencé à tenir un petit étal devant mon domicile pour vendre quelques légumes. Cette activité nous a aidés à avancer vers une nouvelle vie.

Début septembre, j'ai trouvé un emploi d'aide-maçon au camp militaire dit Camp Kigali[17]. Je n'avais jamais exercé ce métier, seule la recherche de moyens pour survivre avec mes enfants m'a motivée. Nous devions faire

17 C'est à Camp Kigali que dix paracommandos belges de la Minuar ont été massacrés le 7 avril 1994. Peu après l'attentat contre l'avion du président Habyarimana, ils avaient

la réfection de la salle de réunion d'officiers, qui avaient décidé d'aider les veuves. J'ai été engagée pour apporter le matériel de construction aux maçons. Je me suis mise au travail malgré ma faiblesse physique et ma totale ignorance de ce genre de travail. Avant le génocide, j'avais vécu une situation totalement différente. Je m'occupais des travaux ménagers et de nos enfants et je prenais soin de mon mari. Lui, il avait un emploi, un salaire et il faisait les achats. Personne ne peut imaginer qu'après plusieurs années j'avais fini par ignorer les notions élémentaires de calcul, tout autant que le chemin qui mène de Kiyovu à Camp Kigali. Le premier jour de mon travail, j'ai dû être guidée pour m'y rendre. C'était surprenant pour quelqu'un qui habite Kiyovu, c'est-à-dire tout près de Camp Kigali. Les jours suivants, j'ai appris à reconnaître les chemins qui serpentent dans la ville. Chaque aide-maçon recevait sept-cents francs rwandais par jour. Nous transportions du ciment mélangé à du sable sur de grands plateaux métalliques depuis le lieu où on faisait le mélange jusqu'à celui où les maçons l'utilisaient. Je crois que mon salaire m'était remis plus par pitié que pour mon endurance ou ma rapidité. Je travaillais au ralenti, sans force, je pesais à peine trente kilos. Par manque d'expérience, je rentrais à la maison avec les doigts brûlés et écorchés par le ciment. Lorsque j'en parlais à mes collègues le soir sur la route de retour, j'apprenais que c'était la même chose pour elles.

OCTOBRE 1994

Au mois d'octobre, j'ai dû mener un tout autre combat contre mes proches voisins hutu, revenus après leur fuite. Parmi eux plusieurs avaient joué un rôle dans la mort de mon mari. Ceux qui avaient travaillé sous ses ordres avant le génocide ont été les plus actifs pour qu'il figure en haut de la liste des personnes à tuer. Ils s'appuyaient sur le fait que notre fils faisait partie des *Inkotanyi*. Il s'agissait surtout de nous diaboliser avant de nous exterminer. Un acte particulièrement offensant s'est déroulé, un soir. J'étais rentrée du travail et me trouvais à la cuisine. Un de ces voisins est entré chez moi, une calebasse de bière à la main. Il m'a dit : « Je viens vivre ici comme ton mari, tu ne peux élever seule tes enfants. Je viens remplacer ton mari Kayumba qui était mon grand ami. » J'ai été foudroyée par ses paroles. J'aurais préféré mourir. Il est entré dans notre maison, puis dans ma chambre, il s'est assis sur mon

été dépêchés auprès du Premier ministre désigné du gouvernement de transition, Agathe Uwilingyimana, qui habitait dans une rue proche. C'est aujourd'hui un mémorial.

lit et a ajouté : « Je reste ici. À partir d'aujourd'hui, je serai ton mari. » J'étais avec mes enfants, nous étions sidérés par cette scène hallucinante. Je leur ai dit : « Venez, mes enfants, allons au siège du secteur. » Il était déjà dix-neuf heures et l'homme refusait de sortir de la maison. Arrivés au secteur, nous avons tout expliqué et les militaires qui montaient la garde sont venus aussitôt chez nous, d'où ils ont sorti l'intrus avant de le corriger. Nous avons ainsi échappé à cet outrage.

La dépression et le chagrin sont allés croissants. J'avais vécu l'attitude de cet homme comme une torture supplémentaire. Il avait voulu abuser de ma situation et décourager les élans de survie que je devais déployer chaque jour pour élever seule mes enfants survivants. Mais Dieu était à mes côtés. Il m'a aidée et mes enfants ont pu grandir sans trop de privations. La vie n'était pas facile ! Seul Dieu me donnait la force et le courage, Il m'a aidée pour accomplir mon devoir de mère. Mon emploi d'aide-maçon a permis leur scolarisation. Plus tard, l'un d'eux, Pascal, a réussi au concours de fin de l'école primaire. Il a été admis à l'école secondaire et orienté vers une école de Ruhengeri[18]. J'ai réussi à acheter les fournitures scolaires, ainsi que l'uniforme, avant de l'accompagner là-bas. Sa sœur, Fidélité, a dû redoubler sa première année secondaire. En raison du génocide, l'année scolaire avait été écourtée et les enfants ont dû recommencer l'année scolaire amputée. J'ai eu de la chance, le Farg a supporté l'intégralité des frais de scolarité des enfants rescapés, du primaire jusqu'à l'université. Leur alimentation, leurs vêtements et le loyer restaient à ma charge. Déchargée du souci des frais scolaires, mon découragement a laissé place à l'espoir. J'ai réussi à éloigner les hommes qui voulaient m'imposer le concubinage sous prétexte qu'ils m'aideraient à élever mes enfants. Heureusement j'ai pu dépasser tout ça et accompagner les cinq enfants qui m'étaient restés. Ils ont contribué à me faciliter la tâche, en réussissant bien à l'école. Je rends grâce à Dieu pour tout cela, surtout lorsque je me souviens qu'Il a été à mes côtés dans ces moments difficiles.

UN « CHEZ NOUS » RETROUVÉ, TROIS ANS APRÈS LA FIN DU GÉNOCIDE

Je ne peux que remercier le gouvernement d'Union nationale qui m'a aidée à scolariser mes enfants, jusqu'au plus jeune, Patrick, qui est

18 Actuellement Musanze, au nord du pays.

actuellement à l'université. Je rends grâce à Dieu qui l'a protégé de la machette des *Interahamwe* et lui a confié l'intelligence qui lui permet d'être parmi les meilleurs de sa promotion. Je n'imaginais pas que ma vie puisse changer radicalement de visage. Pourtant c'est ce qui est arrivé grâce à l'Avega. L'association a construit des habitations pour les veuves avec le soutien du Farg. C'était à un moment où je ne parvenais plus à payer le loyer. Je suis arrivée le 7 juillet 1997 dans le lotissement construit par Avega et je ne saurais dire combien j'ai été heureuse d'avoir un chez moi. Sur place, j'ai trouvé cinq familles, j'ai constitué la sixième et nous avons formé un village de six familles. Nous avions peur de vivre entourées de broussailles, sans lumière ni éclairage. Pire encore, nous étions dispersées loin les unes des autres dans les maisons qui nous avaient été attribuées. L'installation n'a pas été facile. Certaines se sont découragées, elles hésitaient à venir habiter dans ces maisons, isolées, loin des autres quartiers. Il était difficile d'espérer quelque secours en cas de danger. Nos maisons n'avaient pas de portes solides et la sécurité n'était guère garantie. Le spectre des malfaiteurs restait présent à nos esprits. Dès que le soir tombait, nous rentrions à l'intérieur pour allumer nos chandelles et autres lampes de fortune. Nous devions aussi faire face à l'invasion des fourmis qui provenaient de la brousse voisine. Certaines ont commencé à regretter d'être venues, nous ne nous sentions pas capables de grand-chose et surtout pas de débroussailler alentour. Nous adressions nos prières à Dieu qui les a entendues. Des prisonniers ont été conduits sur les lieux pour tout débroussailler et nous débarrasser des fourmis. Nous pouvions désormais dormir paisiblement. Kimironko était administré par la commune de Kacyiru, dirigée par M. Kanamugire Calixte. Un jour, il est venu nous rendre visite et il nous a dit : « Vous, nos mamans, je vois que certaines d'entre vous sont âgées et que vous manquez de forces, mais les plus jeunes peuvent travailler pour trouver de quoi nourrir les enfants. Il y a des espaces verts sur plusieurs parcelles où les gens attendent leur permis de construire. C'est près de chez vous. Les futurs habitants tardent à venir, aménagez-y des potagers. Vous vous arrangerez plus tard avec les futurs propriétaires pour obtenir quelque rétribution. » Nous avons apprécié sa proposition, nous avons cultivé. Les semences ont poussé, nous avons nourri nos familles. Il y a eu beaucoup de manioc, des haricots, des patates douces, des colocases, des arachides, du maïs, des courges…

Nous nous sommes senties protégées et rassurées. Nous avons repris confiance en la vie. Les nouvelles autorités s'étaient démarquées à jamais du mal, de la discrimination ethnique et du triste asservissement qui avaient conduit à l'assassinat des nôtres. Tout cela était visible pour tout un chacun, comme la différence entre le jour et la nuit.

Alors l'élan vers le bien-être a repris, mais les séquelles du génocide n'ont pas manqué. Eugène, mon fils aîné, utilisé en tant que combattant FPR pour justifier qu'on nous maltraite lors du génocide, a quitté l'armée. Actuellement, il est marié et père de cinq enfants. Mais la vie qu'il mène me peine parce qu'il est devenu alcoolique. Sa femme et moi sommes très préoccupées par l'avenir de leurs enfants, leur besoin d'être scolarisés et logés sous un toit parental solide. Je n'ai pas trouvé de solution à ce problème qui est une conséquence directe du génocide. Il n'était pas comme ça auparavant, mais il a été moralement très blessé, en apprenant que son père et ses frères avaient été tués, au prétexte de son ralliement aux *Inkotanyi*. Traumatisé et culpabilisé, il a fui dans l'alcool et il s'y noie. Son trauma me tourmente chaque jour. C'est dire combien les séquelles du génocide restent omniprésentes et nous tourmentent. Un jour vous êtes joyeux et content, mais ce plaisir est de courte durée. Un nouveau lot de soucis apparaît et toutes ces situations restent difficiles à affronter.

LA FAMILLE DES VEUVES DU GÉNOCIDE

Avega-*Agahozo* continue à nous apporter son aide. Ses agents nous rendent régulièrement visite pour s'enquérir de notre situation. Avega a fait du lobbying auprès des autorités et des bienfaiteurs au Rwanda comme à l'étranger. Nous avons été aidées pour les soins médicaux. Beaucoup portaient des blessures sur le corps et dans le cœur sans oublier les autres maladies. Nous étions souvent alitées et fragilisées par les épreuves vécues lors du génocide. On nous a mis en contact avec d'autres veuves de par le monde, nous nous sommes senties moins seules et abandonnées. Nous avons appris d'elles comment résister et combattre la solitude mortelle. Elles aussi ont appris de nous. Les rencontres et les réunions nous ont apaisées. En réapprenant à vivre, peu à peu, nous avons été initiées à la mise en place de projets générateurs de revenus. Nous avons été aidées pour trouver des financements pour leur mise en œuvre.

Parmi les soutiens de nos projets, je peux citer Nicole (Canada) et Florence (France). Nous avons exécuté des travaux d'artisanat, nous avons reçu des formations et avons acquis des connaissances, artisanales ou artistiques. Tout ce que je connais en artisanat me suffit pour faire vivre ma famille, sans grandes difficultés. Avec ces objets d'art, si quelqu'un ouvrait une galerie, cela encouragerait les veuves et les accompagnerait pour prendre leur essor ! Je n'oublie pas non plus les dons reçus en vivres, vêtements, ustensiles de cuisine, matériel scolaire et autres.

Le Centre César[19] a été créé par des bienfaiteurs canadiens. Au départ, il était dirigé par Nicole que nous avons vite appelée Maman Nicole. Nous avons trouvé où nous asseoir pour pouvoir travailler. Nous avons progressé, Maman Nicole vendait notre production au Canada. Dès lors, nous avons eu de l'argent dans nos poches et ceux qui nous rencontraient s'en rendaient compte. Puis est arrivée Florence. Elle a construit la « Maison de Quartier » et, avec Michelle, elles nous ont proposé des activités de formations dans divers domaines. Par exemple, la gestion d'un restaurant, la broderie ou la peinture traditionnelle *Imigongo*, réalisée avec des motifs géométriques. Elles ont prouvé que cette Maison de Quartier était un « chez nous », où nous nous sentions à l'aise. Elles souhaitaient que ce lieu soit un point où nous pouvions nous rencontrer pour partager nos expériences et débattre d'activités communes, surtout celles qui se déroulent lors de la commémoration du génocide des Tutsi. Elles tenaient à nous assurer qu'on ne peut avancer dans la vie que si nos pensées sont apaisées et notre cœur bien calme. Elles nous ont aidées à nous libérer de nos angoisses, en nous rapprochant les unes des autres. Nous avons assidûment honoré la mémoire des nôtres et plusieurs d'entre nous ont senti une réelle occasion de revivre. Notre programme à la mémoire des nôtres durait trois jours, avec des interventions de thérapeutes expérimentés, dont feu le Dr Naasson Munyandamutsa. À la fin, nous terminions par la prière d'action de grâce.

Chaque fois que je me remémore ce qui s'est passé pour faire de nous ce que nous sommes aujourd'hui, vingt-quatre ans après la traversée du génocide des Tutsi et que je pense à ceux qui se sont donné la peine de contribuer au bien-être des veuves, je ne peux que remercier Dieu qui nous a sauvées et protégées.

Tout ceci a été possible grâce à la détermination et au patriotisme des soldats du FPR *Inkotanyi* qui ont mis fin au génocide des Tutsi et ont

---

19 Voir n. 10, p. 177.

depuis continué à assurer la paix pour tous les Rwandais, en s'occupant de leur sécurité matérielle, physique et psychique.

Cela nous a permis de jouer un rôle dans les juridictions *Gacaca* pour que la vérité soit connue de tous et que les violations des droits de l'homme sous toutes ses formes soient connues. Nous avons parfois appris où les corps des victimes avaient été enfouis et cachés et nous avons pu les inhumer en dignité. Les accusés et ceux qui ont joué un rôle dans l'exécution du génocide ont été jugés et punis. Les juridictions *Gacaca* ont joué un rôle majeur dans la justice réconciliatrice post-génocide, elle a permis à certains auteurs du génocide d'avouer et de demander publiquement pardon. Les victimes survivantes se sont senties de nouveau des êtres humains et elles ont accordé leur pardon pour que la nation rwandaise vive avec force. J'espère que ce processus ouvrira la porte à d'autres miracles de Dieu pour que l'unité entre les Rwandais renaisse afin de léguer à nos enfants un pays sans discrimination aucune.

Pour terminer, je remercie de nouveau Dieu qui m'a délivrée, plus d'une fois, des menaces des *Interahamwe* alors que j'étais loin de toute assistance éventuelle.

Vous, lecteurs rwandais, qui lisez ce témoignage, vous avez certainement affronté des difficultés semblables aux miennes, avant, durant et après le génocide de 1994. Vous les bienfaiteurs et autres personnes de cœur qui m'avez aidée à écrire ce que j'ai vécu, je vous demande de vous joindre à moi pour remercier notre Dieu.

J'adresse un remerciement particulier au gouvernement du Rwanda qui nous a soutenues dans notre élan pour sortir de l'enfer des difficultés issues du génocide et vivre dans la paix. Sans le concours des autorités, épaulées par ceux qui sont venus à notre secours, nous serions restées invisibles et nous aurions fini par périr de désespoir.

Je continue à dire merci aux organisations qui ont rejoint la première d'entre elles, l'Avega, qui nous a représentées un peu partout, en nous portant comme un bébé au dos.

Un grand merci à Florence qui a lancé l'atelier de mémoire qui nous délie de notre chagrin, nous élève haut et nous console. Je remercie toutes les personnes qui m'ont aidée à coucher ces lignes sur le papier dont Basengo, Annonciata et Jean Paul. Que Dieu qui m'a sauvée soit également proche de vous, je vous remercie dans ma langue maternelle, *Murakoze.*

LA CHAIR À VIF

MUDAHOGORA Ernestine

AVANT…

Je suis née en 1984. Au moment du génocide des Tutsi j'avais dix ans. Dans ma famille nous étions sept enfants – deux filles et cinq garçons. J'étais la sixième. Nos parents nous prodiguaient une affection sans limite et il régnait entre eux un fort amour.

Lorsque nous leur posions des questions sur leur passé, ils nous apprenaient que le Bugesera où nous vivions n'était pas leur région d'origine. Et qu'ils étaient venus habiter là suite aux décisions arbitraires des autorités motivées par la seule discrimination ethnique. Ils nous expliquaient ce qui s'était passé en 1959, mais nous ne comprenions pas grand-chose. Cela nous semblait un passé d'un autre âge. Ils nous expliquaient que les Tutsi de Ruhengeri au nord du pays avaient été chassés de leur région par les Hutu. Qu'ils avaient dû aller chercher des terres ailleurs, en particulier dans le Bugesera couvert alors d'une forêt qu'ils avaient dû défricher.

Mon père a conservé de nombreuses séquelles des coups de bâton que les Hutu lui avaient infligés à Ruhengeri et il est resté handicapé. Les mauvais traitements ont entraîné une pneumonie chronique qui lui a été fatale. Il est mort peu de temps avant le génocide. Nous avons grandi dans cet environnement, découvrant qu'une ethnie ne tolérait pas l'autre. Nous savions que nous étions tutsi et qu'en face de nous il y avait les Hutu.

Nous habitions à Ntarama, en face du village de Kayenzi. Les rues passaient devant nos maisons. Les habitants venus pour la plupart du nord du pays étaient solidaires les uns des autres et ils se donnaient de l'eau dans cette région qui en manquait cruellement. Leurs enfants jouaient et s'amusaient ensemble, croyant que la vie est belle.

Dans mon enfance, mes parents m'ont beaucoup choyée, sans doute parce que j'avais une santé fragile et que j'étais malingre. La situation économique des miens était mauvaise en raison des déménagements successifs qui les avaient privés de leurs biens. Mes parents doutaient de ma capacité à grandir normalement. Ils m'ont emmenée chez mon oncle paternel qui habitait à Gatare, à quelques kiliomètres de Nyamata. J'étais trop faible pour marcher longtemps et mon père me portait sur son dos. L'épouse de mon oncle s'est occupée de moi avec tendresse. Plus tard je suis retournée chez moi et j'ai commencé ma scolarité.

Je ne suis pas restée longtemps sur place. Ma tante maternelle qui habitait Kibungo a proposé à mes parents de m'emmener chez elle pour que je devienne sa fille cadette. Elle m'a élevée et cajolée. J'ai été gâtée. On m'a inscrite à l'école primaire. À l'époque, mon frère aîné, Twahirwa Innocent, étudiait près de Kibungo, à l'école secondaire de Zaza. Chaque fois qu'il partait pour les vacances, il passait me chercher et nous rentrions ensemble à la maison. Parvenue en quatrième année primaire, je me suis sentie persécutée par les sarcasmes que m'adressaient les autres enfants. J'ai quitté l'école aux grandes vacances pour ne plus y retourner. Je suis restée avec mes parents et j'ai terminé ma scolarité primaire. Pour le cycle secondaire, j'ai été inscrite à Kigali, au centre de la JOC. J'habitais le quartier de Biryogo, chez ma grande « sœur », c'est-à-dire la fille de ma tante maternelle chez qui j'avais vécu à Kibungo. Elle avait des clients auxquels elle livrait chaque jour du thé et des beignets, près de la grande poste[1]. Le matin sur le chemin de

1 La grande poste était le ministère des Postes et Communications. C'était une institution d'État, située au centre ville. Ce bâtiment n'existe plus aujourd'hui.

l'école, je l'aidais à acheminer ses livraisons. À ce moment-là, en 1990, les Tutsi étaient communément désignés par le terme de « complices » des *Inkotanyi*. Leur sécurité n'était plus garantie. Le mari de ma sœur était ougandais. Ils avaient de grands enfants qui possédaient des cartes d'identité où était mentionnée leur identité de Tutsi. Le gouvernement du président Habyarimana était animé d'une rancœur sans pareille à l'égard des Ougandais, accusant leur pays d'avoir apporté son soutien aux rebelles du FPR qui avaient attaqué le pays le 1er octobre.

Un matin, ma « sœur » m'a demandé d'aller seule livrer ses marchandises. Ce jour a été un calvaire pour moi. Des barrières avaient été montées partout. Ceux qui les gardaient m'arrêtaient systématiqement. Ils m'accusaient de vouloir livrer des armes aux *Inkotanyi*. Je suis passée près du siège national des renseignements, dit « Criminologie ». Là, à la barrière, les gardes m'ont arrêtée et m'ont demandé de déclarer ce que contenaient mes paquets. Je le leur ai dit, mais ils ont décrété que c'était des cartouches. Avec le canon de leurs fusils, ils ont renversé tous les beignets par terre. Ils m'ont fait asseoir par terre et m'ont retenue durant plusieurs heures. Finalement ils m'ont laissé partir. Je n'ai plus jamais emprunté ce chemin. Durant tous ces jours de l'année 1990, beaucoup ont été torturés ou tués sur la seule accusation d'être des espions à la solde des *Inkotanyi*. Beaucoup ignoraient absolument ce dont ils étaient coupables.

En raison des troubles, nous avons passé tout un mois sans aller à l'école. Après la reprise des cours, avec un groupe d'élèves, nous avons traversé Kiyovu pour rejoindre l'école. À une barrière, j'ai de nouveau été arrêtée. On m'a demandé où nous nous rendions. J'ai répondu que nous allions aux cours à la JOC. On m'a demandé ma carte d'élève que j'ai aussitôt présentée. Il y avait deux soldats en face de moi. L'un a dit : « Cette minable nous trompe. La preuve, vous voyez, elle vient du Bugesera… Ça ne vous rappelle donc rien ? » Il m'a envoyé une gifle que je n'oublierai jamais. Je suis tombée comme frappée par une crise d'épilepsie. Plus tard, pendant le génocide, j'ai reçu d'effroyables coups de machette dont je porte encore les traces, mais cette gifle est restée pour toujours gravée en moi. L'un des soldats a voulu savoir de quoi j'étais coupable. Il a demandé : « Pourquoi frappez-vous cette enfant ? » Quand j'ai repris conscience, j'ai entendu un soldat me dire : « Allez, va, continue ton chemin. » Je suis repartie. Depuis ce jour, je me suis juré ne plus jamais passer par là.

Ma mère est tombée malade. Elle souffrait d'un cancer du col de l'utérus. Elle a été hospitalisée à CHK[2]. Avec ma grande sœur, nous allions la voir à tour de rôle et nous lui apportions à manger. J'étais contente de lui rendre service aussi souvent que possible. Un soir, nous avons fait un détour. Nous avons pris la route qui monte depuis Agakinjiro, en passant par l'actuel cabinet du pédiatre, le Dr Gasasira. Nous avons croisé des militaires. Ils nous ont arrêtées et ont demandé où nous allions. Nous avons répondu que nous nous rendions à CHK. Ils ont demandé nos cartes d'identité. Ma sœur a montré la sienne. Moi je n'avais pas encore l'âge d'en posséder une. À cette époque, avoir une carte d'identité délivrée à Kanzenze, dans le Bugesera, rendait d'emblée suspect. Nous avons subi un long interrogatoire. Ils ont frappé ma sœur. Peu après est arrivé un véhicule dont je n'ai pu identifier les occupants. Ceux qui nous harcelaient quelques instants auparavant se sont précipités vers nous et nous ont donné l'ordre de déguerpir. Nous nous sommes levées et nous avons continué notre chemin.

LE GÉNOCIDE APPROCHAIT

J'étais en vacances chez nous dans le Bugesera. Ma sœur aînée est tombée malade et elle est décédée. Tous, sa famille et ses proches, nous sommes allés à Kigali pour ses obsèques. En revenant de l'enterrement, nous nous sommes dirigés vers son domicile de Rwampara, en passant par la rue Paul VI, mais nous n'avons pas pu y accéder. Ce jour-là, le chef des *Interahamwe* que tous craignaient et qui répondait au nom de Katumba[3] venait d'être assassiné. Les choses ont empiré à Kigali. À la fin de la période de deuil, je suis repartie dans le Bugesera. Je suis arrivée à la maison un lundi. Deux jours plus tard, le mercredi 6 avril, l'avion du président Habyarimana s'est écrasé. Le génocide a commencé.

J'ai pensé que j'avais fait une erreur en quittant Kigali. L'un de mes grands frères, Kayitankore Damascène, vivait chez Grand-mère, non loin de chez nous. Il est venu à la maison, très tôt le matin, pour nous demander si nous avions entendu la nouvelle du crash de l'avion.

2 CHK (actuellement CHUK), Centre hospitalier de Kigali, situé entre Biryogo et Kiyovu.

3 Voir n. 11, p. 245.

Je lui ai demandé : « Crois-tu que ce crash va aggraver la situation ? » J'étais persuadée que la mort du président, responsable de tous nos malheurs, allait nous permettre de vivre en paix. Mon frère voyait les choses autrement. Quelque temps auparavant, il avait voulu passer la frontière pour rejoindre les *Inkotanyi* en Ouganda, mais il avait été arrêté à Gashora et mis en prison. Il avait été battu et il a gardé pendant des mois les séquelles de son emprisonnement. Il a beaucoup souffert mais, à sa sortie de prison, il avait compris beaucoup de choses. Ce qui lui a fait dire ce matin-là qu'il fallait s'attendre à une tuerie généralisée des Tutsi.

Dès le lendemain matin en effet, le 7 avril, les Hutu ont commencé à incendier les huttes des Tutsi dans tout Nyamata. Les Tutsi fuyaient vers les églises ou les locaux des secteurs administratifs alentour. Des personnes des secteurs limitrophes du nôtre sont venues se réfugier en grand nombre dans notre enclos.

Près de chez nous, les tueries n'avaient pas encore commencé. Vers le 10 avril, l'ordre de tuer a atteint notre village. Au cours des jours précédents, nous avions observé les scènes de massacres qui se déroulaient sur la colline en face. Les Tutsi fuyaient dans toutes les directions. Près de nos maisons, des jeunes gens et des hommes s'organisaient. Ils prenaient leurs arcs et flèches pour nous défendre. Ils ont combattu et les *Interahamwe* ont dû battre en retraite. Mais plus les jours passaient, plus les miliciens étaient nombreux. Ils sont revenus avec de tels renforts que les Tutsi n'ont eu d'autre alternative que de périr. Les plus jeunes ont décidé de fuir ou de se cacher. Certains sont partis vers le Burundi mais ils ont souvent été tués à la machette avant d'arriver à la frontière. Très peu sont parvenus à destination. C'était horrible, pourtant nous continuions à croire que des tels combats n'avaient lieu que dans le Bugesera. Ceux qui étaient à Nyamata imaginaient que seule leur région était ciblée par des tueries d'une telle ampleur.

Mon petit frère m'aimait beaucoup. Il est venu me voir et il m'a dit : « Ma sœur, tu sais combien je t'aime, je pense que dans cette période de massacres extrêmes tu devrais tenter de traverser l'Akanyaru pour te rendre au Burundi. Moi je vais aller à Gitarama. Tu es d'accord ? » Sans attendre ma réponse, il a poursuivi : « Si je survis, nous nous reverrons un jour. Sinon nous nous retrouverons au ciel. » Ces mots, je ne les ai jamais oubliés. Ce sont les dernières paroles que j'ai entendues de lui. Elles sont restées inscrites en moi pour toujours. Il s'appelait Djaribu

Iréné. Ce qui me fait le plus souffrir, c'est que je ne saurai jamais où il est tombé sous les coups des meurtriers.

Dès qu'il a été parti, les choses sont devenues d'une cruauté indescriptible. Une attaque particulièrement violente s'est déroulée le lendemain matin. Chez moi et à l'église, les réfugiés étaient de plus en plus nombreux. Ceux qui n'avaient pu aller jusqu'à l'église se rassemblaient dans un même enclos.

Le 10 avril, si je me souviens bien, une attaque qui venait d'au-delà de notre caféier s'est dirigée vers notre enclos. J'étais à la cuisine, préoccupée qu'aucun ne meure de faim chez moi. Le repas était prêt, certains étaient en train de manger. Personne ne s'était rendu compte de l'attaque qui approchait jusqu'au moment où quelqu'un est accouru en criant : « Nous allons mourir, nous allons tous être exterminés. Tout est fini. Ceux qui le peuvent, allez, fuyez… » Auparavant, nous avions vu venir les assaillants et nous nous étions cachés dans des brousses alentour. Nous revenions après le départ des meurtriers, qui repartaient déçus de ne nous avoir ni trouvés ni tués. Ces attaques n'avaient pas été si soudaines et virulentes. Nous avions pu aider ma mère malade à marcher avec nous. Mais ce jour-là, elle a refusé de nous suivre, lassée de faire tous ces allers-retours, alors que les douleurs provoquées par sa maladie semblaient avoir atteint tout son corps. Dans la débandade, chacun a pris la direction qu'il pouvait. Je me suis retrouvée seule sur place avec elle. Elle m'a dit : « Ma fille, je crois que l'on va nous tuer toutes les deux ensemble, sans que je puisse te défendre. Que puis-je faire ? » L'abandonner me semblait une trahison inimaginable, mais elle insistait pour que je m'en aille. Lorsque les *Interahamwe* sont arrivés tout près, j'ai saisi l'enfant de ma grande sœur, je l'ai mis au dos et je suis partie en courant. Un peu plus haut, je me suis plongée dans une petite brousse avec l'enfant. J'étais certaine que les *Interahamwe* s'étaient lancés à notre poursuite. À l'instant où je pénétrais dans cette brousse, j'ai entendu les coups de machette qui s'abattaient sur ma mère et sur le petit groupe de personnes âgées qui était resté avec elle. Ce jour-là, dans notre enclos, quinze personnes ont été tuées. Presque toutes étaient fatiguées d'avoir couru à plusieurs reprises vers la brousse pour ensuite revenir. Elles avaient résolu de rester et d'attendre que les tueurs viennent les achever.

Les *Interahamwe* ont fouillé partout dans la brousse pour dénicher ceux qui s'y étaient cachés, pendant que d'autres pillaient les biens dans les maisons désertées. Alors qu'ils s'approchaient de ma cachette, j'ai entendu l'un d'eux appeler les autres à le rejoindre au plus vite pour participer à l'*Iramba*[4]. Il pleuvait abondamment ; ils sont partis à toute vitesse. J'ai écouté attentivement et j'ai compris qu'ils s'étaient éloignés. Cet appel inattendu nous a sauvés. Je suis sortie de la brousse en rampant comme un serpent. Je me suis demandé quel était le meilleur chemin pour parvenir à l'église. N'ayant pas beaucoup vécu dans le Bugesera, je connaissais mal les chemins. Je marchais en tâtonnant, j'étais paralysée par la peur de la mort, par la forte pluie qui tombait et par le sifflement des balles qui passaient au-dessus de nos têtes. Cette vie de terreur m'accablait. Malgré les zigzags sur des chemins inconnus, je me suis retrouvée là où je voulais arriver. À l'église. J'ai trouvé une foule très dense. Ma grande sœur, Batamuriza Béatrice, venait d'arriver elle aussi. Je lui ai appris que notre mère avait été tuée. À cette époque, nous ne parvenions même plus à pleurer de douleur face à la mort des nôtres. Nous étions comme des vivants déjà morts. Nous sommes restées sur le parvis de l'église sous la pluie, les pieds dans la boue. La nuit tombait, les enfants pleuraient et beaucoup ne voyaient pas comment ils pourraient échapper à leur calvaire. J'ai demandé à ma sœur : « Tu crois vraiment que nous allons dormir là, il y a si peu de place, nous ne pourrons même pas respirer ? » Nous sommes parties. L'inspiration de Dieu existe, lorsqu'Il veut vous sauver. Cette nuit-là, après notre départ, les tueurs sont venus, ils ont jeté des obus et des grenades qui ont déchiqueté les corps de ceux qui étaient à l'intérieur de l'église. Presque tous ont péri, hormis un nombre infime de rescapés.

Sur la route qui passe devant cette église, juste en face de l'actuel mémorial de Ntarama, les gendarmes s'étaient assuré que toutes les personnes ciblées affluaient vers l'église. C'est resté pour moi la preuve que le génocide avait été minutieusement préparé et mis en œuvre. Une vieille femme pleurait et hurlait de douleur. L'un des gendarmes lui a demandé : « Toi, la vieille, qu'est-ce que tu as à pleurnicher comme ça ? Ça me dérange. Qu'est-ce qu'il t'arrive ? » Elle a répondu : « Ne me questionne pas ; regarde ce qui se passe, les Hutu nous font plus que du mal, ils sont en train de nous tuer, de démolir et d'incendier nos habitations et nous n'avons plus le moindre endroit où aller. » Le gendarme a répondu : « Allez, va, entre dans cette église, on va vous mettre en sécurité. » La vieille femme n'a pas compris qu'elle s'adressait précisément à celui qui était chargé d'exécuter ce qui la désolait. Le gendarme ne pensait qu'à

4 *Iramba*, le « profit » était un terme employé avant le génocide. Les *Interahamwe* l'ont utilisé pour parler du partage des biens volés entre ceux qui avaient commis les pillages.

une seule chose : il voulait que tout le monde soit entassé à l'intérieur de l'église pour faciliter la tâche des tueurs qui arrivaient en grand nombre. Moi, je ne croyais pas un mot de son discours. Les mots qui prétendaient assurer la sécurité aux réfugiés les conduisaient à l'abattoir. J'ai dit à ma sœur : « Quittons ce lieu, je n'ai aucune confiance. » Ce jour-là, Dieu m'a sauvée en faisant naître en moi la prémonition du danger.

Nous sommes redescendues à l'école. Il y avait un nombre considérable de réfugiés dans cet espace qui était plus vaste encore que l'église de Ntarama. Mon frère aîné, Innocent, en était le directeur. Nous nous sommes dit que nous pourrions trouver place dans son bureau pour dormir et peut-être pour rester dans la journée. Nous sommes arrivées à la nuit tombante. Nous avons étalé nos pagnes par terre dehors, avant de nous écrouler dessus.

Le lendemain matin, nous avons cherché à obtenir des informations. Nous avons appris qu'Innocent avait fui vers Gitarama. Il était parti en même temps que son frère Iréné, mais chacun avait pris sa propre direction. Ils se sont retrouvés à Kabgayi, l'un chez les frères et l'autre chez les prêtres. Avec d'autres, mon frère Innocent a été poussé par les *Interahamwe* dans un bus où on entassait les Tutsi en direction de Ngororero. Parvenus à destination tous les passagers ont été tués ; nous l'avons appris par ceux qui avaient été témoins des faits et qui connaissaient bien mes frères.

Ce même matin, le lendemain de mon arrivée à l'école primaire, nous avons appris que durant la nuit des grenades avaient été lancées dans l'église de Ntarama[5] où les réfugiés avaient été déchiquetés et anéantis. Les morts ne se comptaient plus. Leurs corps jonchaient le sol à l'intérieur et à l'extérieur de l'église. Les rares survivants étaient tellement blessés qu'il leur était impossible de se tenir debout. Certains d'entre eux dans un état pitoyable ont été conduits jusqu'à nous, à l'école.

NOUS AVONS FUI VERS LES MARAIS

À partir de ce jour, nous avons fui vers les marais pour nous dissimuler au sein de la végétation, tout en piétinant dans l'eau. Nous restions dans les marais toute la journée et remontions le soir vers l'école. C'était pourtant un leurre de croire que l'école constituait un refuge sécurisé. Plus les jours passaient, plus la situation s'aggravait. Les *Interahamwe* réclamaient des renforts, disant qu'à Ntarama il était difficile d'exterminer les

5 Dans l'église de Ntarama, cinq mille Tutsi ont été assassinés le 15 avril 1994.

Inyenzi avec une équipe aussi réduite que la leur. Nous avons appris plus tard qu'après la tuerie orchestrée à Nyanza-Kicukiro[6], les tueurs avaient annoncé leur départ pour le Bugesera. Plusieurs véhicules sont arrivés, remplis d'*Interahamwe* qui venaient participer aux massacres dans notre région. Cette attaque venue de loin a été terrible, son objectif était de ne laisser aucun Tutsi en vie. Les bus sont arrivés. Nous étions en train de cuisiner à l'école et tout le monde s'affairait pour trouver de quoi manger. Des jeunes étaient chargés de surveiller l'arrivée d'éventuelles attaques. L'un d'eux est arrivé en courant, il était affolé. Il nous a dit : « Fuyez, les *Interahamwe* arrivent, personne ne va leur échapper. » Tout le monde a perdu son sang-froid. Tout le monde s'est mis à courir sans savoir où aller... Nous avons fui vers les marais. Certains hommes âgés sont allés se jeter dans la rivière Akanyaru. Ils disaient qu'ils avaient évité la mort par la machette en 1959, que c'était un présage et qu'ils n'échapperaient pas à celle qui les menaçait aujourd'hui. Plusieurs se sont suicidés ce jour-là. Je me souviens d'une femme qui était notre voisine, mère de deux enfants. Elle a envoyé dans l'eau le pagne qui entoure le bébé au dos avant d'y jeter ses deux enfants. Lorsque son tour est arrivé, la rivière l'a rejetée sur la rive pendant que le corps de ses enfants flottait en aval.

Nous avons fui aussi loin que possible. Au bout d'un certain temps, on nous a dit que les *Interahamwe* avaient rebroussé chemin. Nous avons décidé de souffler un peu. Quelques minutes à peine se sont écoulées. Soudain nous avons été surpris par des *Interahamwe* venus d'on ne sait où. Je me suis précipitée dans une petite brousse pour me cacher. Je ne me souviens que de cet instant. J'ai perdu connaissance.

Je suis revenue à moi vers le soir alors que le vent soufflait lentement. Je me suis réveillée de ma terreur. J'étais entourée de morceaux de chair de mon propre corps et je baignais dans une mare de sang. En touchant ma peau, j'avais l'impression que j'étais couchée dans de l'eau. J'ai compris que j'avais été coupée par la machette. Je n'ai pas pu soulever mon bras. J'ai tenté de faire bouger mes pieds et j'ai senti qu'ils m'obéissaient. Sortir de la petite brousse a été un combat inimaginable. J'étais toujours avec l'enfant que j'avais emmené avec moi en quittant la maison. Je ne sais pas quel coup on lui avait asséné sur la tête (je n'ai vu que sa blessure). Pendant que j'essayais avec peine de m'extraire de la brousse, une femme qui passait à côté de moi a crié : « Eeeeeh, Dieu

6 Massacre à l'ETO, voir p. 39 et suivantes.

du ciel, que vois-je ? C'est la petite sœur de Twahirwa qu'on a coupée à la machette. » Elle s'est approchée. Elle a été effrayée par mon état et elle m'a dit : « Je ne peux rien faire pour toi, je ne vois pas comment je pourrais t'aider, mais laisse-moi prendre cet enfant avec moi… »

Chaque fois que la nuit tombait, les *Interahamwe* arrêtaient de tuer. Ils rentraient chez eux comme après avoir accompli un banal travail. Ceux qui avaient survécu ont profité de ce bref répit pour sortir des brousses où ils s'étaient cachés. La femme, qui était venue à mon secours, a pris l'enfant avec elle et je suis restée seule sans savoir comment je pourrais m'en sortir. Ou si j'allais rester là. J'étais à peine consciente. J'avais été coupée au cou et aux deux bras. La nuit tombait, tout mon sang coulait. J'ai réussi à marcher en posant un pied après l'autre. Je ne savais plus où aller. Le trajet m'a paru interminable. Encore aujourd'hui il m'est presque impossible de comprendre comment j'ai pu y parvenir. Dieu m'a accompagnée. Seul un miracle de Dieu peut l'expliquer. Je suis arrivée à l'école tard dans la nuit. J'ai trouvé d'autres personnes qui avaient survécu à l'attaque ce jour-là. Lorsqu'ils m'ont aperçue, ils ont lancé des cris de douleur et se sont effondrés en pleurs. Ils ont dit aux autres de venir voir ce que les tueurs avaient fait à la sœur de Twahirwa.

J'ai passé la nuit et le jour suivant en compagnie de mon oncle maternel, de ma sœur Béatrice et d'un frère qui étaient encore vivants. Ils m'ont dit : « Nous ne pouvons pas te laisser ici. Ils vont revenir pour te tuer et t'infliger toutes sortes de souffrances. Laisse-nous t'emmener ailleurs. Quand bien même tu devrais mourir, que ce ne soit pas ici où tu subiras la torture avant de mourir. » Ils m'ont emmenée là où ils pensaient que je serais en sécurité. C'était la demeure d'un Hutu. On m'a déposée là, couchée sur le dos. Sur les maisons des Hutu, les tueurs installaient un signal fait de feuilles de bananier pour les distinguer des maisons des Tutsi. Les leurs passaient à côté sans entrer ni chercher des biens à piller ou des personnes à tuer. Les miens sont repartis se cacher. Je suis restée dans cette maison jusqu'à la fin du génocide.

JE SUIS RESTÉE DANS CETTE VIE SANS VIE

Les *Interahamwe* ont découvert que les Tutsi revenaient dormir la nuit à l'école après avoir passé la journée dans les marais. Et bientôt, plus personne n'a pu quitter les marais. Les femmes qui étaient avec moi dans la maison rejoignaient les autres le matin.

Un jour mon oncle maternel est allé chez nous chercher un médicament appelé Chléorine[7] pour panser mes plaies. En cours de route il a croisé des assaillants. Ils l'ont tué. Je ne l'ai plus jamais revu.

Mon frère Damascène passait lui aussi la journée dans les marais. Tard dans la nuit, il m'apportait des patates douces dans un petit récipient et il se dépêchait de repartir avant d'être découvert. Il me passait les patates et il ajoutait : « Je dois partir. » Et moi je lui répondais : « Mais si tu t'en vas, avec quelles mains veux-tu que je les mange ? » Il prenait une patate et voulait me la mettre dans la bouche. Je détournais la tête pour dire non, parce que je voulais qu'il l'épluche. Le chagrin le tourmentait et il me disait : « C'est peine perdue, je ne te vois pas guérir de tes blessures… » Mes plaies infectées dégageaient une odeur pestilentielle. Il ajoutait : « Pourquoi ne me laisses-tu pas te faire boire de la Chléorine pour mourir sur le champ et nous épargner toutes ces peines ? Ainsi tu cesseras de souffrir. » Je lui répondais : « Tu as trop attendu pour me faire cette proposition. J'aurais voulu que tu prennes cette décision depuis bien longtemps… Fais vite, oui, apporte la Chléorine. » Il ne savait plus quoi faire pour que je guérisse, mais son affection fraternelle l'emportait sur son désespoir. Finalement il épluchait la patate et me la mettait dans la bouche. J'en prenais un tout petit morceau qui n'arrivait pas à passer dans ma gorge blessée… Je lui disais aussitôt de s'en aller. Il repartait dans les marais se cacher avec les autres. Je suis restée là dans cette vie sans vie. Les assaillants passaient à côté de la maison. J'entendais leurs pas. Mais, arrivés tout près, grâce à l'indication des feuilles de bananiers, ils n'entraient pas. Ils savaient qui était le propriétaire de la maison et ils continuaient leur route.

Vers les derniers jours du génocide alors que les *Inkotanyi* avaient reconquis le Bugesera, bien qu'ils ne soient pas encore arrivés là où je me trouvais, une attaque est survenue. L'un des *Interahamwe* était un ouvrier agricole qui avait travaillé auparavant chez mon frère. J'ai entendu la porte voler en éclats. J'étais morte de peur, mon cœur explosait dans ma poitrine. Je redoutais les coups de machette qui allaient remuer le sang de mes plaies purulentes. Je me voyais mourir. L'ouvrier agricole nommé Butera est entré dans la maison. Me trouvant là, il s'est exclamé : « Héé ! Mudahogo[8], tu

7 La Chléorine est un désinfectant pour le bétail. Très toxique pour les humains.

8 Ce nom amputé de la dernière syllabe est bien celui de Mudahogora. Lors des exclamations et des interpellations à l'égard d'une personne qui vous est familière, il est courant de prononcer son nom en supprimant la dernière syllabe.

vis encore ? Que t'est-il arrivé ? ! » Il a empêché les assaillants de pénétrer dans la maison. Je lui ai dit : « Tue-moi, je n'attends plus que cela… » Il a répondu : « Non, calme-toi, je ne te ferai rien. Dis-moi seulement si tu es arrivée à manger quelque chose depuis tout ce temps ? » Il m'a posé toute une série de questions auxquelles je répondais en peu de mots. Il est reparti en promettant de repasser et de m'apporter à boire. Les autres sont entrés, ils ont pillé toute la maison, matelas, casseroles et autres ustensiles. Ils sont repartis et j'ai échappé à la mort. Trois jours se sont écoulés sans que personne ne passe par là. J'ai commencé à me demander : Est-ce que tout le monde est mort ? Est-ce que je reste toute seule dans la région ?

L'*Interahamwe* Butera n'est pas revenu m'apporter à boire comme promis. Je me suis demandé si j'allais survivre ou mourir. La faim et la soif me torturaient ; mes plaies étaient à vif et je souffrais tellement que je pensais que ma dernière heure était arrivée. Je dois mourir à présent, telle était mon unique pensée.

Ma grande sœur est montée me rejoindre. Elle avait attrapé la malaria dans les marais. Elle n'a pas même passé une semaine avec moi. Faute de soins et tenaillée par la faim qui brûlait ses entrailles, elle est décédée sous mes yeux. Les nôtres l'ont ensevelie dans un petit trou juste à l'entrée de la maison. Ce n'était pas réellement une sépulture mais tous avaient peur d'être découverts et tués. Après le génocide nous avons pu l'enterrer en dignité.

L'*Interahamwe* propriétaire de la maison où je me trouvais était marié à une femme tutsi. Elle est venue voir ce qu'était devenue sa maison. Elle a été horrifiée en me trouvant là. Elle m'a appris que les *Inkotanyi* avaient conquis Nyamata où ils avaient sauvé ceux qui étaient en danger de mort et qui vivaient désormais en paix. Elle a précisé qu'il n'y avait plus aucun *Interahamwe* dans le Bugesera. J'ai été surprise et étonnée que l'impossible soit devenu réalité : tout le monde n'était pas mort, comme je me l'étais imaginé. Elle m'a conseillé de rejoindre les blessés là où les *Inkotanyi* les rassemblaient pour les soigner. Je me suis levée avec peine, elle m'a servi de béquille et nous sommes arrivées là où se trouvaient les blessés. J'ai passé la nuit là.

Très tôt, le lendemain matin, les *Inkotanyi* sont revenus eux aussi. Par prudence ils ont enfoncé la porte d'un seul coup avant d'entrer et de nous trouver à l'intérieur. Ils ont été pris de pitié en nous voyant. Certains avaient les jambes et les bras coupés. Ils nous ont dit qu'ils devaient se rendre à Nyamata pour trouver un moyen de transport pour nous emmener tous.

Ils tardaient à revenir et la femme qui m'avait accompagnée nous a dit qu'elle allait se rendre à Nyamata pour connaître la raison de ce retard. Elle en est revenue deux jours plus tard. Les *Inkotanyi* sont aussi revenus. Les blessés qui pouvaient marcher allaient à pied. Sans me préoccuper de mon état, je me suis levée en même temps qu'eux. Je ne voulais pas que nos libérateurs s'en aillent, me laissant sur place. Les blessés les plus graves ont été transportés sur des *ingobyi*. Un homme du nom de Buzindu qui habitait près de chez nous est venu dire : « Cette enfant, mettez-la sur le brancard, nous allons la transporter. » On nous a acheminés à l'église des pentecôtistes près de Nyamata. De là, des véhicules nous ont conduits au dispensaire où nous avons reçu les premiers soins.

Les *Inkotanyi* ont continué à faire des rondes pour trouver les survivants, jusque dans les marais d'où ils ont tiré plusieurs personnes. Les plus jeunes sont aussitôt allés se faire recruter pour rejoindre les combattants *Inkotanyi*. Mon frère Damascène était entré dans l'armée. Je ne l'ai revu que plus tard.

Je suis restée alitée au dispensaire, seule, avant qu'on ne me ramène l'enfant de ma sœur avec qui j'avais fui la maison. L'enfant a refusé de manger et même d'être approché par quiconque. Il est resté collé à moi qui ne pouvais rien faire pour l'aider. Il a perdu la faculté de parler, à moins qu'il se soit refusé délibérément à parler. Il était atteint de sous-nutrition. Il est mort peu après.

REVOIR LE SOLEIL, QUITTER LA MORT. RETOURNER DANS LA VIE

Les soldats *Inkotanyi* nous ont conduits jusqu'au dispensaire chez les sœurs de Nyamata. La nuit tombait et je ne savais pas où nous étions. À chaque instant je regardais à travers la vitre. Je me demandais dans quel pays je me trouvais. Je me sentais dans une contrée inconnue. Cependant, nous avons rencontré des personnes qui nous parlaient avec des mots apaisants et emplis de compassion. J'ai senti la vie renaître en moi. Je me suis demandé si la porte qui mène vers la vie après la mort s'ouvrait pour moi. Est-ce que j'étais en train de recommencer à vivre ? On nous a conduits chez les religieuses où une Italienne du nom de Locatelli[9] avait ouvert quelques années auparavant un dispensaire. C'était terrible et douloureux de voir tous ces blessés venus de partout. L'odeur des plaies

9 Voir n. 7, p. 243.

infectées jointe à celle de la transpiration des corps qui n'avaient pas été lavés depuis des jours et des jours était dure à supporter. Quand on vit dans le plus grand désarroi, on n'a pas conscience de telles sensations, on n'y prête pas attention. En entrant dans le dispensaire j'ai été confrontée comme pour la première fois à cette odeur. Lorsque nous étions en train de fuir et que nous nous retrouvions dans les brousses, rien ne parvenait jusqu'à mes narines. Je ne sentais plus les odeurs.

Ceux qui tenaient sur leurs deux jambes sont allés dans le centre de Nyamata pour s'installer et vivre dans des maisons. Ceux qui avaient conscience d'être encore en vie se sont efforcés de travailler pour continuer à vivre. Quand bien même nous venions d'échapper à la mort, la vie n'était pas facile. Les blessés, les malades et les personnes vulnérables sont restés au dispensaire. Ils recevaient la visite des leurs qui étaient encore vivants. On leur apportait des repas. Je suis restée seule au monde. Personne ne venait me rendre visite. J'ai éprouvé une grande amertume. Mon frère Damascène que les *Inkotanyi* avaient sorti des marais ne pouvait venir me voir. Il était au front.

Malgré toutes leurs activités au milieu des combats qui continuaient, nos soignants se sont occupés au mieux des malades. Nous bénéficiions de leurs soins attentifs et surtout nous nous sentions en sécurité. J'étais rassurée, mais j'avais beaucoup de peine à avaler les repas, en raison de ma blessure à la gorge. Beaucoup savaient que j'avais été coupée à la machette et laissée pour morte. Aucun descendant de Petero (Pierre), mon père, n'avait survécu, sauf mon frère Kayitankore Damascène, qui était dans les rangs des *Inkotanyi*.

À NYAMATA, JE ME DEMANDAIS SI RÉELLEMENT J'ÉTAIS NÉE LÀ

Mon questionnement est resté sans réponse. Je restais partagée entre le doute et le désespoir en voyant les personnes qui allaient et venaient pour voir les leurs. Je pensais que je m'étais égarée sur une terre étrangère. Les voisins du village ne m'approchaient pas. Ils ne faisaient que passer, ils m'observaient furtivement et s'éloignaient aussitôt sans jamais revenir.

Pourtant j'ai eu de la chance. Une jeune fille qui avait étudié avec ma sœur m'a découverte. Elle a éprouvé un grand chagrin mêlé à de la pitié. Elle est tout de suite allée chercher une lame de rasoir pour raser ma tête qui était couverte de cheveux broussailleux. Elle m'a apporté affection et tendresse. Chaque matin très tôt, elle me donnait un bain et changeait mes vêtements. J'ai senti la vie reprendre en moi. Cette jeune fille s'appelle Mutesi. Que Dieu la bénisse pour tout le bien qu'elle m'a fait. Elle seule s'est occupée de moi. Dieu seul sait par quel chemin Il vous conduit pour trouver du réconfort.

Au dispensaire, j'ai assisté à l'arrivée des blessés qui étaient dans un état de plus en plus grave. Ils avaient été trouvés dans les champs de sorgho et dans des brousses, là où beaucoup avaient péri. Un jeune a été amené sur une brouette. Il avait les bras et les jambes coupés. Il était presque mort de faim. Aucune partie de son corps n'avait été épargnée. Son image jusqu'à aujourd'hui refuse de quitter ma pensée et ma mémoire. Mais le miracle de Dieu reste incommensurable : le jeune garçon a été soigné et il a guéri.

Les *Inkotanyi* s'évertuaient à nous fournir des repas nourrissants. Ils nous donnaient à manger midi et soir et faisaient des tours de soins aussi souvent qu'ils le pouvaient. Que n'ont-ils pas fait, ces *Inkotanyi* ? Que Dieu les bénisse infiniment. Les blessés les plus graves étaient acheminés à Kibungo où des médecins expérimentés faisaient les interventions délicates. Une ambulance les ramenait ensuite à Nyamata. Il y avait toutes sortes de blessures plus horribles les unes que les autres. Je n'oublierai jamais cette jeune fille violée et écartelée par les *Interahamwe*. Quiconque la regardait mourait de chagrin en se demandant comment elle pourrait survivre. Les soldats l'ont conduite avec peine jusqu'à Kibungo puisque le pont de la rivière Akagera entre Kigali et Nyamata avait été détruit par les *Interahamwe*. Après quelque temps, elle est revenue tout à fait guérie, auréolée de sa beauté adolescente. Personne ne pouvait imaginer qu'il s'agissait de la même jeune fille pour laquelle tous imploraient auparavant la mort qui mettrait fin à ses souffrances.

J'ai passé trois mois dans ce dispensaire. Le malade qui se rétablissait était autorisé à rejoindre sa famille. Je n'en avais aucune. Dès que de nouveaux blessés arrivaient, ceux qui étaient rétablis partaient. Mon cas est devenu plus compliqué lorsque je me suis trouvée apte à quitter le dispensaire. Je n'avais nulle part où aller. Ceux qui étaient arrivés en même temps que moi étaient déjà partis. Ceux qui m'avaient trouvée là à leur arrivée avaient guéri eux aussi et s'en étaient allés à leur tour, me laissant derrière eux. J'étais sans famille. Aucun des miens n'avait survécu. Un profond chagrin m'a assaillie. Restée seule, je réalisais que j'étais totalement orpheline.

Je me souviens d'un neveu que j'ai retrouvé lors de mon hospitalisation à Nyamata. Beaucoup souhaitaient l'accueillir mais il refusait toute aide.

Il est tombé malade souffrant d'anémie, d'anxiété et de sous-nutrition. Il était hébété et je ne parvenais pas à lui venir en aide. Il est mort quelques jours plus tard. J'ai terriblement souffert en perdant l'unique membre de la famille qui était près de moi. Ceux qui étaient présents ont tout fait pour m'aider à enterrer son corps. J'étais de plus en plus triste et je le demeure aujourd'hui encore, en me souvenant des paroles qu'il m'adressait lorsqu'il refusait de me quitter, pour être accueilli par des tiers.

Je suis restée seule au dispensaire où les soignants venaient me demander : « Vous n'avez pas de famille ? » Je répondais que personne n'avait survécu. Cela les affligeait. L'un d'eux a demandé un jour à ceux qui étaient là : « N'y a-t-il pas quelqu'un qui pourrait emmener cette enfant dans sa famille pour l'adopter ? » Un homme marié qui avait un seul enfant a accepté de m'emmener chez lui. Malheureusement il n'y a pas eu de bonne entente entre sa femme et moi. Je suis repartie et je suis allée vivre avec une femme qui avait été hospitalisée en même temps que moi. Nous avions alors partagé nos repas. Elle avait eu la chance de survivre en même temps que ses frères et sa vieille mère. Ils ont eu pitié de moi et sont venus me chercher pour que j'aille vivre avec eux comme une enfant de la famille. J'ai été choyée par eux. Ses frères allaient chercher des vivres et la vieille maman cuisinait pour la femme et moi qui étions convalescentes. Nous mangions à notre faim et nous avons passé un long temps ensemble, jusqu'à ce que je recouvre la santé. Je leur adresse toute ma gratitude.

RETOUR À KIGALI

Je me posais sans cesse des questions sur mon avenir, mais je ne voyais rien se dessiner. J'ai décidé de me rendre à Kigali pour voir si quelque membre de ma famille avait survécu. Je me demandais par où passer puisque le pont était détruit. J'ai eu la chance de rencontrer quelqu'un qui venait souvent rendre visite à sa vieille mère et qui rentrait ensuite à Kigali. Je l'ai prié de m'emmener avec lui. Il a accepté. Après un long détour par l'est vers Bicumbi, nous sommes parvenus à destination. À Kigali, je ne savais pas trop où aller, mais j'étais persuadée que j'allais retrouver au moins une personne qui aurait survécu.

À Biryogo, j'ai découvert qu'un des miens avait survécu. Mes vœux avaient été exaucés. Ma tante maternelle, qui m'avait élevée à Kibungo, était survivante. En la retrouvant, je n'en croyais pas mes yeux. J'ai eu le sentiment de ressusciter d'entre les morts pour la seconde fois. À partir de ce jour, j'ai pu revivre pleinement. Elle a pleuré lorsqu'elle m'a vue arriver. Elle n'a pu contenir son émotion, elle croyait que nous avions tous péri à Nyamata. Elle a crié : « Voyez ce qui est arrivé à la fille de ma sœur… Elle est couverte de plaies et de cicatrices. » Moi, en la voyant, j'ai senti la force de vivre me revenir. Pourtant je ressemblais à un monstre ou à un mort-vivant, mais je ne m'en rendais pas compte et mes yeux ne pouvaient me servir de miroir. J'étais heureuse de revoir au moins un des miens. Et surtout de retrouver ma tante qui m'avait élevée comme sa propre fille. Nous sommes restées ensemble, avec d'autres membres de la famille de ma mère qui avaient survécu. Tous étaient stupéfaits et chacun voulait observer les traces de machette que je portais sur tout le corps. Ils n'imaginaient pas que quelqu'un qui avait été coupé de la sorte puisse encore respirer. C'était un mystère pour eux, un miracle que l'intelligence humaine n'est pas capable d'expliquer. Je ne suis plus jamais retournée dans le Bugesera. Et d'ailleurs, qu'aurais-je trouvé là-bas ? Mon chemin de croix à travers le génocide a pris fin.

Après ces retrouvailles avec la famille réduite qui me restait et surtout avec ma tante maternelle que j'estimais tant et qui m'aimait, nous avons commencé une nouvelle vie. Elle avait perdu plusieurs enfants de mon âge. Ceux qui étaient rescapés étaient mariés. La seule enfant qui pouvait rester à ses côtés n'était autre que moi. À cette époque nous vivions à Nyamirambo sur la parcelle de sa fille décédée peu avant le génocide, là où nous habitions auparavant, lorsque j'étudiais à la JOC. Les rescapés se rassemblaient. Nous étions nombreux, blessés et totalement démunis. Vivre aisément était hors de notre portée. Ma tante maternelle avait peur que je n'aie pas suffisamment à manger. Un jour nous avons dû changer de maison. Un des fils de ma tante en a loué une autre pour nous. Nous avons invité les orphelins retrouvés par-ci par-là à nous rejoindre. Ainsi nous avons formé une famille assez large pour reprendre la vie normale.

LA VIE TRANQUILLE N'A PAS DURÉ LONGTEMPS

Mon frère Damascène, l'unique frère qui m'était resté, celui qui m'avait assistée pendant le génocide, alors qu'il risquait la mort, venait nous rendre visite chaque fois qu'il était en permission. Sa venue m'aidait à me reconstruire et j'étais heureuse d'avoir mon frère de sang. Chaque fois que je pensais à lui et à ma tante maternelle toujours en vie, je me retrouvais fortifiée dans l'espérance. Mais l'espoir a été de courte durée. Il s'est passé tout un temps sans que j'aie de ses nouvelles et sans qu'il vienne nous voir. C'était avant que j'apprenne qu'il était allé combattre au Zaïre en 1997. Parfois, il m'envoyait des lettres par l'intermédiaire de ses collègues. Cela me rassurait et j'étais persuadée qu'il reviendrait pour que je le voie encore de mes yeux. Trois ans ont passé sans le revoir ni recevoir la moindre nouvelle, jusqu'au jour où j'ai appris…

Alors que j'étais hospitalisée en 2000 pour une opération chirurgicale de mon bras, j'ai entendu un communiqué à la radio selon lequel le président Kagame, alors vice-président et ministre de la Défense, allait rencontrer les habitants de Kigali au stade Amahoro. J'ai tout de suite dit à ma garde-malade, qui était une enfant voisine de ma tante, que j'irais au stade. Elle m'a fait remarquer que je ne pouvais y aller avant d'être guérie et que j'étais toujours hospitalisée. Je me souviens encore de ce jour. C'était un samedi. Je lui ai répondu : « Quoiqu'il arrive, j'irai demain au stade. Qu'on m'autorise ou pas à quitter l'hôpital, j'irai rencontrer le vice-président et je lui exposerai mes difficultés. Je reviendrai ensuite à l'hôpital. » Par chance, on nous a autorisées à sortir, ce qui d'habitude était interdit pendant le week-end. Cela a été quasi miraculeux. Les médecins venus faire le tour des malades ont accepté ma décision et m'ont proposé de rentrer ensuite chez moi, puis de revenir régulièrement pour les pansements.

Le lendemain matin, ma garde-malade m'a accompagnée jusqu'au stade. En me voyant, les militaires influencés par mon triste état m'ont laissé passer. Je suis entrée par la porte réservée aux autorités. Parvenue à l'intérieur, j'ai posé les deux questions qui me tenaient à cœur. La plus importante concernait mon frère. J'étais venue en confiance, sûre de rentrer avec une réponse, la bonne réponse. S'il vivait encore, je voulais qu'on lui accorde le droit de quitter l'armée pour qu'il revienne vivre avec nous. J'ai tellement bien expliqué mon problème qu'on m'a aussitôt indiqué quelqu'un qui allait m'aider et me renseigner. J'ai attendu trois jours avant d'avoir des nouvelles de mon frère. Tout a changé quand j'ai appris la sinistre nouvelle de son décès au front. Je n'ai pas pu le supporter. Cet événement m'a transpercé le corps. J'étais terrassée. Je me suis effondrée dans le bureau de cet officier auquel j'avais été recommandée. Je n'ai pas compris ce qui m'arrivait. Je me suis évanouie, je suis restée totalement inconsciente jusqu'au moment où je me suis retrouvée allongée sur mon lit, à la maison. J'ai passé une semaine sans sortir, sans boire et sans manger, ne vivant que dans les sanglots.

Plus tard, j'ai été convoquée au ministère de la Défense. J'ai d'abord refusé. Ils ont insisté et finalement j'y suis allée. Les militaires m'ont alors remis la pension de mon frère, qui m'avait mentionnée comme son unique héritière. Immédiatement après, je suis passée au bureau de la radio nationale pour déposer un communiqué annonçant son décès. Beaucoup m'avaient déjà vue et entendue au stade. Auparavant on me demandait sans cesse si mon frère avait pu être retrouvé. Par la suite, plus personne ne m'a demandé quoi que ce soit à son propos. Certains sont venus compatir à mes côtés et nous avons organisé la cérémonie de deuil.

LES MALHEURS SE SONT ACCUMULÉS

Ma tante est tombée malade elle aussi, souffrant d'une maladie non-diagnostiquée. Ses maux étaient certainement dus au chagrin lié à la perte de son « fils ». Elle est décédée à peine un mois plus tard. Une fois de plus, j'ai été orpheline pour la énième fois ! La vie m'est devenue plus amère que pendant le génocide. J'ai durement ressenti ma solitude et il m'a été très difficile de recommencer à vivre sans la compagnie du moindre membre de ma famille.

C'est alors que je suis allée au siège de l'Avega pour expliquer ma situation. Là, on me connaissait ainsi que ma tante. Avant de mourir, elle m'avait dit à plusieurs reprises d'aller demander une des maisons que l'Avega construisait à Kimironko. Je lui répondais : « Je ne suis pas une veuve, moi ! » J'ajoutais que nous ne pourrions jamais habiter dans cette brousse. Pourtant après sa mort, je me suis enfoncée dans ladite brousse de ce quartier, où l'Avega m'avait accordé une maison.

Arrivée dans ce quartier, je n'ai pas pu m'adapter à mon sort, j'ai même cru que le génocide avait repris. La parente que j'avais eu la chance de retrouver, mon frère, tous ceux qui m'aimaient tant, je venais de les perdre, tous. Tout s'est arrêté. J'ai commencé à tout remettre en question en me demandant pourquoi j'avais été épargnée pour finalement rester seule.

AUCUN AMOUR NE NAISSAIT EN MOI

Quelques temps après, un jeune homme est venu me voir, il m'a proposé de l'aimer. Je me sentais incapable d'aimer. Il revenait jour après jour renouveler sa demande. J'ai fini par lui donner mon accord. Il avait encore sa mère. Je n'aurais jamais cru que je pourrais épouser un garçon qui avait encore sa mère ou ses deux parents. Mais Dieu a certainement voulu que sa mère devienne aussi la mienne. Le jeune homme a multiplié les preuves de son amour pour moi. Il m'a aidée jusqu'à ce que je finisse par l'aimer profondément.

Quelque temps après, il a été mis en prison, accusé des pires crimes, alors qu'il se proclamait innocent. C'était dur. Il a été mis dans un cachot quasi secret. Puis j'ai appris où il était. Je lui ai apporté des vivres à chaque visite mais on ne nous autorisait aucun dialogue. Enfin, il a été transféré à la prison de Mulindi, où nous avons pu nous revoir, le samedi, jour de visite aux prisonniers. Il y a passé six mois. Nous étions encore de jeunes mariés. Cette séparation a été un calvaire pour moi. Son emprisonnement a exigé de moi de gros efforts. Personne ne lui rendait visite si ce n'est sa mère et moi. Dès qu'il a été libéré, nous nous sommes revus. Quelques jours après, il a fui le pays sans rien me dire, me laissant enceinte. Un peu plus tard il m'a téléphoné pour me demander pardon d'avoir déserté le toit conjugal, sans rien me dire d'autre. J'ai accepté. Il m'a promis de ne jamais me trahir ni oublier la bienveillance que j'avais témoignée à son égard, alors que j'avais si peu de moyens. Huit mois plus tard, il m'a appris qu'il allait revenir au pays. Je lui ai dit que j'étais enceinte et que je vivais seule dans une maison où j'étais démunie de tout. Il m'a dit qu'il serait auprès de moi pour l'accouchement. Moins d'un mois avant, il est arrivé. Le bébé est né. Mon mari m'a fait des cadeaux, il m'a donné des biens et nous avons repris la vie commune. Mais mon ménage a périclité. Celui auquel je m'étais confiée n'a été fidèle à aucun de ses engagements. Il est devenu une toute autre personne. Il avait tellement changé que je n'arrivais pas à le reconnaître.

Mais Dieu n'abandonne jamais les orphelins. Actuellement je suis là à me débattre et à vivre seule avec ma fille en espérant que tout est possible pour celui qui décide de se reconstruire, sans quoi il se détruit lui-même et il disparaît.

Je remercie les soldats du FPR *Inkotanyi* qui nous ont tirés de la mort et nous ont remis sur le chemin d'une vie qui comporte des droits dans notre pays. Que Dieu les bénisse à jamais.

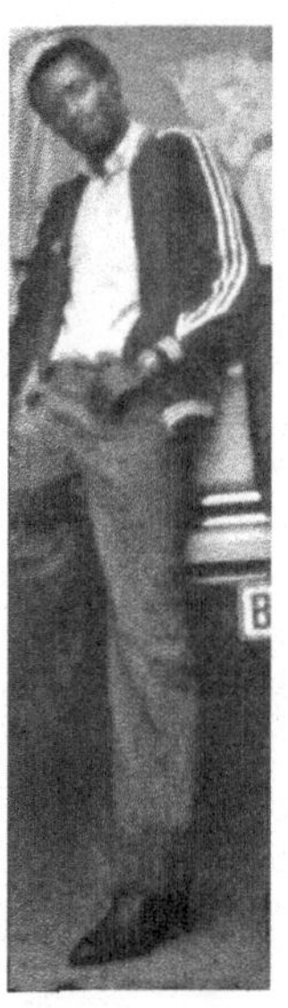

Twahirwa Innocent, frère d'Ernestine

Batamuriza Béatrice,
sœur d'Ernestine avec son fiancé

JE N'AI JAMAIS CONNU LA PAIX

MUKABERA Marianne

AVANT…

Je suis née en 1944 dans la région du Nduga, au centre du Rwanda, et j'ai grandi dans le Kinyaga, au sud du pays. Mon père avait trouvé un travail et toute la famille l'a suivi. J'avais un peu plus de treize ans quand ma mère est tombée malade. Elle est restée longtemps à l'hôpital de Mibilizi. Ma sœur aînée, Tabita, et moi prenions soin d'elle. Je m'occupais aussi de son dernier enfant, Mukankwaya Agnès, qui était encore un bébé. Les religieuses responsables de l'hôpital m'aimaient bien. Elles admiraient la façon dont je m'occupais avec courage du bébé et elles m'aidaient beaucoup.

1959

En 1959 les persécutions des Tutsi ont commencé dans le pays, mais elles n'ont pas atteint tout de suite notre région. Mon père est allé rendre visite à sa famille dans sa région d'origine. Je me souviens du jour de son départ et de la manière dont il était habillé. Il portait deux pagnes de couleur blanche. À cette époque, les hommes portaient des pagnes. Il est arrivé à Nduga, où les hostilités avaient démarré. Il n'a pas trouvé où loger. Les voisins hutu s'étaient retournés contre mon grand-père, ils avaient brûlé sa maison, ainsi que celle de mon jeune oncle, ils avaient pillé leurs biens et abattu leurs vaches…

Quand il est revenu à la maison, mon père ne portait plus qu'un seul pagne. À son retour, j'étais en train de jouer avec mes petites sœurs. Il est entré dans la maison en sueur et il s'est jeté sur son lit. Je lui ai demandé ce qui n'allait pas. Pour toute réponse il m'a dit qu'il espérait que l'horreur à laquelle il venait d'assister n'atteindrait pas notre région. Plus tard dans la soirée, je lui ai de nouveau posé la même question. Il a expliqué que dans sa région natale, on avait incendié les maisons, dont celles de son père et de son frère, Athanase. La situation était encore supportable dans le Kinyaga et nous sommes restés là, mais elle s'est rapidement détériorée. On nous disait que les troubles allaient cesser et que ceux qui avaient fui allaient revenir. La vie était difficile. Non seulement, il n'y avait pas de paix, mais nous n'avions plus rien. Toutes les vaches de mon père laissées chez Grand-père avaient été volées et abattues. Nous vivions dans l'insécurité, persécutés par des voisins que mon père avait auparavant aidés.

Après un long séjour à l'hôpital, ma mère est décédée. À ce moment-là j'étais en deuxième année primaire. J'ai été obligée d'abandonner l'école pour m'occuper de mon jeune frère et de mes sœurs cadettes. Nous étions cinq enfants[1]. Ma grande sœur qui était mariée vivait dans son propre foyer. Nous habitions loin de notre famille élargie, nous n'avions à nos côtés ni tante ni grand-mère pour nous aider. Je suis devenue le bras droit de mon père et je me suis occupée de mes trois cadets alors que j'étais à peine une adolescente. Je n'ai pratiquement connu ni les joies ni l'insouciance de l'enfance.

1 Mukangoga Tabita, sa sœur aînée ; Uwamugira Judith et Mukankwaya Agnès, ses sœurs cadettes ; son frère, Nyiribakwe Joseph.

Pour m'aider à nourrir le bébé de ma mère, les religieuses m'ont donné un biberon et du lait et m'ont appris à m'en servir. La nuit, je dormais avec le biberon sous mon aisselle. Je donnais du lait à l'enfant quand elle réclamait la tétée et je me levais pour la changer chaque fois que nécessaire. Je m'occupais aussi de toutes les tâches ménagères. Un jour, alors que je préparais le repas pour des visiteurs, j'ai voulu soulever une marmite très lourde. Bien trop lourde pour moi. Elle est tombée par terre et toute la nourriture s'est renversée. Je me suis enfuie pour pleurer dans ma chambre. Mon père voulait que je mette la table au plus vite. Il est venu voir où j'en étais et il m'a trouvée en pleurs. Je lui ai expliqué ce qui s'était passé et il a été très gentil, il m'a dit de ne pas m'en faire, que ce n'était pas de ma faute et que je faisais des travaux trop durs pour mon âge. Il m'a aidée à préparer un autre repas.

Mon père n'a jamais voulu se remarier pour ne pas créer de conflits entre ses enfants et une éventuelle belle-mère. Il disait qu'il se remarierait quand je serais mariée. Nous avons continué à vivre ainsi. Je m'occupais du ménage et des enfants et j'emmenais régulièrement le bébé à l'hôpital pour le suivi. Il grandissait bien, il grossissait. Il était en très bonne santé. Les religieuses et les femmes qui connaissaient notre situation n'en revenaient pas. Les religieuses étaient fières de moi, elles me comblaient de cadeaux. Elles me donnaient des oranges de leur jardin, des sucreries, des vêtements pour l'enfant et pour moi, ou d'autres choses pour me faire plaisir. Quelquefois elles prenaient « mon » bébé pour le donner en exemple à d'autres mères. Elles m'accordaient quelques faveurs. Quand le bébé était malade, je ne faisais pas la queue, elles me faisaient passer avant les autres. Même le médecin de l'hôpital de Mibilizi avait de l'admiration et de l'affection pour moi.

Quand j'ai eu seize ans en 1960, les jeunes garçons ont commencé à me courtiser, mais je ne voulais pas me marier, je voulais rester à la maison pour m'occuper de mes cadets. J'ai repoussé beaucoup d'entre eux. Je déchirais leurs lettres et certains se sont tournés vers mon père pour qu'il me raisonne. Il leur répondait qu'il ne pouvait pas me forcer à me marier et que j'étais libre de choisir mon futur époux. Quand j'ai eu dix-sept ans, certaines femmes qui me considéraient comme leur propre fille sont venues me donner des conseils. Elles me poussaient à accepter l'un des prétendants qui leur paraissait honnête et venait d'une famille aisée. Pour me rassurer elles m'ont dit que je pourrais emmener le bébé dans mon nouveau foyer et que mon père s'occuperait des deux autres enfants qui avaient commencé l'école primaire. L'une d'elles a insisté affirmant qu'elle me disait ce que ma mère aurait dit si elle avait été là. Elle a ajouté que si je persistais à rester chez mon père, je risquais d'avoir un jour une belle-mère qui me détesterait. Je me suis laissé convaincre. J'ai accepté le jeune homme qu'elle me recommandait. À l'époque les fiancés devaient annoncer leur mariage au curé de la paroisse qui leur demandait s'ils n'avaient subi aucune contrainte et s'étaient choisis par amour. Mon fiancé et moi avons suivi la démarche habituelle. Alors que les menaces se répandaient dans le pays, nous avons suivi les enseignements spirituels délivrés durant deux mois par l'Église, à la suite de quoi nous devions passer l'évaluation qui portait sur la catéchèse et la lecture[2]. Nous avons réussi l'épreuve et le mariage civil a pu avoir lieu. Le curé m'a demandé de rendre visite à ma future belle-famille, mais je n'ai pas voulu, car je ne voulais pas donner l'impression de m'imposer à tout prix. Ma future belle-famille n'a pas manqué de remarquer ma réticence. Pour m'attirer chez elle, elle m'a choisie comme marraine de l'une de ses enfants. Je ne pouvais pas refuser. J'y suis allée, j'ai été très bien accueillie. Ils avaient préparé un véritable festin pour moi. Ensuite venait le mariage religieux. Ce n'a pas été facile d'organiser cet événement alors que les troubles avaient atteint notre région. Mon fiancé voulait que nous emménagions sans faire la cérémonie, mais j'ai refusé et nous nous sommes mis d'accord pour la préparer. Les amis et ceux que nous considérions encore comme nos amis nous ont accompagnés. Parmi eux il y avait des Hutu. En me voyant, certains ont pensé que j'étais hutu et ils m'ont agressée disant que je les trahissais en épousant un Tutsi et ils ont accusé mon fiancé d'épouser leur « sœur ». Nous nous sommes mariés le 3 septembre 1960 dans ce climat d'insécurité, sans savoir dans quels tourments nous allions nous trouver plus tard.

Après notre mariage ont eu lieu les élections communales, avec trois partis en lice : le Parmehutu, le Rader et l'Aprosoma[3]. L'Unar[4] avait appelé au boycott. Les autorités nous avaient dit que le vote serait secret, qu'on ne vérifierait pas le contenu des enveloppes et que nous pouvions

---

2 Avant le mariage, les hommes et les femmes suivaient des cours d'alphabétisation, destinés à leur apprendre à lire couramment en kinyarwanda.

3 Voir n. 11, p. 122.

4 Voir n. 3, p. 99.

nous sentir libres de voter pour qui nous l'entendions. Mais elles n'ont pas respecté leur parole, elles ont ouvert les enveloppes et ont su pour qui nous avions voté. On a commencé à nous menacer, disant qu'après les résultats on incendierait toutes les maisons des Tutsi. Effectivement, aussitôt après les élections, alors que nous étions encore de jeunes mariés, notre maison a été attaquée pendant la nuit. Nous sommes sortis et les assaillants ont fui. À ce moment-là ils n'étaient pas armés de fusils et mon mari les a poursuivis. À son retour, je lui ai proposé qu'on aille passer la nuit dans la brousse puisque nous n'étions plus en sécurité dans notre maison. Il a refusé disant qu'un homme digne de ce nom ne doit pas dormir dans la brousse. Mais les assaillants sont revenus et mon mari a accepté que nous fuyions vers un endroit plus sûr. Nous sommes allés à la paroisse de Mwezi, où nous avons passé environ un mois, sans être davantage en sécurité. Au bout d'un mois, on nous a dit de retourner chez nous, prétendant que la sécurité régnait. Mais c'était un piège, une façon de nous avoir à leur merci pour nous persécuter. Pendant tout ce temps d'errance, j'ai été une jeune mariée privée de foyer stable. Puis, nous sommes retournés chez nous. Une nuit, un jeune homme, nommé Léonidas, l'un des prétendants que j'avais repoussés autrefois, s'est approché de la maison. Il était à la tête d'un groupe d'une dizaine d'assaillants. Ils ont lancé quelque chose contre la porte de la maison et j'ai vu des étincelles voler. J'ai cru que la maison prenait feu. Nous attendant en permanence à des attaques nocturnes, nous dormions tout habillés pour pouvoir fuir rapidement à tout moment et j'avais confié les biens reçus le jour de mon mariage à un voisin. Nous sommes sortis. Les assaillants m'ont intimé l'ordre de rester à la maison. Ils ont dit qu'ils allaient seulement emmener mon mari puisqu'il était le petit frère de Kigeli V[5] et qu'il détenait un fusil. C'était évidemment faux : mon mari n'avait pas la moindre relation avec le roi et il ne possédait pas de fusil. Je leur ai répondu que je ne voulais pas rester là et que je préférais partir avec lui. Ils m'ont une nouvelle fois ordonné de rester. J'ai encore refusé et je les ai suivis. Je n'avais que deux petits pagnes sur moi.

Arrivés au sommet d'un talus, mon mari a reçu un coup de massue au niveau de l'oreille et il est tombé. J'ai interpelé Léonidas, qui était le chef de ce groupe qu'on appelait « la jeunesse[6] », et je lui ai dit : « Léonidas,

5 Voir n. 7, p. 107.
6 Voir n. 2, p. 146.

tu m'avais promis que vous ne lui feriez aucun mal et pourtant vous êtes en train de le tuer. » Léonidas m'a demandé de me calmer. Il a dit à son groupe de cesser de frapper mon mari. Nous avons continué à avancer et nous sommes arrivés chez une certaine Mukabasebya. Les assaillants m'ont demandé de rester là, parce que je risquais de souffrir si je continuais à les suivre. J'ai refusé de leur obéir, rétorquant que je préférais mourir avec mon mari. Nous avons continué jusque chez un certain Célestin où nous avons trouvé un grand groupe d'assaillants en train de faire griller la viande de bœuf et de chèvres abattus dans les enclos des Tutsi.

Quand ils nous ont vus, ils se sont exclamés : « Eeh, vous nous amenez Frodouard Kigeli[7] et sa femme Marianne ? Soyez les bienvenus ! » Léonidas s'est tourné vers moi : « Marianne, tu entends ? Je t'avais proposé de te garder en sécurité et tu as refusé, maintenant, tu vas voir... » Et il a enchaîné : « Laisse-moi te raccompagner jusque chez Mukabasebya, tu vas y passer la nuit et personne ne va te toucher. Sinon, ici, tous vont te torturer. » Je lui ai demandé s'ils n'allaient pas continuer à frapper mon mari. Il m'a répondu qu'ils ne lui feraient rien s'il acceptait de coopérer et de se joindre à eux. Il m'a accompagnée chez Mukabasebya, m'a conseillée de rester là jusqu'à leur retour, promettant que personne ne m'agresserait. Juste après son départ, deux hommes, Sinangamategeko et Innocent, sont arrivés. Ils ont demandé si la femme de Frodouard était là. J'ai compris qu'ils me recherchaient. J'ai pris peur. Je suis sortie de la maison et me suis trouvée nez-à-nez avec eux. L'un m'a giflée de toutes ses forces à l'oreille. Jusqu'à aujourd'hui je souffre toujours des conséquences de cette gifle et je vais souvent chez le médecin. Quelquefois je n'entends pas de cette oreille. Le dénommé Célestin qui était là lui aussi s'est rappelé que je leur donnais souvent de la bière. Il a demandé à Sinangamategeko de ne plus me frapper. Celui-ci s'est arrêté mais il m'a ordonné de ne pas bouger de là. Je lui ai répondu que je ne pouvais pas faire autrement puisque je n'avais nulle part où aller. Après leur départ je me suis enfuie.

LA FUITE

J'ai pris un chemin qui passait à travers une bananeraie et des buissons de lianes. Il n'était pas fréquenté parce qu'une rumeur disait qu'un python et un léopard s'y trouvaient. J'y suis arrivée vers vingt-trois heures, je

7 Frodouard est le prénom de son mari et Kigeli est une allusion au roi Kigeli V.

n'ai vu ni python ni léopard. J'ai poursuivi mon chemin. Je suis passée de l'autre côté de la vallée, à Kaboza, où le chef du village s'appelait Mugengano. J'ai continué jusqu'au village où habitait mon parrain, Rucamubyuma Joseph[8]. Quand je suis arrivée chez lui, j'ai constaté le désastre. Les assaillants avaient attaqué sa famille et détruit leur maison… Partout où je passais c'étaient des scènes de désolation. Partout on entendait les coups de sifflet stridents donnés par les miliciens pour joindre leurs complices. C'était leur principal mode de communication.

J'ai continué jusqu'à la paroisse de Mibilizi. J'y ai trouvé une foule immense de réfugiés. Je me suis assise parmi eux dans la cour, je transpirais de tout mon corps. J'ai constaté que j'étais presque nue, je ne portais que des haillons. Mes habits s'étaient déchirés lors de mon passage dans les buissons et les lianes. Colette, une institutrice qui venait du village de Kaboza, s'est dépouillée d'un pagne qu'elle portait, elle me l'a donné et je l'ai enroulé autour de ma taille. Nous sommes donc restés dans la cour des sœurs Benebikira. Je me demandais si je reverrais un jour mon mari ou si je saurais où et comment il avait été tué. J'ai passé la nuit là. Le lendemain matin, je ne tenais pas en place, je suis allée dans la forêt d'eucalyptus qui était tout près. Là, je pouvais observer les mouvements sur la colline en face, celle de Gitambi où nous habitions autrefois. J'espérais apercevoir mon mari, mais je n'ai rien vu. J'ignorais qu'après mon départ on l'avait entraîné dans les marais qui appartenaient aux chefs Bahenda et Rudahigwa, qu'on l'avait bastonné et laissé pour mort.

Fixant toujours la colline en face, j'ai vu un homme qui remontait la pente de Kamibirizi. Je ne l'ai pas reconnu, son corps et ses vêtements étaient couverts de sang. Je ne pouvais imaginer un seul instant que c'était mon mari. Plus tard, il m'a raconté qu'après mon départ on l'avait molesté, il s'était traîné pour aller me chercher ou tenter au moins de retrouver mon cadavre. Entretemps, il avait croisé un autre groupe de miliciens qui l'avaient épargné parce qu'il leur avait donné de l'argent, et surtout parce qu'ils voyaient qu'il était mourant et qu'il n'irait pas loin. C'est ainsi que nous nous sommes retrouvés. Son corps était couvert de blessures et on lui avait arraché deux dents. Je suis allée voir des

8 Il est question de Rucamubyuma Joseph dans le chant *Genda Mibilizi* de Munyanshoza Dieudonné. Ce chant est composé de la longue liste des victimes du génocide dans la paroisse de Mibilizi (Cyangugu). On l'entend lors des périodes de commémoration.

religieuses belges avec lui. Elles l'ont soigné avec force médicaments. Elles nous ont logés dans une maison qui servait de réserve. Elles ne comprenaient pas ce qui se passait et nous demandaient qui étaient ceux qui nous faisaient souffrir ainsi.

À Gitambwe, deux chefs des miliciens étaient des bourgmestres. L'un s'appelait Nyagashuguri et l'autre Bongwanubusa Damien. Les miliciens voulaient qu'ils nous forcent à retourner chez nous, où soi-disant la région était redevenue tranquille. Les religieuses belges étaient de leur avis. Nous étions devenus gênants pour elles. J'ai décidé de retourner chez les sœurs Benebikira qui étaient plus à même de comprendre la situation. Leur couvent était situé dans l'enceinte de la paroisse. L'abbé Mwerekande Gérard[9] qui nous avait mariés était là lui aussi. Je savais qu'il nous comprendrait. Il avait du mal à gérer l'accueil des réfugiés chaque jour plus nombreux. Il a étendu une toile par terre sur laquelle nous avons dormi.

Un groupe d'assaillants avait attaqué ma famille et continuait à me rechercher. Ne me trouvant pas, ils avaient entraîné mon père dans la brousse et l'avaient sauvagement frappé, disant que pour tuer un serpent, il faut lui écraser la tête. Il nous a rejoints. Son visage était complètement tuméfié suite aux coups reçus. Près de chez nous, un voisin avait caché mes sœurs cadettes et mon frère dans un plafond. Plus tard ils nous ont rejoints eux aussi à la paroisse de Mibilizi. On est tous restés là. L'abbé Gérard était souvent convoqué à Cyangugu pour subir des interrogatoires. On l'accusait d'héberger des *Inyenzi*. Il répondait qu'il en ferait autant pour tous ceux qui se trouveraient dans cette situation, il les hébergerait. On a continué à le harceler et il a finalement été contraint de demander aux réfugiés de quitter la paroisse, pour éviter un bain de sang auquel personne n'échapperait. Nous ne savions plus quoi faire.

Avant de quitter les lieux, les sœurs Benebikira m'ont donné du maïs dans un panier, elles voulaient en donner aussi à mon père mais il était trop faible pour porter quoi que ce soit. Elles ont donné des poules à mes cadets. C'était une manière de tromper l'ennemi en prétendant que nous allions les vendre au marché de Kamembe. Heureusement pour nous, ce jour-là il a beaucoup plu et nous n'avons pas croisé de miliciens. Nous avons marché toute la matinée, nous sommes passés par Cyato, Nteko, et sommes arrivés à Kamembe, au moment où la pluie

9 Curé de la paroisse de Mibilizi.

cessait. Nous nous demandions ce que nous allions faire. Nous avons aperçu au loin les deux chefs des miliciens du Kinyaga, Nyagashuguri et Bongwanubusa Damien. Nous avons pensé qu'ils venaient nous arrêter, mais au même instant nous avons vu des gens qui arrivaient de Bukavu au Congo. Ils nous ont assuré que nous pouvions traverser la frontière sans problème.

L'EXIL AU CONGO

En 1962, nous avons décidé d'aller nous réfugier à Bukavu. Trois jours après notre arrivée, mon père est décédé suite aux tortures subies. Sa mort m'a terriblement affligée. À Bukavu nous avons vécu dans de très mauvaises conditions. Nous dormions dans des écuries appartenant à des Blancs. Nous nous demandions combien de temps nous allions rester là. Jusqu'au jour où on est venu nous annoncer que nous pouvions nous inscrire pour aller à Karongi, dans une région proche de Butembo, gouvernée par un chef de la tribu des *Bashi*[10] qui s'appelait lui aussi Karongi. Le responsable des réfugiés et un chauffeur qui s'appelait Georges nous ont emmenés. Nous étions affamés, assoiffés, et j'étais enceinte de mon premier enfant. Nous avons traversé une forêt peuplée d'animaux sauvages. À Karongi, nous avons trouvé des réfugiés qui étaient arrivés avant nous et qui vivaient dans des huttes. Je me souviens qu'un jour une de ces huttes où des hommes fumaient a pris feu.

On nous donnait la nourriture distribuée par les organisations humanitaires. Il y a eu des cas de choléra dus à l'insalubrité de l'eau. Beaucoup sont morts. On a vécu là jusqu'à ce qu'on nous dise qu'on allait arrêter le ravitaillement, fermer ce camp et transférer les réfugiés ailleurs. On nous a emmenés loin de là, dans des forêts où nous pourrions cultiver. Un climat d'insécurité et de suspicion régnait. Les autorités rwandaises harcelaient les réfugiés et collaboraient avec les pays qui nous hébergeaient pour qu'ils nous chassent. Une rumeur circulait, disant qu'on allait tuer le chef Karongi. Des Hutu, adhérents de l'Unar, avaient fui avec nous. Ils provoquaient des querelles entre le chef qui nous avait

10 Voir n. 10, p. 282.

accueillis et nous. La vie était très difficile, nous n'avions ni à manger ni à boire, et pas davantage de vêtements.

Peu après, on nous a chassés de nouveau. Mon mari et moi sommes revenus dans la forêt tout près de Bukavu. Mon mari était handicapé physiquement, il ne pouvait rien porter. Mon beau-père est mort à ce moment-là et les Congolais nous ont aidés à l'inhumer. Nous nous sommes installés à Kavumu. Là aussi les conditions de vie étaient très dures. La guerre de Mulele[11] a éclaté. On accusait les réfugiés rwandais de soutenir Mulele, et les Congolais ont commencé à nous persécuter. Des Rwandais ont été noyés dans le lac Kivu et dans la rivière Rusizi.

Mon mari s'est fait inscrire pour aller travailler à Kiriba, dans une usine de cannes à sucre. Il est parti, espérant pouvoir rejoindre le Burundi. On m'a aussi inscrite sur la liste du troisième groupe qui devait partir, mais j'ai attendu en vain dans le hangar où nous étions entassés les uns sur les autres. Nous sommes restés sans nouvelles de ceux qui étaient partis. La rumeur disait qu'ils avaient été tués par les partisans de Mulele ou dispersés dans la brousse. On disait aussi que ceux qui étaient allés au Burundi avaient été conduits dans la forêt de Mushiha. Quand mon mari est parti, je venais juste d'accoucher de mon deuxième enfant. Certains hommes ont essayé de revenir chercher leurs familles au Congo, mais ils n'ont pas réussi. Quand ils ont traversé la région de Bugarama au Rwanda, ils ont été pourchassés, on les traitait d'*Inyenzi*. Certains sont allés jusqu'en Tanzanie, sans retrouver les leurs. Mon mari et moi avons été séparés, nous ne nous sommes jamais revus. J'ai attendu dix, vingt, trente, quarante ans en vain. J'étais très pauvre, le peu que nous avions avait été pillé pendant la guerre de Mulele.

Restée seule et sans mari, j'ai beaucoup souffert. J'étais encore jeune. Les Congolais ne me respectaient pas. Certains ont voulu me prendre pour femme, mais j'ai refusé. Pour se venger ils me persécutaient et j'ai beaucoup souffert. J'ai commencé à cultiver, ce qui n'était pas facile avec deux enfants en bas âge. Ceux qui m'employaient n'éprouvaient aucune pitié, ils me faisaient travailler durement. Pour tout salaire ils me

11 Cette guerre (1963) a eu des répercussions sur les Tutsi réfugiés au Congo, accusés de complicité avec les rebelles dirigés par Pierre Mulele, ancien ministre de l'Éducation nationale, dans le gouvernement de Patrice Lumumba. Après l'assassinat de celui-ci, Mulele a animé un mouvement de rébellion. Il a été torturé et assassiné par Mobutu en 1968.

donnaient tout juste de quoi manger. Quand j'avais la chance de trouver quelqu'un pour garder mes deux enfants, on partageait le peu de vivres que je recevais. Je vivais dans une petite maison avec une jeune mariée. Son mari avait été emmené par un Blanc vers une destination inconnue. Chaque matin nous allions travailler dans les champs des Congolais. Je n'avais même plus de pagne pour porter mon bébé.

Nous sommes restés au Congo. Dix ans après, on nous a dit que nos maris avaient été tués et que ceux qui n'étaient pas morts vivaient toujours dans la forêt de Mushiha (Burundi). Nous ne savions quoi faire. Désespérée, je suis allée voir un prêtre, recteur du séminaire de Murhesa à Bukavu pour lui demander de m'aider. Je lui ai dit : « Mon Père, aide-moi à retrouver mon mari. » Il m'a répondu : « Est-ce que tu sais où il se trouve ? » J'ai dit que non. Il a insisté : « Sais-tu au moins où je peux me renseigner ? » J'ai répondu que je n'en avais pas la moindre idée. Il a conclu en disant que lui non plus ne savait pas où chercher. Bref, j'ai eu une vie dure, j'ai connu des situations très difficiles, je n'ai pratiquement pas vécu avec mon mari après notre mariage. J'ai élevé seule mes enfants tout en travaillant dans les champs.

APRÈS LE GÉNOCIDE

J'ai souffert de la guerre au Rwanda et j'ai souffert de la guerre au Congo. Je n'ai jamais connu la paix. Quand les génocidaires ont fui le Rwanda, ils sont venus nous menacer à Goma (Congo). Ils ne nous laissaient pas sortir de nos maisons, ne serait-ce que pour aller au marché. Ils nous lançaient des pierres et nous empêchaient de rentrer au Rwanda. Ils ont tué certains d'entre nous. Quand je suis finalement arrivée au Rwanda, je me suis retrouvée seule. Il ne restait aucun membre de ma famille ni de ma belle-famille. Tous avaient été tués. À notre arrivée à Kigali, mes enfants et moi avons passé la nuit à la gare routière. Nous n'avions ni à manger ni à boire. Je n'avais pas un sou. Par peur des génocidaires qui fouillaient dans nos affaires, mon fils avait brûlé tous nos documents et le peu d'argent qui nous restait avait brulé avec. Le lendemain de notre arrivée, mon fils Charles est allé à Kicukiro pour voir s'il y avait des survivants dans la famille de son oncle. Tous avaient été tués et je n'ai jamais su ni où ni comment on les avait tués. Nous étions à la rue, sans savoir où aller. Une jeune fille du nom d'Emma qui travaillait au lycée Notre-Dame de Cîteaux a eu pitié de nous, elle nous a emmenés au lycée et nous a logés. Sœur Antoinette, une religieuse du lycée, nous a donné des matelas, et plus tard elle m'a donné un travail qui consistait à cueillir et laver des légumes pour les repas des élèves.

Après un certain temps, la rentrée scolaire approchant, on nous a demandé de libérer la maison des professeurs. Les autorités locales nous ont prêté une maison mais elle était couverte de sang. La première nuit nous n'avons pas pu dormir de peur que les génocidaires viennent nous tuer. J'ai continué à travailler pour sœur Antoinette. À la fin du mois elle me donnait un sac de riz de cinquante kilos. J'en vendais une partie pour avoir un peu d'argent. Une fois encore, on nous a demandé de quitter la maison où nous habitions pour la rendre à ses propriétaires. Les autorités nous conseillaient de demander des parcelles et de construire nos propres maisons. Mais nous n'avions aucun moyen. Une femme au grand cœur, qui connaissait mon histoire et celle de ma famille, a intercédé en ma faveur. Elle m'a permis d'obtenir une maison dans le lotissement Imena[12]. Une autre femme, Mme Munyanganizi, m'a également aidée. Elle m'a donné un étal au marché et de l'argent pour démarrer. Avec ce petit commerce j'ai pu nourrir ma famille pendant quelques temps. Mais mon commerce a rapidement périclité. Je n'ai pas voulu être malhonnête, je lui ai rendu l'emplacement qu'elle m'avait offert. Aujourd'hui je vis dans des conditions très difficiles.

Très récemment, Marthe, une voisine, est venue me dire qu'elle avait entendu un communiqué qui m'était adressé. Quarante-trois ans après, quelqu'un voulait me voir et avait fait passer un message à la radio. Je lui ai dit que ce devait être une erreur car il n'y avait personne qui pouvait s'intéresser à moi. Je lui ai expliqué que tous les miens étaient morts : mon mari, mon père, mon frère et mes sœurs… Elle a insisté, disant que quelqu'un voulait me retrouver. Un autre jour, en allant à la messe à l'église Régina Pacis, j'ai rencontré une fille originaire de Cyangugu, qui s'appelle Béata, la fille de Rucamubyuma Joseph tué pendant le génocide dont j'ai parlé plus haut. Elle m'a dit de l'attendre

12 Voir note 15, p. 71.

après la messe. Elle voulait absolument me parler. À la sortie de la messe, elle m'a dit : « Marianne, il faut que tu ailles chercher ton mari ! » Je me suis exclamée : « Moi ! Que j'aille chercher mon mari ? » Elle me demandait d'aller chercher un mari que j'avais perdu trois ans à peine après notre mariage et dont j'étais restée sans nouvelles depuis quarante-trois ans ! Je lui ai posé une question : « Tu me parles de mon mari ou de son fantôme ? » Elle m'a dit qu'il s'agissait bien de mon mari, Gakuba Frodouard. Je lui ai dit : « Mais, tu rêves. » Mon fils Charles nous a rejointes. Béata l'a salué et elle lui a aussitôt dit : « Charles va chercher ton père ! » Charles est resté interloqué. Mes enfants n'avaient jamais connu leur père et ils me demandaient souvent s'ils étaient des enfants naturels. Ma fille me demandait parfois ce que nous, les Tutsi, avions fait pour mériter un tel sort. Béata a insisté : « Écoute, ton mari est revenu. Dès qu'il est arrivé, il t'a cherchée et a demandé si tu étais toujours vivante. » J'ai voulu savoir comment il allait. Béata m'a répondu : « Il est mourant, c'est pourquoi tu devrais aller le chercher aussi vite que possible. Il paraît qu'il vient du Kenya et de Tanzanie. » Béata m'a donné sa propre adresse à Cyangugu, elle a ajouté qu'elle m'accompagnerait là où se trouvait mon mari, quand je viendrais. Elle s'est de nouveau adressée à Charles : « Charles, tu dois aller chercher ton père. » Charles l'a regardée et il n'a rien dit. Puis il s'est tourné vers moi : « Maman, j'ai un père ? » Je lui ai répondu que je venais d'apprendre qu'il était vivant. Alors j'ai commencé à me demander où nous allions trouver de l'argent pour le voyage. Je suis allée voir Madame Munyanganizi, et elle m'a prêté cent mille francs rwandais.

Nous avons quitté Kigali un mercredi. Nous sommes arrivés à Kamembe et on nous a indiqué le chemin pour arriver chez Béata. Elle m'a dit que mon mari était allé à Mwezi. On lui a envoyé un message et le lendemain il est arrivé. Quand je l'ai vu, il avait le ventre et les pieds très gonflés, il était vraiment mal. Il m'a expliqué qu'à son retour au Rwanda il était d'abord allé à Nyakabuye, dans son village natal. Mais les gens l'avaient menacé croyant qu'il venait réclamer les propriétés de ses parents, alors qu'il n'en était rien. Béata m'a conseillé de le faire soigner avant de l'emmener à Kigali. Je l'ai conduit à l'hôpital de Gihundwe. On lui a fait des examens de sang, mais on n'a rien trouvé de grave. Son état était lié à ce qu'il avait vécu. Béata nous a donné de l'argent pour le transport et elle nous a raccompagnés jusqu'à Kamembe. Quand nous sommes arrivés à Kigali, nous l'avons fait soigner. Quatre ans plus tard, il est décédé. Quand les gens le voyaient, ils ne pouvaient s'empêcher de me demander si c'était vraiment mon mari. Quand il a vu son père, mon fils n'a pas fait preuve d'enthousiasme. Il a dit : « C'est donc lui mon père, cet homme qui ne nous apporte que des soucis ? »

Voilà le témoignage de ce que j'ai vécu pendant les évènements de 1959-1960 au Rwanda et en tant que réfugiée au Congo, jusqu'au jour où nous avons quitté les sombres conditions de vie endurées et sommes retournés dans notre patrie. Je n'étais pas au Rwanda pendant le génocide, mais j'ai perdu tous les miens qui s'y trouvaient. Ils ont tous été massacrés.

Je remercie le FPR qui a arrêté le génocide et pacifié le pays. J'exprime ma reconnaissance aux responsables de l'association Avega qui nous ont donné nos maisons.

KWIBUKA

Mon frère, Nyiribakwe Joseph ; ma petite sœur, Uwamugira Judith, et ses quatre enfants ; ma sœur, Mukankwaya Agnès, dont je me suis occupée après la mort de notre mère ; ma grande sœur, Mukangoga Tabita, ses sept enfants et ses nombreux petits-enfants, tous ont été tués durant le génocide des Tutsi. Tous ceux qui auraient pu m'aider sont morts. Marc, le mari de ma sœur Tabita ; Litiro et Mutoto, les frères de mon mari à Kicukiro ont été tués avec leurs familles… Tous ont été massacrés en 1994. Et je suis restée seule.

NOUS AVIONS DES RÊVES PLEIN LA TÊTE

MUKANTAGARA Odette

AVANT…

Je suis née en 1962 dans une région du Rwanda qui, à l'instar des autres régions, a été très endeuillée par le génocide perpétré contre les Tutsi en 1994. Avant le génocide, le Mayaga sud, (actuellement district de Nyanza) était une région relativement calme. Elle n'avait pas été très touchée par les événements qui ont ensanglanté le pays dans les années 1959-1960, et en 1973. Mais elle a été très, très atteinte en 1994.

Lorsque les massacres des Tutsi ont éclaté en 1959, la région du Mayaga sud a été plutôt épargnée. Bien sûr il y a eu des menaces, souvent très inquiétantes, qui ont entraîné certains habitants à fuir le pays, mais elles visaient essentiellement des personnalités influentes ou des membres affichés du parti royaliste, l'Unar. Je peux citer l'exemple du mari de ma tante qui a fui le pays avec toute sa famille à cette période-là. Mais dans l'ensemble les Tutsi n'ont été ni pourchassés ni massacrés, hormis quelques cas isolés. La chasse à l'homme n'a pas atteint les proportions que d'autres régions ont connues. Ailleurs la persécution des Tutsi faisait rage, sans faire de distinction de classe sociale ou de parti politique. L'une des explications plausibles de cette exception est qu'à la fin des années cinquante, cette région était peu peuplée et sa population était essentiellement composée d'éleveurs de vaches, éparpillés sur de larges étendues de pâturages. Il n'y avait donc pas de frictions entre les gens. De plus, les missions principalement catholiques avaient eu moins d'influence qu'ailleurs et la population restait ouverte au monde extérieur, comme aux idées d'indépendance ou de changement. Tout ceci pourrait expliquer le fait qu'elle ait été à l'abri des premières persécutions des Tutsi.

L'ENFANCE

J'ai grandi et j'ai vécu dans ce pays jusqu'à l'âge adulte. J'y ai fait mes études jusqu'à la fin du premier cycle universitaire, puis j'ai effectué les deux premières années de ma carrière d'enseignante. Aussi loin que je me le rappelle, je n'ai jamais entendu de récits sur les tueries dans notre région. Je savais que ma mère n'était pas originaire du Mayaga, qu'elle venait de la région proche de Nyanza, chef-lieu de la cour royale à cette époque, et qu'elle avait perdu une grande partie de sa famille. Certains avaient été massacrés tandis que d'autres avaient été contraints à l'exil. Ils avaient fui vers les pays limitrophes, surtout au Burundi. Mais elle en parlait très peu. Et c'était d'ailleurs la position de tous les adultes dans notre entourage. Quelquefois on les entendait parler de troubles ou même de massacres qui avaient eu lieu dans d'autres régions, mais c'était des sujets de conversation qui étaient en quelque sorte tabous. Les parents ne voulaient pas que les enfants les entendent, mais quelques bribes tombaient pourtant dans nos oreilles. Ces récits nous semblaient très éloignés dans le temps et dans l'espace et nous ne nous sentions pas concernés. Pour moi, c'était comme l'histoire ancienne d'un lointain pays étranger, puisque nous vivions en bonne entente avec nos voisins, toutes ethnies confondues.

À l'école primaire, comme dans les autres écoles du pays, les enseignants avaient l'habitude de recenser les élèves suivant leur ethnie, c'était alors la politique de l'État. Je n'y prêtais pas d'attention particulière. Aujourd'hui, je me dis que cette situation ne m'a pas affectée, parce qu'elle était menée dans des conditions dépourvues de suspicion et de méfiance, par des enseignants bienveillants, non-soumis à l'idéologie ségrégationniste. Ainsi, nos enseignants n'auraient jamais permis qu'un élève se moque d'un autre à cause de son ethnie, ou qu'il fasse des commentaires malveillants, comme c'était le cas dans les autres régions. D'ailleurs c'était impossible, car à ce moment-là aucun enfant de notre école n'avait pareille tournure d'esprit et cette idéologie était quasiment absente dans notre entourage. Peut-être existait-il quelques cas isolés, surtout parmi les personnes venues d'autres régions, qui pouvaient susciter la haine ou un esprit de division. Mais ces cas étaient rares et isolés et ils n'atteignaient pas l'ensemble de la communauté. Bref, j'ai vécu mon enfance dans un climat dépourvu de conflit ethnique, du moins jusqu'en 1973.

LES ANNÉES SOIXANTE-DIX

La première fois que j'ai commencé à comprendre le problème entre les deux principales ethnies du Rwanda, c'était en 1973, lorsque les persécutions visèrent les étudiants tutsi. Les troubles ciblaient surtout les étudiants du secondaire et du supérieur, ainsi que les cadres dans les entreprises et les fonctionnaires de l'État. Cette fois-ci ma famille n'a pas été épargnée. J'étais encore une enfant, en cinquième année primaire, et je ne comprenais pas bien ce qui se passait. J'ai vu mes frères et sœurs qui étaient à l'école secondaire et à l'université revenir à la maison alors que ce n'était pas la période des vacances. J'ai vu certains d'entre eux quitter clandestinement la maison, sous le regard inquiet de mes parents, surtout de ma mère. J'ai vu un de mes frères partir à la nuit tombée accompagné par un voisin, alors qu'habituellement il retournait seul au campus, en plein jour. Je n'ai rien compris lorsque j'ai vu qu'il emportait ses affaires dans un panier au lieu d'une valise. J'avais onze ans, je n'étais pas préparée à ce genre de situation, mais j'ai commencé à ressentir l'ambiance pesante et le climat de désolation qui s'installaient dans notre famille.

À ceci s'ajoutait l'attitude de nos enseignants, qui étaient presque tous tutsi. Je pouvais lire l'inquiétude dans leur comportement. Ils se regroupaient pour discuter et se taisaient dès qu'on approchait d'eux. J'ai compris qu'ils s'entretenaient de sujets délicats. Puis, nous avons remarqué leur absence de concentration et de motivation au travail. Ils pouvaient nous laisser seuls en classe des après-midi entières, nous donnant juste quelques activités à faire. Nous commencions à sentir que quelque chose n'allait pas. D'autant plus que certains écoliers savaient capter les rumeurs et commençaient à prononcer des mots qui nous intriguaient et nous faisaient peur. Le mot qui revenait le plus souvent était « la guerre ». Il s'agissait surtout d'enfants issus de familles qui étaient venues d'autres régions en fuyant les massacres de 1959. Leurs parents avaient souffert lors des tragiques événements de cette période et ils étaient toujours sur le qui-vive. Dans ces familles, les conversations sur le sujet n'étaient pas bannies.

La tension était palpable à la maison comme à l'école. Je me souviens que la psychose a fini par s'infiltrer dans nos conversations d'enfants. Certains écoliers se croyaient mieux informés que d'autres, ils nous parlaient des méfaits de la guerre et semaient la peur et le trouble dans nos esprits. Une après-midi, nos enseignants étaient dans la cour de l'école en train de discuter entre eux, un de nos camarades a crié : « La guerre va éclater. » La panique a gagné toute la classe, puis toute l'école. Nous nous sommes rués vers la sortie. Les plus courageux ont sauté par les fenêtres et nous sommes rentrés chez nous en courant. Je ne saurais dire si nos enseignants ont cherché à nous retenir. Mais je me souviens que le lendemain matin, nous avons tous repris le chemin de l'école comme s'il ne s'était rien passé et personne n'en a parlé. La tension qui commençait à gagner une région calme comme la nôtre était insupportable ailleurs. Elle s'était transformée en hostilités déclarées, surtout dans les villes et partout où se trouvaient des écoles secondaires et supérieures. Ce n'était pas le cas de notre région rurale où ces événements ont longtemps été considérés comme des rumeurs.

Les « événements de 1973 » n'ont pas duré très longtemps mais ils ont fait nombre de victimes et ils ont réveillé les démons qui semblaient endormis. Des adolescent-e-s ont éprouvé du plaisir à exprimer la haine qu'ils/elles nourrissaient envers leurs camarades de classe tutsi. De plus, le pays a été vidé d'une bonne partie de son élite car on a éliminé les intellectuels. Les cadres dans la fonction publique et dans le secteur privé ont été massacrés ou contraints de quitter le pays. Les parents qui avaient leurs enfants à l'école secondaire ou à l'université, se sont retrouvés seuls. Ma fratrie a été coupée en deux. D'une famille de sept enfants, seuls trois, les plus jeunes, dont moi, sommes restés avec nos parents. Les autres ont été contraints à l'exil au Burundi. Loin de leur famille, ils ont été obligés de se débrouiller seuls, mais nous avons tous eu la chance d'échapper à la mort.

L'« après 73 » a été suivi par un semblant de paix, qu'on chantait tout le temps pour exorciser ce qui pourrait venir la troubler. Dans mon esprit d'enfant, je pouvais y croire, puisque je n'avais encore jamais « vu » la guerre. Cependant, un événement est venu bouleverser ma vie et me marquer à jamais. C'était à la fin du cycle de l'école primaire, je venais de passer l'examen national et j'étais sûre de l'avoir réussi. C'était aussi l'avis de mes enseignants, auxquels j'avais transmis mes réponses aux questions posées lors de l'examen. De plus j'avais été en tête de classe durant toute l'année scolaire. Ni moi ni mes enseignants ne pouvions douter de ma réussite. Quelques semaines plus tard, les résultats ont été publiés et mon nom figurait bien sur la liste des candidats admis à passer en secondaire, envoyée par le ministère de l'Éducation. Mon regretté frère Charles a été le premier à nous apporter la bonne nouvelle. Les amis sont venus féliciter mon père. Réussir à l'examen national représentait une forme de promotion sociale pour toute la famille. Même si j'étais la cinquième enfant à accéder à ce niveau d'études, cela restait un événement à célébrer.

Quand Charles est venu nous annoncer qu'il avait vu mon nom sur la liste, j'ai passé la plus belle matinée de ma vie. Je me voyais déjà à l'école secondaire, j'imaginais la vie à l'internat[1], j'étais contente et fière de moi. Réussir à cet examen était le rêve de tout écolier. Je me réjouissais de franchir ce cap à l'exemple de mes aînés. Ma joie a été de courte durée. Dans l'après-midi du même jour j'ai dû déchanter. J'ai rencontré des camarades de classe qui venaient du centre où on affichait les résultats, et ce qu'ils m'ont dit m'a hantée durant tous les jours qui ont suivi : « On vient du centre. On nous a dit que tu avais réussi mais nous n'avons pas vu ton nom sur la liste, il paraît qu'il y était ce matin. » Il m'est très difficile de décrire ce que j'ai ressenti à ce moment-là. Au début, j'ai cru qu'ils voulaient me taquiner, me faire peur pour voir ma réaction ; mais j'ai dû me rendre à l'évidence : ils ne plaisantaient pas. Alors sans leur montrer la déception et les autres sentiments qui commençaient à monter en moi, je leur ai dit au revoir et j'ai continué ma route vers le centre commercial où mon père tenait une petite boutique. Quand il m'a aperçue, il a essayé de cacher sa tristesse, mais j'ai vite compris que mes amis avaient raison. Je ne me souviens plus des mots qu'il a

1 Après le primaire, tous les élèves étaient, et sont toujours, pensionnaires dans leurs établissements scolaires.

utilisés, tout ce que j'ai compris c'est que je ne figurais plus sur la liste de ceux qui allaient passer à l'école secondaire.

Dans notre éducation, à l'époque surtout, il fallait accepter et se taire, ne pas poser trop de questions ni manifester ses émotions, même dans des situations révoltantes comme celle-là. J'ai écouté mon père, je voyais que ce n'était pas facile pour lui, d'autant qu'il comprenait la raison de cette injustice : notre ethnie et notre région[2]. C'était là notre seul péché. Ce soir-là, je suis retournée à la maison, anéantie. Ma journée commencée dans l'euphorie de la réussite s'est terminée dans le cauchemar. Je crois qu'à partir de ce jour j'ai « grandi » ; désormais, je ne me faisais plus d'illusion. J'ai compris que je vivais dans un pays où je ne pourrais prétendre avoir les mêmes droits que les autres enfants, qui n'étaient pas Tutsi. Je venais de « voir » et de comprendre la guerre à ma façon. Je n'exagère pas, il faut se mettre dans la peau d'un enfant de cette époque pour mesurer le poids de cette injustice et comprendre la douleur que j'ai ressentie ce soir-là. La seule explication que nous avons eue de ceux qui étaient proches des autorités locales, c'est que certains bourgmestres avaient ou s'octroyaient le droit de changer les listes établies par le ministère en enlevant les noms qu'ils jugeaient indésirables. Le système en place était tel qu'il y avait ceux qui réussissaient et ceux qui étaient acceptés. Et c'est ce que le nôtre a fait. Bref, j'avais réussi mais je n'ai pas été acceptée.

En 1978, pour pouvoir continuer mes études, mes parents m'ont envoyée au Zaïre, actuelle RDC (République Démocratique du Congo), où j'ai dû refaire la dernière année de primaire pour m'acclimater au pays et à la langue (Swahili) avant de commencer le collège. Après trois années scolaires, je suis revenue étudier au Rwanda, après avoir réussi à l'examen qu'on appelait : le « test de reclassement ». Il s'agissait d'une sorte d'évaluation que le ministère de l'Éducation faisait passer aux élèves rwandais qui étudiaient à l'étranger ou dans les deux écoles privées du pays, soi-disant pour leur donner leur chance d'accéder aux établissements scolaires publics. Plus tard j'ai compris que c'était une manière de se donner bonne conscience pour ces « promoteurs » de l'équilibre ethnique. J'ai donc saisi cette chance, mais l'injustice subie m'avait tellement marquée que je ne voulais plus revenir étudier dans mon pays. Je me sentais mieux considérée à l'étranger que chez moi et je

2 Voir n. 2, p. 52.

commençais à comprendre la situation sociale et les injustices commises au Rwanda. Mais j'ai accepté de revenir pour mes parents.

UNE SUCCESSION D'INJUSTICES

Le choc subi à la fin de l'école primaire est resté en moi, mais il m'a en partie aidée à supporter ceux qui ont suivi. Les injustices se sont succédé tout au long de ma vie, surtout dans mon parcours scolaire. Je souffrais, mais j'étais aguerrie par ma première expérience, j'accusais plus facilement les coups. Je me souviens de quelques-unes de ces situations. À la fin du secondaire (le baccalauréat dans le système français), je figurais sur la liste de ceux qui avaient eu de bonnes notes, mais on m'a refusé la bourse d'études, condition *sine qua non* pour poursuivre à l'université. Aucune bourse n'a été attribuée aux Tutsi de ma classe. Mais elles l'ont été à des élèves qui avaient des notes minables, mais qui y avaient plus « droit » que nous. J'ai ravalé ma colère et ma déception et j'ai commencé à travailler avec mon diplôme de l'école secondaire. Comme je n'appartiens pas à la catégorie de ceux qui lâchent facilement, j'ai travaillé durant une année et j'ai renouvelé ma demande de bourse. Pour se « débarrasser » de moi, elle m'a été accordée, mais j'ai dû rejoindre la faculté des Lettres, alors que j'avais suivi la section économique au lycée. C'était à prendre ou à laisser, et je n'avais pas le choix. On serait tenté de se demander pourquoi ils m'ont quand même accordé cette « faveur », alors que beaucoup d'autres n'ont pas eu cette chance. Je pense qu'ils avaient besoin d'enseignants dans ce domaine.

Une autre injustice m'a frappée à la fin du premier cycle universitaire, au moment de l'obtention de la bourse pour le deuxième cycle. J'avais réussi en première session, mais on m'a « oubliée ». Les étudiants hutu ont eu droit à une session de rattrapage pour l'obtention de leur bourse. Mais tous les étudiants tutsi de ma classe ont connu le même sort que moi. Malheureusement ils ne sont plus là, tous ont été tués pendant le génocide. S'ils étaient là aujourd'hui on pourrait peut-être en plaisanter, mais à ce moment-là, on ne bronchait pas. On se taisait, et on acceptait la situation. On n'avait pas le droit de se plaindre, on devait plutôt remercier pour le peu qu'on nous donnait. En 1989, j'ai quitté le pays.

LES ANNÉES QUATRE-VINGT-DIX

À l'été 1990, je suis retournée pour les vacances au Rwanda où se trouvait toujours une grande partie de ma famille. Mes parents étaient vivants, ainsi que mes frères, sœurs, cousins, oncles, tantes, neveux, nièces… J'y ai passé un peu plus d'un mois et je suis repartie. Je ne savais pas que c'était la dernière fois que je voyais la plupart d'entre eux. Presque tous ont été massacrés lors du génocide, y compris mes deux parents. Au retour de mes vacances, à peine arrivée à Franceville[3] où je vivais à ce moment-là, j'ai appris l'attaque du Rwanda par les soldats du FPR-*Inkotanyi*, le 1er octobre 1990. Les réfugiés rwandais vivant en Ouganda ont voulu rentrer par la force dans leur pays, où les autorités leur refusaient le droit au retour. Je n'ai pas été surprise. Durant mes vacances, j'avais senti un lourd climat de suspicion, lié aux rumeurs qui circulaient déjà et qui se sont confirmées par la suite.

Cette guerre de libération allait durer quatre longues années. Elle a été entrecoupée par des périodes de négociations, mais celles-ci s'enlisaient car le pouvoir à Kigali n'en voulait pas. Compte tenu de la situation à ce moment-là et au regard de la haine qui sévissait, j'étais très inquiète. Je pensais que nous ne reverrions pas nos parents vivants. J'ai fait part de mon inquiétude à mon frère, mais il trouvait que j'exagérais. Il m'a répondu qu'en général ces vagues de tueries se limitaient aux villes, qu'elles n'atteignaient pas souvent les campagnes et encore moins notre région. J'avoue que moi non plus je ne pouvais imaginer des massacres d'une telle ampleur. D'ailleurs, personne ne pouvait imaginer qu'un génocide se préparait, mais un pressentiment me faisait craindre le pire.

LE GÉNOCIDE

Lorsque le génocide a éclaté, j'avais quitté le Rwanda depuis près de cinq ans. Je ne me souviens plus de ce que j'ai fait pendant la soirée du 6 avril 1994. Je me suis peut-être couchée tôt, ou bien je n'ai pas regardé le journal. À moins que la chaine de télévision gabonaise n'ait pas donné

3 Franceville : ville située à l'est du Gabon.

d'informations sur le Rwanda. Toujours est-il que le lendemain matin je n'étais pas au courant de ce qui se passait dans mon pays. Vers huit heures, je suis arrivée au collège où je travaillais, un collègue tchadien m'a interpelée pour avoir plus d'informations sur ce qu'il avait entendu dans les médias. Je me souviens très bien de sa question : « Alors Odette, qu'est ce qui se passe chez vous ? » Je ne comprenais pas sa question, car tout le monde savait que le Rwanda vivait une situation de guerre depuis un certain temps. Quand il a compris que je n'étais au courant de rien, il a commencé à m'informer. Il m'a parlé de la mort des deux présidents : celui du Rwanda et celui du Burundi dans le crash de l'avion présidentiel. Je me souviens que la première idée qui m'a traversé l'esprit est que cette mort ne présageait rien de bon. Je me souviens, comme si c'était hier, lui avoir dit que mon pays allait sombrer dans l'horreur. Mais bien sûr, il ne pouvait comprendre les raisons de mon angoisse.

Le lendemain ou deux jours après, j'ai appris la mort de mon frère Emmanuel. J'ai appris que la famille de ma sœur qui habitait à Kigali s'était réfugiée à l'église de la Sainte-Famille. Certains de leurs enfants n'étaient pas avec eux lorsqu'ils avaient quitté la maison. Ils étaient sans nouvelles d'eux. Nous n'avions pas non plus de nouvelles de nos parents. Le seul moyen d'en avoir était d'aller les voir au village, mais plus personne ne pouvait bouger. Les nouvelles venant du Rwanda étaient catastrophiques, les images diffusées par les médias étaient insupportables, et tout ceci ne faisait qu'augmenter mon inquiétude et mon angoisse. Je perdais tout espoir de revoir les miens. Je me disais que si mon frère, qui était encore jeune et capable de fuir, n'avait pu s'échapper, ce serait pure illusion d'espérer que nos vieux parents puissent survivre. Hélas, la suite m'a donné raison.

JE ME SOUVIENS DE VOUS

Je me souviens de mes parents

Nous ne connaissons pas exactement les dates de décès de nos parents. Le peu d'informations que nous avons pu recueillir, nous les devons à un voisin qui pouvait circuler librement parce qu'il n'était pas inquiété, et à certains survivants qui ont suivi les événements depuis leur cachette. Tous sont unanimes sur le fait qu'ils sont morts au début du mois de mai 1994. Trois ou quatre jours se sont écoulés entre la mort de mon père et celle de ma mère, suivie de peu par celle de notre tante paternelle qui était comme une deuxième mère pour nous. J'ose dire que nous avons eu de la « chance » car nous avons pu retrouver leurs corps. Ils avaient été sommairement couverts de terre dans notre concession. Avant de mourir, ils ont beaucoup souffert. Ils ont été dépouillés de *tout*, à commencer par les enfants dont la maison était remplie. Leurs enfants biologiques avaient grandi et ils avaient quitté le cocon familial, mais auprès d'eux vivaient de jeunes enfants, des cousins, des neveux, des nièces... Tous ont été contraints de fuir lorsque la situation s'est aggravée. Tous ont été massacrés, à l'exception d'une petite cousine, Mukeshimana Régine.

Quand le génocide a commencé, ne pouvant ni fuir ni protéger ces jeunes enfants, nos parents ont préféré les laisser partir pour qu'ils tentent de sauver leur vie. Presque tous ont pris la direction du sud du pays vers le domicile de notre tante maternelle où ils espéraient trouver un peu de tranquillité. Ils ne sont jamais arrivés à destination. Tous ont été massacrés en chemin. Seule ma cousine Régine de dix-onze ans a survécu, mais elle ne sait pas ce qui est arrivé aux autres. À plusieurs reprises leur groupe a été dispersé par des attaques de miliciens et elle ignore où précisément chacun a été tué, et nous n'avons pas pu leur offrir une sépulture digne. Je me souviens particulièrement de mes deux cousines, Mukarurungwa Médiatrice et sa petite sœur Dusabe, de notre neveu Zuba, de notre nièce Marcelline.

Comme les autres Tutsi, nos parents ont connu un calvaire. Ils ont commencé par se cacher tantôt chez les voisins, tantôt dans les champs, mais n'en pouvant plus ils ont décidé de retourner dans les ruines de leur maison et d'y mourir. Ils y sont restés seuls, dépouillés de tout. Les génocidaires, animés d'une cruauté systématique, volaient le toit des habitations, ainsi que tout ravitaillement et tout autre bien qui aurait pu les aider à survivre. Ainsi, ils les tenaient à leur merci. Ils pouvaient les massacrer ou se donner le plaisir de les voir mourir à petit feu. Je n'ose imaginer la situation de notre mère et de notre tante paternelle après le décès de notre père. Je n'ose imaginer leur angoisse à ce moment-là. Elles étaient seules dans une maison délabrée. Il ne leur restait qu'à attendre leur tour, puisqu'elles n'avaient pas même la possibilité de ramasser les quelques légumes qui étaient dans leurs champs. Je ne peux oublier cette scène qu'on m'a racontée. Une voisine, dont le mari était comme le fils adoptif de mon père, qui l'avait beaucoup aidé –, est venue avec d'autres femmes de génocidaires se servir dans nos champs. Indignée de la voir agir ainsi, ma mère lui a juste demandé : « Toi aussi, Marie ? » La femme a osé lui répondre : « Mais tout est fini pour vous, il ne vous reste qu'à attendre la mort. » Pourtant elle-même était Tutsi, mariée à un Hutu génocidaire, et sa propre famille était en train de se faire massacrer au même moment, non loin de chez nous. Ceci fait partie des réalités courantes et tragiques du génocide. Après le génocide, nous avons pu inhumer dignement nos parents dans une tombe qu'ils partagent avec d'autres membres de la famille dont nous avons pu retrouver les corps. Aujourd'hui, la cour qui nous servait de terrain de jeux pendant notre enfance, où nous avions l'habitude de nous amuser, surtout les soirs de clair de lune (l'éclairage public à l'époque), cette cour est occupée par une tombe de couleur blanche, où sont inscrits les noms des nôtres. Une longue liste, qui pourtant n'est pas exhaustive. Nous y allons souvent, surtout pendant la période de commémoration du génocide, pour honorer la mémoire des nôtres qui ont été arrachés à la vie de façon cruelle par ceux qui avaient été leurs voisins, leurs « amis ». Par ceux-là même qui avaient bénéficié de leur générosité.

Je me souviens de toi, Ntaganda Emmanuel.

L'annonce de la mort d'Emmanuel m'a fait très, très mal. Il était mon aîné de deux ans, ce qui fait que nous étions très proches. Nous avons fait presque tout le parcours de l'école primaire ensemble. Bien sûr on se disputait quelquefois comme tous les enfants, mais une très forte amitié nous liait et je me sentais en sécurité avec lui. À l'école primaire, personne n'osait me provoquer car j'étais « la sœur d'Emmanuel ». Je me souviens d'un élève qui se prenait pour le caïd de l'établissement et qui terrorisait tout le monde, surtout les filles. Un jour il a voulu m'agresser, mais un autre enfant qui observait la scène l'a mis en garde : « Là, fais gaffe, c'est la sœur d'Emmanuel ! »... et le jeune caïd a disparu sans demander son reste.

Plus tard, à l'âge adulte, Emmanuel et moi n'avons pas suivi le même parcours. Alors que je me frayais un chemin pour poursuivre mes études, Emmanuel, victime de l'équilibre ethnique et régional, s'est arrêté après la sixième année primaire (CM2). Il a repris le petit commerce de notre père qui, en raison de son âge avait préféré se retirer au village. Nous continuions à nous voir surtout pendant les vacances scolaires. J'allais le voir à sa boutique, et il venait souvent à la maison. Quand j'ai quitté le pays, il vivait à Kigali où il a travaillé à son compte jusqu'à sa mort. Quand nos deux cousins, avec qui il vivait et qui étaient comme des frères pour nous, ont fui le pays en 1991, Emmanuel n'a pas voulu partir avec eux. Très peu de temps avant le génocide, il s'était rendu en Tanzanie pour dédouaner un véhicule, mais il n'a pas voulu rester là-bas ni se rendre dans un pays plus sûr, alors qu'il voyait et savait que les Tutsi vivaient dans la plus grande insécurité au Rwanda. Il a choisi d'y rester. À quelqu'un qui lui avait demandé pourquoi il revenait dans son pays, il aurait répondu qu'on ne fuit pas la mort car elle est partout et elle peut vous faucher n'importe où (*Ntaho badapfa*). Son histoire est semblable à celle de beaucoup d'autres jeunes Tutsi qui pouvaient facilement quitter le pays, mais qui ne l'ont pas fait. C'est aussi le cas de ceux qui sont rentrés après la signature des accords d'Arusha[4]. Les uns comme les autres sont morts sur le sol de leur patrie.

Nous n'avons jamais su exactement ni où ni comment Emmanuel a été tué. Sa mort a été annoncée par un jeune homme qui travaillait chez ma sœur. Il est venu l'en informer lorsqu'elle était cachée à l'église de la Sainte-Famille, et il ne lui a pas donné de détails. Après le génocide nous avons entendu différents récits sur sa mort. Ce qui est sûr c'est qu'il a été tué non loin de son domicile dans le quartier de Muhima, tout près de l'axe principal qui relie le centre-ville à Nyabugogo. Nous avons également appris que son corps serait resté au bord de cette route pendant deux jours, et qu'il a certainement été enlevé par l'un des camions de la municipalité qui ramassaient les corps des Tutsi pour les jeter dans des fosses communes creusées à la périphérie de Kigali. Tout ce que nous espérons, c'est que son corps a été transféré au Mémorial de Gisozi et qu'il y repose dignement avec les milliers de ses semblables qui ont subi le même sort. La seule chose que j'aie pu faire a été de mettre sa photo parmi d'autres dans une des salles de ce mémorial. Repose en paix, cher frère !

Ma sœur Bamurange Primitive

Certains diront que tu étais ma cousine. Ils n'auraient pas tort, car tu étais la fille de ma tante. Mais pour moi tu étais une sœur. Nous avons grandi sous le même toit et nous étions très proches. Même si tu étais plus âgée que moi, on se comprenait très bien. Quand tu as été mariée, c'était un plaisir pour moi de venir te rendre visite. Je ne peux

4 Voir n. 17, p. 222.

pas même compter le nombre de voyages que j'ai faits entre Kabgayi où je travaillais et Remera, le village près de Nyanza où tu vivais avec ta famille. Je ne peux oublier nos conversations ni les soirées entières, voire les nuits, que nous passions à parler ensemble.

Tu as été assassinée avec quatre de tes cinq enfants, ton mari et presque toute ta belle-famille. Seule Frieda, ta fille et ma filleule, a miraculeusement survécu. Elle est la seule à être sortie de cette fosse commune où on vous avait à peine couverts de terre, dans la bananeraie juste derrière la maison de tes beaux-parents. Elle m'a raconté ce que vous avez enduré depuis le début du génocide jusqu'à vos derniers instants. Je suis certaine qu'elle ne m'a pas tout dit, car c'était très dur pour elle de raconter et trop dur pour moi à entendre. On vous a tous massacrés à coup de gourdins et de machettes. Vous êtes morts dans d'atroces souffrances. Encore une fois j'avoue que nous avons ce privilège, qui n'a pas été donné à toutes les familles, de retrouver vos corps et de pouvoir aujourd'hui nous recueillir sur votre tombe.

Quand je pense à vous, à toi, à tes enfants et à ta belle-famille, une lueur d'espoir me traverse l'esprit. Vous aviez une force exceptionnelle pour affronter ces moments difficiles, celle de la foi qui caractérisait votre famille. Je garde en tête les soirées de prières chez vous et surtout chez ta belle-famille. Je sais qu'avant qu'on vous assassine, vous avez passé des journées et des nuits entières unis par la prière autour de ton beau-père, Mzee Stephano, comme nous l'appelions respectueusement. Ce patriarche digne et chrétien très pratiquant a tenu à tous vous rassembler chez lui pendant ces jours de terreur. Même si on n'est jamais prêt à affronter la mort, je garde l'espoir que ces prières et votre foi vous ont accompagnés dans ces moments terrifiants jusque dans l'autre vie et que vous ne souffrez plus.

Repose en paix chère sœur, je garde un merveilleux souvenir de toi. Tu étais la douceur incarnée. Je ne t'ai jamais vue t'emporter ni même élever la voix pour gronder tes enfants. Ta patience, ton calme, y compris dans cette situation terrifiante, sont restés gravés dans ma mémoire. Ce sont les traits saillants de ton portrait que je garderai de toi à jamais.

Mes sœurs Mukarurangwa Médiatrice et Mukakarisa

Le chanteur ouest-africain qui parle de son « cousin de même père et de même mère » le dit pour faire rire, mais il transmet un message et une réalité bien connue en Afrique. Nos cousins et cousines sont nos frères et sœurs, et bien plus encore. Comme Primitive, Mukarurangwa était une de ces cousines plus sœur que cousine. Nous avons grandi dans une même famille. C'était ma « grande sœur » surtout en ce qui concernait les tâches ménagères, j'ai presque tout appris d'elle, elle était une travailleuse infatigable.

Lorsque le génocide a éclaté, Mukarurangwa venait de subir un choc terrible. Elle avait subitement perdu sa fille unique, Uwababyeyi. Le génocide est venu lui infliger un coup fatal. Comme je l'ai dit plus haut, personne n'a pu nous dire ni où ni comment Mukarurangwa, Dusabe sa petite sœur et Zuba notre neveu sont morts. Régine, la seule survivante qui était avec eux au moment où ils ont été dispersés par les attaques des miliciens évoque les régions de Ruyenzi, Cyotamakara, Songa, dans la province du Sud, sans autres précisions ni certitude. N'ayant pas retrouvé leur corps, nous n'avons pu les inhumer dignement.

Mukakarisa, la petite sœur de Mukarurangwa avait trouvé refuge chez nous avec ses deux enfants. Ils ont été massacrés et jetés dans des latrines.

Notre famille élargie et nos voisins

Les collines où nous avons grandi sont devenues des contrées étrangères pour nous. Nous ne pouvons plus dire comme le dit le poète camerounais : « Ici je suis chez moi, je suis vraiment chez moi ! Les hommes et les femmes que je croise m'appellent leur fils, leur fille et les enfants leur frère, leur sœur[5]. » Ce temps est révolu pour nous et quand nous allons chez nous, nous y croisons surtout des « étrangers », des gens qui ont quitté leur région pour diverses raisons. Nous n'avons plus le sentiment d'être partout chez nous dans les coins et les recoins de notre village natal. Nous ne pouvons plus considérer nos voisins comme nos parents, frères et sœurs. Le génocide a emporté notre grande famille élargie ainsi que nos voisins qui étaient comme des parents pour nous :

Les membres de la famille Nzabamwita (mon oncle)
Les membres de la famille Bizuru Alphonse (mon oncle)
Les membres de la famille Bitsure Benoit (mon oncle)
Les membres de la famille Nkungu Alois (mon oncle)
Les membres de la famille Kayihura Célestin (mon cousin)
Les membres de la famille Seburije Célestin (mon cousin)

5 Jean Louis Dongmo, *Village natal.*

La famille Sakindi Isaac
Les membres de la famille Binenwa
La famille Ruhungande Isaïe
Cette liste n'est malheureusement pas exhaustive.

Les génocidaires ont même tué Kamugwera, une parente très âgée qui ne voyait plus rien et ne pouvait plus se déplacer seule, même au sein de la concession. On devait la porter pour la mettre dehors et la ramener à l'intérieur. Ne pouvant rester seule, Kamugwera était venue vivre chez nous. Ma mère et ma tante paternelle s'occupaient d'elle. Les génocidaires l'ont tuée et jetée dans les latrines avec notre cousine Mukakarisa et ses enfants.

LETTRE À MES AMIES ET CAMARADES DE LYCÉE

Aujourd'hui j'ai assisté à la messe à la chapelle du lycée Notre-Dame de Cîteaux. Chaque fois que j'y vais ou que je passe tout près, je pense à vous, mes chères camarades de classe et amies. Vous qui n'êtes plus de ce monde, vous que le génocide a emportées en pleine jeunesse, dans la fleur de l'âge. Je pense à vous : Kayitesi Béatrice, Umulisa Christine, Uwimbabazi Jeanne d'Arc et Mukamakuza Vénantie.

Aujourd'hui, j'ai eu une pensée particulière pour vous, car cela fait exactement trente-cinq ans (1983-2018), que nous avons franchi ensemble le portail de ce lycée, nos diplômes en poche. Jeunes, intelligentes, nous avions des rêves pleins la tête. Hélas, combien auront été réalisés ? Pour commencer, on nous a fermé les portes de l'université. Équilibre ethnique oblige ! Notre espoir de poursuivre des études supérieures brisé, il ne nous restait d'autre alternative que travailler. Nous avions pourtant suivi l'une des meilleures filières, la section économique. Malgré notre formation tronquée, limitée au secondaire, en 1983 nous avons toutes trouvé du travail dans ce domaine. Jeanne d'Arc au ministère du Commerce, Béatrice au ministère des Finances, Christine à la Banque Populaire du Rwanda, Vénantie à la Poste, et moi à la Sucrerie Rwandaise. Une certaine résignation a pris la place de la frustration. Lorsque le génocide a éclaté, vous étiez toujours à ces mêmes postes. Moi j'avais quitté le pays et j'avais eu la chance de continuer les études jusqu'au premier cycle d'université. Je me souviens de ta réaction, chère Jeanne, quand je t'ai dit que j'allais réécrire au ministre de l'Éducation pour faire une nouvelle demande de bourse d'études. Tu me trouvais très tenace, mais surtout tu étais pessimiste quant à l'aboutissement de cette démarche. J'ai eu de la chance, je le reconnais. J'ai surtout eu la triste chance de quitter mon pays avant le génocide.

Quand je suis rentrée après le génocide, vous n'étiez plus de ce monde. Je n'ai pas pu avoir beaucoup de détails sur les circonstances de votre mort, mais le peu que j'ai appris je le transmets à mon tour pour perpétuer votre mémoire. Je vous dois cela.

La dernière fois

La dernière fois que j'ai vu Kayitesi Béatrice, c'était en 1990. Elle m'avait invitée à l'anniversaire de son fils, à Nyamirambo. J'ai appris qu'elle habitait toujours la même maison quand le génocide a éclaté. C'est là qu'elle a été tuée. Son cousin m'a relaté sa mort. Il m'a dit que la maison où elle habitait avait été pilonnée par un véhicule blindé de l'armée. Béatrice était à l'intérieur avec quatre autres personnes qui sont mortes en même temps qu'elle. Je me suis demandé comment on pouvait attaquer une simple maison avec quelques personnes à l'intérieur avec une force de frappe de cette envergure, mais plusieurs personnes m'ont confirmé cette information. Béatrice et tous ceux qui étaient avec elle ont été enterrés dans la même concession. Plus tard leurs corps ont été exhumés et transférés au Mémorial de Gisozi. Son fils, le seul enfant qu'elle avait, a survécu. Personne n'a su me dire s'il était avec elle ce jour-là.

Uwimbabazi Jeanne d'Arc

J'ai pu connaître les circonstances de la mort tragique de Jeanne, grâce à notre amie commune, Umurungi Régine, qui a vécu avec elle jusqu'au soir du 6 avril 1994. Elles ont habité ensemble durant six ans, à Nyamirambo, en face du collège Saint-André. Lorsqu'on a commencé à tuer, Régine a proposé à Jeanne de fuir avec elle. Mais Jeanne, handicapée, ne pouvait espérer aller bien loin et elle a préféré rester à la maison. Régine a insisté lui rappelant qu'elles étaient sur la liste des victimes établies par les miliciens du quartier, comme c'était le cas partout ailleurs dans le pays. Mais Jeanne est restée avec ses deux cadets et d'autres amis qui avaient fui Gikondo et étaient hébergés par Régine et Jeanne. Quelques jours plus tard, leur maison a été attaquée. Les miliciens ont massacré tous ceux qui s'y trouvaient et un des miliciens a commencé à « machetter » Jeanne. Soudain, il l'a reconnue, et il aurait crié : « Oh mon Dieu, je viens de tuer une fille qui était dans la même classe que ma sœur. » Il l'avait blessée, mais il s'est vite ressaisi et Jeanne a été conduite à l'hôpital (CHUK) où elle a été soignée. Elle se remettait à peine de ses blessures, quand l'hôpital a été attaqué par un groupe de miliciens qui venait de massacrer la famille du regretté Six Évariste[6]. Ils recherchaient sa fille qui leur avait échappé, ainsi que sa belle-mère. Ils ont massacré tous ceux qui étaient au CHUK. Y compris Uwimbabazi Jeanne d'Arc. Tous ont été enterrés dans une fosse commune avant d'être transférés au Mémorial de Gisozi, où Jeanne repose avec des milliers d'autres Tutsi. Presque toute la famille de Jeanne, la famille Mbagariye du côté de son père, qui habitait dans l'ex-commune de Kigarama (Province de l'Est), a été décimée. Tous sont morts à l'exception d'une nièce de Jeanne (la fille de sa sœur Agnès). Jeanne venait de se fiancer avec Antoine, qui lui aussi a été tué pendant le génocide.

Chère Jeanne, ma chère amie, l'une de mes meilleures amies du lycée, jamais je ne t'oublierai. Je me souviens de ton très beau sourire, de ton beau visage, de ta gentillesse et de toutes tes qualités. Je n'oublierai jamais ton sens de l'humour. L'une de tes blagues me reste en tête. Un jour, pendant la pause, on avait mis de la musique comme c'était l'habitude en fin de semaine au lycée. Nous étions sous le préau en train de danser et nous étions plongées dans la danse, quand subitement la musique s'est arrêtée pour laisser place au journal. Et tu nous as dit avec beaucoup d'humour : « Ne nous arrêtons pas, dansons, continuons à danser sur le journal ! » Merci, chère Jeanne, pour notre amitié que tu as nourrie par tes innombrables qualités.

Umulisa Christine

Dans notre promotion, cinq de nos camarades de classe portaient le prénom de Christine. Pour les différencier, nous les appelions par leur nom. Elle, nous l'appelions tout simplement Umulisa. Elle était parmi les plus jeunes de la classe, mais aussi parmi les plus sages et les plus réfléchies, elle était très travailleuse. Avant le génocide, Christine était une jeune mère comblée. Elle vivait avec son mari et leurs deux jeunes enfants. Le génocide l'a arrachée aux siens qui avaient encore besoin d'elle. La plus jeune de ses enfants avait à peine deux ans. Elle est décédée

6 Six Évariste, homme d'affaires, connu surtout pour son imprimerie « SIEVA ».

plus tard en 1996. Quand le génocide a éclaté, les deux petites filles se sont réfugiées chez leur oncle paternel dans la province de l'Est. La plus petite a fui en Tanzanie avec l'employée de maison de son oncle. Dans le camp de réfugiés hutu, qui ne voulaient pas garder des enfants tutsi, elle était rejetée et passait de famille en famille. En 1996, les réfugiés sont rentrés au Rwanda. Ayant appris où était son enfant, le mari de Christine est allé la chercher. Il est arrivé quatre jours après son décès. On lui a montré la tombe toute récente de sa fille. L'aînée a survécu, elle vit aujourd'hui au Canada.

Christine, son mari et sa belle-sœur s'étaient réfugiés chez des amis dans le quartier de Muhima, alors que leurs enfants séjournaient chez leur oncle. Lorsque les miliciens ont attaqué, le mari de Christine a réussi à leur échapper, mais Christine et d'autres personnes avec elle ont été immédiatement massacrées. Personne n'a su où on avait mis son corps. Comme elle a été tuée à Kigali, près du centre-ville, je garde espoir que son corps repose au Mémorial de Gisozi comme beaucoup d'autres sortis des fosses communes. Je partage cet espoir avec Umubyeyi Béatrice, la sœur de Christine qui m'a donné ces informations.

Mukamakuza Vénantie

Lorsque le génocide a éclaté, Vénantie travaillait toujours à la Poste. Elle était mariée, mais n'avait pas encore d'enfant. Avec son mari Sekabwa Marcel, ils habitaient à Kimihurura, précisément à Rugando, non loin de Gishushu. C'était l'un des quartiers les plus dangereux de Kigali, proche du camp qui abritait les soldats de la Garde Présidentielle. Une ancienne collègue de Vénantie m'a dit qu'elle et son mari ont été tués tout au début du génocide par ces mêmes militaires.

À mes camarades de la fac

Je me souviens de vous chers amis. La dernière fois que j'ai vu certains d'entre vous, c'était le jour de la remise de nos diplômes du premier cycle universitaire[7], à la fin du mois de juin 1987. Dans notre département, tous les Tutsi ont subi le même sort, aucun d'entre nous n'a été autorisé à continuer le second cycle du cursus universitaire. Il faut avouer que nous avions été au-delà de ce que nous pouvions espérer. Obtenir une bourse pour faire des études supérieures avait été un privilège et, dans

7 Le premier cycle de l'université commence après le lycée, il dure trois ans.

ce département de Langue et Littérature Françaises, nous étions « trop nombreux », rapport à l'équilibre ethnique.

Kamurase Martin

Il était un poète talentueux, un homme jovial et d'une sociabilité exemplaire. Comme nous, Kamurase n'a pas pu accéder au second cycle de l'université, mais quelques années plus tard, il a eu la chance de faire sa licence (2e cycle dans l'ancien système) et il a été recruté comme professeur assistant à l'Université nationale du Rwanda. Il exerçait le travail d'enseignant et celui de journaliste. Quand on a instauré le multipartisme au Rwanda, beaucoup de journaux indépendants ont vu le jour. Kamurase travaillait pour l'un d'eux qui s'appelait *Rwanda Rushya*[8], connu pour ses articles dénonçant les abus du régime du MRND. On comprend que ce travail ne lui ait pas attiré que des amis. Sa femme nous a dit qu'il avait été trahi par un collègue qui travaillait pour un journal pro-gouvernemental et qu'il a été fusillé chez lui dans le quartier de Nyakabanda, à Kigali. Kamurase a laissé derrière lui une femme, Mukabadege Thérèse, et deux enfants, Yves et Aurore.

Masabo Désiré

Nous l'avions surnommé le « Juif » à cause de son teint très clair et de sa barbe bien entretenue, mais surtout de son infaillible fidélité à sa religion. Il était adventiste du septième jour. Peu de temps avant le génocide, on a assassiné son père. Comme beaucoup d'autres Tutsi, le père de Désiré, injustement accusé d'être un complice du FPR, avait été incarcéré à la prison de Ruhengeri. Lorsque les soldats du FPR ont libéré ceux qui y étaient détenus, lors de l'attaque du 21 Janvier 1991[9], le père de Masabo s'est empressé d'aller retrouver sa famille. Malheureusement, on l'a assassiné avant qu'il n'atteigne son domicile situé à Rwankeri, proche de Ruhengeri.

Aujourd'hui j'ai pu parler avec sa sœur Béatrice, la seule fille d'une famille uniquement composée de garçons. Elle était sa sœur chérie et Désiré me parlait souvent d'elle. Béatrice et trois de ses petits frères ont survécu au génocide, mais Désiré, son frère Samson et leur mère n'ont pas eu cette chance.

8 « Le Nouveau Rwanda »

9 Voir p. 32.

Aucun Tutsi de notre promotion n'avait pu obtenir une bourse pour continuer le deuxième cycle universitaire. Comme nous tous, Désiré a commencé à travailler. Il a enseigné à l'école secondaire de Gitwe. Quelques années après, il s'est inscrit dans une université privée, l'Université catholique de Nkumba. Son père venait d'être assassiné, laissant derrière lui une femme traumatisée et craignant pour la vie de ses enfants. Comme me l'a dit Béatrice, Désiré, le fils aîné, a pris la responsabilité de la famille. Il devait rassurer sa mère, lui prouver que la vie continuait malgré cette tragédie. Puis, il s'est marié. Le jeune couple, qui n'avait pas encore d'enfants habitait à Gikondo. Désiré travaillait alors comme préfet des études dans une école secondaire de ce quartier, tandis que sa femme poursuivait ses études à l'université, lorsqu'ils ont été emportés par le génocide. Sa famille n'a pas pu retrouver leurs corps pour leur offrir une sépulture digne.

Rwagashayija Innocent

Le génocide a arraché Innocent à son épouse et à leurs trois jeunes enfants. Françoise, la veuve d'Innocent, qui a survécu, m'a raconté le supplice de son mari. Traîné dans les rues de Butare où il travaillait comme enseignant. Grâce aux informations recueillies pendant les procès *Gacaca*, sa famille a pu retrouver son corps. Ils l'ont reconnu grâce au couteau qu'on lui avait enfoncé dans la tête. Ce couteau traversait toute sa tête pour ressortir au niveau de la gorge. Cette information a été donnée pendant le procès par un témoin qui avait assisté à sa mort. Ce couteau est resté planté dans son crâne durant plusieurs années après sa mort. Toujours d'après ce témoin, les miliciens tenaient ce couteau en exhibant la tête d'Innocent comme un trophée. Triste victoire, sinistre jubilation des génocidaires. Innocent a été dignement inhumé à Butare.

Nous gardons à jamais de très bons souvenirs de vous, chers parents, frères, sœurs, tantes, oncles, neveux, nièces, voisins, amis… Reposez en paix !

Ntaganda Emmanuel, frère d'Odette

De gauche à droite : Gatwa Désiré, père d'Odette ;
Ntaganda Emmanuel et Karangwa Charles, ses frères

UN SOUVENIR D'ENFANCE

NDEJURU Radegonde

LETTRE À MON PÈRE

J'ai connu l'amour de mon père et je le garde précieusement en moi. Mais les conditions dans lesquelles il est mort me restent insupportables et la blessure subie quand j'étais toute jeune ne se referme pas. Mon père a été tué de manière ignoble, son corps a été laissé sur le bord d'un chemin et il n'a jamais eu de sépulture. Au fil du temps, le besoin de rassembler les souvenirs que mes frères, ma sœur et moi gardons dans nos mémoires ou ceux qui nous ont été rapportés par ceux qui l'ont connu et côtoyé durant sa trop courte vie, ce besoin s'est imposé à moi pour donner à mon père la sépulture qu'il n'a pas eue à sa mort. Pour qu'il ne tombe pas dans l'oubli.

Aujourd'hui, j'écris cette lettre à mon père pour lui dire que nous ne l'oublions pas, qu'il garde une place importante dans la mémoire et dans le cœur de ses enfants et de ceux qui l'ont connu.

LE PRESSENTIMENT

« Où que tu sois, Papa, j'espère que cette lettre t'apportera un peu de réconfort et de paix, comme elle m'en apporte au moment où je l'écris.

J'avais dix ans. J'étais au pensionnat à Nyanza. Ce jour-là, de retour de l'école, les sœurs Benebikira nous ont demandé de nettoyer la cour en enlevant les mauvaises herbes. Moi j'ai pris un morceau de bois, j'ai creusé un trou, j'ai fait une croix sur le bord du trou et autour j'ai écrit le prénom de mon père : Pierre Claver. C'était le 27 mars 1962. Deux jours plus tard j'ai appris que tu avais été tué à cette date-là. Je n'y ai pas cru, j'ai pensé que tu nous avais joué un tour comme tu en avais l'habitude et qu'on allait te voir réapparaître d'un moment à l'autre. Pourtant je voyais tous les soirs des maisons brûler sur les collines environnantes, j'entendais des personnes crier, mais à dix ans, je n'avais encore jamais entendu parler de la chasse à l'homme. Et les adultes autour de nous ne nous parlaient pas de ce qui se passait.

Deux mois et demi avant cette date, en janvier 1962, tu étais venu à Bihana, à la maison familiale pour passer les vacances annuelles. Cette maison, tu avais fini de la construire à la hâte en 1958, pour qu'elle abrite ma grand-mère maternelle Emma et ma tante Irène qui avaient été chassées de leur maison de Ntenyo. Mais il était écrit que tu ne passerais jamais la nuit dans cette maison. À la tombée de la nuit, la famille fut attaquée et sommée de quitter les lieux. C'est ainsi que tu es venu te réfugier chez les sœurs Benebikira de Nyanza avec ma mère, ma petite sœur, ma grand-mère et ma tante.

Tu es venu me voir à l'école et tu m'as parlé. Je ne me souviens pas de ce que tu m'as dit mais je devine que ce devait être les recommandations habituelles que tu faisais à tes enfants quand nous quittions la maison pour aller à l'internat. Un message se résumant à : travailler fort, être sage, être respectueux et bien réussir à l'école.

Ce jour-là, en janvier 1962, je t'ai vu pour la dernière fois. Je venais d'avoir dix ans. Le lendemain, vous avez poursuivi votre route vers Byumba.

TA MORT

Tu étais assistant médical, fonctionnaire de l'État. Ton dernier poste fut à Ngarama, près de la frontière avec l'Ouganda dans l'actuel district de Gatsibo, autrefois dans la commune de Nyagahita, en préfecture de

Byumba. On est venu t'avertir que tu étais sur la liste de ceux qui devaient être tués. On te conseillait de fuir en Ouganda, mais peut-être était-ce une ruse pour connaître tes desseins, t'attraper et t'éliminer de toute façon. Tu as refusé la fuite en Ouganda. Tu ne voulais pas partir seul avec maman et ta petite dernière, laissant tes quatre garçons, qui étaient alors au groupe scolaire de Butare, et moi qui étais à l'internat de Nyanza. On vous a obligés à quitter Ngarama et vous êtes allés à Byumba chez un ami.

Depuis cette date fatidique où tu nous as quittés, je n'ai pas su ni n'ai pu en parler avec ma mère, qui était avec toi à ce moment-là. Ou plutôt ma mère n'a pas voulu en parler avec moi. Je ne sais pas si elle en a parlé avec mes frères. Ton départ, ta mort était un sujet tabou. Impensable pour nous les enfants. Beaucoup plus tard, nous avons mis ensemble nos connaissances et s'il y a une chose dont je suis sûre, c'est que tu es parti, tué par balles et laissé sans sépulture. J'aimerais pouvoir entendre quelqu'un me dire : "Il paraît qu'un bon Samaritain est passé par là et l'a enterré en dignité." Mais y avait-il des bons Samaritains pour les Tutsi en mars 1962 ?

Je ne comprends pas le silence qui entoure ta mort. J'aimerais comprendre ce trait de notre culture qui consiste à ne pas parler de la mort aux enfants et qui se transmet de génération en génération. Moi-même, je me souviens de la mort de mon neveu qui avait quinze ans. Je n'ai pas voulu ou n'ai pas pu en parler à mes propres enfants. Je n'en comprends pas le pourquoi, et je suis sûre que ma mère avait elle aussi ses raisons de ne pas parler de ta mort. Était-ce pour montrer sa bravoure aux ennemis, était-ce pour nous protéger ou pour continuer à nous faire croire à notre sécurité qui disparaissait si brusquement ? Comment a-t-elle fait le deuil de son mari ? Tout s'est passé si vite et elle est restée avec tellement de responsabilités…

LA PREMIÈRE FOIS OÙ J'AI PLEURÉ TA MORT

En 1973, onze ans après ton décès, ce fut au tour de la jeunesse tutsi d'être persécutée. J'ai quitté le pays, laissant derrière moi ma mère sans aucun espoir de la revoir. Certains de mes collègues ont menacé et tué ; d'autres ont été emprisonnés et tués. Nous avons été très nombreux à quitter le pays en ce début d'année. J'ai quitté le Rwanda et après plusieurs arrêts et détours je me suis installée au Canada.

Quelques années plus tard, je me suis mariée. Le Père Taillefer, le prêtre qui nous a accompagnés, mon futur mari et moi, dans la préparation au mariage, m'a posé des questions sur mon histoire familiale. Quand je lui ai parlé de ton assassinat, j'ai été subitement submergée par la tristesse et un torrent ininterrompu et incontrôlable de larmes s'est mis à couler de mes yeux et de mon cœur. Je me suis rendu compte que c'était la première fois que je pleurais ta mort.

Même si j'avais élu domicile au Canada et que j'y avais fondé un foyer, je n'avais jamais abandonné l'idée de retourner vivre et travailler au Rwanda. J'ai posé ma candidature pour revenir au pays, j'ai été refusée. J'ai suivi les tentatives infructueuses de négociation entre les réfugiés qui voulaient rentrer au Rwanda et le gouvernement qui le refusait catégoriquement. Ce qui a conduit à la guerre en 1990.

LE GÉNOCIDE

1994 : Le génocide des Tutsi. L'histoire se répète et on assiste impuissant au carnage, aux tueries atroces, à la vue des corps décapités traînant sur la route, reniflés par les chiens ou gonflés, flottant sur les rivières.

Flashback, je repense à toi, à ta mort, à ton cadavre abandonné aux charognards et je pleure ces nouvelles morts mais aussi les anciennes que je n'ai pas pu pleurer. Ton souvenir me hante. Je pense aux soldats du FPR. Je pense plus spécialement à mon frère André. Est-il vivant ? Mort ? Trois mois d'horreur, trois mois d'impuissance, trois mois de rage, trois mois d'incompréhension, trois mois d'injustice… Une fois de plus, je pense à l'abandon de mon peuple, comme en 1959, 1960, 1962, 1963, 1973…

APRÈS

1995 : premier retour au Rwanda après le génocide. J'étais horrifiée. L'odeur de la mort régnait partout, certaines parties des corps enterrés à la va-vite réapparaissaient en surface, découverts par la pluie. Les églises, le sang, les vêtements de ceux qui avaient été tués. L'horreur partout. Les regards vides des rescapés, les histoires d'horreur encore et partout.

Je suis allée voir notre maison, celle que tu nous as laissée, enfin ce qui en restait. Seuls les murs extérieurs tenaient debout, adieu portes, fenêtres, plafond, toit, meubles. Ma tante Irène, qui y vivait seule en 1994, fut tuée là de façon atroce, découpée. Elle a été enterrée dans la cour par un voisin. Après avoir été chassées de leur demeure au début des événements, en 1958, elle a été la première à retourner vivre dans cette maison avec sa mère, Emma. Le génocide la fit périr là. Qu'elle repose en paix.

Emma est morte de sa belle mort et elle aussi a été enterrée dans le jardin intérieur de la maison. Irène et Emma furent les premières habitantes de Bihana et ce sont les deux qui y reposent.

Au cours de cette année 1995, ton souvenir flotte partout. J'ai rencontré tes amis, les vieux qui étaient partis se réfugier au Burundi, au Congo, en Ouganda, au Kenya et qui sont revenus se réinstaller et passer des jours paisibles dans leur pays natal. Ils m'appellent "ma fille", comme tu m'as toujours appelée. Ils m'ont tellement parlé de toi que j'ai pensé écrire sur toi pour que ta descendance puisse mieux te connaître. Hélas, j'ai remis ce projet à plus tard et j'ai vu peu à peu partir ceux qui t'ont connu et les chances d'entendre parler de toi diminuer…

2000, autre date marquante. Je visite encore le Rwanda, accompagnée de mon fils Raphaël. Aussi incroyable que cela puisse paraître, on sent toujours à certains endroits des relents d'odeur de la mort.

Lors de ce voyage, avec mon frère André qui vit à Kigali, nous décidons de retourner à Byumba et revoir le dernier endroit où tu as vécu. Nous essayons de reconstituer tes derniers moments, afin de retrouver où tu as été tué et y faire une petite cérémonie. C'est la première fois qu'avec mon frère, on essaie de mettre ensemble les bribes de conversations, entendues ici ou là, sur les circonstances de ta mort. Nous avons reconstitué l'histoire, retrouvé la maison où habitait ton ami Ntaganda. C'est chez lui, à Byumba, que tu t'étais réfugié après avoir quitté Ngarama ; c'est là qu'on est venu te chercher, soi-disant pour te conduire à la préfecture, mais on t'a conduit dans le sens opposé et c'est en chemin qu'on t'a tiré dessus.

En cette journée de l'an 2000, avec mon frère André, mon mari Pierre et mon fils Raphaël, nous avons identifié un endroit au bord de la route où notre reconstitution nous laissait penser que tu avais été assassiné.

On a pensé à toi, on a prié pour toi, pour que tu reposes en paix, que ton esprit arrête d'errer et que nous aussi, tes enfants, du moins en ce qui me concerne, on se sente en paix. L'idée d'écrire ton histoire m'a rattrapée et s'est précisée dans mon esprit. Plus tard, ma belle-sœur Rosalie a pris de la terre et de l'herbe à cette place-là pour la replanter à la maison familiale. Ainsi tu es rentré, toi aussi à Bihana.

2006, retour au Rwanda, après trente-trois ans d'exil. Je suis heureuse de retrouver mon pays, de revoir des membres de ma famille perdue depuis plus de trente ans. Dans mon travail, je rencontre des rescapés du génocide des Tutsi, je mesure leurs peines et j'admire leur courage. J'assiste et soutiens leurs projets… Il faut qu'ils témoignent pour faire revivre les leurs, partis prématurément et de la façon la plus atroce qui soit.

Je les encourage et mon désir d'écriture se réveille à nouveau. Quels enfants sommes-nous si nous ne te rendons pas, si nous n'essayons pas de te redonner la place que tu mérites ? Que voulons-nous que nos enfants sachent ou apprennent de leur grand-père ? Qui tu étais, ce à quoi tu croyais, quel genre de personne tu étais, quelles valeurs tu portais… L'idée d'écrire me reprend et la suite sera un recueil des histoires de ta vie, écrite, je l'espère, par nous six, tes enfants !

Je t'aime ! »

Ndejuru Radegonde

Ndejuru Pierre Claver, père de Radegonde

Ndejuru Pierre Claver et Mukarugambwa Patricia,
parents de Radegonde

COMPRENDRE COMMENT ON EN EST ARRIVÉ LÀ

INCIMATATA Oreste

SOUVENIRS D'ENFANCE

Aussi loin que remonte ma conscience, je me revois en famille avec mes parents : mon père, ma mère, mes frères et sœurs. On habitait dans la paroisse de Zaza, dans le secteur administratif actuel de Mugesera où mon père avait été muté en tant que sous-chef au tout début des années cinquante. Je suis né le 20 décembre 1951. Mes premiers souvenirs sont tous situés là.

Du point de vue politique, la première chose qui m'a impressionné, c'était en 1957, lors de l'abolition de *l'ubuhake*[1]. Je ne l'ai jamais oubliée. Le roi avait décidé que les chefs et sous-chefs devaient organiser le partage des troupeaux. Les propriétaires de vaches devaient partager leurs bêtes avec les bergers. Je revois tous ces troupeaux de vaches sur

1 Voir n. 4, p. 387.

la route. Cette image m'est restée pour toujours. Certains disaient que les bergers prenaient les meilleures bêtes parce qu'ils les connaissaient mieux que quiconque ! Le chef commençait par choisir, puis le berger suivait jusqu'à ce que tout le troupeau soit partagé. C'est le premier acte politique que j'ai connu, en même temps que les réunions administratives organisées par mon père jusqu'au jour où il a été démis de ses fonctions. Ce jour-là j'ai été vraiment choqué. Je me suis demandé ce qui se passait. On est venu prendre tous les registres et documents dans un véhicule pour les emporter ailleurs. Mon père est parti avec. Je me souviens que j'ai couru derrière la voiture en criant qu'on emmenait mon père, et je ne savais pas où on l'emmenait… Alors on m'a calmé, on m'a dit qu'il allait revenir. Il est revenu, il n'était plus sous-chef.

« PARTEZ, ON NE VEUT PLUS DE VOUS »

Les souvenirs les plus durs sont ceux où on nous a chassés. Chez nous, dans le territoire de Kibungo (actuellement province de l'Est), les persécutions ont commencé en 1961. En 1959, nous avions été épargnés, mais nous avions appris qu'ici ou là au Rwanda, dans le Nduga, au centre du pays, on chassait les Tutsi, on les tuait et on envoyait les survivants du côté de Rukumberi[2].

Après la déposition de mon père, nous avons dû regagner Kibungo, plus précisément Gahurire situé à cinq kilomètres de la ville de Kibungo. Mon père a choisi de rester sur place à Zaza, mais ma mère n'a pas voulu. Nous sommes partis avec elle près de chez mon grand-père sur notre colline natale où se trouvait toute la parentèle ! Quand on est venu nous chasser, mon père n'était pas là. Nous étions avec maman. C'était un soir, on est venu brûler les maisons. Celui qui a mis le feu chez nous, je le revois encore. Il disait : « Partez, on ne veut plus de vous ! Tous les Tutsi doivent partir. » Ma mère a demandé : « Partir ? Mais où ? » On lui a répondu : « Chez les prêtres. » Nous sommes partis dans la nuit, nous sommes allés chez le grand-père. On avait brûlé sa maison et nous avons passé la nuit dehors dans les bananeraies. Le lendemain matin, nous sommes partis vers la paroisse avec toute la foule de ceux qui avaient été chassés et expulsés de chez eux. C'était au mois d'août-septembre, pendant les vacances d'été. J'allais vers mes dix ans. Nous sommes

2 Après les massacres, les rescapés ont été envoyés dans des régions inhospitalières, dans les forêts de Rukumberi au sud du pays et dans le Bugesera plus au nord.

restés dans les écoles à la paroisse de Kibungo. Les prêtres nous ont accueillis. On était très nombreux. On voyait les Hutu qui passaient devant nous pour aller chasser les Tutsi, mais ils ne nous attaquaient pas. Sur la propriété de la paroisse[3], nous n'avions rien à craindre. Je me rappelle qu'un abbé est allé chercher ceux qui étaient en danger pour les protéger. On le respectait. Nous étions sous sa responsabilité. C'est ainsi que j'ai connu la fuite à l'âge de neuf ans et demi.

Je me rappelle aussi le référendum du 25 septembre 1961. J'étais encore très jeune en troisième année primaire. Les gens se mettaient en file pour voter. À ce moment-là les soldats étaient congolais et le pays n'était pas encore indépendant. La Belgique l'administrait et la force publique, c'était la force publique congolaise. Le Rwanda n'avait pas de militaires, juste quelques policiers. Avant d'être chassés, nous avions vu comment on avait déposé tous les sous-chefs et chefs tutsi pour installer de nouveaux bourgmestres hutu dans toutes les communes. Les communes étaient de très petites entités, l'équivalent de quelques cellules actuelles, elles ont remplacé les sous-chefferies. Toutes ces réformes étaient orchestrées par l'administration belge. Je me rappelle que la population ne voulait pas accepter les nouveaux bourgmestres. Mais les anciens sous-chefs disaient qu'il fallait respecter l'ordre venu d'en-haut : « Ne venez plus me voir, votre nouveau chef, c'est celui-là. » Après le référendum, tout le monde a été obligé de retourner chez soi. C'était un ordre. On utilisait l'expression *gusubira mu miyonga* (« Retournez sur les cendres de vos maisons ! »). Beaucoup ont fui en Ouganda, au Burundi, en Tanzanie. Moi je suis resté, parce que la grand-mère de ma mère était très vieille, elle ne pouvait pas partir. Et ma grand-mère elle-même n'était pas encore arrivée à la paroisse faute d'avoir trouvé un chemin libre pour nous rejoindre. Ma mère a dit : « Je ne peux pas partir en laissant ma grand-mère et sans avoir de nouvelles de ma mère. » Mon père était toujours du côté de Zaza. Nous sommes restés quelque temps encore à la paroisse, où mon père nous a finalement rejoints. La grand-mère de ma mère est décédée. Après l'avoir enterrée, nous sommes retournés chez nous, où ma grand-mère était arrivée entretemps. C'est ainsi que je suis resté au Rwanda avec ma famille, alors que tous les autres membres de ma famille élargie s'étaient exilés. La plupart en Tanzanie, à l'exception d'un oncle maternel en Ouganda.

3 Jusqu'en 1994 les édifices religieux sont demeurés des sanctuaires inviolables.

On est retournés chez nous, on a vécu très péniblement dans la misère. Seule ma mère cultivait. Ma grand-mère n'en avait pas les forces. Nous n'étions pas habitués à cultiver. Nous avions deux troupeaux. Les jeunes bergers nous étaient restés très fidèles, ils nous ont dit : « Ce n'est pas nous qui vous avons chassés, ce sont les ordres du bourgmestre et de l'État, mais vos vaches sont encore ici. » Ils nous ont redonné nos vaches. Ça nous a beaucoup aidés, on pouvait vendre une vache et nous procurer le nécessaire pour nous réinstaller petit à petit. Malheureusement il y a eu une épidémie et toutes les vaches sont mortes.

Jusque-là, nous avons vécu plus ou moins comme tout le monde. On nous insultait, mais on ne subissait pas de violences physiques, c'était plutôt des violences verbales. Mais nous avons compris que nous étions différents des autres, que nous étions des Tutsi. Que les Tutsi n'avaient pas droit à la parole, qu'ils devaient se taire. Nous étions des citoyens de seconde zone. La ségrégation était mise en œuvre par les politiciens, bien plus que par la population. C'est à l'école que j'ai pris conscience de la différence entre les Hutu et les Tutsi. Au début de chaque année, on devait remplir la « fiche suiveuse[4] » qui accompagnait l'enfant tout au long de sa scolarité. On appelait les enfants un par un pour qu'ils déclinent leur ethnie. Là j'ai compris. Une fois sortis de l'école, on jouait sans aucun problème avec les autres enfants, on se sentait les mêmes. On vivait ensemble.

En 1963, un événement m'a profondément marqué. En décembre, à la veille de Noël, on a tué les Tutsi intellectuels, ceux qui avaient une vie plus aisée que d'autres, les commerçants, les fonctionnaires, tous ceux qui avaient fait des études, ceux qui avaient un certain statut social, des agronomes, des juges, des assistants médicaux. On les a pris et on les a tués le 24 décembre 1963[5]. Ça m'a beaucoup marqué. J'avais un oncle enseignant, il devait se marier le 29 décembre. On l'a tué le 24. Il faisait partie des Tutsi qui avaient été sélectionnés pour être raflés et tués le 24 décembre, du côté de Rusumo où c'était encore la forêt. Là j'ai compris que ça n'allait pas. Lors de ces massacres, le terme de génocide a été employé, le Vatican l'a reconnu en tant que tel. C'était un génocide.

De 1961 à 1963, les persécutions se sont développées. On entrait à tout bout de champ dans nos maisons, on les fouillait de fond en comble

---

4 Voir p. 282.
5 Voir n. 13, p. 26.

pour voir s'il y avait des armes ou un échange de correspondance avec des exilés, soupçonnés de vouloir attaquer le pays. On nous traitait d'*Inyenzi*. J'étais encore à l'école primaire, on ne pouvait ni voyager ni circuler d'une commune à une autre sans laissez-passer. Les communes étaient très proches les unes des autres. Pour aller de Kibungo à Remera, il fallait un laissez-passer, alors qu'il n'y a guère plus de huit kilomètres. Même chose pour aller d'une préfecture à une autre. Jusqu'au coup d'État d'Habyarimana en 1973, les laissez-passer ont existé. Quand j'ai fait mes études secondaires au petit séminaire de Kabgayi, on franchissait plus d'une barrière, la plus terrible était celle de la Nyabarongo où tout le monde devait descendre des camions. Chacun devait présenter son laissez-passer, mais les Tutsi n'en recevaient pas. Ils n'avaient pas le droit de s'éloigner, ils étaient tout le temps surveillés. Ce sont mes souvenirs d'enfance. De l'école primaire jusqu'à l'école secondaire, et pratiquement durant toute l'école secondaire, j'ai vécu ainsi comme un paria.

Mises à part ces persécutions administratives, à la campagne il n'y avait pas trop de différences entre les uns et les autres. Les Tutsi devaient cependant se garder de critiquer qui que ce soit, ils étaient obligés de se soumettre. Les harcèlements venaient des politiques. La pire année a été 1972. J'étais adolescent, je venais de terminer l'école secondaire. Des massacres ont eu lieu au Burundi[6], ce qui a eu des répercussions terribles au Rwanda où nous avons été persécutés. Cette année-là pratiquement aucun élève tutsi n'a réussi à aller au-delà du tronc commun pour accéder au cycle secondaire. Même chose pour passer de l'école secondaire à l'université. C'était complètement bloqué. Il y a eu beaucoup de victimes de ce point de vue. Beaucoup d'enfants ont été exclus de la scolarité. Des élèves brillants. On le savait, les Tutsi n'avaient pas droit à l'école secondaire. Même les plus intelligents ou ceux dont les parents avaient des contacts en haut lieu ne pouvaient suivre d'autre filière que celle de l'École Normale qui permettait d'être enseignant. Ils n'avaient pas droit aux sections qui donnent accès à l'université. Ils étaient exclus de partout, à l'exception du petit séminaire qui accueillait tout le monde.

6 Cette année-là, une attaque de rebelles hutu fait des milliers de victimes tutsi dans le sud du pays. La réaction du gouvernement, dirigé à l'époque par le président Michel Micombero, d'origine tutsi, est sanglante. Toute l'élite hutu du Burundi est pratiquement éliminée – ministres, fonctionnaires, militaires, commerçants. Ceux qui n'ont pas réussi à fuir en exil ont été systématiquement arrêtés et exécutés, puis enterrés dans des fosses communes. Selon les sources, il y a eu, de cent mille à plus de trois cent mille victimes.

Pour aller au petit séminaire, je n'ai rien fait d'extraordinaire. J'ai eu de la chance. J'ai commencé le pré-séminaire à Zaza. Là, tout le monde était égal, il n'y avait aucun problème. Le pré-séminaire venait d'être créé, son directeur est passé dans les écoles du diocèse de Kibungo pour recruter les candidats. Je voulais déjà être prêtre. En quatrième année primaire j'avais commencé à servir la messe, j'avais dit à mes parents que je voulais être prêtre. Quand le directeur est venu dans notre classe, nous étions deux candidats et nous avons tous deux été sélectionnés. Si cela n'avait pas été le cas, je n'aurais tout simplement pas pu étudier. Je ne figurais pas sur la liste établie par le gouvernement.

De 1966 à 1969 j'ai passé les trois premières années du secondaire au petit séminaire de Kabgayi. Là, c'était le berceau du Parmehutu. C'était très dur. Nous avions comme recteur un idéologue du Parmehtu, un initiateur de la politique dite de l'équilibre ethnique, l'abbé Rusingizandekwe[7] Jean Marie Vianney. Quand j'ai terminé à Kabgayi en 1969-1970, l'abbé Vianney a commencé à chasser lui-même les élèves tutsi. Il a chassé presque tous ceux de Nyamata[8]. Quelques-uns, très peu nombreux, sont ensuite allés au petit séminaire Saint-Paul, à Kigali. Les raisons qu'il avançait étaient sournoises. Il prétendait que ces enfants n'avaient pas la vocation. Comment peut-on affirmer qu'un enfant, un adolescent de quinze-seize ans, n'a pas la vocation ? Pour lui, c'étaient exclusivement les enfants tutsi qui n'avaient pas la vocation. Il les a chassés. Je me rappelle de la classe après moi, où se trouvaient le sénateur Gasamagera[9] Wellars et Niyibizi[10] Bonaventure. Ces enfants étaient très bons, intelligents, il les a chassés. Nous avons eu la chance que l'évêque Sibomana[11] Joseph du diocèse de Kibungo accueille ceux que le recteur de Kabgayi avait chassés. Ils ont bien étudié, certains sont devenus prêtres, alors que l'abbé Vianney avait prétendu qu'ils n'avaient pas la vocation !

7 Voir n. 22, p. 373.

8 Ces enfants venaient principalement des familles tutsi déplacées de leur territoire d'origine en 1959.

9 Gasamagera Wellars, ancien sénateur (2003-2011), directeur général de l'Institut rwandais d'administration et de gestion. Il a été un membre actif d'Ibuka.

10 Niyibizi Bonaventure est rescapé du génocide, au cours duquel il a perdu sa mère, sa sœur, cinq nièces et neveux, quatre oncles et leur famille. Aujourd'hui à la retraite, il a exercé de nombreuses fonctions et responsabilités dans l'administration publique et privée. Il a été ministre du Commerce, de l'industrie et des coopératives (1997-1999) et ministre de l'Énergie, de l'eau et des ressources naturelles de 1999 à 2000.

11 Le diocèse de Kibungo, issu du diocèse de Kabgayi, fut confié en 1968 à Mgr Sibomana Joseph qui fonda en 1984 la paroisse de Kabarondo.

En 1973, tout s'est aggravé. On a chassé systématiquement tous les Tutsi du travail et des écoles. De 1970 à 1973, j'étais au petit séminaire Saint-Paul, où j'ai fait les trois dernières années du secondaire. Il n'y avait pas de persécution de la part de nos supérieurs qui étaient des Pères Blancs belges. Le directeur, le père Dominique Nothomb était un saint homme, et le père Hermans Roger était bien. En 1973, quand on nous chassait de partout, ils ont refusé de le faire. Mais la pression était très forte. Les élèves du collège officiel[12] et ceux du collège Saint-André menaçaient de venir eux-mêmes nous chasser. On savait bien qu'il ne s'agissait pas tant de la volonté propre des élèves que d'une directive de l'État. Le jour où les collégiens sont venus nous chasser, les prêtres sont allés chercher du renfort à la police, mais une fois sur place les policiers ont incité énergiquement les élèves à nous chasser. Nous avons tous fui, c'était évident qu'on voulait nous tuer.

Entretemps la communauté internationale commençait à protester. Le chanoine Ernotte du collège du Christ-Roi a protesté. C'était une personnalité reconnue par le président de la République. Il a dit : « On doit arrêter. » Les autorités ont fait savoir que ceux qui avaient été chassés après le 1er avril pouvaient retourner dans les écoles et dans les bureaux. Qu'ils seraient protégés. Puis, on a entendu parler de « pacification ». On nous a dit : « Vous pouvez retourner à l'école. » Je suis parmi les rares Tutsi qui ont terminé l'école secondaire en 1973. C'était d'ailleurs la seule école où des Tutsi sont restés cette année-là. Nous n'étions pas plus de quatre ou cinq à être réadmis à l'école secondaire dans tout le pays. Tous les autres avaient été chassés. Triste ironie du sort, on est allé jusqu'à me proposer de postuler pour obtenir une bourse d'études. Le gouvernement pouvait se montrer généreux avec les bourses pour les Tutsi… Il ne risquait pas d'avoir trop de candidats, tout simplement parce qu'il n'y en avait pas. Tous avaient été chassés. J'ai refusé, je voulais aller au grand séminaire.

Lors du coup d'État, le 5 juillet 1973, nous avons cru que la deuxième République serait plus paisible. Le président Habyarimana a déclaré que l'heure de la paix était arrivée, il a créé un comité pour la paix. La paix était mise en avant, tel un fétiche. On n'a pas tout de suite vu ce qui se cachait derrière les discours. Les premières années de la deuxième

12 Le collège officiel était avant l'avènement de la deuxième République en 1973 un établissement scolaire public.

République n'étaient pas faciles à comprendre. Nos parents espéraient que nous ne serions plus persécutés. Malheureusement il n'en a rien été. Quand on a vu qu'aucun des Tutsi chassés de l'école ou du travail n'avait été réintégré, on a compris que rien n'avait changé.

Mon enfance est l'enfance d'une personne de second rang, de quelqu'un qui a grandi sachant qu'il n'aurait aucun droit politique. J'ai connu les persécutions tout au long de ma vie, à l'exception de l'infime partie où nous avons vécu en paix jusqu'en 1959. En 1960, c'était fini. On s'était tellement habitués à cette situation que pendant le génocide un Tutsi pouvait dire : « Pourquoi on l'a tué ? Il est hutu, il n'est pas concerné. Ce n'est pas juste. » Comme s'il était juste que nous, nous soyons tués. Nous avions intériorisé le fait que nous n'avions pas le droit de vivre dans ce pays. Beaucoup se sont laissé tuer comme ça. Moi, je ne l'ai pas accepté. Encore maintenant je ne comprends pas pourquoi les gens ne se sont pas défendus. On aurait dû lutter pour vivre, pour survivre, et ne pas accepter par avance d'être tués. Ce qui m'a permis de vivre, c'est de suivre mes études et surtout d'étudier la sociologie à l'université. Je me suis intéressé à notre vie de citoyen de seconde zone. Quand est-ce que ça a commencé ? Quand est née cette division ? Quand est-ce que ça été systématisé ?

LE MYTHE DU HAMITE ET LA CONSTRUCTION DE L'ETHNISME

Ce que nous avons vécu au Rwanda est le résultat de quelque chose qui a été planifié pendant de longues années. Je ne veux pas me focaliser sur les penseurs qui ont forgé le mythe du Hamite ni sur ceux qui ont essayé d'expliquer qu'ils avaient en vue le génocide. Ils n'avaient sans doute pas en vue le génocide, mais ils ont jeté ses bases et ont semé le ferment du génocide. Ça remonte très loin. Ceux qui ont vulgarisé cette théorie ne sont pas de vrais chercheurs. Leurs hypothèses n'étaient pas même vérifiées qu'elles se sont imposées comme une vérité. On nous a dit : « Voilà, au Rwanda il y a trois ethnies différentes. » Ce qui n'était franchement pas le cas. Si nous n'avions pas eu la colonisation et ces pseudo-études sur les races, on n'aurait pas eu un génocide. Si on observe la formation du Rwanda, la vie des gens autrefois avant l'arrivée du colonisateur, le divisionnisme tel que nous l'avons connu n'existait pas. Il y avait bien sûr une classe dirigeante, il y avait une élite, mais l'autre n'était pas exclu. La mobilité sociale existait. Vous pouviez venir de la classe des cultivateurs et intégrer par votre bravoure la classe des éleveurs. On quittait la catégorie sociale des Hutu pour entrer dans la catégorie sociale des Tutsi, c'était facile. Ce n'était pas figé. Ce qui comptait, ce n'était pas la naissance. L'ethnie est définie comme un groupe à part avec sa propre culture, sa religion, sa langue. Ce n'est pas le cas du Rwanda où depuis sa création les différents groupes, que d'aucuns ont appelé « ethnies », coexistaient dans les mêmes clans. Ce qui comptait au Rwanda, c'était les clans, pas les prétendues ethnies. Les Blancs missionnaires ont vulgarisé des contre-vérités qu'ils ne comprenaient pas eux-mêmes. Voyez le mythe hamitique lancé par Speke[13] et repris par d'autres. On se dit : ce n'est pas possible. Comment les Rwandais ont-ils pu croire tout cela ? Ceux qui avaient fréquenté l'école des missionnaires ont accepté et intériorisé cette théorie des races, – des Hamites, des Bantous et des Pygmées. Tous ceux de mon temps qui n'ont pas fait de recherches, expliquent ainsi la société rwandaise, ce qui est faux. D'un côté l'école nous a rendu un grand service et un très mauvais de l'autre ! Elle a inoculé en nous le germe du divisionnisme et de l'ethnisme qui a conduit jusqu'au génocide. Ceux qui se prétendaient instruits alors qu'ils avaient un niveau d'études très moyen ont été les plus farouches instigateurs du génocide. Les propagandistes les plus zélés avaient rarement fait de longues études. Ils avaient fait trois ans postprimaire. Les « D4 », comme on les appelait, étaient des enseignants. Ils ont joué un rôle très actif pendant le génocide. Ils voulaient monter dans l'échelle sociale, mais au lieu de le faire au mérite, ils ont choisi d'éliminer tous ceux dont ils voulaient prendre la place. Il y a beaucoup de jalousie dans tout ça. Le génocide de 1963 le démontre clairement. Il y a les théories racistes, il y a la jalousie humaine qui existe en quelque sorte en chaque homme et il y a les conditions socio-économiques qui ont poussé certains à vouloir s'accaparer les biens d'autrui. Tout ça fait un ensemble favorable à l'extermination d'un groupe qualifié d'ethnie. Le fait que j'ai lu, que j'ai étudié et fait des recherches m'a permis de ne pas mourir avant mon heure. Beaucoup de Tutsi tués pendant le génocide étaient morts par avance. Ils acceptaient la mort comme la conclusion logique

13 J. H. Speke, explorateur anglais, présent dans la région des Grands Lacs dans les années 1850 et notamment au Burundi en 1858. Il avança l'hypothèse d'une migration venue d'Éthiopie. Lors du congrès Universel des races (1911) on fit l'éloge des Hamites.

de ce qu'ils vivaient. À savoir le harcèlement impitoyable des autorités qui vous désignent à la mort et assurent que vous n'avez aucun droit.

Beaucoup d'intellectuels n'ont rien fait pour survivre. Je ne prétends pas que j'ai survécu parce que j'ai lutté, mais je n'ai pas accepté de mourir. Je n'ai pas demandé pardon. Pardon, mais pourquoi ? Parce que je suis né tutsi ? Non ! J'ai plutôt demandé aux militaires pourquoi ils voulaient me tuer. Ils n'avaient pas de réponses. Parce qu'il n'y en pas. Ce n'est pas à moi de demander pardon parce que je suis tutsi. Non ! Je me rends compte que j'ai vécu une période très dure. Je suis capable maintenant de penser à une solution. J'essaie de m'expliquer ce qui s'est passé, mais il faudrait que d'autres aussi sachent pourquoi on en est arrivé là. On en est arrivé là pour plusieurs raisons.

Les Hutu étaient convaincus que ce qu'ils faisaient était bien. Ils étaient endoctrinés, contaminés par le discours officiel, par la propagande, par le discours politique qu'on nous a servis dès notre plus jeune âge : les Tutsi sont mauvais, ils ont opprimé les Hutu pendant des siècles. C'est ce qu'on nous a enseigné à l'école et dans les livres d'histoire. On disait que les Tutsi tuaient les enfants des Hutu, qu'il y avait une Reine Mère qui pour se lever appuyait son épée sur des bébés hutu… La conclusion de ces affabulations, c'est que les Tutsi sont des serpents, qu'il ne faut pas leur faire confiance parce qu'ils peuvent vous mordre à votre insu ! Ce sont des cancrelats. Ils savent se cacher, donc n'ayez jamais confiance en eux. Tous ces points ont constitué *Les dix commandements des Bahutu*[14] qui ont vulgarisé cette idéologie. Tuer un Tutsi, c'était faire le bien. Le discours a chosifié les personnes humaines, il les a ramenées au rang de serpents ou autres insectes à éliminer le plus vite possible. Pourtant il y a eu des Hutu qui ont écouté leur conscience. Qui ont fait quelque chose pour les Tutsi persécutés, il y en a eu beaucoup. Ils sont nombreux, cela on ne veut pas toujours le reconnaître, mais ils sont nombreux. Pendant le génocide, j'étais là, j'ai vu que ceux qui tuaient les gens étaient des voyous. Bien sûr il y avait les commanditaires qui étaient des gens instruits, des conseillers de secteur, des bourgmestres, des militaires qui donnaient les ordres, mais ceux qui prenaient plaisir à humilier, c'étaient les voyous, des enfants de la rue qui n'étaient déjà plus des enfants. C'étaient des jeunes sans éducation, livrés à eux-mêmes, qui ne faisaient que chanter pendant les meetings du MRND et de la

14 Voir n. 13, p. 283.

CDR. Pour eux c'était une revanche et ils ne réfléchissaient même pas. Ceux qui réfléchissaient se demandaient pourquoi est-ce qu'on tue ces gens et ils ont essayé de cacher des Tutsi. Y compris des paysans. Je le dis pour mon propre cas. Ce sont des paysans hutu qui m'ont caché. Il y avait parmi les Hutu des personnes dotées d'une conscience.

Mais ceux qui n'avaient pas de conscience ont fait un sale boulot à grande échelle. Quand on tuait, on ne tuait pas une seule personne, mais beaucoup. Il y avait tous ceux qui étaient vraiment racistes, habités par la haine raciste, ceux qui avaient fait des études ou de pseudo-études et qui pouvaient aussi tuer de leurs propres mains. Tels Gatete[15] ou Barahira[16]. Quant à Ngenzi[17], le bourgmestre de Kabarondo, il a dit qu'il n'avait pas de sang sur les mains. C'est vrai en partie. Il n'a tué personne de ses propres mains. Mais il a ordonné. Tout au début il a eu un sursaut de conscience, il a essayé de cacher les gens. Sa femme était beaucoup plus violente que lui. Avant le génocide, on parvenait à discuter avec lui. Une semaine avant le génocide, je lui disais : « Mais pourquoi ne voyez-vous pas que le FPR se bat pour une cause juste ? » Je discutais avec lui, on était chez moi, je parlais du FPR.

L'ÉGLISE ET LA SOCIÉTÉ RWANDAISE

J'ai terminé mes études de philosophie et de théologie en 1979. J'ai été ordonné prêtre le 25 juillet de cette année-là. J'ai commencé à la paroisse de Mukarange comme vicaire pendant un an, puis j'ai été nommé en 1980 curé de cette même paroisse jusqu'en 1982. Ensuite, à l'évêché, j'ai été économe du diocèse pendant six ans. En 1988, je suis allé à Rome, où j'ai étudié les sciences sociales jusqu'à la licence. En 1992 je suis rentré au Rwanda. C'était la guerre. On venait de signer les accords d'Arusha et on disait que c'était la paix et que la guerre était

15 Gatete Jean-Baptiste a été arrêté le 11 septembre 2002 en RDC et transféré au TPIR. Le 29 mars 2011, il a été reconnu coupable de génocide et extermination (crime contre l'humanité) et condamné à l'emprisonnement à vie. Sa peine a été réduite en appel à quarante ans de réclusion en 2012.

16 Barahira Tito était bourgmestre à Kabarondo, avant que Ngenzi Octavien ne lui succède. Au moment du génocide il est à la tête du MRND local.

17 Les deux bourgmestres de Kabarondo, Ngenzi Octavien et Barahira Tito, ont vu leur peine de réclusion criminelle à perpétuité confirmée pour génocide et crime contre l'humanité à l'issue du procès en appel qui s'est tenu du 2 mai au 6 juillet 2018 à la Cour d'assises de Paris. L'abbé Incimatata avait témoigné aux côtés des Parties civiles pour le Rwanda (CPCR) lors du procès en première instance.

finie, mais il y eu beaucoup de morts. J'ai terminé ma licence en 1991 et j'ai suivi les cours obligatoires pour le doctorat en 1991-1992, avant de poursuivre mes recherches sur le terrain au Rwanda. Je voulais étudier l'influence de l'Église catholique sur la société rwandaise. Ma thèse était qu'à l'époque elle n'en a eu aucune, et que c'est la raison de son échec. Les responsables de l'Église se sont contentés d'exercer une influence politique, et non une influence religieuse sur les fidèles. L'évêque m'a nommé curé de la paroisse, disant que je pourrais poursuivre en même temps mes recherches. Le génocide m'a trouvé là. Du point de vue de l'écriture, cette recherche ne m'a pas servi à grand-chose, ou plutôt j'ai tout perdu. Au moment des massacres on a détruit tout ce que j'avais rédigé, tous mes documents. J'ai survécu mais adieu le doctorat ! Je n'ai pas tout perdu pour autant. J'avais fait mon mémoire de licence sur les relations interethniques au Rwanda et j'ai vu comment ça s'est passé, comment ça s'est développé et le point de rupture. Il y a eu plusieurs étapes. Ces sont des séquences successives. On a reproché beaucoup de choses à l'Église, certaines sont vraies, d'autres non. Les curés n'avaient pas de pouvoir en tant que tel sur la population mais l'Église a eu une influence forte, semblable à celle d'un parti. Lors des premières années d'évangélisation, du temps des Allemands, elle n'a eu aucune influence sur la population. Les prêtres étaient très prudents, ils ne voulaient pas effaroucher le colonisateur allemand. Ils voulaient vivre en paix avec lui. La plupart des missionnaires étaient français. Ils ne visaient pas l'influence politique. Certains ont cependant voulu en avoir une, c'est le cas de Mgr Classe[18] qui était là quand les Belges sont arrivés en 1918. Son supérieur, Mgr Hirth[19], fondateur de l'Église catholique au Rwanda,

18 Le Père Blanc Léon-Paul Classe a été l'un des premiers missionnaires à être envoyé au Rwanda. Le roi Musinga, d'abord hostile à sa mission, a fini par accepter la conversion de ses sujets. Le père Classe a fondé les missions de Nyundo et Rwaza, et Jean-Joseph Hirth, son supérieur au Rwanda, l'a nommé vicaire en 1912.

19 Mgr Hirth était à la tête du Vicariat de Nyanza Méridional, situé en Ouganda. Le 15 septembre 1899, il quitte sa résidence à la tête d'une caravane missionnaire destinée au Rwanda. Le 2 février 1900, la caravane se présente à la Cour royale de Nyanza ; elle est reçue en audience par un représentant du Roi Yuhi V Musinga, avant de continuer sa marche vers le Sud. En décembre 1912, le Vicariat du Kivu regroupe le Rwanda, le Burundi et la Tanzanie, il est confié à Mgr Hirth qui établira son siège définitif à Kabgayi, où naissent le petit séminaire St. Léon de Kabgayi et le grand séminaire St Charles Borromée. En juillet 1917, le Roi Yuhi V Musinga proclame la liberté religieuse pour tous ses sujets. Le 17 octobre 1943, le roi du Rwanda est baptisé : Pierre Léon Charles

était un évêque-pasteur. Il travaillait pour l'évangélisation, il voulait la conversion des Rwandais et regrettait que certains missionnaires recherchent le pouvoir temporel plutôt que la conversion des fidèles. Il en parle dans ses écrits. Quant à Mgr Classe, c'était un fin politicien. De 1922 à 1945, l'Église catholique a usé de son influence, en déposant le roi Musinga et en intronisant son fils Rudahigwa. Elle dominait toutes les autres structures, y compris la Tutelle belge. Les administrateurs, les agents coloniaux étaient peu nombreux, ils ne pouvaient couvrir tout le pays alors que les missionnaires catholiques quadrillaient la totalité du territoire et savaient à qui s'adresser au cas où. Ils en ont profité. Ils ont déposé les sous-chefs qui n'adhéraient pas à leur point de vue, ils ont déposé le roi, etc. Est-ce qu'ils ont converti les Rwandais ? Non. Quelques-uns l'ont été et quelques fidèles catholiques ont été convaincus. Mais dire que la société rwandaise a été évangélisée et convertie, je dis non. Au temps de la « tornade[20] », en 1933, tous les chefs et sous-chefs se sont fait baptiser, parce qu'ils étaient impressionnés par la force du missionnaire blanc. Cette influence a continué. Mgr Deprimoz a succédé à Mgr Classe. Il s'est intéressé à la communauté catholique. Il a posé les jalons de la structure de la pastorale qui perdure jusqu'aujourd'hui. On a remplacé le terme d'*Inama* (réunion, rassemblement des chrétiens) par celui d'*imiryango remezo*[21]. Les Pères Blancs nouvelle génération arrivés dans les années 1948-1950 ont tout changé. Quand Mgr Perraudin[22] a été nommé évêque, il n'a fait que poursuivre le mouvement qu'ils avaient initié de contestation du pouvoir du roi. À cette époque, les

Mutara III Rudahigwa. En 1946, le Roi Rudahigwa consacre, à Nyanza, son royaume et ses sujets au Christ-Roi.

20 Terme qu'on employait pour désigner les baptêmes en séries qui se déroulaient alors.

21 *Imiryango remezo*, ce terme remplace celui d'*Inama* pour désigner la structure organisationnelle de l'Église catholique qui correspond à la Communauté ecclésiale de base.

22 Le 19 février 1959, Mgr Perraudin publie la Lettre pastorale « *Super Omnia Caritas* », où il écrit : « Dans notre Rwanda, les différences et les inégalités sociales sont pour une grande partie liées aux différences de races, en ce sens que les richesses d'une part et le pouvoir politique et même judiciaire d'autre part, sont en réalité en proportion considérable entre les mains des gens d'une même race. » Ses propos étaient une déclaration de guerre ouverte contre les Tutsi et une incitation morale aux premiers massacres qui eurent lieu dans la région de Kabgayi en novembre de la même année. En 1957, il avait supervisé la rédaction du *Manifeste des Bahutu*, texte fondateur de l'idéologie génocidaire au Rwanda, écrit par le Chanoine Ernotte et le père Arthur Dejemeppe. Ce texte vulgarisé par les missionnaires sera défendu par des prêtres rwandais, parmi lesquels Rusingizandekwe Jean Marie Vianney, recteur du petit séminaire de Kabgayi.

Belges étaient de plus en plus confrontés à la volonté d'indépendance au Rwanda et ils ont changé d'alliance. Quand ils ont vu que les Tutsi voulaient l'indépendance, ils ont dit : « Ah ! Vous ne voulez plus de nous ? C'est vous qui partirez avant nous ! » Et c'est ce qui s'est passé. Les Tutsi ont été balayés de la scène politique rwandaise en 1959. Trois ans avant l'indépendance du Rwanda. Dire que les Rwandais ont fait la révolution de 1959, c'est faux. Les Belges ont changé leur système d'alliance tout simplement. C'est le seul pays, où le colonisé bénit le colonisateur et chasse son co-national !

Le président Kayibanda a été formé par Mgr Perraudin. C'est le prélat qui a trouvé le terme de « Parmehutu » pour rassembler tous les Hutu et avoir plus d'efficacité. Les missionnaires ont eu une influence politique manifeste, mais ils n'ont pas évangélisé les Rwandais. La religion s'adresse en tout premier lieu à la conscience des fidèles mais l'Église catholique n'est pas parvenue à toucher la majorité des Rwandais dans leur conscience. Quelques-uns l'ont été, mais bien peu. Si nous avions été capables d'évangéliser et de prêcher vraiment l'amour fraternel du Christ, il n'y aurait pas eu de génocide. Malgré le désaveu du Vatican, l'archevêque Nsengiyumva Vincent est entré au comité central du MRND, organe suprême du parti unique. Et Habyarimana a dirigé aussi l'Église. À ce moment-là le génocide n'avait plus qu'à se répandre comme un feu de brousse. Tout était prêt, tout le monde allait dans le même sens, y compris l'Église. Les autorités ecclésiastiques suivaient ! On entend dire que l'Église n'a rien fait pour arrêter le génocide, mais elle ne pouvait rien faire, les ecclésiastiques étaient totalement inféodés au pouvoir. Lorsqu'adviendra le génocide tout sera déjà joué par avance. Le dernier qui ait parlé ouvertement au nom de l'Église c'était Mgr Bigirumwami Aloys[23] mais sa voix ne comptait pas face à celle de l'archevêque Perraudin. Je pense que nous devons garder notre rôle de lumière du monde, sans vouloir remplacer une autorité quelconque. Mais nous devons aussi dire la vérité. Je pense souvent à mon ancien évêque, Mgr Sibomana Joseph, le fondateur du diocèse de Kibungo. Il disait que tout est relatif. Il a vécu beaucoup de choses. Il a tout vécu. Jeune

23 Né en 1904 au Gisaka, Bigirumwami Aloys est ordonné prêtre en 1929 et consacré évêque en 1952. Il a parfois été traqué par les pouvoirs politiques ou incompris, voire trahi, par la hiérarchie ecclésiastique. Il n'a jamais cédé sur les valeurs chrétiennes et a refusé de distinguer les humains en fonction de leur naissance.

prêtre, il a vécu avec le roi, il a vu tout ce qui se passait à la cour, il a connu tous les changements. Kayibanda le respectait parce qu'il avait été son professeur et jusqu'à sa mort il lui est resté fidèle. Habyarimana, lui, ne lui a jamais adressé la parole. J'ai travaillé pendant six ans avec lui, j'étais son économe. Il m'a appris beaucoup. C'était un Hutu qui a tout vu, qui a vécu avec les Tutsi, qui a vécu avec les Hutu. Il s'est comporté en homme digne de l'Église y compris pendant le génocide où il a défendu des Tutsi alors qu'il était déjà à la retraite. C'est ça l'histoire.

LE GÉNOCIDE

J'ai appris la mort du président Habyarimana à cinq heures cinquante, le 7 avril au matin. Après la messe, ce jour-là, une femme venue de Gasetsa m'a dit que les meurtres avaient commencé. Dans l'après-midi, le secteur de Bisenga[24] a suivi. Certes on s'attendait aux persécutions contre les Tutsi. Nous étions habitués. Chaque fois qu'il y avait des problèmes, les Tutsi servaient de bouc émissaire. Dans les meetings, on annonçait leur extermination. À chaque avancée du FPR, les Tutsi étaient raflés, mis en prison et tués. Ce n'était pas une surprise. Ce qui a été une surprise, c'est l'échelle et l'étendue du génocide. C'était très préparé. Les secteurs où le colonel Rwagafilita avait ses fidèles serviteurs et où *Simba bataliani*[25] s'était exercé étaient les plus durs. Ma première pensée a été, on va tuer les Tutsi, mais j'imaginais que ce serait ceux qui étaient identifiés sur des listes dressées par avance. Je n'imaginais pas que ça

24 Ces deux secteurs étaient tenus par le colonel Rwagafilita. Ancien chef d'état-major de la gendarmerie, il prit officiellement sa retraite en 1992. Cette décision s'inscrivait dans la stratégie du MRND de démobilisation d'officiers supérieurs influents pour les déployer ensuite dans leur préfecture d'origine et renforcer la position du parti. Originaire du secteur Gasetsa en commune de Kigarama, il prit la tête de la préfecture de Kibungo. À la veille du génocide, il s'était constitué un groupe d'affidés, cadres administratifs, leaders politiques locaux et commerçants. Féroces partisans de l'extrémisme hutu, ses membres furent très actifs avant et pendant le génocide pour mobiliser les tueurs ou se trouver à leur tête. Il est décédé depuis plusieurs années. Sa veuve vit en France. Pays où il a été décoré de la Légion d'Honneur sous le régime Habyarimana.

25 Groupe armé constitué d'anciens militaires des FAR, connus pour leurs exactions meurtrières dans la région de Kibungo.

puisse être sur une échelle aussi vaste. Je suis allé voir le bourgmestre de Kabarondo pour lui demander ce qui allait se passer. Je n'avais pas peur de lui. Il me faisait confiance en quelque sorte, nous avions parfois réglé ensemble quelques affaires courantes. Ainsi, en février 1994 il y avait eu des manifestations. Le MRND et la CDR avaient bloqué la route entre Kayonza et Kabarondo. Ceux qui habitaient à Nyankora vers le parc de l'Akagera étaient membres du MDR. Ils sont venus pour « libérer la route » comme ils disaient. Ils ne pouvaient accepter qu'il y ait des milices qui la bloquent. Quand ils sont arrivés à Kabarondo, je les ai croisés, j'allais à pied. Ils se sont arrêtés, j'ai demandé : « Où allez-vous ? » Ils ont répondu : « Nous allons libérer notre route. » Quand ils sont arrivés là-bas, ils ont pris le bourgmestre avec eux. Il était du MRND, mais à Kabarondo il était en position de faiblesse. Le MDR et le PL étaient les plus forts. Ils l'ont emmené avec eux jusqu'à Kayonza. Je leur avais dit : « Ne dépassez pas Kayonza, sinon vous aurez des problèmes. » Ils m'ont écouté. Le bourgmestre savait que je pouvais parler avec les gens, il prenait en considération mon opinion. Il me traitait un peu comme un grand frère, comme quelqu'un de responsable, il me respectait. Je suis allé lui demander : « Qu'est ce qui se passe ? Nous ne savons quoi faire. » Il m'a dit : « Attendons, attendons. On a dit qu'on ne doit pas bouger. » Nous sommes restés à Kabarondo toute la journée.

Le 8 avril, un vendredi, j'ai compris que la situation s'aggravait. Les tueries s'étendaient de secteur en secteur. Je manquais de nourriture pour les réfugiés qui étaient de plus en plus nombreux[26] à l'église. Pour aller chercher des vivres à Kibungo et à l'économat général, j'ai demandé une escorte au bourgmestre. Il me l'a accordée, mais c'était tendu. Quand je suis arrivé sur la route, j'ai rencontré le capitaine de Kibungo qui était avec un policier. Il m'a laissé passer et il est parti voir le bourgmestre. J'ai pris un sac de riz et un sac de haricots et je suis reparti. À Kibungo j'ai vu les bourgmestres qui étaient tous convoqués à la préfecture. J'ai rencontré le sous-préfet de Kirehe, Habimana Joseph, qui avait plus peur que moi. Je lui ai dit : « Si vous allez à la réunion, essayez de demander qu'il y ait une pacification, que ça ne continue pas. » Mais personne ne

26 L'église de Kabarondo a accueilli jusqu'à quatre mille personnes fuyant les tueries entre le 7 et le 13 avril 1994. Voir « Rwanda, la terrible journée de Kabarondo racontée aux assises », *Libération*, 1er juin 2016. Le massacre du 13 avril est le début du processus d'extermination qui visera les Tutsi de Kabarondo.

pouvait me donner la moindre assurance. Ce jour-là, en rentrant, je me suis arrêté à la commune de Kigarama où se trouvait ma famille, – ma mère, mes frères et tout le monde. C'est la dernière fois que je les ai vus. J'ai demandé à l'un : « Ça va mon frère ? » Il était vraiment abattu. J'ai laissé le sac de riz. Un de mes frères était content que je leur amène au moins quelque chose parce qu'ils n'avaient rien, mais l'autre ça ne lui disait rien du tout. Il était déjà comme mort. Le plus âgé, celui qui avait fait des études, avait vu les gens changer, il suivait ce qui se passait plus que l'autre. Il savait qu'ils allaient mourir. Ce sont les dernières images que j'ai gardées et de ma mère et de mes deux frères ! C'est la dernière fois que je les ai vus. Je ne peux oublier ce jour.

Je suis reparti à la paroisse de Kabarondo, les gens continuaient à affluer sans fin. Ce jour-là, ce vendredi 8 avril au soir, les militaires ont attaqué les réfugiés qui étaient à la paroisse de Kibungo et ils les ont tous amenés vers le centre Saint-Joseph, où ils ont été rassemblés… J'ai des souvenirs, comme si c'était hier. À partir du 11 avril, Ngenzi ne m'a plus parlé. Tout a changé. Je ne sais pas et personne ne parvient à m'expliquer ce qui s'est passé le 11 avril. Pour moi, c'est une journée charnière où tout a basculé, tout. Je me rappelle qu'un homme, Mironko, grand industriel de Kigali et Hutu bien connu dans le pays, est passé par ici en fuyant vers la Tanzanie. Nous étions en réunion sur la place du marché. Des gens commençaient à fuir Kigali, des gendarmes et des militaires fuyaient eux aussi. On voyait que ça n'allait pas. À partir de ce jour, les militaires ont dirigé réellement le pays. C'était très clair. Ngenzi ne voulait plus me parler, il me fuyait mais il n'osait pas m'attaquer, il n'osait pas me tuer, non plus. Il m'a dit qu'on ne me donnerait plus d'escorte et qu'on ne ferait plus rien pour nous. C'est moi qui le cherchais, pas lui. En tous cas, dans notre région tout a basculé le 11 avril. Le colonel Rwagafilita était au camp militaire de Kibungo, il coordonnait toutes les activités, celui qui se trouvait sur place avant lui n'avait plus rien à dire.

Tôt le 13 avril, après la messe, le conseiller communal est venu me demander d'aller à une réunion pour qu'on organise l'autodéfense. On s'y est rendu avec les hommes, les femmes sont restées à l'église. La soi-disant réunion était un piège. Les hommes sont revenus en courant, l'attaque de l'église par les miliciens a commencé à huit heures. Nous nous sommes défendus pendant deux heures. Vers dix heures les miliciens ont reçu le renfort des militaires et des gendarmes qui disposaient d'armes à feu. Ils ont tiré et ils ont lancé des grenades sur le toit de l'église. Ils ont utilisé des lance-roquettes. Nous étions vaincus. C'était un carnage. Beaucoup ont essayé de résister ou de s'enfuir, mais leurs corps se sont entassés sur la place.

Vers seize heures, ils ont pénétré dans l'église. Ils ne l'avaient pas fait plus tôt parce qu'on leur avait dit que le curé était à l'intérieur et qu'il était armé. Ils ont constaté qu'il n'en était rien. À ce moment-là, un sous-lieutenant de la gendarmerie est arrivé dans ma chambre, où il m'a trouvé sous le lit. Il est entré, il a laissé glisser la couverture le long du lit pour me dissimuler. Il a pris l'argent qui était là, trois de ses hommes l'ont rejoint et il leur a demandé de prendre les quelques objets de valeur que j'avais. Ils sont partis. Les entendant s'éloigner le prêtre avec qui je cohabitais a fermé ma pièce à clef. Vers dix-huit heures, ce sont trois miliciens qui sont venus à leur tour pour piller chez moi. Je ne sais pas où j'ai trouvé la force de me battre avec eux. Je me disais : je ne peux pas mourir comme ça. Sur les trois, deux sont repartis, c'était de jeunes adolescents, mais l'homme était fort et je me suis battu avec lui corps à corps. Nous avons lutté jusqu'à ce qu'il se rende compte qu'il n'arriverait pas à me tuer. Je lui ai fait peur et lui ai dit : « Je t'ai maitrisé, maintenant je vais te tuer toi. » Il m'a demandé pardon ! Nous nous sommes relevés et nous avons négocié. Finalement, j'ai dit : « Tu peux partir avec tout ce que tu veux, moi je reste seul. »

J'ai attendu que la nuit soit profonde pour partir, je n'avais plus confiance en qui que ce soit. Je voulais aller vers la Tanzanie, en traversant le parc de l'Akagera. Ce qui en réalité était impossible. Quand minuit a sonné, je suis parti à pied et j'ai laissé là mon vicaire hutu qui était un homme très bon. Je suis parti vers le parc de l'Akagera. Vers trois heures du matin, on m'a arrêté après l'hôpital de Rwinkwavu. Là j'aurais dû mourir, et je dis que c'est le Seigneur qui m'a sauvé, c'est la providence. En discutant avec ceux qui m'avaient arrêté, ils ont compris que j'avais de l'argent, avec lequel je devais payer les ouvriers qui construisaient la paroisse actuelle de Gishanda. J'ai attiré leur attention sur l'argent plutôt que sur ma personne. Je leur ai donné l'argent. Ils m'ont accompagné jusqu'à la dernière barrière. Là, du côté de Gishanda-Nyankora, c'était le MDR. Ses membres n'avaient pas participé au génocide, ils avaient refusé et ce sont eux qui m'ont caché pratiquement jusqu'à la fin. Certes quelques-uns d'entre eux sont allés rejoindre ceux de Rwinkwavu pour chasser les Tutsi. Mais ce n'était pas toute la population. La grande majorité de Nyankora n'a pas participé au génocide. Il y avait peu de Tutsi là-bas, on les avait déjà tués. J'ai survécu, le Seigneur voulait que je donne mon témoignage. Je suis resté là jusqu'à l'arrivée du FPR le 24 avril à Nyankora. Je suis resté encore quelques jours parce que j'étais très malade. Je suis parvenu à Gahini le 1er mai, la préfecture de Kibungo venait d'être libérée le 30 avril.

APRÈS LE GÉNOCIDE

D'abord je dois dire que j'admire le courage du président Kagame. Parler du FPR c'est bien, mais le FPR a un dirigeant et c'est un dirigeant visionnaire. Je l'admire beaucoup surtout pour la décision qu'il a prise après le génocide. Il a arrêté les tueries et les règlements de compte. C'est quelque chose d'inouï. C'était encore très chaud quand il a dit : « Arrêtez ça. Ne livrez personne à qui que ce soit. » Avoir eu le courage de dire aux rescapés de ne pas se venger, c'est une force formidable. Si les rescapés ne se sont pas vengés, ce n'est pas qu'ils ne l'ont pas voulu. Ils auraient voulu sans doute et durant le peu de temps qui s'est écoulé entre la fin du génocide et cette décision, il y a eu beaucoup de dégâts. Des innocents ont été tués, des Hutu qui avaient refusé de partir avec les génocidaires, ont été tués. On les a livrés, alors qu'ils n'avaient rien fait. Les rescapés disaient : « C'est celui-ci, c'est celui-ci. » Il y a eu beaucoup de morts inutiles. Des gens qui n'avaient rien à se reprocher. Heureusement cela n'a pas duré trop longtemps, entre deux à trois semaines. À ce moment-là, on a arrêté, autrement ça aurait été terrible. C'est la première chose que je dois reconnaître, cette volonté politique d'empêcher la revanche. Quant au slogan adopté par toute la population, *ndi umunyarwanda* (« Je suis rwandais »), je l'aime bien. Parce que le divisionnisme a été importé et il faut qu'on puisse l'arrêter. C'est pourquoi je dis que le Rwanda est sur la bonne voie en disant : « *Ndi umunyarwanda.* » Nous sommes rwandais avant tout. Les autres différences existent, mais elles ne sont pas essentielles. Je suis de

Kibungo, je ne peux pas être de Ruhengeri. Mais cela ne veut pas dire que celui de Ruhengeri est mon ennemi ! Nous sommes rwandais, tous. Nous devons construire notre pays sur ses valeurs. Et on y arrive. Moi qui ai souffert de discriminations depuis mon enfance et durant toute ma jeunesse, surtout en ce qui concerne les études, quand je vois que tous les Rwandais sont maintenant admis pour les études sans exclusion aucune, je dis chapeau ! C'est l'une des plus importantes réalisations de ce régime que d'avoir rétabli la liberté d'étudier pour tous. On a une égalité parfaite. Tout le monde a les mêmes chances. Ce sera désormais très difficile d'inoculer le venin du divisionnisme. C'est une chance formidable. Actuellement dans les écoles les enfants ne parlent plus de Hutu ou de Tutsi, c'est fini. C'est facile de changer les choses. Quand il y a une volonté politique de construire, on construit. Nous qui avons vécu le génocide, nous allons disparaître. Ce qui va rester ce sont nos mémoires. On va les lire, tout le monde pourra les lire. Et comprendre. C'est bien. Reste à savoir si nous serons capables de maintenir le cap parce qu'au fur et à mesure qu'on avance il y a des gens, même parmi les rescapés, qui semblent avoir tout oublié. Il y a des jeunes qui ont vingt ou vingt-cinq ans qui ne sont pas des rescapés, des gens qui sont rapatriés ou qui sont restés ici, qui ne comprennent pas ! On dirait qu'il y a longtemps que ça s'est passé ! Non, il n'y a pas longtemps ! Ils doivent comprendre. Ils doivent faire un réel effort. Le patriotisme, c'est ça ! Si le patriotisme qu'on a connu pendant le génocide et après perdure, on pourra construire le pays, mais j'ai peur qu'il y en ait qui ne libèrent pas franchement leurs cœurs. Surtout les jeunes aisés. Ils ont eu la possibilité de faire des études, ils profitent de la richesse de leurs parents ou de la position sociale de leur famille. Ils vivent dans le bien-être matériel, sans faire attention aux réalités de leur pays. Ils devraient être là en première ligne pour relever le pays justement parce qu'ils ont bénéficié de bonnes études. Ceux qui bénéficient de privilèges sociaux grâce à leur participation au pouvoir ou leur accès à la richesse, ces enfants ne sont pas sérieux ! Ce sont des gens qui ont bénéficié d'études convenables mais ils manquent d'éducation. C'est dommage !

KWIBUKA

Les miens ont été tués à la commune de Kigarama mais je n'ai pas voulu aller dans les *Gacaca*. Je n'y aurais rien appris que je ne sache déjà. Les tueries de masse, qui a tué qui. Je sais comment ça s'est passé. Je sais comment ils ont été tués tous jusqu'au dernier. La dernière a été la femme de mon frère qu'on a éventrée alors qu'elle venait de parler avec les soldats du FPR. Ils étaient là et quand ils l'ont quittée sur le bord de la route pour aller vers Gasetsa voir ce qui se passait dans le fief de Rwagafilita, les *Interahamwe* qui étaient cachés tout près sont venus aussitôt. Ils ont pris cette femme et ses enfants et ils les ont tués. J'étais revenu de Nyankora, j'étais à Gahini à ce moment-là. C'était début mai, vers le 3. Ce sont les derniers qui ont été tués dans ma famille. Tous les enfants de mon frère et sa femme étaient parvenus à se cacher, ils sont revenus et on les a tués. Je suis le troisième de ma famille, nous étions huit enfants. L'aîné était mort, je ne l'ai pas connu. Ma sœur aînée est encore là. Nous ne sommes plus que trois. Les plus âgés sont restés, les plus jeunes sont tous morts avec toute leur famille. Qu'ils reposent en paix.

DEUXIÈME PARTIE

CONTRIBUTION

LA MARCHE FORCÉE DES TUTSI VERS LEUR EXTERMINATION

Le génocide perpétré contre les Tutsi du Rwanda en 1994 n'a pas une longue histoire. Le racisme anti-Tutsi date des années de la fin de la colonisation en 1950-1960. Nous allons dans les lignes qui suivent en reprendre les différentes étapes. Mais disons d'ores et déjà que ce génocide n'était pas inexorable. Non, rien n'était défini d'avance. Mais un processus implacable s'est mis en marche, se construisant progressivement et ne trouvant pas de freins. Il a abouti petit à petit à ce génocide qui aurait pu être évité. Pourquoi et comment en est-on arrivé là ? Nous voulons en faire un survol pour montrer comment ce processus s'est mis en place, construit et consolidé au cours de quelques décennies. Nous dirons aussi quelques mots sur le Rwanda d'avant le racisme colonial.

LE RWANDA : UN ÉTAT-NATION MULTISÉCULAIRE

À l'arrivée du colonialisme vers la fin du XIXe siècle, le Rwanda comme État-Nation avait au minimum cinq siècles d'existence. Il alignait plus de vingt-quatre rois d'une dynastie ininterrompue depuis le XIVe siècle. Pour certains historiens comme Mgr Kagame Alexis cette dynastie remonte au XIe siècle. Mais l'essentiel est de comprendre qu'avant la colonisation le Rwanda avait déjà cinq à six siècles derrière lui.

Un État suppose des éléments objectivement vérifiables : un territoire avec des frontières bien définies ; une population se reconnaissant comme citoyens de ce pays ; des institutions politico-administratives, sociales et militaires établies. Il disposait aussi d'une souveraineté reconnue sur le plan intérieur et extérieur. Il était en relation avec des pays étrangers. Chaque Rwandais adulte était membre de l'organisation militaire du pays : il était appelé à combattre en cas de besoin. Il dépendait en même temps de trois pouvoirs politico-administratifs : l'autorité chargée des affaires militaires, dite chef d'armée ; l'autorité chargée des problèmes et impôts en rapport avec le foncier, appelée chef des affaires foncières ; et l'autorité chargée de résoudre tous les problèmes et impôts en rapport avec la vache considérée comme une des principales mais pas unique sources de richesse du pays. Ces autorités se recrutent dans toutes les catégories de la population rwandaise. Il n'y a pas d'exclusion. Ce principe d'intégration inclusive contribuera à pérenniser la dynastie royale car chaque Rwandais participait de près ou de loin à sa protection et à sa défense. Personne ne se sentait en dehors de ce système inclusif.

Le Rwanda n'était pas seulement un État, il était aussi une Nation : ses habitants avaient conscience de former une seule et même communauté d'intérêts et manifestaient tous une volonté expresse de vivre ensemble. Ils partageaient un ensemble de valeurs cimentées par une même culture, par les mêmes normes de références sociales, religieuses et morales. Ils partageaient les mêmes mythes fondateurs : ils se disaient fils et filles d'un même ancêtre éponyme dit Kanyarwanda, lui-même fils de Gihanga, fondateur supposé du royaume du Rwanda. Les Rwandais avaient, et ont encore aujourd'hui, les mêmes clans[1], une vingtaine au total. Tous les Rwandais sans exception partageaient les mêmes rites et cultes, les mêmes récits populaires, les mêmes légendes et fables. Il n'y a pas d'exclusivité pour l'un ou l'autre groupe. Leur univers mental, psychologique et religieux était identique.

La population du Rwanda, dans sa longue évolution, a connu une différenciation économique, un certain mode de vie s'est créé, centré soit sur le domaine agricole soit sur le domaine pastoral, sans qu'il y ait de barrières. La frontière entre les deux était ouverte, fluide et souple. Chacun pouvait passer d'un mode de vie à un autre et, surtout, la plupart de gens pratiquaient ces deux modes de vie à la fois. Il n'empêche qu'ils ont

---

1 Le clan est un très vieux système d'identification en cours dans toute la région des Grands Lacs africains et probablement aussi ailleurs. Il est très ancien : il daterait du IIe ou IIIe siècle av. J.-C. Avant d'être catégorisés en Hutu, Twa et Tutsi – et ceci ne remonte que du temps de la monarchie – la population rwandaise s'identifiait d'abord en termes de clans, et c'est toujours en cours aujourd'hui. Les Hutu, les Twa et les Tutsi partagent les mêmes clans, une vingtaine au total avec chacun son totem héraldique.

donné naissance à des formations sociales distinctes. Et c'est sur la base de ces dernières que l'on parle de Hutu[2], de Twa et de Tutsi[3]. Ce sont des catégories sociales dont les critères permettant de les distinguer les unes des autres ne sont pas absolus mais pourtant reconnus socialement. Hutu, Twa et Tutsi sont des termes d'ordre social et psychologique et tournent autour de trois modes de vie distincts. La colonisation leur conférera un aspect « racial » jusque-là inconnu de nos ancêtres. Et ce sera le début de nos malheurs.

De plus, au cours du temps, la population rwandaise s'est hiérarchisée sur la base de la richesse et du pouvoir : une petite aristocratie guerrière s'est progressivement formée et hissée au sommet de la société. Entre elle et la masse du peuple se trouve toute une série de gens montant ou descendant les échelons du pouvoir et de la richesse en fonction des vicissitudes de la vie. Avec la hiérarchisation de la société, deux principales formes de clientélisme social sont apparues : l'une à base pastorale, dite clientélisme pastoral[4], et l'autre à base foncière, appelée clientélisme foncier[5]. Ces deux formes de clientélisme social ne ressemblent en rien au féodalisme européen. Elles sont de nature différente. Malgré ces deux sortes de clientélisme, chaque Rwandais jouit du statut d'homme libre. Les rapports de force restent inégaux mais chaque individu (le « client ») est libre de transférer ses services à qui il veut, comme il veut et quand il veut. Il peut même vivre librement en dehors de ces systèmes clientélistes. Chaque famille élargie dispose de son propre lopin de terre et peut disposer de son gros et petit bétail comme elle veut.

2 Le terme hutu signifie « pauvre » dans certaines langues dites bantoues comme le Kikongo en RDC.

3 Le terme tutsi aurait signifié au départ un groupe de gens pratiquant un mode de vie pastoral, qui n'a rien à voir avec ce qu'on appelle race ou ethnie. C'est une formation sociale ouverte à tous les groupes humains.

4 Le terme utilisé en kinyarwanda est *ubuhake*. C'était une institution semi-privée qui établissait des relations à caractère social et économique entre une personne de rang inférieur, dit *umugaragu* (le « client »), qui offrait ses services et se recommandait à une personne de rang social plus élevé, appelée « patron », afin d'obtenir sa protection et une ou plusieurs têtes de gros bétail.

5 Le terme utilisé en kinyarwanda est *ubukonde*. C'était une sorte d'institution en cours dans les régions forestières du nord et nord-ouest du pays. Les premiers défricheurs de forêt délimitaient leurs zones d'occupation pour eux-mêmes et leurs descendants. Lorsqu'un étranger au lignage propriétaire du domaine défriché désirait en bénéficier, il s'adressait au chef de lignage, dit *umukonde*, et lui offrait ses services en contrepartie du droit d'occupation sur un petit terrain qui lui était concédé.

Le clientélisme est volontaire ou adopté en fonction de raisons propres à chaque individu. Ces types de clientélisme seront plus tard reprochés aux Tutsi comme étant les « exploiteurs » du peuple hutu.

Certes le Rwanda de cette époque n'est pas un paradis. Non, il s'est établi sur des rapports de pouvoir et de richesse. Il peut y avoir des conflits entre dirigeants et dirigés, entre riches et pauvres, entre pasteurs et agriculteurs protégeant leurs cultures mais il n'y a jamais eu de conflit opposant les Hutu aux Tutsi ou aux Twa en tant que tels. L'absence de conflit de cette sorte a fait que la population rwandaise, toutes catégories sociales confondues, habitait ensemble de manière entremêlée. Il n'y avait pas des espaces pour les Tutsi et d'autres pour les Hutu ou les Twa. Tout était partagé. Signe qu'entre eux il n'y avait jamais eu de méfiance ou de crainte invitant chaque groupe à vivre à part pour mieux se protéger. Nos ancêtres respectifs n'ont jamais imaginé qu'ils pouvaient être exterminés par leurs voisins. Plusieurs siècles de cohabitation pacifique témoignent d'une société homogène et soudée.

PUIS VINT LA COLONISATION

La colonisation est par essence un système de domination, d'oppression et d'exploitation. Même s'il lui arrive de construire des hôpitaux et des écoles pour « le bien des colonisés », ce système commence par faire table rase de ce qu'il trouve sur place. Tout le passé du pays colonisé est réduit à néant. De statut d'homme libre, le colonisé devient du jour au lendemain un assujetti, un soumis, un dominé. Toutes les normes de références préexistantes, politiques, sociales, culturelles et morales sont anéanties. Le colonisé doit adopter les références et les valeurs du colonisateur. Tout le capital social et humain accumulé depuis des siècles est détruit. Les mythes fondateurs sont réduits à néant. Tous les trésors du passé, mythiques ou réels, sont pris et considérés comme nuls, voire nuisibles au bien de l'humanité dont la seule référence est l'Occident dominant. Seul le colonisateur impose ses propres normes.

Le pouvoir colonial impose sa propre vision des choses, sa propre conception du monde, ses valeurs, ses croyances et ses idées. Plus grave, au Rwanda, il oppose les différentes catégories de Rwandais. Il affirme que les Hutu, les Twa et les Tutsi sont des races différentes, d'origine différente et parvenues au Rwanda à des époques différentes. Au mythe fondateur qui faisait de tous les Rwandais des frères et sœurs provenant d'un ancêtre commun se substitue un nouveau mythe opposant Hamites et Bantous, identifiés respectivement aux Tutsi et aux Hutu. L'unité et la fraternité premières du peuple rwandais s'en trouvent fragilisées, si ce n'est liquidées. Bien entendu, les Rwandais, en se donnant les noms de Hutu, de Tutsi et de Twa ignoraient complètement cette histoire de Hamites et de Bantous. Ils l'ont apprise à l'école coloniale et missionnaire.

Cet apprentissage restera gravé dans la mémoire des Rwandais scolarisés aussi bien avant qu'après l'indépendance. Son écho se fera longtemps entendre dans les massacres perpétrés contre les Tutsi appelés les « étrangers » et les « envahisseurs » parce qu'ils seraient arrivés au Rwanda en dernier. Pourtant ils ont participé avec d'autres Rwandais à la création et à l'expansion multiséculaire de ce pays. Les Tutsi n'ont jamais existé nulle part en dehors du Rwanda et ce dernier n'a jamais existé sans eux. Cette formation sociale s'est créée au Rwanda même. Les Tutsi ne sont pas venus d'ailleurs pour participer à la création de l'État-Nation, appelé Rwanda. Ils vivaient depuis des millénaires dans cet espace géographique devenu en partie le Rwanda. L'école coloniale, se basant sur ses propres hypothèses jamais démontrées, a semé le doute devenu vérité absolue dans l'entendement des anthropologues et autres « chercheurs » belges. L'idée du Tutsi étranger et envahisseur connaîtra de beaux jours auprès de politiciens irresponsables rwandais. Et les Tutsi en paieront le prix du sang.

Bien avant l'indépendance, le pouvoir colonial avait opéré des réformes dans l'administration indigène à partir des années 1928-1933. Il avait supprimé la triple autorité et n'en avait gardé qu'une seule, confiée presque exclusivement à une fraction dirigeante tutsi. En 1933, plus de mille deux cents postes d'administration dans lesquels Hutu, Twa et Tutsi se retrouvaient ensemble ont été supprimés. Le Hutu et le Twa ont été systématiquement écartés du pouvoir administratif. De plus le pouvoir colonial opère une classification qui divise le peuple rwandais : des clichés simplistes, des stéréotypes dualistes et des préjugés à caractère raciste seront collés tantôt aux Tutsi tantôt aux Hutu et aux Twa. La première génération de ces clichés est systématiquement favorable aux

Tutsi et défavorable aux Hutu. La deuxième génération de ces clichés verra le jour à partir des années 1950 et sera systématiquement en faveur des Hutu contre les Tutsi. « Le Tutsi du Blanc » est toujours l'envers du Hutu. L'un est toujours valorisé aux dépens de l'autre et vice-versa[6]. Un racisme colonial tel un virus est ainsi inoculé dans le corps social rwandais. Rien ne lui résistera.

Des pièces d'identité portant la mention ethnique sont établies à partir des années 1930. Des postes d'administration, refusés systématiquement aux Hutu, sont exclusivement confiés à une fraction dirigeante tutsi qui aura le malheur d'être à la fois complice et victime de l'oppression coloniale. Cette fraction dirigeante tutsi aura la tâche ingrate d'être la courroie de transmission des ordres et autres contraintes du système colonial répressif à l'œuvre. Elle fera exécuter un système d'impôts abusif, de travail forcé dit « d'intérêt général » : tracés des routes, lutte antiérosive, plantations de grandes étendues de boisement et cultures vivrières. On construit des centres administratifs et des églises missionnaires. Mais tous ces travaux ne sont pas payés. La contrainte du fouet et de la prison fait l'affaire. Une bonne partie de la population prendra le chemin de l'exil. Trois terribles famines seront consécutives aux guerres de 1914-1918 et de 1940-1945. Des milliers de personnes ont été mobilisés pour l'effort de guerre et ont dû abandonner leurs cultures et leurs champs. Les famines décimeront la population en 1916-1918, en 1926-1929 et en 1943-1945. Elles feront de terribles ravages en son sein. Ainsi, la toute dernière famine, dite Ruzagayura, fera à elle seule 300 000 victimes au bas mot. C'était du jamais vu au Rwanda. Le peuple en sortira traumatisé et désemparé. L'effet de ces famines, des travaux forcés et des contraintes imposées par la colonisation *via* la fraction dirigeante des Tutsi perdurera au fil des années et se fera entendre plus tard lors des massacres des Tutsi. L'histoire a bonne mémoire.

Des écoles à caractère raciste ont été mises en place pour être le relais du système colonial : d'un côté des écoles ou des sections pour enfants de chefs et notables tutsi et de l'autre des écoles pour enfants hutu. La séparation est voulue et strictement appliquée. Un certain apartheid est à l'œuvre. Dans ces écoles et établissements scolaires naîtra une élite bicéphale : une élite tutsi au poste de commande et une élite hutu exclue du pouvoir. Ces

---

6 François Andrillon et al. *Racisme, continent obscur*, Bibliothèque royale Albert Ier, Bruxelles, 1991, p. 105-195.

deux élites se disputeront le pouvoir à l'approche des indépendances. Et dès ce moment une partie de l'élite hutu, appelée contre-élite, récupèrera pour son propre usage le racisme colonial et s'en servira pour sa montée dans la prise du pouvoir. Le Rwanda sera tombé de Charybde en Scylla, de mal en pis. Le racisme dirigé cette fois-ci contre les Tutsi trouvera un relais hautement intéressé, aux dépens du peuple rwandais dans son ensemble et des Tutsi en particulier. Dès ce moment-là, le tissu social rwandais connaîtra une déchirure qui ne se refermera plus.

VERS LE DIVORCE ENTRE LE POUVOIR COLONIAL ET LA FRACTION DIRIGEANTE TUTSI

Vers la fin de la colonisation, dans les années cinquante, la société rwandaise était éclatée. La monnaie, le salariat, l'école, le commerce, la presse, l'ouverture sur le monde avaient produit leurs effets. Le système traditionnel avec ses forces et ses faiblesses avait entamé sa désintégration. Des associations culturelles, des cercles « d'évolués » et même un certain courant nationaliste avaient vu le jour. On parlait de « progrès », de « libertés », « d'émancipation », « d'indépendance », de « démocratie » et de « droits de l'homme ». La Tutelle coloniale belge était attaquée : des pétitions de plus en plus virulentes envoyées aux Nations unies l'accusaient de toutes sortes de maux. Des Rwandais dénonçaient le racisme colonial, l'exploitation abusive, le mépris et les abus de pouvoir de la Tutelle. Un réel vent de décolonisation né en Asie a vu le jour et son écho s'est propagé jusqu'au Rwanda. L'élite tutsi au pouvoir à titre d'auxiliaire s'en emparera pour attaquer le pouvoir colonial qu'elle servait et qui jusqu'alors la couvrait. Ce courant inquiètera le pouvoir de Tutelle et l'Église catholique. L'ancienne alliance tacite entre l'autorité indigène tutsi et le pouvoir colonial volera en éclats. Un divorce éclate entre eux. La Tutelle belge ouvertement critiquée va contre-attaquer en cherchant un allié de taille dans une partie de l'élite hutu non valorisée parce que non intégrée dans les rouages de l'administration coloniale dont elle était exclue. Le pouvoir de tutelle va repêcher les Hutu des oubliettes où il les avait relégués.

La Tutelle belge retourne sa veste et soutient l'élite hutu montante en lieu et place de l'élite tutsi devenue peu accommodante quoiqu'elle ait servi jusqu'alors de bouclier aux abus de la colonisation. Le Gouvernement belge va jouer la carte hutu après avoir joué la carte tutsi pendant une quarantaine d'années. Pourquoi ce retournement d'alliance en faveur de l'élite hutu ? Ce n'est pas une affaire d'amour, le pouvoir colonial n'aime ni les Hutu ni les Tutsi. C'est une affaire d'intérêts bien compris. Quiconque pouvait lui garantir qu'il protégera au mieux les intérêts belges et occidentaux sera son allié. La fraction dirigeante tutsi ne donnait pas de garanties suffisantes en la matière. Elle sera abandonnée, voire combattue. La Tutelle belge va soutenir l'élite hutu qui ne menace ses intérêts ni au Congo belge ni au Rwanda-Urundi. La contre-élite hutu montante aura l'appui de la Tutelle parce qu'elle n'est ni nationaliste ni indépendantiste. Elle ne dénonce même pas les méfaits du colonialisme belge. Bien au contraire, elle s'attaque exclusivement à la fraction dirigeante tutsi. Sa stratégie est de faire alliance avec le pouvoir colonial dont elle attend la remise de pouvoir postcolonial.

La Belgique s'en trouve d'autant plus réconfortée qu'elle cherche à remettre le pouvoir de l'après-indépendance en de bonnes mains. Elle collaborera donc avec cette contre-élite hutu qui a damé le pion à la fraction tutsi. La contre-élite hutu retournera à son profit les avantages de l'ancienne alliance belgo-tutsi. À partir de ce moment, l'histoire du Rwanda va connaître une folle accélération qui va opposer d'abord l'élite de deux bords pour ensuite s'emparer de tout le peuple rwandais divisé depuis peu en « races » différentes, en « autochtones » et en « étrangers », en « Hamites et Bantous ». Les temps à venir glisseront dans cette brèche sans issue et précipiteront le peuple rwandais dans une impasse mortifère.

DES TROUBLES À CARACTÈRE RACISTE

Des violences d'abord verbales puis physiques commencent dès l'année 1957 et se poursuivront jusqu'après l'indépendance en 1962. Un document, le *Manifeste des Bahutu*, lancé en 1957, met au grand jour ce qu'il appelle le problème Hutu-Tutsi. Il s'attaque non pas au colonialisme en tant que tel mais uniquement au monopole politique des Tutsi dans l'administration indigène. Ce document écrit avec l'accord tacite de certaines autorités cléricales et probablement aussi avec celui de certains agents de l'administration de Tutelle fera grand bruit. Il sera discuté au Conseil Supérieur du pays et publié dans la presse. Il connaîtra une fin de non-recevoir de la part des autorités indigènes tutsi. La Tutelle, à travers le Gouverneur du Rwanda-Urundi, Jean-Paul Harroy, reconnaîtra son bien-fondé. Dès lors le sort des Tutsi est scellé. Dès l'année 1958, la Tutelle belge va programmer de se débarrasser des Tutsi, au besoin par la force. Les modalités étaient encore à définir, mais les dés étaient jetés. Ainsi quand le *Mwami* Rudahigwa visite la Belgique cette année-là, le Roi Baudouin refuse de lui accorder une audience durant plus de six mois. Rudahigwa en reviendra ulcéré. C'était le début de la fin.

Par après, en 1959 exactement, des partis politiques voient le jour au Rwanda dont certains, monarchistes tel le parti pour l'Union nationale Rwandaise (Unar), et d'autres pro-*Manifeste des Bahutu* comme le Parti pour l'émancipation des Hutu (Parmehutu). Les partis indépendantistes s'attaquent à la Tutelle Belge et cherchent à arracher « l'indépendance immédiate » mais ils ne négocient aucune alliance alors qu'ils ne disposent pas de moyens suffisants pour mener à terme la lutte pour l'indépendance. Les partis indépendantistes seront caricaturalement appelés partis des Tutsi. La Tutelle belge et la contre-élite hutu vont promouvoir les partis politiques dits hutu. On globalisa et on simplifia à l'extrême. Le problème sera réduit « au problème Hutu-Tutsi » comme l'avait annoncé *Le Manifeste des Bahutu*. C'est frontal et extrêmement dangereux. Le Rwanda ne sortira pas de sitôt de ce piège. La situation ira de mal en pis. Mené par la contre-élite hutu, un racisme anti-Tutsi se propage et imprègne tout le tissu social rwandais qui, contaminé, s'en relèvera difficilement. C'est ce racisme anti-Tutsi qui pilotera toutes les étapes du génocide perpétré contre les Tutsi de sa préparation jusqu'à son exécution finale.

Les partis pro-Hutu et pro-Belges font la promotion de l'« ethnie hutu » et nient l'unité du peuple rwandais. Leur idéologie récupère le racisme colonial et le fait basculer vers l'ethnisme anti-Tutsi. Le Tutsi stigmatisé est pris et considéré comme l'ennemi à abattre. Le racisme anti-Tutsi est institutionnalisé. Ses promoteurs ont l'appui du pouvoir colonial et missionnaire. Ils lancent des troubles dirigés contre tout ce qui est tutsi. Ils visent à écarter définitivement du pouvoir le leadership indépendantiste tutsi, et à couper la population de ses dirigeants « traditionnels ». Les troubles servent aussi à démanteler toutes les structures politico-administratives existantes et à affaiblir l'ennemi identifié comme étant le Tutsi qui les administrait. Le pouvoir de Tutelle en profite pour mettre en place un nouveau personnel auxiliaire hutu. Dès le mois de juillet 1960, un gouvernement provisoire belgo-Parmehutu est mis en place, ainsi qu'une Assemblée législative de quarante-huit députés qui ne comprennent aucun membre des partis indépendantistes. Des bourgmestres (maires) au nombre de deux cent vingt-neuf sont aussi mis en place, avec un seul membre du parti indépendantiste Unar. Sur les trois mille cent vingt-cinq conseillers communaux investis, seulement 1,7 % provient de partis indépendantistes. À vrai dire, c'en est fini avec ces derniers. Le pouvoir de Tutelle s'assure ainsi que l'indépendance sera gérée par ses alliés et que les intérêts occidentaux seront sauvegardés.

Avec les troubles et la mise en place des dirigeants du Parmehutu, l'idéologie ethniste anti-Tutsi prend le dessus. Elle s'empare progressivement du terrain puisque rien ne lui barre la route. C'est en son nom qu'on massacre les Tutsi, qu'on saccage leurs biens et que l'on incendie leurs maisons. Le roi du Rwanda est écarté, et en moins de six mois tous les agents de l'administration indigène sont dégommés, certains massacrés, d'autres emprisonnés ou contraints à l'exil. La coalition belgo-Parmehutu gagne la partie. L'unité nationale vole en éclats : une partie des Rwandais principalement tutsi prend le chemin de l'exil vers les pays voisins. La Belgique et l'Onu confèrent à la contre-élite hutu ce qu'elles appellent « l'indépendance octroyée ». Les dirigeants du parti extrémiste Parmehutu prennent officiellement les rênes du pouvoir. Et avec eux, la boite de Pandore est ouverte et tous les malheurs vont s'abattre sur la population tutsi restée au pays. Après les massacres des Tutsi en 1959-1961, il y en aura d'autres en 1962, 1963-1964, 1966-1967, 1972-1973. Ces derniers massacres s'accompagneront de la chasse aux Tutsi dans tous les établissements scolaires et dans tous les emplois. Encore une fois, un large flot de réfugiés tutsi prend le chemin de l'exil. Au moment de l'attaque du Front patriotique rwandais-FPR *Inkotanyi* en 1990, ces exilés sont les plus anciens réfugiés d'Afrique.

LES DIFFÉRENTES ÉTAPES VERS LE GÉNOCIDE DES TUTSI

Le Rwanda n'a pas réussi sa sortie du colonialisme. Au contraire, le nouveau pouvoir s'est embourbé dans l'idéologie d'un ethnisme de la pire espèce. Il a manqué d'idéologie libératrice pour l'ensemble du peuple rwandais. Il n'a eu ni leadership ni vision véritablement révolutionnaire. La soi-disant révolution de 1959 n'a pu ni libérer le peuple rwandais de l'ethnisme ni assainir les relations entre les différentes catégories de Rwandais. Une véritable révolution eut consisté en la libération du peuple rwandais tout entier et non de la seule soi-disant ethnie hutu. Le système mis en place par la coalition belgo-Parmehutu à partir des années 1960 a enseigné le « droit » de tuer impunément le Tutsi. Cette injonction était la condition *sine qua non* de l'avènement de la prétendue démocratie en faveur du « peuple majoritaire hutu ». Réduite au conflit entre les deux soi-disant ethnies, la démocratie était mort-née. En effet, les vrais révolutionnaires comme les vrais démocrates luttent pour la protection des individus contre l'arbitraire. Or les héritiers du pouvoir colonial ont mis en place un système essentiellement raciste qui fut à la base du génocide perpétré contre les Tutsi en 1994. À force de nier les droits des Tutsi, les dirigeants de ce système leur ont dénié le droit à la vie. Ce qui fut à la racine de leur anéantissement.

Le processus de destruction des Tutsi s'est déroulé avec une intensité variable sur une période allant de 1957 à 1994, soit près d'une quarantaine d'années. Il y eut d'abord les violences verbales des années 1957-1958, suivies par les troubles anti-Tutsi des années 1959-1962. La troisième phase du processus de destruction des Tutsi fait suite aux représailles exercées à leur encontre à la suite des incursions des réfugiés tutsi aux frontières du Rwanda, en 1963-1964. Ce sont les Tutsi de l'intérieur qui en payèrent le plus lourd tribut. Des actes de génocide furent commis et pour la première fois à cette époque des personnalités étrangères bien connues comme Lord Bertrand Russell[7] et une partie de la presse[8] orale

7 Jean-Luc Galabert, « De la qualification de génocide ou le génocide des Batutsi a-t-il duré trois mois ou trente ans ? », *La Nuit Rwandaise*, n°8, avril 2014, p. 322-323.

8 *Le Monde*, 4 février 1964 ; *Le Figaro*, 11 février 1964 ; *Radio Vatican*, 10 février 1964.

ou écrite, y compris celle de Radio Vatican, dénoncèrent le génocide perpétré contre les Tutsi. Ces massacres se poursuivront tout au long des années 1966-1967.

La quatrième étape du processus connut son apogée lorsque le régime du président Kayibanda dut faire face aux difficultés internes entre 1968 et 1973. Il détourna l'attention du public en pointant du doigt le Tutsi, bouc émissaire tout trouvé. Pour colmater les fissures apparues au sein du parti Parmehutu au pouvoir, le régime renvoya tous les Tutsi de leurs emplois et de toutes les écoles. On parla alors de « génocide intellectuel[9] ». La cinquième phase couvre la longue période allant de 1973 à 1990, utilisée par le régime pour exclure les Tutsi sur le plan économique aussi bien que social et humain. Le régime opère de multiples actions anti-Tutsi, mène des persécutions incessantes à leur égard et leur barre toute voie d'avancement socio-économique. On met en place un système de quotas, dit d'« équilibre », qui prive les Tutsi de tous leurs droits. En 1990-1994, lors de la sixième étape, le régime du président Habyarimana se sent gravement menacé par l'attaque des *Inkotanyi*, par la renaissance de la démocratie et du multipartisme. Ne voulant pas lâcher le pouvoir et la gestion de ses avantages, Habyarimana ressort du placard le projet génocidaire y déposé par les politiciens hutu depuis les années soixante. L'éventualité de l'extermination des Tutsi avait été évoquée pour la première fois en 1959[10], puis de nouveau en 1964 par le président Kayibanda lui-même[11]. Il sera mis à exécution lors de « la solution finale » contre les Tutsi en 1994. Le processus de destruction des Tutsi s'est construit étape par étape. On retrouve en 1990-1994 certaines méthodes, stratégies et discours initiés dès 1959-1964 et dans les années ultérieures. Certains outils de destruction ont été progressivement affinés mais la base était à l'œuvre depuis longtemps et, plus grave, la persécution du Tutsi était devenue un fait banal au Rwanda. C'est ainsi que certaines pratiques anti-Tutsi relevaient désormais du lieu commun. Personne ne semblait s'en scandaliser.

---

9 Message à la pacification du Président [Kayibanda] n° 156/01/11. Annexe du 29/02/1973 pour le Directeur du Collège du Christ-Roi.

10 Habyarimana Joseph, alias Gitera, signataire du *Manifeste des Bahutu* et fondateur de l'Aprosoma, l'a évoqué lors du meeting du 27 septembre 1959, à Astrida (Butare). Le président du Parmehutu à son tour a évoqué l'éventualité du génocide des Tutsi dans son journal *Jyambere* (supplément) n° 3 du 27 novembre 1957.

11 Voir *Le Président Kayibanda vous parle*, édité par le Service de l'Information, Kigali, le 1er juillet 1964, p. 132.

CONCLUSION

Pour conclure, le projet de génocide contre les Tutsi s'est construit en plusieurs étapes dans un temps très court. Sur un État-Nation multiséculaire s'est greffé d'abord un colonialisme véhiculant une idéologie raciste du XIXe siècle européen : le racisme colonial inocula un virus raciste qui, faute d'être éradiqué, s'incrusta dans le corps social rwandais. Ce racisme colonial ne sera jamais extirpé. Bien au contraire, il se métamorphosera en un ethnisme postcolonial virulent qui servira toujours d'arrière fond à tous les malheurs qui s'abattront sur les Tutsi jusqu'au génocide. Le Rwanda a raté sa sortie du colonialisme : il y eut ce que l'on a appelé « une révolution manquée[12] ». Les dirigeants du Rwanda postcolonial, au lieu de se libérer du racisme colonial, en récupéreront le venin et en feront leur arme politique principale pour la conquête du pouvoir des années 1959-1962. Le Rwanda manqua le tournant de la sortie de la colonisation. Les choses auraient pu être autrement mais, hélas, le racisme comme idéologie du nouveau pouvoir allait présider aux destinées du Rwanda indépendant pour longtemps.

Il y eut donc, après l'indépendance, un régime politique enferré dans un racisme institutionnalisé en mode de gouvernement. Ce racisme anti-Tutsi s'est propagé en utilisant les mécanismes mis en place par le parti unique de 1963 à 1990. Durant cette période la masse du peuple fut conditionnée, manipulée et durablement contaminée. Le Tutsi a été déshumanisé, diabolisé, massacré en de multiples occasions, toujours représenté comme l'ennemi du Hutu, un ennemi qu'on peut tuer en toute impunité. Enfin toute une série d'événements malheureux s'enchaîneront et serviront de prétextes pour massacrer les Tutsi et aiguiser les armes du projet génocidaire qui a abouti à l'extermination de plus d'un million de Tutsi en moins de cent jours en 1994. Ce qui fut nouveau en cette année 1994, c'est la clarté de l'intention génocidaire, la systématisation de son action et la coordination des moyens pour obtenir une efficacité d'une rapidité foudroyante. L'idéologie et le discours officiel minutieusement élaborés ont conduit à l'effroyable résultat que l'on sait. Ce qui

12 Mugesera Antoine, *Rwanda 1959-1962. La Révolution manquée*, Anthologie, Volume 2, Izuba éditions, 2018.

fut nouveau aussi, c'est la rupture de toutes les barrières morales préexistantes. Rien, plus rien ne fut sacré. Seule une petite lueur d'humanité persista dans le cœur de quelques individus.

MUGESERA Antoine

HISTORIQUE[1]

1885	Partage de l'Afrique entre puissances européennes. Attribution du Rwanda à l'Empire allemand.
1900	Fondation de la première mission catholique par les Pères Blancs à Save, dans le sud du pays.
1918	Le Rwanda passe sous occupation belge, mandat accordé par la Société des Nations (SDN).
1930-1932	Commencement d'une politique d'épuration et de remodelage des pouvoirs coutumiers. Le *Mwami* (roi) est déposé car opposé à l'Église et remplacé par son fils Mutara III Rudahigwa, converti au catholicisme.
1931	Introduction de la carte d'identité mentionnant l'ethnie.
1946	Passage du Ruanda-Urundi sous le statut de la Tutelle belge au nom de l'ONU.
1954	Kayibanda Grégoire, ancien séminariste, est nommé rédacteur en chef du Journal *Kinyamateka*, édité par les Pères Blancs. Le roi Mutara III affirme ses orientations nationalistes, en même temps que la revendication d'indépendance du pays.
1955	Mgr Perraudin, Père Blanc suisse, est nommé vicaire apostolique de Kabgayi puis archevêque de Kigali, avec Kayibanda Grégoire comme secrétaire particulier.
1957	Publication du *Manifeste des Bahutu* avec l'aide de missionnaires catholiques. Le Tutsi y est désigné comme une race étrangère. Aide des Pères Blancs et du Mouvement ouvrier chrétien belge à la « révolution hutu ».
1959	Kayibanda fonde le Parmehutu, parti du mouvement de l'émancipation hutu.
25 juillet	Mort suspecte du roi à Bujumbura.

1 Source : Collectif des parties civiles pour le Rwanda (CPCR).

28 juillet	Intronisation de Kigeli V, dernier roi du Rwanda. La Toussaint rwandaise : premiers massacres de Tutsi (vingt mille morts) ; leurs biens sont pillés, leurs maisons brûlées. Exil vers les pays limitrophes. Regroupement des rescapés dans des camps dans le sud-est du pays. Début de la « Révolution sociale », lancée, appuyée et supervisée par l'Église, l'armée et l'administration coloniale.
1961	28 janvier : coup d'État. Proclamation de la République par Kayibanda. Élections et victoire du Parmehutu. Nouvelle flambée de violence anti-Tutsi, massacre et exode de milliers de Tutsi.
1962	1er juillet, indépendance de la République rwandaise. Premiers raids de réfugiés Tutsi entraînant des représailles massives sur la population civile tutsi : des milliers de morts en présence de l'armée coloniale belge. L'appartenance ethnique devient un élément déterminant de la vie sociale : accès à l'emploi, à l'éducation, aux postes administratifs.
1963	Orchestration du « petit génocide » de Gikongoro par Kayibanda. 10 % à 20 % de la population tutsi de la préfecture de Gikongoro sont assassinés. Fuite de deux cent mille Tutsi vers l'Ouganda, le Zaïre, le Burundi. « Massacre le plus horrible et le plus systématique depuis l'extermination des Juifs par les Nazis », déclarera en 1964 Bertrand Russell.
1965	Élection de Kayibanda qui revendique 98 % des suffrages. Monopolisation du pouvoir par le Parmehutu. Armée et police sont réservées exclusivement aux Hutu, particulièrement à ceux du sud du pays. Présence dans l'armée de nombreux Hutu du Nord cependant.
1973	Février, nouvelle vague de persécutions anti-Tutsi : pogroms sanglants, expulsion des Tutsi de l'administration, de l'éducation. Épuration ethnique des élèves du secondaire et des étudiants de l'Université.

Juillet	Coup d'État militaire d'un Hutu du Nord, Habyarimana Juvénal. Assassinat de plus de cinquante membres de l'administration et du gouvernement.
1974	Mort de Kayibanda. Habyarimana reprend à son compte la politique ethnique de son prédécesseur, mais en favorisant cette fois les Hutu du Nord.
1975	Le Mouvement révolutionnaire national pour le développement (MRND), parti unique, est fondé.
1976	Mgr Nsengiyumva, archevêque de Kigali, entre au comité central du MRND.
1979	Création au Kenya de la RANU (Rwandese National Union), qui deviendra le Front patriotique rwandais (FPR) en 1987.
1981	Engagement de nombreux jeunes réfugiés Tutsi dans la rébellion de Museveni en Ouganda.
1982	Jean-Christophe Mitterrand est nommé à la Cellule franco-africaine de l'Élysée qu'il dirigera peu après, jusqu'en 1992. Le président rwandais refoule quatre-vingt mille Tutsi expulsés d'Ouganda par Milton Obote. Forte mortalité dans les rangs de ces réfugiés affamés.
1983	Habyarimana est réélu avec 99,8 % des voix. Refus d'accueillir les réfugiés tutsi. Naissance d'une opposition démocratique forte. Amplification de la crise : multiplication des arrestations d'opposants hutu du Sud.
1990	1er octobre, attaque du FPR depuis l'Ouganda.
4 octobre 1990	Intervention française (opération Noroît) sur décision de François Mitterrand.
Nuit du 4 au 5 octobre	Simulation d'une attaque sur Kigali avec le concours des militaires français.
5 octobre	Discours d'Habyarimana expliquant que l'ennemi avait attaqué la capitale. État de siège, couvre-feu intégral, appel à la vigilance et à la délation. Arrestation de dix mille Tutsi et d'opposants politiques hutu.
8 octobre	Massacre de Tutsi : un millier de victimes. D'autres massacres se poursuivront au cours des jours suivants.

Fin octobre	Appui des troupes françaises repoussant le FPR en Ouganda. Début de la guérilla. Retrait de la Belgique du Rwanda en dénonciation des crimes du régime Habyarimana. Seules restent les troupes françaises.
Décembre	Diffusion du texte raciste dit des *Dix commandements du Hutu* dans la revue *Kangura*.
1991-1992	Reconnaissance du multipartisme, manifestations populaires contre le gouvernement. Cessez-le-feu.
Mai 1992	Création des milices *Interahamwe*.
Juillet 1992	Déplacement de trois cent mille personnes en raison des combats dans le Nord.
Fin août 1992	Massacre de Tutsi dans la région de Kibuye (ouest du pays).
Novembre 1992	Habyarimana parle des accords d'Arusha comme d'un « chiffon de papier ». Mugesera Léon, membre du MRND, prône la liquidation des Tutsi.
1993	Nouvelle offensive du FPR arrêtée aux portes de Kigali grâce à l'appui français. Deux compagnies françaises sont envoyées au Rwanda. Massacre de Tutsi dans le nord du pays.
28 février 1993	Habyarimana appelle la population à la « défense civile du pays ».
4 août 1993	Signature des accords d'Arusha : mise en place d'un état de droit sous la responsabilité d'un gouvernement de transition à base élargie ; retour des réfugiés rwandais ; constitution d'une armée nationale de transition intégrant FAR et APR. Début des émissions racistes à la Radio-télévision libre des mille collines (RTLM).
Décembre 1993	Retrait des troupes françaises. Mise en place de la MINUAR. Le 27 décembre, la MINUAR compte mille deux cent soixante hommes
1994	Blocage des accords d'Arusha : la faction présidentielle extrémiste refuse de mettre en place un gouvernement de transition élargi au FPR.

Mars 1994	La MINUAR compte deux mille cinq cent huit hommes.
4 avril 1994	Le colonel Bagosora déclare que les accords d'Arusha « n'offrent aucune garantie » et parle « d'exterminer tous les Tutsi ».
6 avril 1994	L'avion ramenant d'Arusha le président Habyarimana et le président du Burundi est abattu à Kigali. Les tueries commencent aussitôt.
9 avril 1994	Opération Amaryllis : la France envoie des troupes à Kigali, ainsi que la Belgique, pour évacuer les expatriés. Évacuation de Madame Habyarimana et des membres de sa famille. Le gouvernement intérimaire se constitue à l'ambassade de France et au ministère de la Défense sous la houlette de l'ambassadeur de France et du colonel Bagosora.
21 avril 1994	Le Conseil de sécurité vote la réduction de la force de la MINUAR à quatre cent cinquante hommes. Le génocide peut se poursuivre.
Fin juin 1994	Opération Turquoise. La France prend le contrôle d'une partie du territoire rwandais sous prétexte de sauver les Tutsi. Cette opération permettra en fait d'exfiltrer nombre de génocidaires qui pourront s'enfuir par le Zaïre. Afflux de deux millions de Hutu au Zaïre.
28 juin 1994	Le rapporteur spécial de la Commission des droits de l'homme de l'ONU, René Degni-Ségui, établit dans son rapport d'enquête au Rwanda que les massacres ont été planifiés. Il conclut que les massacres des Tutsi sont un génocide.
4 juillet	Le FPR remporte la bataille de Kigali.
19 juillet	Mise en place d'un gouvernement d'Union nationale.
4 octobre	La commission d'experts formée par la résolution 935 du 1er juillet 1994 du Conseil de sécurité conclut, à l'instar de Degni-Ségui, qu'il y a eu génocide des Tutsi.

8 novembre 1994	Adoption par le Conseil de sécurité des Nations unies de la résolution 955 instituant le Tribunal pénal international pour le Rwanda (TPIR) pour juger les personnes présumées responsables d'actes de génocide ou d'autres violations graves du droit international humanitaire commis sur le territoire du Rwanda et les citoyens rwandais présumés responsables de tels actes ou violations commis sur le territoire d'états voisins, entre le 1er janvier et le 31 décembre 1994.

GLOSSAIRE

Abacengezi : Les infiltrés.

Abajenesi : Les jeunes.

Abakarani : Ceux qui travaillent dans les bureaux.

Agafuni : La houe.

Agahozo : Qui console, qui apaise.

Agaseke : Panier traditionnel rwandais.

Agatambaro : Morceau de tissu pour se cacher les yeux et jouer à colin-maillard.

Akazi : Le travail, terme qui désignait autrefois les travaux communautaires et qui a été utilisé par les *Interahamwe* quand ils allaient tuer les Tutsi.

Akazu : La petite maison. Terme qui désigne le noyau dirigeant et familial du président Habyarimana.

Amashyuza : L'eau thermale.

Banyarwanda : Les Rwandais (au singulier : *Umunyarwanda*).

Bashi : Les habitants de l'île d'Idjwi (RDC), située sur le lac Kivu (au singulier, *Mushi*).

Burankari : Brancard.

Gacaca : Littéralement, le gazon ; juridiction traditionnelle qui se tenait autrefois dans un espace réservé à la conciliation et à la résolution des conflits sociaux de voisinage. En 2005, les juridictions *gacaca* ont été rétablies pour juger ceux qui ont participé au génocide, à l'exception des crimes de première catégorie qui relevaient du Tribunal pénal international pour le Rwanda (TPIR).

Gihango : Le pacte de sang.

Girinka : Vient de *Gira inka.* Puissiez-vous avoir une vache !

Giti cy'Inyoni : L'arbre aux oiseaux, nom d'un carrefour routier.

Guheka imyanana : Faux-enfant. Poupée fabriquée avec la terminaison de la tige de bananier dont on a coupé le régime et portée au dos comme un bébé.

Gukubura : Balayer.

Gusamata intobo : Jongler avec des billes qu'on jette en l'air et dont on doit rattraper le plus grand nombre possible.

Gusenya inkwi : Aller chercher du bois de cuisson.

Gusubira mu miyonga : Retournez sur les cendres de vos maisons.

Guteka : La dinette.

Gutonora amashaza : Écosser les petits pois.

Hazaba akantu : Une petite chose. Terme qui signifie son contraire, c'est-à-dire quelque chose de grave.

Humura : N'aie pas peur.

Ibambiro : La crucifixion.

Ibirunge : La nourriture mélangée avec le beurre rance.

Ibisakuzo : Les devinettes.

Ibitonore : Éplucher les haricots.

Ibuku : Première carte d'identité apparue dans les années trente au Rwanda sous l'administration coloniale belge.

Ibyitso by'inkotanyi : Complices des *Inkotanyi* (au singulier, *Icyitso by'inkotanyi*).

Ibyo bipapuro : Paperasse.

Idihimbo : Les chants.

Ijambo : Une déclaration, un discours.

Imana : Dieu.

Imigongo : Crête, relief, nervure de la feuille de bananier, colonne vertébrale. Art géométrique qui se transmettait de mère en fille et qui ornait les demeures princières dans la région du Migongo.

Imifumba : Les repousses de sorgho.

Imigani : Les contes.

Imilimo kuvoma : Aller chercher de l'eau.

Imineke yo mu rwina : Les bananes mûries à l'étouffé pour faire l'*urwagwa*.

Imiryango remezo : La communauté de base des Chrétiens.

Imisigati : Partie des tiges de sorgho, très sucrée.

Impengeri : Sorte de petit sorgho cuit à la vapeur avec des petits pois ou des haricots rouges selon la région.

Impili : Gourdin clouté.

Impuzamugambi : Ceux qui ont le même objectif, le même but. Nom de la milice de la CDR.

Incike : Les rescapés qui ont perdu tous les membres de leur famille.

Inkeli : Les mûres sauvages.

Inama : Réunion, rassemblement.

Indangamuntu : Carte d'identité.

Ingobiyi : Hamac, brancard en osier pour déplacer les malades ou les femmes enceintes dans des régions isolées sans route ni moyen de transport.

Inkotanyi : Ceux qui se battent avec courage, surnom que se donnaient les combattants du FPR. Traduit par « les invincibles » ou « les bagarreurs ».

Inopfu : Sorgho qui n'a pas muri.

Interahamwe : Ce terme désigne des personnes qui s'entendent bien, qui sont de la même génération ou, dans le cas des miliciens, ceux qui « travaillent » ensemble. Nom de la milice créée en 1992 par le MRND, parti du président Habyarimana.

Inyangarwanda : Les ennemis du Rwanda.

Inyenzi : Les cafards, insulte utilisée à l'encontre des Tutsi.

Iramba : Le profit, ce terme désigne le partage du butin après le pillage des biens ou des vaches des Tutsi par les miliciens.

Itangaza : Le miracle.

Kangura : Réveille-le.

Kazabuzimya : Celui qui exterminera la race.

Kibaliko : La marelle.

Kinani : L'invincible, surnom que se donnait à lui-même Habyarimana Juvenal.

Kuneka : Informer.

Kuribata : Piétiner.

Kwibuka : Se souvenir.

Kwihisha : Jeu de cache-cache.

Maneko : L'nformateur.

Manyonjo : La grande cruche.

Masenge : La tante.

Muyaga : Le vent.

Mwami : Titre royal en kinyarwanda comme en kirundi, chez les *Bashi* et les *Balega* au Congo.

Ndi umunyarwanda : Je suis rwandais.

Ntaho badapfa : La mort est partout, elle peut te faucher n'importe où.

Ntampongano y'umwanzi : Massue cloutée.

Ntibindeba : Qui n'est pas concerné.

Nyogokuru : La grand-mère.

Runari : Partisans de l'Union nationale rwandaise (UNAR).
Rucakarara : Pâte de sorgho.

Simba bataliani : Nom du bataillon armé qui sévissait dans la région de Kibungo.

Ubugari : La pâte de manioc.
Ubuhake : Le clientélisme pastoral.
Ubukonde : Le clientélisme foncier.
Umubyeyi : Le parent.
Umudugudu : Le quartier, village, lotissement. Les échelons administratifs du plus bas au plus haut sont aujourd'hui l'*umudugudu*, la cellule, le secteur, le district et la province. Les provinces sont au nombre de cinq : Nord, Sud, Est, Ouest, Ville de Kigali.
Umugambanyi : Le traître.
Umuganda : Les travaux communautaires.
Umugaragu : Le client.
Umugenge : Acacia.
Umukiga : Le ressortissant du Rukiga, région du Nord du Rwanda.
Umukonde : Le chef de lignage.
Umunyanduga : Le ressortissant du Nduga, région du centre et du sud du Rwanda.
Umuranga : L'entremetteur.
Umusangiro : La convivialité, le partage d'un repas.
Umututsi : Tutsi au singulier (au pluriel : *Abatutsi*).
Umutumba : Tronc de bananier utilisé par les enfants comme une luge pour dévaler la colline.
Urutara : Le « lit surélevé » des parents.
Urwagwa : La bière de bananes.
Utagira ubwenge ntagira ubwoba : Celui qui n'a pas d'intelligence ne connaît pas la peur.
Uwamahoro : Qui annonce la paix.

INDEX DES NOMS

INDEX DES LIEUX

RÉSUMÉ

Antoine Mugesera, « La marche forcée des Tutsi vers le génocide »

Le Rwanda était un des rares États-Nations en Afrique avant la colonisation. Mais, pour s'imposer, celle-ci l'a complètement désintégré et à l'indépendance, le pays n'a pu se ressaisir. Il a institutionnalisé un racisme postcolonial comme mode de gouvernement. Il est tombé dans un piège qui par un de ces processus irréversibles l'a conduit vers le dernier génocide du vingtième siècle, qui a abouti à l'anéantissement de la majeure partie des Tutsi du Rwanda.

TABLE DES ILLUSTRATIONS

TABLE DES MATIÈRES

PREMIÈRE PARTIE

CAHIERS DE MÉMOIRE

DEUXIÈME PARTIE

CONTRIBUTION

Achevé d'imprimer par Corlet Numéric,
Z.A. Charles Tellier, Condé-en-Normandie (Calvados). N° d'impression : 155729
Imprimé en France